国民经济动员决策支持系统

National Economy Mobilization Decision Support System

张纪海　陈　妍　王永军　陈　燕　编著

国防工业出版社

·北京·

内 容 简 介

本书为应对信息化战争对国民经济动员的要求,围绕国民经济动员决策这一主线,针对决策需求、决策过程、决策技术与决策支持系统实现开展研究。全书共11章,包括绪论、信息化战争条件下的国民经济动员、美国国防及经济动员信息化、我国国民经济动员信息化建设、决策支持系统导论、决策支持系统的设计与开发、新一代决策支持系统、基于预案的国民经济动员仿真演练系统、基于多主体的国民经济动员系统仿真方法、国民经济动员信息资源管理系统设计、基于CBR的国民经济动员决策支持系统设计。

本书作为高等学校教材,适用于从事国民经济动员理论研究的科研人员,同时也适用于全国国民经济动员干部的理论与业务培训,对其他从事相关工作的科技人员也具有参考价值。

图书在版编目(CIP)数据

国民经济动员决策支持系统/张纪海等编著. —北京:国防工业出版社,2018.10
ISBN 978-7-118-11326-6

Ⅰ. ①国… Ⅱ. ①张… Ⅲ. ①国防经济－经济规划－决策支持系统－中国
Ⅳ. ①E25-39

中国版本图书馆 CIP 数据核字(2018)第 222664 号

※

国防工业出版社出版发行

(北京市海淀区紫竹院南路 23 号 邮政编码 100048)
三河市德鑫印刷厂印刷
新华书店经售

*

开本 787×1092 1/16 印张 20 字数 487 千字
2018 年 10 月第 1 版第 1 次印刷 印数 1—3000 册 定价 79.90 元

(本书如有印装错误,我社负责调换)

国防书店:(010)88540777   发行邮购:(010)88540776
发行传真:(010)88540755   发行业务:(010)88540717

序

  决策支持系统是当代管理学和计算机科学研究的重要领域，也是提高全社会管理能力，提升决策科学水平的重要基础。另外，国民经济动员的根本任务就是为应对战争及突发事件提供超常规的资源供给。不论是应对信息化战争，还是突发事件，国民经济动员决策支持系统都将发挥重要作用。

  新时代的国民经济动员系统，按照国家经济动员办公室"应战有保障、应急有能力、服务有作为"的要求，努力建设"平时服务、急时应急、战时应战"的国民经济动员机制。显然，应战应急是国民经济动员活动的启动条件，而国民经济动员决策支持系统则是实现科学动员的重要保障。

  北京理工大学国民经济动员教育培训中心学术团队主导的管理学导向型国民经济动员学术研究纲领，高度重视决策支持系统研究。因此，我们邀请北京理工大学国民经济动员实验室副主任、博士生导师张纪海副教授牵头编著了《国民经济动员决策支持系统》这本教材。

  本书是学术团队及国内国民经济动员领域专家在国民经济动员、信息管理与信息系统领域多年研究的结晶。本书总结并提出了国民经济动员信息化背景下国民经济动员的发展方向和主要任务，以及国民经济动员决策支持系统的建设需求和其应具备的功能，奠定了全书基本框架，开创了国民经济动员决策支持系统教材研究的先河。

  国民经济动员决策支持系统的研究是国民经济动员决策进一步走向科学化的标志，也是深化国民经济动员学术研究的重要途径。在阐述了国民经济动员相关理论、国民经济动员信息化以及决策支持系统基础理论之后，本书深入探讨了一系列国民经济动员决策支持系统。一是基于预案的国民经济动员仿真演练系统，从演练系统的体系结构和主要功能入手，对其进行了设计与实现，并阐述了系统的演练方式；二是基于多主体的国民经济动员系统仿真方法，构建了基于 Swarm 仿真平台的国民经济动员系统仿真框架，并针对不同规模和层次的国民经济动员系统进行了仿真；三是国民经济动员信息资源管理系统，在阐述了国民经济动员信息资源管理系统结构的基础上，设计并实现了基于领域本体的国民经济动员个性化智能信息检索原型系统；四是基于 CBR 的国民经济动员决策支持系统，提出了可变上下文相似性衡量的系统应用和实现，并对可变上下文相似性衡量系统进行了性能评价。

  张纪海副教授长期从事国民经济动员研究，主持了多项国民经济动员领域的国家级和省部级科研课题，具有丰富的科研经验，本书的内容也展现了他和学术团队成员在科学研究过程中不断积累的成果。

  在此，谨祝贺本书的出版！

孔昭君

前　言

在现代社会中，国民经济动员是重要的国家安全机制，承担着"平时服务、急时应急、战时应战"的任务。国民经济动员是国家调动经济资源潜力和社会的人力、物力、财力应对战争和突发事件的活动，对维护国家安全与统一，社会稳定与发展具有重要意义。信息化战争已经成为未来战争的主要形态，其作战样式与传统战争相比发生了很大变化，同时对军事后勤保障和国民经济动员提出了更高的要求。为了打赢信息化战争，世界主要军事强国开展了广泛的新军事变革，并努力提高军事后勤保障和国民经济动员的水平。

信息是打赢信息化战争的主导因素，而信息系统是信息在信息化战争中发挥效用的关键物质基础。国民经济动员信息化建设是国民经济动员体系建设的重要内容，我国已经建立了覆盖全国的国民经济动员信息系统。随着国民经济动员信息化建设的不断深入，也暴露出一些问题，其中决策支持功能不强是制约我国国民经济动员信息系统建设的关键问题之一。

决策支持系统是信息管理与信息系统领域的重要研究内容之一，是在管理信息系统、运筹学、行为科学、系统工程等学科的基础上发展而来的，以计算机技术、仿真技术和信息技术等为手段，用来支持制定复杂决策问题的解决方案。国民经济动员涉及面广、不确定因素多，如何实现科学、敏捷地动员成为国民经济动员准备和实施的难题，由此带来了一系列亟须解决的学术前沿问题和技术难题。

十九年来，作者团队一直致力于国民经济动员理论与决策支持方法、技术及其系统实现等领域的研究工作，并坚持理论联系实际，从实际动员管理工作中提炼出科学问题开展研究，不断将相关研究成果总结和凝练到教材中，并且将研究成果应用于实际工作中。令人鼓舞的是，我们的工作在实际动员工作中发挥了很好的作用。

本书旨在对作者学术团队多年来从事国民经济动员理论与决策支持方法、技术等方面的研究工作进行总结以及广泛吸收国内外最新的研究成果，它涉及国民经济动员信息化、决策支持系统、仿真演练系统、仿真建模方法等理论、技术及其应用。全书由张纪海负责构思和统稿，共分11章，第1~4章、第8章、第9章由张纪海执笔，第5~7章由陈妍执笔，第10章由陈燕执笔，第11章由王永军执笔。

本书的部分章节广泛吸收了国内的最新研究成果，在此对国家国民经济动员仿真演练研究中心、国家国民经济动员信息系统研发中心、北京理工大学出版社、北京大学出版社对本教材出版的支持表示衷心的感谢。

多年来，常常让我们引以为豪的是北京理工大学国民经济动员教育培训中心融洽的工作氛围和良好的团队合作精神，没有大家的共同努力，就没有今天这样的收获和成果，本书也难以完成。为此，要深深感谢为撰写本书做出贡献和给予大力支持的团队其他老师，他们是孔昭君、刘铁忠。同时，本书是学术团队多年科学研究和实际工作的总结，王之乐、史文强、李冰、郭旭东等研究生参与了本书的出版工作，对他们的辛勤工作表示感谢。

本书既可以作为高等学校管理类、计算机科学与应用专业本科生的教材，也可以作为国民经济动员专业研究生和国民经济动员信息管理与信息系统设计开发人员的参考书。

本书的出版得到了北京理工大学"十二五"规划教材建设项目的支持，在此表示感谢。

由于作者水平有限，书中难免存在不妥之处，敬请读者批评指正。

作　者

目　　录

上篇：国民经济动员信息化

中篇：决策支持系统基本理论

第5章　决策支持系统导论 ···73

下篇：国民经济动员决策支持系统的设计与实现

第1章 绪论

1.1 引言

传统的国民经济动员理论认为国民经济动员是为应对战争服务的，强调在战争爆发时将国民经济运行状态由平时状态转变成战时状态，战争结束后再将国民经济运行状态恢复为平时状态。在信息化战争条件下，我国国民经济动员迫切需要向精确动员、敏捷动员、智能动员的方向发展。近几年，各类突发事件频繁发生给中国政府提出了严峻的考验。由于我国的国家应急机制还不完善，各级政府在处理各类突发事件时遇到很大困难，目前急需整合现有的社会资源构建统一的国家应急机制。近些年来我国未爆发大规模的战争，但是各类规模较大、破坏力较强的突发事件却频繁发生，如汶川大地震、雅安地震、天津滨海新区爆炸事故等。《中华人民共和国国防动员法》第3条规定"建立健全与国防安全需要相适应、与经济社会发展相协调、与突发事件应急机制相衔接的国防动员体系，增强国防动员能力"。国民经济动员作为国防动员体系的重要组成部分，一直将协调国防建设和经济建设，维护国家安全与稳定，推进军民融合深度发展，推动国家综合国力的提升作为其战略目标，长期以来，我国的国民经济动员工作按照"平时服务、急时应急、战时应战"的功能定位，构建了与社会主义市场经济相适应的应战、应急结合的国民经济动员体制、机制和法制。

当前信息技术快速发展，我国正处于社会经济向着信息化方向转型发展的关键时期，同时，随着我国周边环境的不稳定因素逐渐增多，国内外各类突发事件频发并且呈现出非常规性和多样性的特点，这给我国国民经济动员工作带来了新的挑战和机遇，国民经济动员工作应该抓住信息化建设这一契机，努力推进国民经济动员的信息化进程，实现国民经济动员智能决策、敏捷决策和精确决策。

国民经济动员系统是由众多主体参与，涉及大量不确定因素、模糊因素，甚至未知因素的开放复杂大系统，它具有规模大、不确定因素多、关系复杂、层次多、功能多样等特点。国民经济动员决策同一般结构化决策相比，具有决策时间短、决策限制条件多等特点，决策难度大，因此需要管理信息系统与决策支持系统的支持。

本书主要探讨国民经济动员领域中国民经济动员信息化、国民经济动员管理信息系统以及国民经济动员决策支持系统等问题。由于在国民经济动员决策中决策支持系统是动员决策的信息基础条件之一，而且提高国民经济动员决策支持系统的辅助决策支持能力是该应用领域的一项前瞻性研究工作，也是目前急需解决的问题。因此，开展国民经济动员决策支持系统的研究对研究国民经济动员理论和指导国民经济动员工作具有重要的现实意义。

1.2　国民经济动员理论概述

国民经济动员是为了保障国家安全，应对战争或突发事件的需要，有计划、有组织地提高国民经济应变能力，使国民经济由平时状态转入战时状态所采取的一系列活动[1]。我国国民经济动员理论是在国防动员和国民经济动员实践中逐步发展起来的，经过多年的研究、探索、积累和创新，已经初步形成了国民经济动员理论体系，包括经济动员基本理论、应用理论和相关理论部分。进入21世纪以来，国民经济动员活动不断实现从单一的"应战"功能向"应战应急"双重功能的转变，如何发挥国民经济动员的应急功能，成为新时期国民经济动员工作面临的新挑战和发展机遇，国民经济动员工作迈上了新的台阶[2]。

1.2.1　国民经济动员准备

"小常备，大动员"是国民经济动员的核心理念之一，其核心思想是减少应对危机事态的资源储备成本，靠常态下的动员准备和危态下的敏捷动员来保证危机状态下的资源支撑[3]。我国国民经济动员理论的精髓是长期准备思想[4]，国民经济动员活动的完整链条是国民经济动员准备—国民经济动员实施—国民经济持续动员—国民经济复员—国民经济动员准备，在这一链条中，动员实施、持续动员和复员是在战时或应急情况下的具体措施，而大量的工作是在平时经济建设过程中所做的动员准备工作。动员准备在国民经济动员工作中占据重要位置，是赢得未来战争、威慑潜在敌手、应对突发事件的一个重要因素。国民经济动员的关键在于平时准备，因此，国民经济动员管理的主要内容和重点也放在平时的动员准备上，包括国民经济动员计划、国民经济动员指标体系、国民经济动员潜力调查、物资储备与管理、国民经济动员信息化、国民经济动员预案、国民经济动员演练、国民经济动员教育与培训、专业保障队伍建设、动员中心建设等。各项国民经济动员准备不同程度上决定着国民经济动员实施的效率和效果。同时，国民经济动员准备又是一项长期的任务，必须把国防建设融入国民经济建设之中，实现军民融合式发展，在和平时期既不能干扰正常的经济建设，又要形成深厚的动员潜力，为战时、急时提供充足的保障。

1.2.2　敏捷动员理论

敏捷动员理论是国民经济动员理论的进一步发展，敏捷动员理论是继快速动员理论[5]、一体化动员理论[6]、大动员理论[7]、精确动员理论[8]和渐进反应动员理论[9,10]之后产生的较为先进的国民经济动员管理理论。

张纪海[11]首先系统地阐述了敏捷动员的内涵，认为敏捷动员是在现代信息技术的支持下，以动员联盟组织为核心，通过资源整合，快速、高效地执行动员任务的活动。敏捷动员理论是当前国民经济动员领域的主导性理论，是在现代信息技术的支撑下，提高动员组织适应性和动员效率的一种有效手段，是一种较新的、旨在提高动员适应性和动员效率、缩减动员外部性影响的动员理论和模式；是一种"由政府管理的、以动员联盟为核心的、在现代信息技术支持下的，通过资源整合，实现快速、高效的动员活动的动员模式"[12]。敏捷动员主要强调国民经济动员系统的响应性、竞争性、柔性和快速性。

孔昭君[13]深入研究了敏捷动员的实践雏形——宁波模式，并从实际工作的视角，将"宁波模式"的特点概括为经动牵头，行业为主，预案先行，资源整合。这些特点在某种程度上展示了敏捷动员的一种模式。此后，董平[14]对敏捷动员的潜力评价体系进行了研究，郭瑞鹏[1]对敏捷动员的虚拟企业的组织形式进行了探索。刘煜[15]对武器装备的敏捷动员进行了研究。

1.2.3　集成动员理论

集成动员是涵盖国民经济动员全过程的整合式工作模式，它是敏捷动员的具体实现形式，也是对敏捷动员理论的深化和发展。集成动员的整合式工作模式，有利于促进国民经济动员事业的不断深入发展，符合党的十八届三中全会和四中全会关于深化改革和依法治国的要求，也是促进军民融合深度发展的突破口。

孔昭君[16]首次全面阐述了集成动员的内涵、组织体制和工作模式，认为集成动员是以国家总体安全观为指导，以动员需求为导向，以充分保障应战应急资源需求为宗旨，以敏捷性为灵魂，以效率和效益为目标，以国民经济动员链为依托，以信息技术为支撑，以业务组合为切入点，以业务总线为基础，以建立健全跨组织的工作模式为手段，在推进军民融合深度发展的过程中，努力建立与国家安全需要相适应，与经济社会发展相协调，与突发事件应急机制相衔接的国民经济动员工作模式。集成动员是实现敏捷动员，即提高国民经济动员敏捷性的途径之一，它与动员联盟、动员链理论、动员物流理论等共同构成了敏捷动员理论的支持体系。韩秋露等人[17]对集成动员的组织模式进行了研究，认为集成动员的组织，就是以实现敏捷性为宗旨，以完成动员任务为目标，将参与动员活动的各相关单位按照集成动员理念组织起来的系统。其内部各部门间的交互活动和关系的正式形式即为集成动员组织模式。与传统动员组织相比，集成动员组织是全要素、全过程、全层次、全方位实现集成化的动员组织模式。

1.3　国民经济动员管理信息系统

20 世纪 70 年代初随着数据库技术、网络技术和管理科学方法的发展，计算机在管理上的应用日益广泛，管理信息系统（Management Information Systems，MIS）逐渐成熟起来。管理信息系统是一个以人为主导，利用计算机硬件、软件、网络通信设备以及其他办公设备，进行信息的收集、传输、加工、储存、更新、拓展和维护的系统。

国民经济动员管理信息系统是利用计算机技术、3S（遥感技术、地理信息系统和全球定位系统）技术、网络技术等多种高新技术手段，融合国民经济动员学、经济学、地理学、管理学、运筹学等多学科的方法和技术，开发完成符合国家国民经济动员行业标准、满足国民经济动员信息化建设需求的动员工作管理平台。国民经济动员管理信息系统将地理信息系统（GIS）技术与经济动员工作有机结合，构造了完整的经济动员信息管理体系，具有潜力调查、平战转换能力分析、预案管理、资源预警、网上演练、突发事件处理等辅助决策功能。

目前，我国各省、市、自治区相继研究开发了国民经济动员管理信息系统。国家经济动员办公室开展了信息系统的标准化研究。国家国民经济动员信息系统研发中心结合地理信息系统开发了国民经济动员管理信息系统；国家国民经济动员仿真演练研究中心开展了国民经济动员仿真演练平台的开发和动员决策支持系统的开发研究，取得了一定的成果；北京理工大学的张纪海开展了基于 Multi-Agent 的动员组织机制建模的研究，从系统仿真的角度对经济动员系统进行了探索。这些研究成果都从不同的侧面丰富了国民经济动员管理信息系统的研究。

综上所述，在国民经济动员研究中，对管理信息系统的研究和开发积累了一些研究成果，但是管理信息系统对国民经济动员活动的决策支持能力还比较薄弱，还需要有新的决策支持方法来实现对动员决策的支持。

1.4　决策支持系统

随着决策理论与方法研究的推进，以及计算机科学与信息技术的飞速发展，为满足决策者决策需求的不断丰富，一种重要的决策支持工具——决策支持系统（Decision Support System，DSS）应运而生。1971 年，Scott Morton 和 Gorry 首次提出 DSS 的概念以支持半结构化和非结构化决策。DSS 是在 MIS 和基于模型的信息系统基础上发展起来的可形式化、可模型化的、层次较高的信息系统。自从 DSS 的概念被提出以来，研究者和实践家们一直在努力构建更合理、更完善的 DSS[18]。

决策支持系统的分类方法有很多，通常决策支持系统可以分为个体决策支持系统、群决策支持系统、智能决策支持系统、分布式决策支持系统、智能–交互–集成化决策支持系统等几大类。按照决策支持方式的不同，决策支持系统又可以分为数据驱动的决策支持系统、模型驱动的决策支持系统、知识驱动的决策支持系统、通信驱动的决策支持系统、基于 Web 的决策支持系统、基于仿真的决策支持系统以及基于地理信息系统的决策支持系统等。决策支持系统的主要特点如下：

（1）系统只是支持用户而不是代替用户决策。因此，系统并不提供所谓的"最优"解，而是给出一类满意解，让用户自行决断。同时，系统并不要求用户给出一个预先定义好的决策过程。

（2）系统所支持的主要对象是半结构化的决策。它的一部分分析可由计算机自动进行，但需要用户的监视和及时参与。

（3）采用人机对话的有效形式解决问题，充分利用人的丰富经验，计算机的高速处理及存储量大的特点，各取所长，有利于问题的解决。

国民经济动员决策问题是一类不确定性决策问题，在国民经济动员活动中，由于在动员决策过程中未来情况的不明确和动态变化，动员决策过程存在许多不确定性因素，因此对动员决策的结果仍需要依赖一些经验来进行判断；动员决策过程中不可控的因素较多，而且动员决策的目标呈现出多元化的特点，存在目标描述与比较的困难，因此动员决策目标和有关影响因素和结论不得不依赖于动员决策者的主观意图和价值观念；动员决策的制定和执行都需要有关组织人员的参与、协调，这样就更增加了动员决策的复杂性和难度。因此国民经济动员决策问题的特点可以概括为三点：第一，动员决策的复杂性；第二，动员决策的不确定性；第三，动员决策的及时性，即要求对动员问题做出及时的响应。

面对信息化战争或者突发事件巨大的资源消耗，如何在尽可能小地冲击本国经济的前提下，获得更多的动员资源，取得更好的动员效果，是每个经济动员参与者在决策时必须要考虑的问题。而在决策时尽量减少决策失误，提高决策速度，尽可能使决策不因决策者的主观意志而改变，就必须要有计算机辅助决策手段的支持。国民经济动员决策支持系统主要面向对整体资源调度和供应管理有较高要求的各级国民经济动员部门，要求能够辅助管理者和决策者科学、合理、有效地做好国民经济动员的预案制定、决策发布等工作，为决策者快速做好资源调配工作提供帮助。

国民经济动员决策支持系统的设计应该遵循快捷高效、决策结论逐步精确化、推演过程层次化直观化、数据实时更新和可扩充性的原则。设计的系统应该具备信息管理、需求分析、预案生成、动态模拟与演练、决策评估、系统维护与帮助等功能。系统的目标主要是管理国民经济动员所涉及的信息、实现可视化信息查询；建立集成化的人机系统；实现决策制定全过程的统一管理；建立适合国民经济动员工作的多级联动决策支持系统。基于以上设计原则、系统功能和系统的目标，国民经济动员决策支持系统一般由以下几部分组成：用户界面、人机接口、控制协调系统、数据库、模型库、知识库等。国民经济动员决策支持系统基于数据库提供的所有数据，通过模型库、知识库的运行与调用，根据控制协调系统生成决策结果，为国民经济动员决策提供支持。

进入 21 世纪以来，人工智能、数据库技术、WebService，特别是一些专用技术如网格计算、人机交互、大数据、云计算和代理启发式搜索算法等技术的发展，为国民经济动员决策支持系统的发展提供了强大的技术支撑。其发展趋势主要有以下几方面：

（1）基于认知特征的人机交互技术得到更多关注。系统通过人机交互技术支持动员决策过程，为动员决策过程中超越其认知极限的问题处理提供适用技术手段。近年来，基于知识的人机交互技术是未来国民经济动员决策支持系统研究的重要领域。随着信息技术的发展，人机交互技术的研究也从简单的菜单驱动和多媒体界面发展到智能化、多模态（通道）界面，除了传统的键盘输入、触摸屏等接触式操控模式外，还允许语言、手势、视觉（眼动仪）等多种非接触式操控模式。

（2）数据的质量受到更多关注，数据分析功能更为强大。在"大数据"时代，国民经济动员决策支持系统基础数据将不仅包括结构化数据，还包括图形、声音、图像、地理位置等非结构化数据。面对价值密度低的"大数据"，对于国民经济动员决策支持系统来说最大的挑战就是如何提高动员数据的质量，如何创新分析方法，从"大数据"中挖掘出真正有价值的动员信息和知识。"大数据"在商业智能、数据挖掘、可视化分析平台的应用技术的进步，都将有助于这些问题在国民经济动员决策支持系统中的解决[19]。

（3）各种相关技术的集成应用更加普遍。未来的国民经济动员决策支持系统将是综合集成的，是一个集各种决策支持技术于一身的多功能系统。它把专家群体、决策者、动员信息数据与计算机软件等有机结合起来，构成一个操作便利、快捷、流畅，更能反映决策者高级思维的新型动员决策系统，具有感性与理性、定性与定量的综合功能。特别是将语义 Web 服务、认知科学与未来决策支持系统的设计与开发相结合，已引起国内一些科研院所的重视，并开展了一些基础性研究工作，但仍有很多理论问题和技术难点有待深入研究。

（4）系统信息检索工具功能更强大、智能化程度更高。随着人工智能技术、大数据技术的不断发展，要从海量、纷繁复杂的数据中快速找到动员决策者关注的信息，必须借助功能强大、智能化的信息检索工具。搜索引擎技术、超文本全文检索技术、多媒体检索技术和人工智能技术将进一步整合，基于决策者检索行为分析而提供的动员信息检索服务与动员信息推送，将大大提高动员信息检索的效率。

1.5　章节安排

本书主要围绕国民经济动员信息化和国民经济动员决策支持系统开展研究。本书的章节安排如下：

上篇：国民经济动员信息化

第 1 章绪论。主要分析国民经济动员决策支持系统研究的相关背景，并以此为基础，对国民经济动员理论、国民经济动员管理信息系统以及决策支持系统的发展进行概述，为后文内容的展开做出背景和理论铺垫。

第 2 章阐述信息化战争条件下的国民经济动员。首先，在总结信息化战争的基本理论和信息化战争条件下的国民经济动员典型案例的基础上，对国民经济动员的内涵、特点和基本任务进行分析，进而提出信息化战争对国民经济动员发展的要求。

第 3 章阐述美国国防及经济动员信息化发展情况。首先，介绍 C⁴ISR 系统的关键技术、发展趋势以及应用前景；其次，介绍全球资产可视化系统的产生背景、系统结构和主要功能，在此基础上总结出对我国国民经济动员信息化的启示；最后，阐述美国军事后勤与经济动员信息系统的发展趋势。

第 4 章阐述我国国民经济动员信息化建设情况。首先，对当前我国国民经济动员的发展趋势以及信息化建设的基础进行总结，进而概括出国民经济动员信息化的内涵；其次，对国民经济动员信息化建设的阶段进行划分，并提出国民经济动员信息化建设的原则；再次，针对当前应对信息化战争和突发事件的需要，阐述国民经济动员信息化建设的内容和任务；最后，指出国民经济动员信息化建设的发展方向。

中篇：决策支持系统基本理论

第 5 章决策支持系统导论。首先，介绍决策与决策支持的概念，决策支持系统的产生和发展，以及决策支持系统的结构和组成部分；然后，基于三部件结构的重要性，着重介绍三部件结构形式的决策支持系统。

第 6 章介绍决策支持系统的设计与开发。首先，从决策支持系统的特点入手，分析 DSS 的柔性、开发策略；其次，分析决策支持系统的开发过程；再次，介绍常用的开发方法：结构化开发方法、原型法、面向对象方法和 CASE 方法；最后，给出决策支持系统的开发工具分类和选择标准。

第 7 章介绍新一代决策支持系统。重点介绍群体决策支持系统、智能决策支持系统、基于数据仓库的决策支持系统和基于案例推理的决策支持系统的基本概念、系统结构、涉及的主要技术等。

第 8 章基于预案的国民经济动员仿真演练系统的设计与实现。首先对国民经济动员演练与仿真演练的定义、内容、原则及意义等进行阐述；其次，介绍高层体系结构（HLA）的基本原理，并基于分布式交互仿真技术研究基于高层体系结构的分布式仿真演练功能框架；最后，对国民经济动员预案仿真演练系统的体系结构和主要功能进行设计与实现，并阐述系统的演练方式。

下篇：国民经济动员决策支持系统的设计与实现

第 9 章基于多主体的国民经济动员系统仿真方法研究。首先采用基于多主体的建模方法和技术构建国民经济动员系统模型，为国民经济动员系统仿真提供理论模型框架；然后，基于 Swarm 仿真平台开发国民经济动员系统仿真框架，运用该仿真框架对不同规模和不同层次的国民经济动员系统进行仿真。

第 10 章国民经济动员信息资源管理系统设计。首先，提出基于领域本体的国民经济动员信息资源管理系统结构，详细阐述系统结构中的各组成内容以及系统的各类用户；其次，提出适用于国民经济动员领域的本体构建方法——"周期–进化法"；再次，给出国民经济动员领域本体存储机制和国民经济动员信息资源组织机制，探讨基于国民经济动员领域本体的结构化和半结构化信息抽取策略；最后，设计并实现基于领域本体的国民经济动员个性化智能信息检索原型系统。

第 11 章基于 CBR 的国民经济动员决策支持系统的开发。首先，基于案例推理技术给出基于预案的动员决策的决策过程；其次，根据经验分析，得到动员预案的结构化表示形式——结构化预案，并对结构化预案进行形式化描述；再次，阐述可变上下文的相似性衡量理论，并提出可变上下文相似性衡量的应用和实现；最后，对可变上下文相似性衡量进行性能评价。

1.6　本章小结

本章是全书的总览，使读者初步了解国民经济动员理论、信息化条件下国民经济动员发展情况、国民经济动员决策支持系统。按照本书章节分布的要求，在后续的章节里，将系统地介绍信息化条件下国民经济动员的内涵、特点和主要任务，国民经济动员系统仿真方法，国民经济动员仿真演练系统和决策支持系统的设计和开发方法。通过本书的学习，能够理解和掌握国民经济动员的基本理论，国民经济动员决策支持系统的关键技术，能够针对不同的决策问题，掌握设计和开发国民经济动员决策支持系统的基本方法，从而提高多学科知识的综合运用能力和实际问题的分析能力。

思考题

（1）简述有哪些典型的国民经济动员理论？

（2）什么是敏捷动员？什么是集成动员？

（3）简述国民经济动员决策的特点。

（4）简述国民经济动员决策支持系统的重要作用。

（5）简述国民经济动员决策支持系统的发展趋势。

参考文献

[1] 郭瑞鹏. 应急物资动员决策的方法与模型研究[D]. 北京：北京理工大学，2006.

[2] 侍田田，周建平，毕智勇. 我国国民经济动员建设迈上新台阶[N]. 中国国防报，2007-10-11.

[3] 王成敏. 国民经济动员潜力释放研究[D]. 北京：北京理工大学，2010.

[4] 王建军. 国民经济动员潜力研究[D]. 北京：北京理工大学，2008.

[5] 范晓光. 现代局部战争动员研究[M]. 北京：军事科学出版社，2000.

[6] 李亚洲. 适应军事斗争准备需要加强国防动员一体化建设[J]. 国防，2007（4）：22-23.

[7] 孔昭君. 论大动员观念的培育[J]. 军事经济研究，2002（10）：28-30.

[8] 朱茂群. 精确化——未来战争的走向[J]. 国防，2002（2）：8-9.

[9] 金晓峰，付志刚. "渐进反应动员"管见[N]. 中国国防报，2006-8-13.

[10] 张云彬. 中国企业动员准备研究[D]. 武汉：军事经济学院，2006.

[11] 张纪海. 基于 multi-agent 的国民经济动员细条建模与仿真研究[D]. 北京：北京理工大学，2005.

[12] 韩宇宽. 国民经济动员中的可动员资源管理研究[D]. 北京：北京理工大学，2006.

[13] 孔昭君. 敏捷动员模式的实践雏形——试析国民经济动员"宁波模式"[J]. 北京理工大学学报（社会科学版），2009，11（1）：3-11.

[14] 董平. 从经典动员模式到敏捷动员模式[J]. 北京理工大学学报（社会科学版），2009，11（2）：5-12.

[15] 刘煜，常相全. 浅谈武器装备敏捷动员[J]. 北京理工大学学报（社会科学版），2006，8（1）6-11.

[16] 孔昭君，韩秋露. 论集成动员[J]. 北京理工大学学报（社会科学版），2015，01：97-105.

[17] 韩秋露，孔昭君. 集成动员的组织模式[J]. 北京理工大学学报（社会科学版），2016，02：93-102.

[18] 黄孝鹏，周献中，杨洁，等. 决策支持系统及其演化发展趋势研究[J]. 现代管理科学，2012（4）：9-11.

[19] 叶明，谷晨霞. "大数据"时代决策支持系统新发展[J]. 信息安全与技术，2013，8：6-8.

上篇：国民经济动员信息化

第2章　信息化战争条件下的国民经济动员

随着社会进步和科学技术的发展，人类逐步进入信息化社会，以信息技术为核心的高新技术在军事领域得到迅猛发展及广泛应用。伴随着冷战铁幕的坍塌和海湾战争的炮声，新军事革命席卷全球。世界新军事变革的核心是信息化，实质是军队建设模式的转型和战争形态的根本转变。积极推进中国特色军事变革，加快建设信息化军队，实现国防和军队现代化建设战略任务，为保障国家安全提供有力支撑。信息化战争是知识经济、信息时代的产物。一体化联合作战是信息化战争下的主要作战样式，先进的信息网络技术和智能化武器装备是现代战争的技术条件和物质基础。有别于传统战争，信息化战争在战争形态和经济动员样式方面都发生了深刻的变化，对国民经济动员产生了深远的影响。快速地获取和运用信息是信息化作战的客观要求，同时也对军事后勤保障和国民经济动员提出了更多的挑战。

2.1　信息化战争

2.1.1　信息化战争的定义及特点

信息化战争是人类社会发展到信息时代的一种崭新的战争形态，是指在信息时代核威慑条件下，在陆、海、空、天、电、磁、信息、认知等多维战略空间中，利用信息主导权优势，以大量装备和使用信息化装备的信息化军队为主体，以信息化战争理论为指导，以信息网络为神经触角，以信息对抗和知识对抗为主要对抗手段，附带杀伤破坏减到最低限度的多军兵种一体化战争。概括地讲，就是广泛应用信息技术及其使用信息化的武器装备，通过争夺信息优势而控制战争态势的发展最后取得战争的胜利。

信息技术和通信网络技术的发展及其广泛应用于军事领域，促进了信息化武器装备的形成及其发展。在信息化战争中，强调信息和网络主导，重视硬摧毁和软杀伤，在作战样式上强调系统集成、体系对抗、"非线式"作战、"非接触"作战，在军事技术和武器装备方面强调自动化、智能化、网络化、集成化和一体化。信息化战争成为未来战争的主要形态，与机械化战争相比，具有如下特点。

1. 战场环境高度透明，打击精度提高

在信息化战争中，拥有信息优势的一方，广泛部署侦察预警装置于陆、海、空、天战场空间，并具备实时侦察、传输、处理战场情况的能力；依靠各种先进的终端设备传感器、军用卫星和民用卫星等仪器和设备，构建强大的战场信息化网络，对战场进行全空域、全时域、全频域的信息侦察与监视，使作战的另一方完全处于"透明"状态。利用实时获得的情报信息，能够迅速召唤火力对目标进行打击摧毁，也大大提高了火力攻击的准确性。在战场上，大量使用智能武器和精确制导武器，直接导致被攻击武器装备报废或重损，大大增加了装备保障工作的难度。图 2.1 显示随着战争信息化程度的提高，精确制导弹药的使用比重呈现快速增加的趋势。

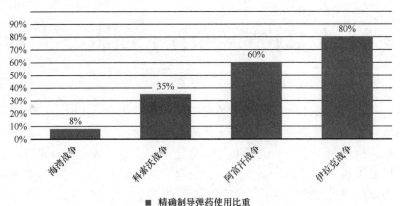

图 2.1　历代战争精确制导弹药消耗对比

2. "非线式"和"非接触"作战成为信息化战争中的主要作战样式

由于使用助推火箭和制导技术，武器打击更远、更精确。在信息化战场上，作战空间广泛，作战部队能实时接收情报信息，并依靠强大的快速机动能力，灵活机动运用战略战术，迅速攻击目标。信息化作战平台和武器装备的广泛应用，作战距离增大，使得军事打击纵深不断提高，由最初的几百米发展到现在的上千千米，甚至上万千米。信息化作战装备机动能力的跃升，也使战场前后方界线模糊，没有明显的前方和后方的区分。作战指挥员通过系统，直接从显示器获取战场各类传感器传来的信息，利用远程精确打击武器直接打击敌方要害部位，使得"非接触"作战成为可能。

3. 多军种一体化联合作战是信息化战争的基本模式

与机械化战争相比，单一军种的作战样式已经消失，传统的军种分工趋于模糊，信息化作战表现为高度的集成性，以体系对抗为主。一体化联合作战是从传统联合作战发展而来的，是联合作战的高级阶段。通过信息网络，各作战实体连成一体，共享情报资源。一体化联合作战必将成为信息化战争中的典型作战形式，提高我军的一体化联合作战能力，对推进中国特色军事变革，具有重要的现实意义。图 2.2 展示了未来信息化战争中一体化协同作战杀伤链。

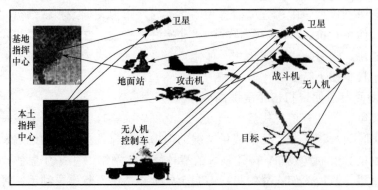

图 2.2　未来信息化战争中一体化协同作战杀伤链

（注：出自《基于天基信息系统的远程精确打击（上）》）

2.1.2　信息化战争的战争力量

2.1.2.1　体系对抗

在信息化战争中，作为主要武器装备的 C^4ISR（Command，Control，Communication，Computer，Intelligence，Surveillance，Reconnaissance，即指挥、控制、通信、计算机、情报、监视和侦察一体化）系统、信息战装备、精确制导武器和信息化作战平台，通过全球信息栅格无缝连接之后，将形成全维度、全天时、全天候的一体化、实时化作战体系。在这样的作战体系中，传统战争中那种贪大、求全和追高的观念将没有任何意义，因为品种、规模、性能不再是提高作战效能的关键性要素，系统集成和横向一体化成为最关键的要素。武器装备品种再多、规模再大、性能再好，如果不能并入系统，则不可能发挥作用，在战场上不仅不能形成战斗力，反而将成为被打击的目标。信息化战场是一体化系统对抗的战场，拥有完善的信息化作战体系的一方拥有战争的主导权，能够灵活选择目标并控制战争进程和节奏；没有信息化作战体系的一方，则群龙无首，一盘散沙，难以形成作战效能。

2.1.2.2　力量凝聚

在机械化战争中，战争力量主要表现为物质力量。在信息化战争中，智能和知识处于力量凝聚的核心和主导位置，战争力量的凝聚主要依靠信息控制。从力量构成要素来看，信息化武器装备成为主导性要素，机械化作战平台的地位不断下降。力量的凝聚，必须是在形成信息优势和空天优势的前提下进行的。只有这样，才能确保在准确的时间，把所需的力量准确地调整和部署到准确的地点和方向，对目标实施精确打击。在信息化战争中，指挥艺术和军事谋略仍然非常重要，但重点偏向两个方面：一是战略层的排兵布阵、斗智斗勇；二是战役战术层面的自动化指挥和控制。

2.1.3　信息化战争全维一体的战争时空

2.1.3.1　时间加速

在信息化战争中，弹道导弹速度达到马赫数 15，战术导弹速度达到马赫数 3～5，然而，光速和电磁波速度高达 30 万千米/秒，只要眼睛看见目标，这个目标就可能立即被光波和电磁波武器击毁。兵力兵器远距离作战能力的提高，使得作战空间向大纵深发展。特别是随着侦察距离进一步增大，武器系统射程进一步提高，兵力机动速度进一步增强，使实施纵深打击成为可能，远近交叉的大纵深作战是未来战争的主要发展趋势之一。由于高技术武器能够迅速实现战略目的，大大缩短战争持续时间，导致信息化战争具有突发性强、节奏快、持续时间短的特点，要求军事装备与经济动员必须临战反应快，起动速度快，工作效率高，爆发力强，在最短的时间内完成各项动员任务，否则，将贻误战机，甚至对战争的胜败都会产生重大影响。

2.1.3.2　空间融合

冷兵器战争和热兵器战争都是在平面单维空间内进行的战争。在机械化战争中，不断向空中、海洋、水下、太空和电磁空间拓展。信息化战争仍然需要分别制权，各军兵种仍可继续主宰各自传统的作战空间，所不同的是在时间、空间和力量诸要素之间，必须统一标准，实现互联、互通、互操作，最终形成一个相互融合的体系。这样一个横向一体化的网络体系建立起来之后，陆、海、空、天、电等相互分离的作战空间将成为一个全维一体的作战空间，在这个全维空间内，战场是流动的，信息是实时的，力量的运用将非常灵活而且可调、可控[1]。

2.1.4　信息化战争实施

2.1.4.1　全频谱控制

在传统战争中，战争的实施主要依托作战指挥方式和作战手段的运用。信息化战争中，当全球信息栅格建立起来之后，全维空间呈现一体化模式，在这样的作战空间内，传统的战场概念将不复存在，依托于特定战场和特定军兵种而萌生的作战方式也将自然消亡。届时，精确控制将成为信息化战争的精髓。精确控制主要是全频谱控制战，侧重进行战略信息战和战场信息战，目的是对全维空间、全频谱信息、全部作战力量和战争资源进行有效控制。控制的结果有两个：对己方而言，通过系统集成使力量倍增，作战效能呈指数增加；对敌方而言，通过控制使之处于瘫痪，部队因失去指挥而成为乌合之众，兵力兵器因失去空间将无法机动，因失去时间只能坐失良机、被动挨打。在这种情况下，即便拥有力量，也已经被分割、被瓦解，难以发挥有效作用。

2.1.4.2　精确打击

精确作战从量变到质变经历了半个多世纪，跨越了 3 个历史阶段。第一，从近距厮杀到火力毁伤。第二，从面杀伤到点摧毁。精确制导武器在战争中的使用比例从越南战争中的 0.2%、海湾战争中的 8%，提升到伊拉克战争中的 70%。第三，从精确摧毁到实时打击。伊拉克战争中使用的精确制导武器，已经具备了三种能力：一是自主攻击能力。发射后不管，自动寻找并摧毁目标。二是实时攻击能力。从发现目标到打击目标实现一体化，武器反应时间趋于实时。三是防区外发射能力。作战平台可远离威胁区使用武器，既能准确打击目标，又可实现自我防护。这些能力的实现有赖于全球卫星定位系统（Global Positioning System，GPS）等精确定位作战体系的支撑。

2.2　信息化战争条件下国民经济动员经典案例分析

处于世界新军事变革进程中的伊拉克战争，与科索沃战争、阿富汗战争及作为新军事革命开端的海湾战争，是美军在推行新军事革命，实现信息化转型过程中发动的 4 场具有代表意义的战争。4 个阶段反映了美军信息化发展中经济动员各个时期的阶段性特点，对上述 4 场战争的经济动员方式进行对比分析，可以深刻地体会出在战争形态由机械化战争演变到信息化战争过程中，经济动员方式发生的巨大变化，并从战争层面为我们勾勒出美军信息化转型过程中经济动员发展历史进程。

2.2.1　海湾战争中的国民经济动员

海湾战争是以美国为首的多国部队于 1991 年 1 月 17 日－2 月 28 日在联合国安理会授权下，为恢复科威特领土完整而对伊拉克进行的局部战争，是当时人类战争史上现代化程度最高、使用新式武器最多、投入军费最多的一场战争，也是机械化战争向信息化战争过渡的一个重要转折点和里程碑。

海湾战争主要战斗包括历时 42 天的空袭；在伊拉克、科威特和沙特阿拉伯边境地带展开的历时 100 小时的陆战。多国部队以较小的代价取得决定性胜利，重创伊拉克军队。伊拉克最终接受联合国 660 号决议，并从科威特撤军。

海湾战争是美军自越南战争后主导参加的第一场大规模局部战争。在战争中，美军首次将大量高科技武器投入实战，展示了压倒性的制空、制电磁优势。它所展示的现代高科技条件下作战的新情况和新特点，给国民经济动员发展带来了众多启示。

2.2.1.1　动员各类资源，保障规模庞大

在海湾战争中，美军共动用了国内近 30 万预备役人员，其中后勤人员占一半以上，仅医务人员就达 4.6 万人，同时征用了几十家海运公司的船只，38 家航空公司的飞机，7 个州铁路部门的 2400 节铁路车辆，数百家运输公司的 4000 辆卡车；80 多个政府和民间经济、技术部门为前线部队筹措作战物资和经费；73 家公司为部队供应食品、服装和药品；全国 1/3 的民用企业突击生产沙漠地区作战急需的武器装备和军需物资，总价值 285 亿美元。在战场上，有 9200 名承包商人员、5200 名文职人员为部队提供直接保障，26 家承包商承担了主要的技术维修工作，数十家地方医院参与了卫勤保障，数十家承包商提供了物资保障。为此，美国《商务周刊》及其他刊物当时把海湾战争看作是"历史上最大的一次后勤之战"。这"历史上最大"5 个字，既展示了海湾战争后勤保障与国民经济动员的巨大成效，又反映了机械化战争向信息化战争转变之初后勤保障与经济动员规模的庞大。

2.2.1.2　广泛动员民用运力，保障美军战略投送

就投送强度看，海湾战争的战略投送与战争进程大致相同，即从 1990 年 8 月开始到 1991 年 2 月结束，持续了 200 多天。仅作战准备阶段的 6 个多月中，美军后勤就跨越上万千米的空域和约 1.2 万千米的海上补给线，夜以继日地向战区投送兵力 55 万多人、各种装备物资 700 万吨，其强度之大如同美军前线后勤最高指挥官帕戈尼斯中将形容的就像"一声令下马上把阿拉斯加州的全体居民及其个人家当全部运到大西洋彼岸"。6 个月中仅"装运的履带式战车就有 1.24 万辆，卡车万台，集装箱万个，如果一个接一个排起来，将长达 302 千米，而在战区的地面运输，则相当于从地球到月球往返 100 次"。为此，美军不仅动用了运输司令部所辖的全部战略运输机和运输舰船，还租用了本国和其他国家数十家航空及海运公司的大量飞机及商船投入战略运输，其中仅外国的大型商船就包租了多艘，在沙特机场降落的运输机每天都在 120 架以上。

2.2.1.3　采取战中补给战略，造成资源巨大浪费

在补给战略上，美军在海湾战争中的补给延续了以往战争的传统，强调"充分的准备"和"以防万一"。其特征是"为了预防所需物资不能按时到达而提前增订物资。在危险的情况下，物资的供应还须加倍"。这实际上是一种"数量规模型"后勤保障，不仅规模庞大，而且响应速度慢、效率不高、难以适应高技术条件下作战行动的需要。在海湾战争中，美军运到战区的 4 万多个集装箱，其中的一半没有派上用场。当停战协议签订时，美军后勤仍储有 29 日份的食品，5～6 日份的油料和 60～100 日份的弹药储备。仅战争打响后新增的 21 日份弹药，就重 29.4 万吨，需要 1.78 万台卡车在战区往返运送一次。战后，美军不得不展开了一场持续达一年的、被称为"移山"的"沙漠告别行动"，将战前费尽九牛二虎之力运到战区的

价值亿美元的补给品，一一清理包装后运回国内。仅集装箱就向国内发送了 4.1 万个，造成了很大的浪费。

2.2.2　科索沃战争中的国民经济动员

1999 年 3 月 24 日—6 月 10 日，以美国为首的北约 13 个成员国对南斯拉夫联盟共和国发动了代号"联盟力量"的科索沃战争。这场战争是欧洲自第二次世界大战以来最大的一次军事行动，也是北约集团成立 50 年来首次以联盟形式对一个主权国家发动的侵略战争。继海湾战争后规模最大、持续时间最长、信息化程度最高的一场局部战争。

科索沃战争历时 78 天，经历了 4 个阶段：3 月 24 日—3 月 26 日为第一轮至第三轮空袭行动，打击南联盟防空系统夺取南联盟地区的制空权；3 月 27 日—3 月 31 日是第四轮至第七轮空袭，打击目标是南联盟指挥中心，瘫痪南联盟军事运作机制；4 月 1 日—4 月 29 日为第八轮至第三十七轮空袭，打击防空设施、指挥控制系统、重要基础设施、政府机构和宣传设施；4 月 30 日—6 月 10 日第三十八轮空袭开始，直至战争结束，进行一天 24 小时不停顿的轰炸。6 月 10 日南联盟开始撤军，北约停止轰炸。这是一场以空袭、反空袭和信息战为主要作战样式，完全由空中力量主宰的高技术战争。这场战争较之海湾战争更能揭示出信息化战争的基本发展走向。

2.2.2.1　紧急启动国家动员机制实施装备快速动员和保障

美国拥有严格的国家动员机制，一旦启动国家动员机制，任何单位和个人都要积极响应。如美军在开战第 6 天就启动国家动员机制，征召了几十架商用飞机和数千名后备役人员参与装备保障。同时，根据法律规定，尽量就地征用社会力量实施装备保障。在美军后勤与装备保障实体中，军队只配少量管理人员，征用的社会力量占 97.6%。美军不仅就地征用了大量民工负责物资发放和运送，而且还动员民间技术力量到空军基地负责生产制作和技术保障。

2.2.2.2　战争目标数据不足，采用添油战术逐渐增加动员物资装备数量

在科索沃战争中，北约集团的战略企图是：迫使南联盟接受朗布依埃协议，达到速战速决的目的。但由于北约集团没有构建战场信息化网络，无法获取实时情报，从而对信息掌握不足，对战场目标数据的掌握有限，对南联盟军队隐藏起来的目标更是一无所知，以致打击效果不佳。另外，由于北约低估了南联盟的抵抗意志，遭到南联盟军队的顽强抵抗，未能如期实现空袭企图，因而以美国为首的北约被迫重新调整部署，逐次增兵，不断扩大打击范围和增强打击力度。从其调集的作战飞机看，由一开始的 400 架，逐次增加到 480 架、600 架、1000 架。因而，美国不得不采取添油战术，逐渐增加动员装备的数量，以适应战争不断扩大对装备的需求。另外，为了适应战争规模和进程超出计划的需要，保持对南联盟的空袭强度，4 月 18 日，克林顿总统正式向国会提交了一份报告，要求增加 59 亿美元的战争拨款。随即美国国会参、众两院分别批准了为美军空袭行动提供紧急拨款的 1999 年度追加预算案，总额为 150 亿美元，比克林顿总统要求的增加了 1 倍，其中 119 亿美元用于美军在南联盟的军事行动和提高军队的战斗力。其他国家如荷兰也为战争增加了 4540 万欧元军费，英国也动用了紧急储备基金。

2.2.2.3　紧急动员军工集团生产精确制导弹药

北约空袭南联盟的空袭作战行动，90% 的攻击任务是由美军承担的，因此弹药的供应绝

大多数来源于美国。由于北约对南联盟抵抗意识估计不足，未能实现在短期内达到战争目的，从而导致了战前的弹药储备不能满足作战的需要，出现了弹药保障危机的局面。在对南联盟空袭的第一个月中，北约共发射了近 420 枚巡航导弹，投下了 6000 多吨炸弹，其中主要是精确制导弹药。由于精确制导弹药需求量的不断增大，且库存量有限，只是空袭开始不久就出现库存数量锐减、弹药供不应求的局面。空袭一个月后，空射巡航导弹仅剩下不足 80 枚，联合攻击弹药（JDAM）的生产能力仅能供 B-2A 轰炸机使用，B-1B 轰炸机、F-16 战斗机等根本得不到保障。为此，美国空军不得不紧急动员波音公司加紧生产 JDAM 炸弹和新型常规空射巡航导弹。同时，美国空军紧急申请 5100 万美元追加拨款，决定将 1400 枚带核弹头的 AGM-86B 型空射巡航导弹中的 92 枚，紧急改装为 C 型带常规弹头的巡航导弹。美国海军也要求紧急拨款 1.13 亿美元，将 324 枚"战斧"式巡航导弹分别进行精确化改装。此外，美军还向以色列军火集团签订了军火合同。以色列传媒报道，科索沃战争已经给以色列带来了数千万美元的订货，这些钱可以使以色列军火工业部门研制更为先进的武器。

2.2.3　阿富汗战争中的国民经济动员

阿富汗战争是美国继海湾战争、科索沃战争之后发动的又一场高技术局部战争，也是发生在 21 世纪第一场以反恐怖名义进行的战争，它也是世界上首次以一个国家的军事力量对一个恐怖主义组织进行的战争。

这场战争于 2001 年 10 月 7 号开始，至 2002 年 3 月主要战争行动基本结束，共持续了 6 个多月。期间，以美国为首的多国部队共动用了 18 万人的兵力，出动了 5 艘航空母舰、4 个两栖舰队大队和 500 架各型战机，对阿富汗塔利班武装和本·拉登"基地"组织实施了代号为"持久自由行动"的军事打击，推翻了塔利班政权，摧毁了"基地"组织在阿富汗境内的主要据点。战争中，美军使用了大量先进的信息化武器装备，并发挥了显著作用。阿富汗战争中，美军在信息战方面占有绝对优势，投入了大量信息战兵力和先进的技术设备，实施了富有成效的信息战行动。面对美军强大的信息优势，塔利班武装也进行了有限的信息战行动。高技术条件下局部战争有了新的发展，信息化装备得到了更为广泛的运用。

2.2.3.1　快速实施军事装备动员，预先进行战区部署

美国向恐怖分子宣战后，在军事装备动员方面就开始了充分准备。首先，多方筹集经费。这场战事平均每月耗费 10 多亿美元。其次，实施快速动员，加速平转战。国防部先后数次发布总统后备役动员令，动员后备役人员转服现役，主要涉及运输、补给、工程、民事、情报等后方专业。再次，预先输送兵员和作战装备物资。

2.2.3.2　联合多国军事装备动员，为前线作战部队提供联合保障

联盟行动是美国重要的军事战略，多国军事装备保障也是美军"聚焦后勤"保障的重要原则。此次作战，美国充分动员相关国家对美军开放军事基地，依托中亚及北约国家海空军基地就近便实施军事装备动员保障。这些基地能迅速完成巡航导弹的装填与补充，能及时提供飞机所需的油料、弹药和航空器材，能及时对飞机进行检查维修，帮助飞行人员恢复体力，具有导弹快速装备能力和飞机持续作战保障能力。

2.2.3.3　重视单兵装备动员，要求承包商提前投入生产

面对阿富汗的复杂地形、艰苦条件和塔利班的恐怖威胁，美军十分重视动员特种部队单

兵装具。特种部队单兵装备突出了体积小、重量轻、功能全、便于携带、使用方便等特点。主要有"陆地勇士"士兵系统、M9 多功能刺刀、防毒面具、钢盔、智能头盔、防弹背心、急救包、夜视眼镜、便携式 GPS 接收机、便携式电台、排雷服、化妆油、水壶、饮用水、水袋、预先被包装好的即食口粮及全套凯夫拉材料的防弹服。

美军积极为作战人员提供各式装备，许多主动前送、超前投入的高技术装备引人注目。美军向来把战场作为新装备的试验场。2001 年 10 月份五角大楼要求承包商加班加点提前将国防部订购的军需装备和物品交付军方。其中，"陆地勇士"士兵系统最抢眼。

2.2.3.4　多点军事装备物资储备，实施装备动员伴随保障

美军远离本土作战，战区地形复杂、资源匮乏，为实现军事装备动员的有效性，其不但在本土存储充裕的物资，在盟国预设陆基储备点，而且实施积极的立体超越动员保障。首先，海上保障船实施水平伴随保障和运输直升机实施垂直保障相结合。其次，隶属于空中机动司令部的"加油机运输机控制中心"负责指挥与调度空军加油机和运输机的业务，其力量分为全球到达、配置与展开、战略空运与空中加油三大块。再有，在海上设有由预置舰船组成的"浮动仓库"。空军第 28 远征联队和海军后勤保障部队，负责从"伯纳德·渔民少校"号等海上弹药预置船上卸载弹药，大型卡车运往附近的储备库。这是自 1999 年该船装载弹药并配置在海上以来首次为支援作战进行卸载[2]。

2.2.4　伊拉克战争中的国民经济动员

伊拉克战争是以英美军队为主的联合部队在 2003 年 3 月 20 日对伊拉克发动的军事行动，美国以伊拉克藏有大规模杀伤性武器并暗中支持恐怖分子为由，绕开联合国安理会，单方面对伊拉克实施军事打击。由于这次战争实际上是 1991 年海湾战争的继续，因此，这次战争也被称为"第二次海湾战争"。

到 2010 年 8 月美国战斗部队撤出伊拉克为止，历时 7 年多。2011 年 12 月 18 日，美军全部撤出。由于伊拉克战争使用了大量的美国现代化新式武器，加上美军使用的武器费用非常的高昂，这场战争也被称为浪费钱的战争。这次战争再次诠释了科技是现代军队发展和军事实力的重要支柱。伊拉克战争是世界新军事变革走向深化的重要标志。

2.2.4.1　实现精准保障，动员范围相对有限

海湾战争后，美军提出"聚焦后勤"模式和"精确保障"等理论改进后勤与经济动员体系，以解决海湾战争中后勤保障出现的问题。为了打赢伊拉克战争，美国再次启动了国家战争动员机制，但动员的深度、广度和力度都极其有限。战前征召的预备役后勤人员不过几万人，且重点是卫勤保障、装备维修和工程建筑等技术人员。在民用运力动员方面，美军第一类预备役部队当时拥有 72 艘大型运输船只，但是只动员了 16 艘大型滚装船和 3 艘货船。在商船动员方面，美国仅动用了 50 艘大型商船，其中外国商船 10 余艘。在国内航空运力动员方面，美军在战争的第一阶段仅征用了国内多家航空公司的 47 架民用飞机和 31 架宽体运输机。在本土陆地运输方面，美国陆军军交管理局只动员了少量民用铁路和汽车运输部门，来协助完成装备和物资的运输任务。同时，美军动员了包括民用航空业、化工业、精密机器制造业、特种设备制造业、航运业在内的国内许多行业，突击生产沙漠地区作战急需的武器装备和军需物资，其中波音等几家大公司，由于直接参与武器制造而获得了美国国防部 80%以上的军事订货。另外，美军方还征用和租用了部分商业卫星、民用信息网络，以弥补信息传输能力的不足。

在伊拉克战争中美军经济动员规模虽然大大少于海湾战争，但动员的科技含量却大为提高。这既反映了新军事革命所导致的动员需求的重大变化，也进一步证明了信息化战争条件下的经济动员正在实现由传统的人力密集型向科技密集型、数量规模型向质量效能性的重大转变。

2.2.4.2　美军加强了战略预置，战略投送强度大幅度降低

在伊拉克战争中，美军的战前准备阶段从 2002 年 8 月到 2003 年 3 月，时断时续地进行了 7 个多月，共向战区运送兵力约 30 万，装备物资约 300 万吨，直升机 700 架，坦克 1500 辆。投送的人员和物资总量仅相当于海湾战争的一半。为此，美军先后动用军、民用运输机 1100 多架次，大型船舶 70 余艘次，数量比海湾战争明显减少，投送过程较为从容，投送强度大大缓解。

伊拉克战争美军战略投送强度的降低，在很大程度上是由于加大了战略预置的力度。海湾战争时，美军在海湾周边地区没有装备物资的预置，以至于战争爆发后，不得不动用所有海空运输力量来实施长达半年的高强度战略投送，使得战争行动一拖再拖。海湾战争后，美军吸取上述教训，在海湾周边的陆地和海上预置了大规模的装备物资。在陆上，美军于科威特储备了编组 1 个师所需的基本武器装备和可供 15 日份需要的 1260 吨油料、弹药、给养和技术零配件。在卡塔尔首都多哈郊外的储备基地，储备了能装备 1 个装甲旅的全部装备物资。同时，在多哈港还有储有 75 万桶油料的油库。在海上，海湾战争时，美军海运司令部仅向海湾部署了 5 艘预置船；而在伊拉克战争前，美军海运司令部则拥有 42 艘大型海上预置船，其中派到战区水域的就有 22 艘。仅海军陆战队 13 艘海上预置船装载的装备物资，即可保证 1.73 万名陆战队员 30 天行动的需要。

大规模的战略预置，既缓解了美军战前投送对于运输工具、港口、机场道路等造成的沉重压力，也相应减少了利用民力特别是海空运力的程度。加之美军战前大量研制了高性能的制式运输舰船，也大大提高了投送效率，降低了投送强度。如海军新服役的 10 艘大型滚装船，每艘可运 3000 多辆多用途运输车，装载量为海湾战争时最大运输舰装载量的 2 倍，而卸载时间却仅为当年的 1/5。

与海湾战争相比，美军战略投送强度低，预置力度大，对民力的依赖性小。其背后是战略后勤的充分筹划和"军事后勤革命"所导致的后勤与经济动员体系科技含量的成倍提高。

2.2.4.3　实施"聚焦后勤""精确保障"战略，后勤与经济动员规模大幅度降低

在伊拉克战争中，美军后勤通过近年来实施的"精确保障"战略，贯彻了使成本最小化的"即时后勤补给"战略；一切物资只是按需要的量，在需要的时间，投放到需要的地点，而没有为应付可能发生的情况做准备。为此，战前美军根据对战争进程的预测，只储备了一周的后勤物资。其他则通过新建立的全资产可视系统、以配送为基础的补给系统和全球战斗勤务保障系统等，来进行"适时、适地、适量"的补给，既在很大程度上保证了战中需要，又最大限度地提高了军事经济效益。对此，一位华盛顿后勤专家评论说，"如果按照以前的后勤系统运作，美军在今天的伊拉克战争中，就不可能推进得这么快。"

（1）在补给方式上，伊拉克战争与海湾战争虽然都实行基地保障和伴随保障相结合的方

式，但侧重点有很大不同。

海湾战争由于实行以长时间的远程火力打击为主的作战样式，因而后方基地成为后勤保障的主体。而伊拉克战争由于以地面进攻的作战样式为主，伴随保障就成为主要方式。就是同样的地面作战补给，伊拉克战争与海湾战争也有很大区别。海湾战争时美军后勤首先采用蛙跳战术，在敌后纵深开辟实施油料、弹药、给养补给的主基地，随战线向前推进，再建立一个个补给站，为作战部队提供一种阶梯式补给，补给层次比较多。而在伊拉克战争中，美军则直接由远离战场的阿里法贾恩补给大本营向作战部队提供油料、弹药、供水等物资的直达补给，既增强了及时性，又减少了战区后勤的补给层次和规模。如战争打响后，美军第 3 机步师长驱直入，创造了日推进 160 千米的纪录，相当于海湾战争时部队推进速度的 3 倍。为此，美军后勤派出了一支每辆车可装载 5000 加仑（约 18925 升）柴油的油罐车队，对前进中的第 3 机步师进行直接补给。同时，利用数百架运输直升机，灵活实施空中快速机动补给和医疗后送，极大地提高了保障效率。当然，由于地面作战的时间和战线较长，气温高、温差大、毒虫多，且作战时正为沙尘暴多发季节，自然环境恶劣，也严重制约了美军后勤实施的直接保障行动。特别是 3 月 25 日以后，由于强沙尘暴的影响，运输直升机无法升空，地面运输车辆行驶困难，部分保障装备不能正常使用，美军后勤无法保障部队继续行进，士兵只能在战车内宿营，严重影响了后勤保障的时效性。美军中央司令部发言人布鲁克斯将军承认"美军的高速推进加之强沙尘暴天气导致美军后勤补给严重受阻，后勤部队已成为美对伊作战的最大软肋"。

（2）在补给内容上，伊拉克战争由于广泛使用了精确制导武器，因而精确制导弹药的补给比例越来越高。

在海湾战争中，美军只有 20%的战机能发射精确制导弹药，而此次作战几乎所有战机均可发射。海湾战争发射的精确制导弹药，只占弹药发射总量的 7%～8%，而伊拉克战争中，美军使用的精确打击武器为海湾战争的 10 倍，达到弹药投放总量的 70%～80%。据美军方宣布，从开战到 4 月中旬，共发射和投掷精确制导炸弹 1.5 万余枚，其中巡航导弹 750 多枚，这说明，对精确制导弹药的补给越来越成为美军战争补给的重要内容，同时也相应减少了后勤保障的规模和强度。这是十多年来的新军事革命给美军战中补给带来的最具革命性的变革。

2.2.5　美国军事后勤与经济动员的特点

20 世纪 90 年代以来美军发动的这 4 场局部战争，战争的规模和样式都在随着战争目的的变化而不断改变，与之相适应的预备役部队动员思想也在不断地变化和完善。实施了广泛的战争动员，更新并实践了新的动员理念。集中展示了美军在信息化转型过程中，军事后勤与经济动员所产生的阶段性成果，揭示了美国军事后勤与经济动员的一般规律。

2.2.5.1　强调信息主导

基于信息系统体系作战中的国防动员，是用信息流引导能量流和物质流，实现力量的高度聚合、资源的科学分配和能量的精确释放，把动员潜力科学、快速、精准地转化为战斗力，为信息化条件下的战争服务。如伊拉克战争中，美国运用"全军资产可视系统""物资在运可视系统""新型战场分发系统""目标保障能力系统"，成功实现了动员需求与供给的平衡对接，既能实时掌握"动员潜力有什么、在哪里、有多少"，也能确切知道"战场需求是什么、投哪里、投多少"，并能掌握"运送状态"，实现了国防动员效能最大化。这一动员实践启示我们，信息化战争中的国防动员凸显了信息主导的作用，进而牵引着国防动员建设的发展方向。

2.2.5.2　强调快速动员

动员一直是伴随战争不可或缺的重要行动与内容，极大影响战争的结局。以往战争强调动员的数量，靠量的积累达成目的；信息化条件下的局部战争制胜机理发生了根本性改变，强调的是速度，战争讲究一个"快"字，谁能在最短时间内集聚最强大的战争能量，并在最短时间内释放出来，谁就会掌握战争的主动权乃至赢得战争。未来信息化战争的持续时间将以天甚至小时计算，往往初战即决战，一旦动员迟缓，战局就会被动。因此，基于信息系统体系作战，要求国防动员建设必须建立简捷便达的指挥流程，以便实现信息快速流动，使动员准备与作战筹划同步组织、动员实施与作战行动实时联动、动员调控与作战指挥同步进行、动员保障与作战需求快速对接，确保在最短时间内启动动员预案、实施动员行动、完成动员任务。

2.2.5.3　强调动员精准

近期几场信息技术含量较高的局部战争表明，信息化条件下的局部战争，强调精确打击、精确保障，追求以小的代价换取最大效益，与此相适应，国防动员也从战争实践教训中逐步总结出精确准备、精准实施、精确保障的经验，力求战争需求与动员供给实现"零差距"和"无缝对接"，进而达到供需平衡。海湾战争中，美国沿用传统动员模式，动员物资多达 1.86 亿吨，但实际消耗仅 3000 多万吨。伊拉克战争中，美国充分吸取海湾战争中的动员教训，战前通过模拟推演，对动员需求等进行精确计算，并借助先进的信息化系统掌控动员供给与军事需求进度，只动员了海湾战争时物资的 10%就满足了战争需要。信息化战争实践与理论研究表明，基于信息系统体系作战国防动员正在由数量规模型的"粗放式"向质量效能型的"精准式"聚焦。

2.2.5.4　强调体系对抗

基于信息系统的体系作战是体系与体系的对抗，战争胜负取决于整体作战能力的发挥。国防动员作为联合作战体系补缺补弱的重要组成部分，必须向形成基于信息系统体系作战下的动员能力方向发展。为此，国防动员建设必须积极适应体系作战的需要，遵循体系建设规律，按照"整体设计—分类建设—系统集成"的思路，协调推进人民武装、经济动员、人民防空、交通战备、政治动员、信息动员、装备动员等各子系统建设，从而实现由分散动员向成体系动员转变，满足打赢未来信息化条件下局部战争的需要。

2.3　国民经济动员的基本内容

2.3.1　信息化战争条件下国民经济动员的内涵

经济动员活动是伴随着战争产生的，因而早期的经济动员理论是从战争动员理论中发展起来的。1921 年英国经济学家 A·C·庇古在《战争的政治经济学》中首次提出了"经济动员"。此后，在 1935 年德国军事家埃里希·鲁登道夫在《总体战》中集中论述了"经济动员"。传统的经济动员概念存在不同的表述形式，认为国民经济动员是为维护国家安全，有计划有组织地提高国民经济应变能力，将国民经济由平时状态转入战时状态所进行的一系列活动。从这个定义中可以看出传统的国民经济动员概念具有以下共同特征：第一，把经济动员定位在经济体制转型上。认为经济动员是将经济部门或经济体制由平时体制转为战时体制（或轨道），就是说经济动员必须使经济体制发生变更。第二，把经济动员定位在战时活动上，认为经济动员是将平时状态向战时状态转换的活动，因此，只有战争时才进行经济动员。第三，把经济动员定位在为军队作战或为应战服务上。以军事理论作为立足点，把经济动员活动定位于为满足军事需求服务，认为经济动员的目的是为了增加武器装备及其他军用物资生产。另外，经济动员理论以经济理论为支撑，把经济动员定位于国家经济能力的扩充上。如董问樵在《国防经济论》中将国民经济动员解释为"所谓经济动员，就是把一个民族或国家的所有经济力量，当军事的或经济的战争危机之际，适应国防的需求，组织而活用之"。

自国家国防动员委员会成立以来，国民经济动员工作进入了新的时期，国内学者和实际工作者开始探讨新时期国民经济动员的内涵、特点以及国民经济动员系统的运行机制。新时期的国民经济动员概念以国家经济动员办公室原主任陈德第同志提出的概念最具代表性，其将国民经济动员定义为"国家调动经济资源潜力和社会的物力、财力应对紧急事态的活动"。在这个定义中没有强调经济动员活动为战争服务，而是将战争包含于紧急事件的范畴。将经济动员活动从单一的为战争服务扩展到为紧急事态的处理上。此外，没有强调国家经济运行状态的转变。由于国民经济动员的应用领域拓展到紧急事件的范畴，而事件的涉及范围和影响国民经济的程度各不相同，并不是每次紧急事件发生时都将改变国民经济的运行状态，因此在定义国民经济动员时没有强调经济运行状态的转变，更加符合国民经济动员发展的需要。之所以称"国民经济动员"，而不是"国防经济动员"或"军事经济动员"，主要是强调经济动员活动可以涉及一个国家或地区范围内的所有经济资源，明确了经济动员的对象。

国民经济动员理论正处于高速发展时期，现有的理论与技术支撑体系已经不能适应经济动员的发展，需要改革现有的经济动员运行机制以适应经济动员的发展，以使国民经济动员系统在处理紧急事件过程中发挥更大的作用。

2.3.2 国民经济动员的特点

2.3.2.1 需求的导向性

经济动员是经济活动，其直接目的是获取经济资源。但这一经济活动的最终目的是保障战争的需求和社会稳定。合理的经济动员需求向人们展示出未来战争的需求概况，平时的国民经济动员建设是建立在合理预测国防需求之上。因此，以需求为导向，主要表现在服从国家安全需要，有着独特的运行方式和特殊的表现形式；国民经济动员首先要考虑政治因素，而不是经济因素，要求企业和个人的经济活动必须以国家利益为重，服从国家整体利益。

2.3.2.2 动员的广泛性

国民经济动员作为一种特殊的经济管理活动，涉及不同的经济部门与领域，关系每个集团、每个企业、每个个体。国民经济动员不仅要保障突发事件的需求，还要保障区域内经济的稳定，保障人民群众的正常生活，涉及国家经济的生产、流通、分配等各个环节。一个国家在不同时期经济动员内容是不一样的，这种差异是由当时社会生产力和科学技术水平决定的，但广泛性却是相同的。在面对较大规模的战争和突发事件，都要实施国民经济动员。无论是全面经济动员还是局部经济动员,其内容的广泛性是一样的,差别仅仅在于量的多少而已。

2.3.2.3　运行的时效性

战争或者突发事件通常具有爆发突然的特点,在较短的时间内需求急剧增加,要求国民经济动员能在较短的时间内快速做出反应,动员时间过长,反应过慢就有可能失去最有利的应对期。因此,区别于其他经济管理活动,国民经济动员管理活动具有很强的时效性。时效性也是衡量国民经济动员活动的一个重要指标。

2.3.2.4　动员手段的综合性

国家是实施国民经济动员的主体,国民经济领域的一切要素都是动员要素,而政府是国家权力机构的主要代表,因此在动员过程中政府代表国家通过多种动员手段行使动员职能。动员目标的实现需要一系列行之有效的手段。通常动员过程中政府可以采取法律手段、行政手段和经济手段 3 种主要经济动员手段。在社会主义市场经济体制下,经济成分多元化,单纯推行以行政手段为主的动员方式是无法适应社会发展的需要,因此要强化法律和经济手段的运用。在实际动员过程中政府行使的行政手段、经济手段都是借助于法律手段,以法律形式表现出来,对违规者加以必要制裁,发挥强大的威慑作用、保护作用及调节关系的作用。

2.3.2.5　属性的社会性

国民经济动员活动的最终目的是维护国家安全。国家安全和国防都属于特殊的公共产品。经济动员活动作为社会经济资源在紧急状态下的重新配置,同自由市场经济条件下资源优化配置相比,具有"弱经济性"的特点。

2.3.3　国民经济动员的基本任务

国民经济动员组织体系的基本任务是:在和平时期,进行国民经济动员准备,厚积动员潜力和完善转换机制;在临战状态和紧急状态以及战时,实施动员潜力向战争实力的转变,以保障作战需要;在战争即将结束或战后,组织国民经济复员,在推进正常经济秩序恢复的同时,筹划未来的动员准备与实施。因此,国民经济动员从时序上划分为动员准备、动员实施和复员 3 个主要阶段。分别对应着常态、危态和回归态 3 种不同的动员状态,以及经济发展、危时经济和经济恢复 3 种不同的经济环境[2]。

2.3.3.1　准备阶段

常态是指社会处于非危机状态的有序发展时期,国民经济处于动员准备阶段。在此情境中,动员工作主要是加强应对危机的经济潜力建设。动员准备是调节应对危机常备经济力量与整个国民经济比例关系的手段;是遏制战争的强大威慑力量;是经济动员"平时服务,急时应急,战时应战"的物质基础[3]。信息化条件下,"应对多种安全威胁,完成多样化军事任务"的重要体现。动员的经济环境是市场机制主导下的正常发展环境,经济发展和进步是社会的主要任务与目标。准备阶段主要包括国民经济动员潜力调查、动员预案管理、国民经济动员演练、专业保障队伍建设与国民经济动员中心建设等。

1. 国民经济动员潜力调查

国民经济动员潜力调查是我军面对的新形势和新任务,也从深层次上引发了经济动员需求的变化。国民经济动员潜力建设是国民经济动员准备的首要任务,国民经济动员潜力是当前国民经济动员学研究的核心问题,因为国民经济动员的前提是国民经济体系具有国民经济动员潜力。国民经济动员潜力是国民经济体系的属性,它在国民经济体系被动员时表现出来。定期或不定期地调查国民经济动员潜力情况,才能比较全面、准确地把握国民经济动员潜力,为加强经济动员基础建设和制定国民经济动员发展战略和策略提供可靠依据。

国民经济动员涉及对象广泛,构成国民经济动员潜力的要素众多,涵盖经济基本状况、人力资源、物力资源、设施与机构四大模块,潜力调查任务涉及国民经济诸多部门、行业和领域,是一项较繁杂的系统工程。国民经济潜力调查是一项带有全局性的工作,在具体实施时要注意如下问题:

(1)建立科学的国民经济动员潜力调查指标体系。潜力信息是国民经济动员信息化的基础,而指标体系是基础的基础。只有确立合适的指标体系,才可能建立分层、分布的统一潜力数据库,为经济动员信息收集、存储、处理打下基础。在建立潜力调查指标体系中要注意标准统一问题,包括军队标准与国家标准的统一以及不同地区标准的统一。只要这样,通过潜力调查建立的潜力信息平台才可能实现共享,全国经济动员工作才能够一盘棋。

(2)依托政府统计体系,动态更新经济动员潜力数据。国民经济动员潜力调查涉及经济基本状况、人力资源、物力资源、设施与机构四大模块19个小项,需要依靠多个部门共同协作来完成。在有关数据的采集中,要充分依托政府部门的统计渠道和技术力量,并随年度统计信息动态更新潜力数据,才能保证经济动员潜力数据的准确、权威和及时更新,避免对同类潜力数据的重复采集。同时,在潜力调查中应借助信息技术建立经济动员潜力信息管理系统,并开发和统计系统的接口软件,使经济动员信息采集工作规范化、定期化成为可能。

(3)强化对国民经济动员潜力资源的科学评估。经济动员潜力是一个地区人、财、物家底的总和,由价值量和实物量构成,而动员关心的是实际供给水平即可动员量,如何将潜力资源转化为可动员能力是潜力调查的真正目的所在。因此,通过对潜力调查数据的统计、分析与评估,梳理出重点行业、重点企业、重要物资和产品的动员潜力,整合出重点方向、重点地区和重点行业的国民经济动员准备力量,直观、便捷地反映当地潜力资源的可动员情况,为有针对性地开展国民经济动员提供依据和工作平台。

2. 动员预案管理

预案是针对可能发生的战争或突发事件而预先制定的系统周密的应对方案。而国民经济动员预案是为满足未来战争和突发事件对国民经济动员的需求而预先制定的动员实施方案。它是国民经济动员准备活动的核心内容。主要发挥以下作用:

(1)预案是现实快速动员决策的基础。通过制定预案可以提高动员决策的效率,为决策者快速决策提供必要的依据。

(2)预案为国民经济动员潜力调查确立目标。潜力调查是国民经济动员的准备阶段,是一项重要的工作。潜力调查的结果,通过相关的理论分析与数据处理后,为动员决策提供基本的数据基础。但是,在实际工作中,确定潜力调查的范围是一项艰巨的工作。范围过窄,无法满足实施动员任务的要求。范围过大,将浪费大量的资源。通过编制各种应急预案,摸清实施经济动员过程中可能出现的需求,进而制定出潜力调查计划以及进行潜力评价的指标体系。

(3)预案是国民经济动员演练的依据。国民经济动员演练是对经济动员活动的真实模拟,是检验经济动员系统应对紧急事件能力的重要手段。预案是进行动员演练的前提条件。从实际情况来看，经济动员演练都是以预案为依据的。

（4）预案建设是国民经济动员信息化的重要组成部门。国民经济动员信息化的目的是通过现代化的信息手段，加强动员管理，提高动员准备水平和执行动员任务的效率。

预案按照动员任务涉及的范围，可分为总预案、行业预案和专项预案；按照管理层次，可分为国家级预案、省级预案、市级预案；按照动员任务的类型，可分为产品型预案、保障型预案和组织程序型预案。国民经济动员活动牵扯的范围广泛，其实质是国家在特定的条件下对国民经济体系的调控，具体承担这种调控任务的是各级政府及职能部门或者授权部门，而被调控的则是整个国民经济体系，是典型的管理活动，如图 2.3 为预案的层次关系图。在实施国民经济动员的活动中，涉及组织、指挥、协调、控制等，但是其核心是决策，其他职能则是执行决策过程中的必要手段[4]。

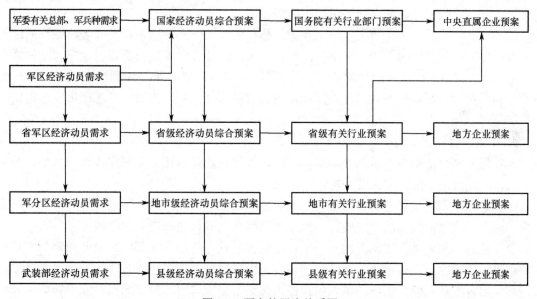

图 2.3　预案的层次关系图

3. 国民经济动员演练

国民经济动员演练是和平时期国民经济动员准备的重要内容之一。国民经济动员演练，即国民经济动员演习，是通过模拟非常状态，使演练对象的各项动员工作按照战时动员工作的实际步骤和方式进行训练。国民经济动员演练是保证战时动员快速有效的重要手段之一，是检验动员机制、锻炼工作队伍、提高组织协调能力、验证预案的有效方法。

国民经济动员演练具有多种演练方式、组织形式以及复杂的演练组织程序，涉及国家、战区、省、地市等各级经济动员管理机构和各种类型的动员企事业单位，如图 2.3 为省级国民经济动员预案仿真演练系统关联图。目前，我国经济动员演练工作的组织实施，最直接的方法是针对各种类型的国民经济动员预案，结合动员组织指挥、潜力调查、任务分区、企业生产、专业保障和运输保障等动员内容，组织实战条件下的动员演练。在实际的国民经济动员演练中，所面临的主要困难主要有以下几方面。

（1）演习过程复杂。动员过程涉及动员令发布、预案启动、指挥体系建立、任务下达、任务执行、突发情况处置以及动员复员等环节，既包括宏观管理过程，又包括微观执行过程。

（2）演练对象众多、协同困难。演练对象涉及国家、战区、省、地市级国防动员管理人员、经济动员管理人员、政府部门管理人员，以及企事业单位动员管理人员，演练需要军队、政府、企业协同参与。

（3）动员预案类型多，需要有不同的演练方式。动员预案涉及国家、战区、省、地市级的综合预案、专项预案，以及物资生产、专业保障队伍、物资征用、交通运输、重点目标防护等企业预案。不同类型的预案，其动员实施过程及方式会有所差异，需要有不同的演练方式。

（4）突发情况多，难以事先设计想定。动员过程中可能出现的突发情况复杂，如物资、人员、能源等不足会导致的动员任务无法完成或延期完成，空袭、破坏等会导致任务中途停滞、延误或无法完成等复杂情况。由于突发情况的不确定，在演练方案制定中无法明确具体的突发情况，只能由导演部在演练过程中随机设置。

近年来，以计算机仿真为主要技术支撑的仿真演练或仿真训练正逐渐成为演练与训练的主要发展趋势。与此同时，团队训练方法也被引入到大规模多人协同仿真训练中，以加强训练效果。为了解决国民经济动员实战演练成本高、灵活性低等问题，需要运用团队训练方法，研究一种分布式交互环境下的国民经济动员仿真演练系统，从而为国民经济动员演练提供一种新的可行途径。

4. 专业保障队伍建设

专业保障队伍是动员力量的基本组成部分，其建设质量直接关系到作战保障水平，是衡量一级国民经济动员能力的重要指标。

专业保障队伍担负任务的特殊性，要求保障队伍无论是在平时，还是在特殊情况下，都要招之即来、来之能战、战之能胜，因此专业保障队伍必须实行规范化管理。

（1）把各专业保障队伍纳入民兵组织体系进行管理。各级主管部门和企业都要高度重视专业保障队伍的管理，确定分管领导，明确职责任务，把专业保障队伍管理工作列入单位工作日程。把各专业保障队伍统一纳入民兵组织体系，依靠政府职能部门和行业主管单位分系统对口管理，保持体系健全，队伍在编在位。要按照民兵干部和预备役军官标准，选好、配齐、配强专业保障队伍领导和骨干。

（2）建立健全各项规章制度，理顺内外关系。要合理制定专业保障队伍各级领导、人员的工作职责和规章制度。各类人员要明确岗位职责及规章，真正做到职责明确，工作有依据，为事有遵循。各专业保障队伍要健全和完善年度工作计划和检查、考评、总结、报告等制度，定期开展教育和训练活动。科学合理地制定各类保障预案，结合生产和工作任务有计划地开展演练，不断提高保障能力。军分区、人武部和基层武装部要切实把各专业保障队伍的教育、训练内容纳入民兵专业分队教育、训练体系，统一下达任务，统一考核验收；当地政府要把各专业保障队伍建设经费纳入财政预算统一解决，从而真正实现各专业保障分队与民兵专业分队统一建设、共同使用的目的。

（3）加强人才培养。要加强专业保障队伍人才培养，尤其是要加强懂专业、懂指挥、组织协调能力强的人才培养。按照"立足自身、重点扶持、以点带面"的思路，采取"走出去、请进来"等方法，大力培养一批专业骨干，把专业保障队伍训精练强。

（4）进行合理编组配置。随着应急机制的不断完善，要更加重视对专业保障队伍的编组配置问题。要按照"长期建设、平战兼容、合理布局、逐步规范"的原则，加强动员支前专业保障队伍编组配置，使之成为"人员精干、装备齐全、训练有素、作风过硬、反应灵敏、突击力强"的保障力量。要根据应急作战需求和经济动员支前保障可能担负的任务，围绕"三重两沿"（重点方向、重点地区、重点目标、沿海一线、交通沿线）地区合理调整和优化各类专业保障分队的组织结构，科学编配人员，搞好队伍建设，做到保障任务重的多编、技术对口的单位多编，确保专业保障队伍保障能力的提高。

5. 国民经济动员中心建设

国民经济动员中心是为应付战争和突发事件，解决在非常时期对武器装备、技术、物资和劳务的供需矛盾，依托企、事业单位，建立具有平战转换能力的生产和技术保障微观单位。国民经济动员中心是国民经济动员准备的一种新型组织形式。它以将国民经济应变潜力转化为国民经济应变实力为主要目的，通过依托特定的企事业单位及相应的产品、人员、技术、工艺、设备等，坚持在经济建设中搭载国防功能，反映国民经济动员要求，促进国民经济军民兼容程度和平战转换能力的提高。在国民经济动员中心建设时应注意把握这样几个问题。

（1）明确国民经济动员中心内部领导分工与职权设置。主要解决好以下问题：例如，具体区分生产组、技术组与管理组的职责权利，以防出现"三不管"的"真空"现象，避免相互推诿责任和利益分配不合理；中心实行主任负责制，但应该是管理委员会领导下的主任责任制。

（2）加强对国民经济动员中心的管理与监督。国民经济动员中心一方面要参与企业生产经营活动，追求自身利益的最大化；另一方面还要承担国家赋予的特定国防任务。因此，国民经济动员中心必须兼顾经济利益与国防利益，防止只注重自身经济利益，而将强化国防功能的任务置之不顾。政府必须要加强对国民经济动员中心履行国防功能的情况予以适当的监督和管理，对于履行国防职能较好，给予精神和物质上的奖励；对于享受国家优惠政策、接受国家投资但不能按照要求形成动员能力的企业，可给予包括摘牌在内的行政处分，返还国家资金及罚款等经济处罚，并保留追究法律责任的权利。

（3）合理解决国民经济动员中心的保障经费。一方面，国民经济动员中心国防功能的形成和维持，必然要有一定的投入，因此要解决国民经济动员中心的经费保障问题；另一方面，"国民经济动员中心"的招牌是一种无形资产，有利于企业对外树立良好形象，提高企业知名度，拓展企业产品市场。要将相应的无形资产以市场化的方式做出评估，相应冲抵国家投入。

2.3.3.2　实施阶段

国民经济动员实施是国民经济动员活动的关键阶段，直接决定经济动员活动的成败。国民经济动员实施是指在分析紧急事件的基础上，按照处理事件的需求，确定经济动员的方式、规模、强度和时机，并组织实施动员方案的活动。国民经济动员的实施一方面需要依靠平时有效的经济动员准备，另一方面需要在紧急情况下建立完备的经济动员组织体系。在国民经济动员实施中主要涉及情况通报与动员预先号令发布，完善组织机构，潜力核实，动员任务区分、下达与执行这样 4 个主要环节。

1. 情况通报与动员预先号令发布

根据国家面临的全局形势，经过分析、判断决定实施国民经济动员，也就是将经济运行体制转入战时体制或非常时期体制。国民经济动员预先号令的发布是按照《中华人民共和国国防法》以及其他相关法律条款进行的，发布动员预先号令方式可以是公开、半公开、秘密等，发布的对象是国民经济动员机构、各有关部门以及各级地方政府。动员预先号令一般包括以下内容：①紧急事件态势，受到威胁程度的评估和预测等；②战时或非常时期经济动员组织的组成和权限；③经济动员范围、强度、任务、时间和期限等。国民经济动员机构针对动员预先号令的具体情况展开相应的动员准备工作，如完善组织机构、潜力核实等。

2. 完善组织结构

国民经济动员结构在平时和战时的任务内容、工作量、紧迫程度均有很大的不同。经济动员机构应当是一种具有弹性机制的组织，和平时期所需人员要少而精，紧急状态下一旦需要就可以及时扩充，同时要赋予相应的权利和责任。实施过程中，首先需要进行各级动员组织结构的平战转换，主要包括战时组织机构的完善，战时人员的调整等。

3. 潜力核实

各级动员机构进入非常状态之后，在动员任务区分与执行之前，省级国防动员委员会、国民经济动员办公室需要针对当前的动员任务需求情况，组织各地市级开展全面潜力情况及专项潜力数据核实，从而为后续动员任务的分解落实提供动员潜力依据。

4. 动员任务区分、下达与执行

动员任务落实是动员实施的关键环节，在转入非常状态后按照实施方案完成国民经济动员任务，它包括动员任务的区分、下达与执行等。国民经济动员办公室将动员任务逐级分解，并监管动员任务的执行情况，由动员单位负责完成具体动员任务的实施。国防动员委员会则主要负责动员任务下达和相关的组织协调工作。

2.3.3.3 复员阶段

复员是国家把战时（急时）体制及其相应的活动，全部或者部分地由战时（急时）状态恢复到平时状态所进行的一系列活动。与动员准备和动员实施一样，复员是国家的战略问题。组织搞好复员活动，对于国家及早恢复经济社会秩序，安定人民生产生活，最大限度地减轻国家和人民群众的各种负担，具有重要意义。

复员既涉及军事、政治、经济、文化、外交等国家经济社会的各个方面，又涉及武装力量动员、国民经济动员、人民防空动员、国防交通动员和政治动员等国防动员的各个领域，归纳起来其内容主要包括以下几个方面。

1. 裁减兵员，安置参战支前人员

裁减兵员是武装力量复员的主要内容。战时（急时）国家会动员大批国防后备力量和参战（应急）支前人员，以保障满足应对战争、突发事件和紧急状态的需要。战争、突发事件和紧急状态结束后，继续保留规模庞大的武装力量和参战（应急）支前人员，已经失去其原有的必要性，需要通过组织实施复员，使一大部分兵员退出现役，使大批参战（应急）支前人员回到其原有或者新安排的工作岗位。

2. 调整国民经济的结构和布局

国家需要对原来适应战时（急时）需要的国民经济结构和布局，重新做出符合平时需要的恢复和调整。调整的内容主要包括：调整国民收入的分配结构，降低军费占国家财政支出和 GDP 的比例；调整投资结构、信贷结构，以及产业结构、产品结构、就业结构、企业结构和消费结构等。同时，调整前方与后方、沿海与内地、城市与乡村等区域布局，促进生产力的优化配置。

3. 基础设施的修复与重建

在战时遭到空袭，或遭到突发事件、紧急状态损毁的基础设施，需要在战后（事后）经过修复、改建、扩建、迁建或者新建，以迅速恢复其支撑、保障和带动国民经济其他行业发展的特有功能，这自然成为复员工作的一项重要内容。

4. 企业的回迁和再转产

战后国家把战前迁到战略后方的部分企事业单位迁回原地，或者采用兼并、破产、重组、股份制改造、合作、联营等有效方式，使生产力要素得到重新配置。同时，经过实施紧急转扩产措施，在战时大量生产加工军品的民用企业，在战后也需要进行再转产，使之由战时生产加工军品，恢复到生产加工民品的轨道上来。

5. 战略储备的补充

战后为了适应新一轮动员准备和动员实施的需要，应结合国家经济社会恢复发展，重新研究确定国家战略储备的品种、结构、规模、水平和布局，有计划有步骤地把国家战略储备补充恢复到平时状态。

6. 征收征用的返还和补偿

战后通过征收征用获得的交通工具等设施设备，能够修复的，应当在修复、恢复原有功能后及时返还；不能修复的，经过核实、评估后，应当及时进行赔偿或者补偿。剩余的被征用物资，能够归还的应当及时归还；不能归还的，应当依法给予适当补偿。信道和频谱等信息资源，也应当及时恢复民用功能，等等。

7. 管制的解除及人员的抚恤

国家会根据需要，适时解除管制措施。如解除在交通运输、物价等方面的各种限制措施，恢复调整作息制度和学制等，从而使国家在政治、经济、社会和军事等方面的活动，迅速由战时状态恢复到平时状态。国家需要依法对参与参战支前、抢险救灾等活动的公民和组织进行抚恤和救助。

8. 调整政治宣传和对外关系

战后国内外环境已经发生了重大变化，政治宣传和对外关系的方针、原则、内容和重点等，也必须根据需要做出相应的调整，以迅速恢复到平时状态。

9. 恢复调整国家体制

在战后，成立的战时（急时）国家体制的前提已经消除，国家需要有计划有步骤地精简、撤销或者合并某些战时机构，收回某些机构的战时授权；将已经动员的设备、设施、物资等资源的控制权，收归国家宏观调控部门等。此外，还应当依法适时终止只能在战时适用的各种法律法规等。

2.4　信息化战争对国民经济动员的要求

2.4.1　国民经济动员准备体系化

为了应对信息化战争，要加强潜力调查、预案编制、动员中心建设、专业保障队伍建设、物资储备等准备工作，使得国民经济动员准备工作适应信息化战争体系作战的需要。

信息化战争主要特点为战争体系整体对抗，要求国民经济动员也要走向准备体系化。为此，国民经济动员准备要从两个方面着手：一是做好国民经济动员物质准备工作。①合理布局生产力和安排经济建设，对重要工业部门，特别是军事工业部门，以及军用物资、仓库、试验基地、通信站等，采取集中与分散、前沿与纵深、常备与后备相结合的原则进行配置和建设，以提高战时的生存能力，便于迅速、安全地实施动员；②实行军事工业和民用工业相结合的生产方针，军工企业平时在保证军品生产的前提下，也生产民用产品；民用企业中建立军工动员生产线，为战时转产军品，扩大军品生产做好准备；③储备一定数量的武器装备和战略物资，保证战争初期军队扩编，以及扩大军工生产的需要；储备一定数量的粮食、食盐等生活物资，保证军队和人民群众生活的需要；④根据平战结合的方针，加强铁路、公路、港口、码头、机场及其通信设施的建设，提高重要枢纽工程的防护能力；制定征用民间交通运输、通信工具的计划和措施，在重要部门和厂矿企业中设立军事管理机构，以保证战时人员、物资运输和不间断的指挥；⑤加强农业、财贸、文教、邮电通信、医疗卫生等建设，以适应战时需要；⑥国家在财政预算上划出一定的比例，保证有关经费的落实；⑦加强科研机构建设，研制新式武器装备，为战时大批生产做准备。二是做好国民经济动员的组织和思想准备。在和平时期就要建立有权威的国民经济动员机构，制定完善的国民经济动员法规和动员计划，实行统一领导，保证国民经济动员工作的全面实施；建立科学的国民经济动员潜力调查指标体系，构建军队、国家级不同地区标准化的潜力信息平台，实现信息共享。

2.4.2　国民经济动员实施精确化

从保障对象上来看，冷兵器战争中人是战争中保障的主要对象。在热兵器和机械化战争中，作战平台和枪炮弹药等武器成为保障的主要对象。在信息化战争中，侧重于智力、知识、信息、网络的综合保障，在此基础上加强对保障要素的融合与控制。由于信息化武器装备与机械化武器装备是相互融合的，因此机械化战争中保障的要素大部分将继续存在下去，但必须用信息化理念、网络和软件加以改造，使所有保障要素融入作战体系中去，从而达到有效控制和精确保障的目的。

国民经济动员实施精确化，就是充分运用信息技术，在精确预测战争需求和随时掌握需求变化的前提下，精细而准确地筹划和运用国民经济动员力量，在准确的时间、准确的地点为部队作战提供准确数量、质量的物质和技术保障，按照适时、适地、适量的保障原则尽可能达到精确的程度，用最小的资源投入满足作战的需求。它有两方面含义：一是对国民经济动员资源信息的精确掌握，必须对民用系统中的人、财、物有一个十分精确地掌握；二是对国民经济资源的精确输送，既要实时、准确地掌握部队"要什么、要多少"，又要明确地方"有什么、有多少、在哪里"，在需要的时间将其所需要资源精确地投送到所需要的地点[5]。

2.4.3　国民经济动员实施过程可视化

信息化战争经济动员保障的核心是国民经济动员实施过程可视化。国民经济动员实施过程可视化主要是指在国民经济动员实施中，经济动员决策部门可以及时准确地获得有关武器装备、军需物资研制和生存的技术设备、基础设施、人员、原材料、能源及相关技术资料的名称（身份）、位置、状况特征等动员信息。国民经济动员实施过程可视化，是国民经济动员决策部门科学决策的平台，也是实现国民经济快速动员的物质基础。

为了加强国民经济动员实施过程可视化，需要实现国民经济动员资源数字化，组织军队有关部门、政府机关、科研院所的各类专家一起攻关，规范和完善具有中国特色的国民经济动员指标体系，依托国家国民经济信息化平台基础，形成动员指标规范、统一、齐全、信息更新及时、可靠、准确、信息查询方便、快速、保密的国民经济动员信息库。此外，还需要实现国民经济动员信息传递单向透明化。即系统能根据不同用户的需求，向他们推荐有关的动员信息，建立国家宏观决策层次、战略产业层次、战略重点地区层次的国民经济动员信息传递网络[6]。

2.4.4　国民经济动员保障力量多元化

在信息化战争中，更加强调质量效能，质量表现为知识，效能表现为控制，数量规模依然重要，但将是有知识、能控制的数量和规模。战争不再是军人的专利，以计算机和网络为核心的军事装备也不再是军队的专属，最先进的技术可能最先使用于民用装备。因此，保障力量表现为信息化保障，这种性质的保障难以区分军用还是民用。所以，军队专有保障开始向社会化保障发展，专业清晰、分工明确的机械化保障开始向专业模糊、系统集成的信息化保障推进，用来进行实际作战的兵力兵器越来越少、越来越精，而软件设计、网络控制、信息资源、装备维修等保障力量明显增加，"牙齿"越来越锋利，"尾巴"越来越粗壮。

基于国民经济信息化建设，加强新质动员力量建设，提高新质战斗力。以体系作战能力建设为支撑，达成集综合感知、实时指控、精确打击、全维防护、聚焦保障于一体、自主适应、自主协同成倍增长和提升作战效能。以提高信息能力为主线，遵循信息作用原理，在战斗力生成各个领域注入信息元素，打造适应信息化战场需要的新型战斗力体系。更为重要的是，在战斗力生成过程中，应采用以信息为基础的策略，最大限度地挖掘信息在提高战斗力生成能力中的附加值。

2.4.5　国民经济动员预案系统化

国民经济动员信息化建设是利用现代信息技术手段，加强国民经济动员管理，提高和平时期的国民经济动员准备水平和非常时期国民经济动员实施效率的重要途径。由于国民经济动员预案在国民经济动员准备中处于核心性地位，我们的国民经济动员准备就应该抓住国民经济动员预案这个核心环节，加强国民经济动员预案系统化建设。

建立国民经济动员预案体系，国民经济动员的主体是国家，国民经济动员具体执行者则是具体的企事业单位。这样，从中央政府到各级政府，再到具体的企事业单位，有不同的管理层次，每个层次有不同的管理权限和管理范围。所以，国民经济动员预案应该分级编制；分类编制国民经济动员预案，根据不同类型的应急或者应战需要，按照社会管理部门的权限和分工，在各自的职权范围内抓好相应领域的应急预案编制工作，由国民经济动员部门承担与其配套的经济保障方面的预案编制；注重国民经济动员预案的协调性，物资预案与机制预案并重。只有分级、分类，分清主次，"软""硬"兼顾，加强预案系统化编制，才能切实提高国民经济动员准备的质量和水平。

2.4.6　国民经济动员决策智能化

智能化是数字化和网络化的延伸，是国民经济动员信息化建设发展的主要方向。国民经济动员决策智能化的本质是在国民经济动员决策数字化网络化的基础上，通过引入智能化因素，从而使国民经济动员决策逐步实现科学化和自动化的过程。

国民经济动员决策智能化有赖于信息技术的突破与发展。信息技术主要包括微电子技术、电子计算机技术、网络技术和软件技术等。由于我国当前在集成电路、自主可控关键装备、系统软件和关键应用软件等涉及自主发展能力的关键领域自主创新能力不强，相关的核心信息技术和关键装备主要依赖进口，特别是包括各类专用软件在内的国民经济动员应用信息技术的研制开发明显落后于国民经济动员实践发展的需求。因此，必须加强政策引导和科研攻关，加紧研究突破国民经济动员应用信息技术的发展瓶颈，加快建立完善包括国民经济动员传输网络系统、办公自动化系统、潜力数据库系统和智能化辅助决策系统在内的国民经济动员应用信息技术体系，从而逐步推进国民经济动员智能化发展的步伐[7]。

本章小结

在国家经济体制转轨和战争形态转换的新的历史条件下，打赢信息化条件下局部战争和完成多样化军事任务成为新世纪我国军队的职能使命，这对新时期国民经济动员工作提出了新的要求。国民经济动员作为一门新兴的交叉学科，经过多年的发展和探索已经建立了较为完整的理论体系，取得了一批具有代表性的研究成果。本章运用系统科学的相关知识对国民经济动员系统进行了界定，包括国民经济动员的特点、基本任务和要求。此外，还总结了信息化战争的基本理论、信息化战争条件下国民经济动员典型案例分析以及对国民经济动员的基本要求。无论是从平时经济发展的需要出发，还是从非常时期应对信息化条件下局部战争的需要出发，国民经济动员向着信息化方向发展，并逐步提高国民经济动员的信息化整体水平。

思考题

（1）谈谈你对信息化战争的创新性认识。

（2）在科索沃战争中表现出基于信息化环境下国民经济动员具有哪些特点？

（3）在信息化局部战争中，伊拉克战争相比海湾战争，在国民经济动员方面有哪些差异？

（4）简述国民经济动员在准备阶段的主要任务。

（5）简述国民经济潜力调查实施时要注意哪些问题。

（6）如何开展经济动员复员阶段工作？

（7）通过海湾战争、科索沃战争、阿富汗战争、伊拉克战争这4场局部战争，总结概述美国军事后勤与经济动员的特点。

（8）传统国民经济动员概念具有哪些特征？

（9）信息化战争下，如何实施经济动员？

（10）与机械化战争相比，信息化战争具有哪些特点？

参考文献

[1] 李江波. 信息化战争后勤保障对现代物流发展的启示[D]. 武汉：武汉理工大学，2008.

[2] 陈东营，张旅天. 信息化战争军事装备动员[M]. 北京：军事科学出版社，2005.

[3] 董平，孔昭君. 从经典动员模式到敏捷动员模式[J]. 北京理工大学学报，2009，11（3）：5-11.

[4] 吴新哲. 国民经济动员潜力调查实践与探索[J]. 军事经济研究，2007（10）：40-42.

[5] 熊珺. 国民经济动员仿真演练系统中的任务分配研究[D]. 武汉：华中科技大学，2006.

[6] 张国权，耿继超. 信息化条件下国民经济动员七大新理念[J]. 军事经济研究，2007（1）：42-43.

[7] 朱庆林. 国民经济动员学教程[M]. 2 版. 北京：军事科学出版社，2007.

[8] 任民. 大力加强国防动员信息化建设[J]. 国防，2007（2）：23-25.

第 3 章　美国国防及经济动员信息化

信息化战争是高强度、高精度、大纵深、时效短、陆海空天电五维一体的新型战争样式，数字化、信息化、网络化、精确打击、无人作战将成为未来信息化作战的趋势。美军作战指挥系统的核心是为联合部队和基层部队指挥官提供一种可跨军种使用的信息系统，能满足作战部队在战场上的信息需求，并通过网络实现互联互通，能够近实时地协同处理和共享数据。为了适应信息化战争的需要，保证作战样式，应对全球作战模式，美军提出了 C^4ISR 指挥系统。为了保障美军全球化作战，并支撑 C^4ISR 系统，美国建立了全球资产可视化系统，同时为军事后勤保障带来了新的革命。军事后勤革命的重中之重就是实现军事物流系统的改造，最终建立一个以强大信息系统为基础、部队用户为中心、反应迅速、结构灵活、无缝连接的物流配送系统，从而在适当的时间和地点，以适当的方式、适当的数量为部队提供精确、优质的物资保障。美国陆军的"聚焦物流"、空军的"精干物流"和"灵敏物流"、海军的"灵巧物流"、海军陆战队的"精确物流"等措施都是以裁减物流设施、降低物流成本、缩短物流响应时间，提高物流保障的精确性和灵活性为目的的新型物流理论。

3.1　C^4ISR 系统

3.1.1　C^4ISR 系统的产生背景

为了适应信息化战争的需要，美国国防部长在向总统和国会提交的 1997 年财政年度报告中，提出了 C^4ISR 系统。该系统的战略意图是提供为部队能在任何行动中生存并取胜所必需的获取、使用及分享信息的能力。报告中指出，C^4ISR 系统是一体化的、互操作的、标准化的、高效及有效的，能带给战斗员和决策者最大的利益，即 C^4ISR 系统不仅给决策者提供信息，还为战斗员提供信息。

C^4ISR 系统是现代军队的神经中枢，是兵力的倍增器。美国战略 C^4ISR 系统是美国军事指挥当局做出重大战略决策以及战略部队的指挥员对其所属部队实施指挥控制、进行管理时所用的设备、器材、程序的总称，其以信息化作战平台为依托，是整个军事系统的重要组成部分。

3.1.2　C^4ISR 系统的结构组成

一个完整的指挥自动化系统应包括以下几个分系统：

（1）"神经中枢"——指挥系统。指挥系统综合运用现代科学和军事理论，实现作战信息收集、传递、处理的自动化和决策方法的科学化，以保障对部队的高效指挥，其技术设备主要有处理平台、通信设备、应用软件和数据库等。

指挥中心是战略 C^4ISR 系统的"大脑"。它主要包括国家军事指挥中心、备用国家军事指挥中心和国家空中作战中心 3 处。在指挥中心，美国总统兼武装部队总司令利用指挥链逐级向第一线作战部队下达命令，最快只需 3～6 分钟；若越级向核部队下达命令，最快只需要 1～3 分钟；只需 40 秒钟便可实现与主要司令部的电话会议。指挥中心是美国军事当局分析判断局势，定下决心，下达命令的中心，是 C^4ISR 系统的核心。国家军事指挥中心始建于 1962 年，设在五角大楼内。该中心负责平时至三级战备的指挥，分设 4 个室，分别是参谋长联席会议室、通信室、当前态势显示室以及电子计算机和屏幕投影显示设备技术室。该中心有 3 台"霍尼韦尔"6000 系列大型计算机作为主机，用于处理各种军事数据。有 6 个 2.4 米×3 米的大屏幕显示器，用于在紧急会议室显示敌我力量及其他情报。它拥有先进的通信联络设备，如参谋长联席会议警报网、自动电话会议系统、紧急文电传输系统等终端设备。该中心存有 8 份进行全面战争的计划和 60 份在各种危机情况下行动的计划。

备用国家军事指挥中心始建于 1967 年，位于华盛顿以北约 110 千米的马里兰州里奇堡地下，工程设施加固，生存能力较强。它与国家军事指挥中心相连，设有军事指挥的重要数据库。当美军进入二级战备时便接替指挥任务。

国家空中作战中心，设在阿拉斯加州的奥弗特空军基地，原名国家紧急空中指挥所，在核战争中承担对战略部队的指挥与控制职责。1993 年易名为国家空中作战中心，其职责也不再限于核战。该作战中心为 4 架 E-4B 型飞机，称为"尼普卡"，停驻在格里索姆空军基地，由奥弗特空军基地的指挥控制中心控制。国家空中作战中心平时不参与指挥，只了解情况。当美军处于临战状态时，它便升空待命。一旦国家指挥当局登上"尼普卡"，该中心便成为主要的指挥作战中心。因它能在空中机动，是美国战略 C^4ISR 系统中生存能力最强的一部分。它配有大量先进的电子设备，能同卫星、导弹潜艇、导弹发射中心、国家军事指挥中心、备用国家军事指挥中心等进行通信战略 C^4ISR 系统的"神经"。

（2）"手脚"——控制系统。控制系统是用来搜集与显示情报、资料，发出命令、指示的工具，主要有提供作战指挥用的直观图形、图像的显示设备、控制键钮、通信器材及其他附属设备等。

（3）"神经脉络"——通信系统。通信系统通常包括由专用电子计算机控制的若干自动化交换中心以及若干固定或机动的野战通信枢纽。手段包括有线载波、海底电缆、光纤以及长波、短波、微波、散射和卫星通信等。

通信系统把各指挥中心、预警系统、作战部队以及情报部门等有机联系起来，形成一个整体。在美国战略 C^4ISR 系统中，有通用和专用的 40 多个通信系统，这些通信系统构成纵横交错的网络，就像人体内的神经一样，将大脑的各种指令传给肢体，同时又将反馈信息有效地传给大脑。

美国战略 C^4ISR 系统中主要的通用通信系统有国防通信系统、国防卫星通信系统、最低限度紧急通信网等。其中国防通信系统建于 20 世纪 60 年代初，由国防通信局负责管理和技术保障，三军负责维修。它主要保障美国总统同国防部长、参谋长联席会议、情报机关、战略部队的通信联络，保障国防部长与各联合司令部、特种司令部的通信联络，为战略防御提供情报。其中，北方弹道导弹预警系统建立最早，由 3 个大型雷达站组成，可提供 15 分钟的预警时间。但该系统对付低空目标和多目标的能力较差，为了改变这种状况，美军于 20 世纪 70 年代起对其进行改进，改进后其功能大大提高。

（4）"大脑"——电子计算机系统。电子计算机是构成指挥自动化系统的技术基础，是指挥系统中各种设备的核心。指挥自动化系统的计算机要求容量大、功能多、速度快，特别要有好的软件，并形成计算机网络。

潜射弹道导弹预警系统由预警卫星和陆基预警雷达网承担。前者发现来袭目标，后者进一步跟踪、识别和获取精确数据。此外，空间监视系统和海洋监视卫星对系统提供支援。潜射弹道导弹预警雷达网，由潜射弹道导弹预警系统和大型固态相控阵预警雷达组成。其中，前者可对从大西洋和太平洋发射的潜射弹道导弹提供约 6 分钟的预警时间，后者作用距离 500 千米，探测高度 4.5 万米。

（5）"耳目"——情报、监视、侦察系统。情报系统包括情报搜集、处理、传递和显示。主要设备有光学、电子、红外侦察器材、侦察飞机、侦察卫星以及雷达等。监视与侦察系统的作用是全面了解战区的地理环境、地形特点、气象情况，实时掌握敌友兵力部署及武器装备配置及其动向。

预警卫星系统由于具有监视区域大、不易受干扰、生存能力强和提供的预警时间长等优点，现已成为美国战略预警系统中最重要的预警手段。美国的预警卫星系统是 3 星组网，导弹发射后几秒钟，该系统就能探测到，并在 3~4 分钟的时间内将信息传到北美航空航天司令部。它在对洲际弹道导弹和潜射导弹进行预警时，可分别提供 25 分钟和 15 分钟的预警时间。

军队指挥自动化系统以其突出的情报获取能力、信息传输能力、分析判断能力、决策处置能力和组织协调能力，在军队现代化建设和高技术战争中的地位和作用日益突出。可以预见，随着科学技术的发展，军队指挥自动化系统将越来越完善。

3.1.3 C^4ISR 系统的关键技术

C^4ISR 系统不是单一的武器装备，也不是单一的指挥系统，它包括侦察卫星、雷达、无人机、探测器等信息采集设备；通信卫星、光端机、交换机、电台、网络等信息节点、通道和中枢；各军兵种的各级、各类指挥机构的软、硬件设施；还包括飞机、军舰、坦克、装甲车、导弹车等作战平台中的信息单元。

C^4ISR 系统的出现，没有为大炮扩展射程，也没有为军舰增强火力，更没有为飞机提高速度、给导弹增加当量，但是它却使得军队的整体实力得到了全面的提升，成为军队夺取信息化战争新的制高点。

C^4ISR 系统如此神奇，主要依靠四大关键技术。

1. 系统体系结构设计技术

系统体系结果设计技术是一种渗透在系统内部的规范、标准、协议等"法规"，其体系结构框架包括作战体系结构、系统体系结构和技术体系结构 3 个部分，为实现各军兵种部队的互联互通互操作奠定了基础。

2. 综合集成技术

苏联的米格-25 战斗机的各项技术在当时并非是最先进的，其机载电子设备一度采用电子管。但是，运用系统工程原理，将已有航空技术进行综合集成后，战术技术性能获得惊人的突破，整体性能足以与当时先进的美军 F-14 战机抗衡。

C^4ISR 系统运用集成技术，将战场指挥控制系统、通信系统、情报监视侦察系统，以及其他信息保障系统等集成为一体，最大限度地发挥了指挥自动化系统的整体效能，使集成后的 C^4ISR 系统整体性能达到最优。

3. 辅助决策技术

辅助决策技术借助计算机等先进设备，综合运用数据库、专家系统和作战模拟等技术手段，帮助作战参谋人员进行作战信息处理，辅助指挥员实施作战指挥决策，具有科学、高效等特点。

4. 信息融合技术

现代信息战场，情报来源多种多样。太空的侦察卫星、空中的侦察飞机、地面的侦察车、水面舰艇的雷达、水下的声呐，还有来自侦察分队、情报人员获得的情报等。这些数据和信息并不是越多越好。因此，要借助计算机及综合数据库等手段，对信息进行选择、比较、分析、甄别、融合，将信息转化为有价值的情报，迅速形成统一的战场态势信息，并通过显示设备，直观地展现在指挥员面前。

3.1.4 C^4ISR 系统的发展趋势

1. 强调联合作战，重视"一体化"建设

"2010、2020 联合设想"是美国在联合作战方面的理论基础。还有一个补充文件称为"未来作战概念"（CFJO），扩展了一些新的概念，提供了更为详细的理论基础。在任何军事行动中，虽然各军种部队都会发挥其特殊的作用，而且都有其新的作战概念（如海军的网络中心战，陆军的先进全方位作战及空军的远征航空航天力量），但归根结底是各军种的联合作战。联合作战的第一方面是军种间的联合，美军在历次军事行动中都是派出联合特遣部队，成立联合作战司令部；第二方面是把各层次的监视与侦察、情报评估、指挥与控制、任务准备和实施等一系列必须具备的功能联合在一起；第三方面是从最高指挥当局到战区到基层作战部队（甚至士兵）的指挥畅通，减少指挥层次，适应灵活变化的态势，发展数字化部队甚至单兵 C^3I 装备，在数字化基础上，从上到下一体化。因此指挥自动化系统必须在军种间、功能间、层次间这三个层面上形成一体化。在一体化的构想、设计和建设上，使各种系统能够互联、互通、互操作，把各种"烟囱式"系统集成为横向互通的扁平式大系统。C^4ISR 系统将不再被作战部队视为辅助手段，而是成为作战工具和战斗力，这是联合作战和网络中心战的关键和核心。

2. 突出从传感器到射手（STS）的综合一体化

在先进作战空间信息系统（ABIS）中，特别提出了从传感器到射手的互操作能力，今后在战场信息系统的特性指标中这将会是一项重要的指标，例如在一个 4 万平方英里[①]的战场空间内，情报探测系统可以分辨 0.1 米的目标，在 1000 千米外发射的精确制导武器打击精度可达 10 米，命中率可达 90%以上，如何将这二者组织起来，必须依赖于战场信息系统的综合一体化设计。因此美国国防部高级研究计划局（DARPA）提出，从 C^4ISR 向美军军事信

---

① 1 英里约为 1.6093 千米。

息处理系统（C⁴KISR）转变，使得各种武器系统大大扩展作战范围，提高命中精度和增强杀伤力。

3. 加强基础设施的建设

美国的国防信息基础设施从 DISN—DII—GIG—GIG—BE（Band Expansion）不断发展。频宽由中低速向高速扩展，交换由 IPV4 向 IPV6 过渡，国防信息系统局（DISN）还将继续建设全球空间范围的信息传输设施。利用这些基础设施构成的已有工程代号的系统将近20000 个。国防大型计算机中心（Megacenters）为国防部全球作战支持行动提供关键计算服务、全方位发送信息和共享资源，充分发挥"集中后勤"能力。

4. 确保信息优势，突出信息战

信息技术的发展和信息产业革命，使得核威慑条件下的信息化战争成为重要的战争形态。

信息优势是信息域中有利于一方（相对优势）的一种不平衡状态，这种状态是通过以正确的形式在需要的时间向确实需要信息的人员提供正确的信息而实现的，为取得战争胜利必须确保信息优势。

信息战是取得并保持信息优势的关键，美国国防部已批准了"信息战（IO）主导计划"。它是一个蓝图，包括情报保障、军事欺骗、心理战、电子战、物理进攻、计算机网络攻击和作战安全。它规划了国防部信息进攻和防御作战的设想及实现具体目标的时限。

5. 发展空间优势

空间，通常是在不构成侵犯他国主权的情况下能够进入该国禁地的唯一途径。空间系统和航天部队是保证武装部队全面威慑态势不可缺少的手段之一，可在战场态势感知、提高作战速度、同步性、机动能力及火力运用中带来绝对优势。例如，海湾战争中，美军已有 72颗卫星用于侦察、气象、通信等目的。在科索沃战争中，美军的卫星系统承担了 70%以上的通信任务、80%以上的侦察任务和 100%的气象保障任务，为 98%的精确打击武器提供制导信息。2003 年伊拉克战争中使用的侦察卫星就多达 90 多颗、导航定位卫星 24 颗，还有很多通信卫星和气象卫星。天基侦察系统大幅度提升美军的侦察能力，使发现目标数量增加 2～3倍，探测速度提高 3～5 倍，侦察时间缩短 66%～75%。为了更好地使用 GPS，国防部的"导航战"（NAVWAR）倡议，将工作重点放在选择最有效的方法，保证美军及盟军使用 GPS 而不被中断，同时防止战区中的敌方使用这一系统。将来在太空间与地面节点间要构成类似于Internet 的传输体系结构。

美国形成空间优势计划分 3 个阶段：近期（2004—2007）发展空间优势；中期（2008—2013）获取空间优势；远期（2014—2025）维护取得的空间优势和信息优势[1]。

3.1.5　C⁴ISR 系统的应用前景

美国经过数十年的经营，建成了体积庞大、自动化程度高的战略 C⁴ISR 系统，为实现其霸权主义政策和军事战略提供了有力的保障。但要看到事物的另一方面，C⁴ISR 系统并非十全十美。一是它易受攻击，生存能力弱。由于精确打击技术、反卫星技术和"黑客"技术的发展，在先进作战理论的牵引下，C⁴ISR 系统将是兵家打击的重点目标。二是它的互通性能差。由于美国各军兵种长期以来各自为政，并且受战略武器的特性所限，使美军战略、战术与盟军的 C⁴ISR 系统之间相互沟通有一定的困难。目前美军针对系统的弱点，加快改革的步伐。美军以"勇士 C^4I"计划为蓝本,在近期内对各军种 C^4ISR 的系统进行系统集成,实现最大程度的互通,远期目标则是建立一个多级保密的全球无缝信息网。美军 1996 年开通了"全球指挥与控制系统",取代服役多年的"世界军事指挥与控制系统",新系统大大提高了数据兼容能力,为全军提供了通用的操作环境,为实现"勇士 C^4I"计划打下了坚实的基础。到 21 世纪初,天基红外探测系统、海军协同作战系统、新型无人飞机等信息系统将进入现役。其中全球广播系统是由卫星、光纤及无线电话网络组成的大型全球信息系统,该系统将联通各军种 C^4ISR 系统,为各联合司令部提供近实时战场图像,可将目前通信系统的容量提高 500 倍以上。海湾战争中需数小时才能完成的情报信息搜索、处理、传递功能,该系统将只需数秒即可完成。美国国防部称,高效的信息基础设施和一体化 C^4ISR 的系统,能使美军具备近实时发现、跟踪、定位和攻击地球表面任何目标的能力,在正确的时间、地点精确地使用兵力,并提高国防管理的效益和效率。

3.2　美军的全球资产可视化系统

3.2.1　美军全球资产可视化系统的产生背景和概念

近年来,美军在各次重大军事行动中,由于无法准确掌握物资所在位置及运输情况,致使数以千计的物资申请单重复发出,导致物资器材大量运进战区,给后勤带来严重困扰,使后勤管理人员常处于忙乱之中,从而造成运输紧张。再加上货物标识不清、分类不详、收货单位混乱等,使保障效能大大降低,影响了军事行动快速进行。如在海湾战争中,有多达数万个集装箱不得不临时在码头上打开,靠人工清点后,再重新进行分装和发运。当时美军曾把很多集装箱运到 2000 英里以外的某地,但开箱时却发现只有 10%的物资可供前线部队使用,而 90%物资属于港口附近的后方部队。另外,空军的 25 万个货架内的物资无法迅速判明。海湾战争后,为解决物资在清理、运输、分发环节中存在的严重现实问题,给作战部队提供快速、准确的后勤保障,美国国防部于 1992 年 4 月提出了全资产可视化计划。该计划要求从物资生产厂商到部队单兵掩体均需对发运的物资和装备及承运人等状况进行全程监控和跟踪。

联合全资产可视化作为美国军事后勤革命的六大目标之一,是美国国防部后勤发展战略计划的重要内容。根据新的构想,美军后勤应能在各种军事行动全过程中,在准确的地点与时间向联合作战部队提供数量适当的所需人员、装备与补给品。要实现这一目标就必须做到后勤保障中资产的高度透明化。联合全资产可视化既是"21 世纪部队"美军后勤的一项创新,也是信息技术在后勤领域的实际运用。

所谓联合全资产可视性既是指及时、准确地向用户提供有关机构、人员、装备、补给品位置、状况、活动和身份等信息的能力,也包括根据这类信息改进美军国防部物流工作的能力。联合全资产可视化系统涉及 3 种情况下的资产,即"储存中的资产""运输中的资产"和"处理中的资产"。

储存中的资产:包括储存在部队级和总部级(岸上和海上)仓库中的资产,以及存放在拍卖或销毁机构的资产。它们也包括为支援修理而由维修机构保持的库存品,以及由供货商管理的库存品。这个类别包含所有种类的补给品。

运输中的资产：涉及在运可见性，强调的是资产从起点到终点的运转。国防部要有能力识别在运货物的内容，应监控其在整个后勤补给线上的运动。国防部还要有能力跟踪物资、部队及人员的运动，以及重新编组成批的货物和改变其运输终点。

处理中的资产：正在采购或修理的资产，包括已从国防部供货商订购但还未发运的资产，以及某些由供货商管理的库存品，它还包括正在建制的或商业的仓库以及中间级维修设施接受修理的资产[2]。

其中，在运资产可视系统是联合全资产可视系统的关键部分，也是"全球运输网络"的重要组成部分。由美军运输司令部具体负责，其关键系统之一"运输协调者自动化信息管理系统"目前正在开发之中，该系统推广后将有助于"全球运输网络"提高运输效率，加强对物流流程的指挥与控制。

美军的联合全资产可视化是由"全球资产可视化系统"来实现的。"全球资产可视化系统"是用于获取全资产可视化能力的一个由多个后勤自动化信息系统构成的自动化信息网络，本质上是一个集成的数据环境。

全球资产可视化系统的目的是在最大限度地减少信息重复浪费的同时，提高信息的透明度，以便在使用物流流程的总部、部队和战区各级形成一个"无缝隙"物流系统。

3.2.2　美军全球资产可视化系统的结构组成

根据美军战略后勤发展计划，2005 年，美军将基本实现联合全资产可视化；2010 年全部实现了联合全资产可视化。目前，美军主要有以下几个系统[2]。

1. 在运物资可视化系统

在运物资可视化系统是实现联合会资产可视性的关键，它由美军运输司令部负责管理，可对物资从运输起点（仓库或供货商）到终点进行跟踪，以便提供物资在运途中及各个位置的信息。该系统也可用于对乘客、伤员及个人财产进行追踪，整个在运物资可视性网络已于1995 年在欧洲开通。目前，在欧洲战区，各边境关卡、铁路终点站、桥梁和基地等地均安装有射频询问机。该机收集射频卡上的所有物资运输信息并将其发送给射频回收机，后者又将信息转送给位于德国曼海姆的运输途中可视性服务器，并同时传送给美国本土中心数据库。经批准用户均可利用个人计算机、调制解调器和电话线路进入全球运输网络。边远地区可通过海事卫星系统进入全球运输网络。该网络负责提供获得"在运物资可视性"数据通道。

2. 战区联合全资产可视化系统

战区联合全资产可视化系统可为各级司令官提供进、出战区或战区内的所有资产信息。它包括所属部队现有的、在运途中的、回撤的和已请领的资产，还包括预置的、内部转运的战争储备，以及战区储备和国家储备的资产。该系统 1996 年已部署到美军驻欧司令部和美国中央司令部；1997 年部署到美军大西洋司令部；1998 年 2 月部署到美军太平洋司令部。

3. 联合人员可视化系统

联合人员可视化系统是联合会资产可视性系统的一个组成部分，包括紧急行动人员可视性、非战斗人员后送跟踪系统和伤病员医疗跟踪分系统。它负责向联合特遣部队司令官和总司令官提供全部人员相关情况的可视性，特别是紧急行动中人员的可视性。它不仅能向指挥官提供展开部队的数量，而且还能提供有关该部队的一些特点，包括必要资料、语言技能和专业特长等。此系统已在"联合努力"部署行动中进行了试验。非战斗人员后送跟踪系统正在韩国进行试验，它可向特遣队司令官提供一种能对非战斗人员进行统计和跟踪的手段。这3个系统可对驻扎在世界各地的美军部队和人员状况提供可视性。

4. 陆军全资产可视化系统

陆军全资产可视化系统可提供整个陆军的全部资产信息和其他后勤数据。它包括标准陆军零售补给系统、世界弹药报告系统、陆军战争储备部署系统、标准军产登记系统再设计、器材司令部标准系统等。该系统能以完全透明的方式，向用户及时提供从战略级到战术级的全部信息。此外，全资产可视化数据源还可提供部队核定数据、装备拨发基数计划、采购信息、优先分发顺序和编目数据。该系统已成功用于索马里、卢旺达、海地的军事行动；美军在波斯尼亚的"联合努力"行动中也正在使用它。

5. 美国本土作业联合全资产可视化系统

美国本土作业联合全资产可视化系统旨在实现军种间的可修资产可视性及对这些资产的重新分配。目前，它已在陆军器材部所有零售供应设施、海军陆战队零售供应设施、海军库存品控制站和部队司令部的一个零售供应设施实施。

6. 医疗器材全资产可视化系统

医疗项目经理办公室已完成了驻欧美陆军卫材中心与驻欧美军司令部之间在联合全资产可视性方面的初始对接。美国陆军医疗器材局目前正在设计联合医疗资产信息库，该库是一个建立在联合全资产可视化之"预定结构"与"战区医疗信息计划"需求基础之上的共用数据服务器。

7. 弹药全资产可视化系统

关于国家级弹药可视化倡议的资金已经到位，于1998年1月开始实施。联合全资产可见性办公室与有关方面协商后签署了一份备忘录，备忘录明确了弹药可见化倡议与弹药管理标准系统对国防后勤的重要作用，并指出二者互为补充，不存在相互重叠或竞争的问题。全资产可视化系统示意图如图3.1所示。

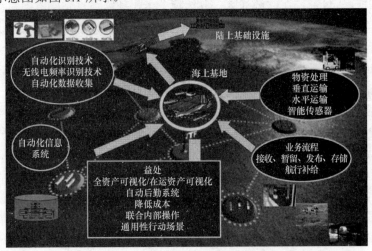

图 3.1　全资产可视化系统示意图

（注：出自搜狐新闻网军事版块）

3.2.3　美军全球资产可视化系统的影响及主要功能

联合全资产可视化是聚焦保障作战原则的具体体现。通过全资产可视化技术的使用，对装备物资的保障产生以下的影响[3]。

1. 提高物资保障部门的快速反应能力

当保障部门接到物资需求时，首先根据系统查询所需物资的状况，包括有无、有多少、所在地点等，找到物资后，选择最佳路径，使物资能够尽快地运送到目的地。如果该物资数量不够，系统还可提供物资生产厂家列表，及时向厂家发出订货通知。

2. 实现保障资源的优化配置

全资产可视技术可为保障人员提供翔实的物资信息，在电子地图的配合下，可选择最佳的运输路线，使各种物资安全、有序、高效、快速地配发部队，实现保障资源的优化配置。

3. 为指挥中心提供辅助决策

利用全资产可视化系统，可以为指挥机关提供物资的储备量、所处位置、实时状态等信息，综合显示物资的保障能力，可以为指挥人员提供辅助决策。

全资产可视系统是在计算机软硬件的支持下，通过全球定位技术、无线通信技术以及自动识别技术等手段，采集装备保障资源信息，并进行计算机管理，最后以基于地理信息系统（GIS）的图形方式为用户提供查询、统计、分析、图形显示和输出，实时、准确、动态地了解装备综合保障的情况，从而实现装备保障物资全资产的可视化管理。

（1）利用地理信息系统（GIS），可以将装备保障资源的信息直观地呈现给管理人员。GIS是一种功能强大的能够处理多种地图数据的系统，可以实现地图的显示、定位、对象属性的访问和设置、编辑、打印等功能；通过友好的可视界面，可以向指挥人员提供装备保障资源的各种信息，从全局性的角度管理保障资源，提出装备保障预案、器材筹措方案等带有全局性的管理措施。

（2）通过全球定位技术可以实时掌握保障资源的位置信息，将其与 GIS 相关联，可以在电子地图上直观显示保障资源的分布、流转情况，为优化、使用、调配和储备保障资源提供辅助决策。

（3）利用自动识别技术可以快速、准确地掌握保障资源的各种信息，包括资源种类、供给数量、资源的使用消耗情况等，与 GIS 中空间位置信息结合，将两类信息连成一体，实现装备保障资源与所显示地图的定位、关联、查询等操作，完成可视化管理。

（4）利用数据库技术对保障资源业务信息数据进行综合与分析，利用辅助管理专家系统对其结果进行判断，实现预测装备保障需求、评估装备使用性能等工作，为制定长期的保障资源规划提供智能决策支持信息。

通过全资产可视化系统，使装备综合保障工作流程更加完善直观，使管理信息的流向更加合理，各种信息能够准确、及时地传递和共享，提高了管理人员的工作技能和效率，增加了解决各种问题的合理性，实现保障资源快速和准确的供给，对于提高装备的保障能力和加快新装备形成战斗力具有重要的意义。

3.2.4 美军全球资产可视化系统的关键技术

全资产可视技术是指可为用户提供物资全部信息的技术。通过该技术，用户可以知道各种物资的数量、所在位置、调拨状态等。当物资处在运输状态时，可向用户实时提供该物资目前所处的方位、运输的路线、到达的时间以及目的地等信息[3]。全资产可视技术框架如图 3.2 所示。

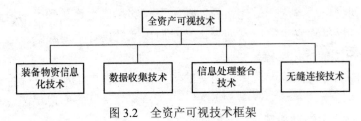

图 3.2 全资产可视技术框架

(注：出自《装备保障物资全资产可视化实验系统研制与开发》)

全资产可视化系统的构成涉及众多方面，如工作要求、特点与规律、软件平台以及硬件系统的组成等，其中的关键技术有以下几种。

1. 网络技术

全资产可视系统是一个基于网络平台的数据集成系统，是高速、稳定、安全的，网络通信是其获得成功的基础和关键。全资产可视化网络环境主要包括局域网、广域网、无线网。局域网的覆盖范围比较小，一般为部门内部使用；广域网是一种跨越地域范围较大的网络，通常由多个局域网组成，适于将处在不同地域、距离较远的部门连接起来；无线网也非常重要，尤其在野外军事作战时进行移动式数据访问和处理。网络高速化是全资产可视化进行数据实时访问的重要条件，高速的网络通信技术可以确保信息及时、迅速的传递。目前常用的技术有千兆位以太网、异步传输模式（ATM）、光纤通信等。由于网络系统特有的分布性、开放性、数据和信息资源的共享性，因此确保网络安全也非常重要，经常采用的网络安全措施有标志和验证、访问控制、数据加密等。

2. 定位技术

要实现全资产可视化，必须确保可以实时获得保障物资的位置信息，平时可以通过 GPS 定位卫星获取位置信息，而战时可以利用我军的北斗卫星导航系统获取位置信息。其功能是提供资源运输途中位置数据和单位地理位置数据。将收集到的保障物资运输位置数据和单位地理位置数据存入数据库，随着其位置的不断变化对其数据实时更新。

3. 自动识别技术

通过自动识别技术，可以实现保障物资信息的自动采集。自动识别技术是多种读、写数据存储技术的集成，同时还包括创建存储设备、信息读取及集成所需的硬件和软件，主要功能是进行数据采集和更新。条形码主要用于单个零部件的识别，无线射频标签卡主要用于组合包装、集装箱式资源的识别。通过与客户应用软件的集成，自动识别设备把获取的数据送入数据库，当资源状态发生变化时，自动识别设备能够自动、实时地更新资源数据。

4. 分布式数据库技术

装备综合保障工作涉及的层次、业务繁多，覆盖的资源范围非常广泛，因此装备保障资源全资产可视化系统是一个由多数据源组成的数据库系统。利用分布式数据库系统把数据库技术和网络技术的应用统一起来，可以适应装备技术保障各机构、部门地域分散的需要，使装备保障资源数据的分布更趋于合理[4]。

3.2.5　美军的全球资产可视化系统的应用评价

进入 20 世纪 90 年代后，美军利用计算机、网络等成熟技术对其各种后勤自动化信息系统进行集成，应用了大量的成熟技术，充分利用其几十年自动化建设成果建成了完备的全球资产可视化系统。2003 年美英联军对伊拉克战争中，美英联军利用射频识别（RFID）技术建置的全资产可视化系统，使美军的后勤补给能力变得前所未有的强大，美军可以轻松掌握所有后勤补给的即时资讯，并精准地为作战部队提供各种补给，为美军省下几十亿美元，同时大大提高了英美联军的作战能力。另外，英军也利用这个系统，让高达90%的后勤物资能够有效率地运抵前线。

全资产可视化系统使得国防部可从计算机上实时查询到全球范围内的物资信息，对应急补给品的请求和运送，从美国到本土任何一个战场部队，时间一般不超过48小时。通过该系统，实现了后勤资源的实时可视，精确输送和精确运用。当保障部门接到物资需求时，首先根据系统查询所需物资的具体状况，对物资的信息进行理顺后找到物资，在电子地图的配合下，可选择最佳的运输路线，使各种物资安全、有序、高效、快速地配发部队。实现保障资源的优化配置。利用全资产可视化系统，可以精准地为指挥机关提供物资的储备量、所处位置、实时状态等具体信息，为指挥人员提供辅助决策。

美国已把联合全资产可视化作为其军事后勤革命的六大目标之一。它既是"21 世纪部队"美国后勤的一项创新，也是信息技术在后勤领域的实际运用。

3.2.6　美军全球资产可视化系统对我国的启示

目前，我国部队现有的全资产可视系统建设与美军相比，差距很大。资产可视化只是个别，高科技应用有限，覆盖区域也不多。因此，必须从长计议，整体开发，协调发展。

1. 构建标准的军事装备网络信息平台

建立标准统一的军事装备网络信息平台是实现对装备资源全程可视、装备需求及时掌握、装备状态实时可控的重要保证。其实质是对各种装备的各个单元进行全程管控，形成闭合快捷的装备供应保障信息链。主要的任务是：一方面为仓库综合管理平台提供一个实时、高效、可靠、保密的网络环境，实现仓库内部机关各部门与装备保管作业区的畅通连接；另一方面是实现仓库与上级单位的网络互联互通，能够实时、准确地与上级单位进行信息交流。这样构建通畅的网络信息平台，才能使装备保障各实体实现"物理分散，逻辑集中"，装备保障力量才能得到综合集成。

2. 建设高效的装备信息源数据采集系统

数据采集系统是全资产可视化信息系统的重要组成部分。一方面，在信息资源的采集中，要加强标准化作业，实现互联、互通、互操作；另一方面，通过建设各级综合数据库和数据中心，依托网络综合性分析、处理，提取有价值的决策信息分析信息，迅速提供给各级后勤首长和机关，使繁复、门类众多的基础信息成为立体、动态、可决策支持的综合信息，提高信息的利用率。

3. 构建装备运输信息跟踪与控制系统

这是一个战略性的，覆盖全国领土、领海和领空的运输信息和控制网络。它应能够通过卫星和其他通信手段，直接与各个仓库、港口、场站和各个在运装备单元进行双向通信，并对在运装备进行实时追踪。能够根据全程追踪和监控物资输送和人员投送情况，实时获取运输的信息，使整个运送过程一目了然，极大增强了装备运送的透明度。箱内装备识别查询系统，这一系统可采取激光识别、存储、读取、显示技术和无线电自动传输、查询等技术，能够自动输入和存储进出集装箱的装备的有关信息，并将信息传入全军运输信息和控制网络的主数据库，以供随时查询[5]。

3.3　美国军事后勤与经济动员信息系统的发展趋势

3.3.1　经济动员信息系统更趋于网络化

未来战争是科技含量很高的战争，随着信息化程度的不断发展，大量的网络资源将构成一个庞大的动员网络系统。它不仅会大大提高动员信息的传递速度和容量，进而提高动员的效率，也会改变原有的动员信息传递方式，极大地改善信息传递系统的整体功能，推进动员信息系统向网络化发展。网络化动员是全方位采用数字化技术，将动员的指挥、控制、通信、计算机、动员信息数据库等系统联结成为一个有机的整体，实现各类动员信息资源的相互共享和实时交换，使动员效能得到巨大的提高。近些年来，美国通过计算机、光导纤维和其他通信设备组成的通信网络联结为一个上下贯通、左右互联的有机整体，使动员部门之间以及军事部门与政府部门、军事需求与动员保障之间克服了传统意义上的地域和时空界限，形成一个较完善的网络动员体系。伊拉克战争是美国在 21 世纪进行的一场信息化程度较高的战争，也是对其网络化动员信息系统进行的检验。为保证动员的快速有效，美国注重把信息技术和装备引入战争动员的全过程，构建了功能强大的战场动员信息系统网络，将指挥、控制、通信、计算机、动员资源信息等系统联结成一个有机的整体，形成了与各种作战行动紧密连接的多维信息动员信息系统网络，实现了战争预储资产、周转资产、运行资产的可视化和"人员流""装备流""物资流"的全程跟踪监测，实时掌握作战部队对各种物资、装备和器材的动态需求，并根据战场需求，及时、准确地配发到各作战单位，使前方与后方、保障基地与作战平台，以及动员保障机构之间能实时交换、共享动员信息，极大地提高了动员效能。

3.3.2　经济动员信息系统所追求的目标更趋于精确化

机械化战争条件下，由于动员信息的掌握缺乏国防动员准确性和完整性，其后果对动员资源的调控和投放难以达到精确的程度。信息技术的不断进步，不仅为作战力量的精确运用、装备火力的精确分配和作战目标的精确打击提供了条件，而且实现了信息流对物质流和能量流的精确控制，使物质流、能量流的聚集释放更加科学、合理、高效，接近实时。因此，从某种意义上讲，信息化战争是一种精确化的战争或精确化作战。一方面，以信息技术为核心的高技术的发展，使运用信息技术把动员主体、动员对象、保障对象联结为一个有机整体成为可能；另一方面，战争的高消耗，对战争动员的及时性、准确性提出了更新更高的要求，必然牵动战争动员信息系统向精确化方向发展。事实上，由于现代战争消耗巨大，为了减轻战争损失，实施精确动员，已成为世界各国战争动员一个新的追求目标。所谓精确化动员，就是在高科技信息的支持下，运用信息技术和现代精确的分析方法对战争动员活动全过程进行的组织和指导。具体来讲，指战争双方通过科学预测战争规模、准确评估对方战争实力，确定己方需动员转化为战争实力的战争潜力，尽可能使战争对人、财、物等资源的需求与动员转化的供应之间接近或达成一致。既节约了资源，又满足了战争之需要。精确化动员信息系统，一直是美国动员高度关注和追求的目标，近些年来对其进行了系统的理论研究，并应用于战争实践之中。如海湾战争中，仅作战准备阶段，美国就向战区运送兵力 55 万多人、各种装备物资 700 万吨，征用几十家海运公司的 200 余艘船只、50 多家航空公司的 400 架飞机。战后，美军不得不展开一场持续时间长达一年的、被称为"移山"的"沙漠告别行动"，用 4.1 万个集装箱将战前运往战区的价值 27 亿美元的补给品运回国内，造成了战争资源的极大浪费。而在伊拉克战争中，美国凭借其全球网络体系，建立了集动员资源信息库、全球运输网络和决策支持系统于一体的动员指挥自动化信息系统，提高了战争动员的费效比，实施了需要多少动员多少，需要什么动员什么的"精确动员"。特别是在作战物资的动员上，颇有一种精打细算、够用就行的味道。战前准备阶段，仅向战区运送兵力 30 万人，装备物资约 300 万吨，相当于海湾战争的 50%。因此，根据战场实际需求，进行适时、适地、适量的精确动员，提高动员费效比，已成为美国战争动员信息系统的发展趋势[6]。

3.3.3　经济动员信息系统更注重一体化集成应用

为增强联合作战能力，美军正在以网络中心战理论为指导思想，重点建设以全球信息栅格（GIG）为核心、以联合指挥与控制/基于网络指挥能力（JC^2/NECC）的系统和联合情报监视侦察（JISR）系统为支柱的网络中心环境。其中，GIG 是网络中心战、信息优势、决策优势和最终全面主宰实现的信息基础设施。传统的 GIG 无论在结构上还是功能上都还具有烟囱式系统的特点，美国国防部从 2006 年开始整合 GIG，目标是将能使所有国防部用户以及使命伙伴之间通过 GIG 实现对所有信息和服务的可视性、可访问性、共享和理解，并支持和实现具有高度灵活性、易响应性、自适应性和以信息为中心的行动。

在联合部队各分队之间，在与盟军和联军的联合中，实现共享态势感知和知识的能力，越来越被看作是向未来作战能力转变的基础。美国国防部指出："要实现网络中心战和作战方式的转型，必须将一定规模的联合部队安全可靠地网络化。"而"实现部队网络化的手段就是建立全球信息栅格"。同时，美国陆、海、空三军开发的陆战网、部队网和指挥控制星座网旨在建立一支适应网络中心战的充分集成和全面网络化的部队。美军联合部队司令部认为目前最重要的是开发一个共用的集成体系结构和制定一个配置同步化的计划，以保证各级指挥部门真正可互操作的转型目标的实现[7]。

3.3.4　发展移动互联技术，促进全球一体化信息网络建设

以美国陆军为代表，发达国家积极开发运用移动互联技术，重点提高单兵级网络接入能力，建设"战术作战中心—移动中的指挥官—徒步士兵"无缝集成的"革命性"陆军网络信

息系统。重点提高单兵和分队的战术情报、快速部署和"到达即作战"能力。移动互联技术将协助美国陆军更快地利用当前无线通信科技发展的优势，打造一体化的战场网络，实现"从武器平台联网向单兵联网"的跨越，徒步士兵可与指挥所、移动中的平台和上级司令部等实时连接。

美国陆军从 4 个方面构想了 2020 年陆军网络的蓝图：一是单一、安全、标准的网络，包括全球唯一身份、促进严峻环境下全球远征行动、抵达后即刻开展行动、强调新型技术快速整合标准等；二是促进全球协作，包括联合合作、跨部门合作、跨政府合作、国际合作、多利益集团协作等；三是进入有需要的位置，包括提供全球固定/移动应用传输服务、促进随时随地的任何平台数字化训练等；四是有能力且安全可靠的网络，提供持续连接的网络设施、维持业务/任务指挥应用与服务的云计算结构[8]。

3.3.5　科学技术成为经济动员信息系统的主导

科学技术是一种重要的国家安全要素。随着科学技术的进步，科技在国防经济动员信息系统的建设中起着越来越重要的作用。20 世纪 90 年代以来，高技术战争登上战争舞台后，世界各国特别是军事大国在国防动员的内容上发生了很大变化，突出表现为对高技术武器装备和与高技术装备相适应的高素质的兵员和专业技术人才的运用。如海湾战争中，美国为了对付伊拉克的"飞毛腿"导弹，紧急动员军工企业加速生产"爱国者"导弹投入战场使用；为了摧毁伊军的地下掩体，美国紧急动员科技力量和工业部门，在很短的时间内完成了GBU–28 型激光制导钻地炸弹的设计、试验和生产，并投入战场，使其在战争中赢得了主动权。在科索沃战争中征召的后备役人员中，首批动员的全部是空军勤务人员。在这次伊拉克战争中，美军迅速启动了武器装备生产线。战争爆发前，就与民航业、化工业、食品工业、特种设备制造业的许多军工和民用企业，特别是洛克希德·马丁公司、波音公司和通用动力公司等直接参与武器装备研制生产的企业，都有计划地启动了武器装备和军需物资的采购。光"战斧"巡航导弹就生产并储备了 3000 多枚。事实证明，随着科学技术在现代战争中所产生的巨大作用，科技动员已成为影响战争进程和结局的关键性因素，已成为高技术局部战争条件下动员的主要任务。

本章小结

为了保证作战样式，适应信息化战争的需要，应对全球作战模式，并在未来战场上掌握绝对的主动权，美军提出了 C⁴ISR 指挥系统。为了保障美军全球化作战，并支撑 C⁴ISR 系统，美国建立了全球资产可视化系统，同时为军事后勤保障带来了新的革命。本章介绍了 C⁴ISR系统的产生背景和结构组成，阐述了 C⁴ISR 系统的关键技术、发展趋势以及应用前景，C⁴ISR系统是现代军队的神经中枢，也是军事系统的重要组成部分。随后本章介绍了全球资产可视化系统的产生背景、系统结构和主要功能，并对它的应用效果进行了简单评价，总结出了对我国的启示：构建标准的军事装备网络信息平台、建设高效的装备信息源数据采集系统、构建装备运输信息跟踪与控制系统。本章最后阐述了美国军事后勤与经济动员信息系统的发展趋势。

思考题

（1）如何理解未来信息化战争？

（2）C^4ISR 的结构组成都有哪些？

（3）简述 C^4ISR 系统的关键技术有哪些。

（4）简述全球资产可视化系统的主要功能。

（5）简单描述全球资产可视化系统的组成结构。

（6）简述全球资产可视化系统的关键技术有哪些。

（7）谈谈你对 C^4ISR 系统与全球资产可视化系统关系的理解。

（8）除了本章内容，你还能想到的全球资产可视化系统对我国的启示有哪些？

（9）谈谈你对美国军事后勤与经济动员信息系统的理解。

（10）你构想中的军事后勤与经济动员信息系统是怎样的，有哪些特点和发展趋势？

参考文献

[1] 裴燕，徐伯权. 美国 C^4ISR 系统发展历程和趋势[J].系统工程与电子技术，2005, 27（04）: 666-671.

[2] 张志勇，黎忠诚. 联合全资产可视化：美军物流系统的技术支持[J]. 物流技术，2007, 26（08）: 254-257.

[3] 罗日荣.装备保障物资全资产可视化实验系统研制与开发[D]. 长沙：国防科学技术大学，2008.

[4] 贾永峰，佟浩达. 基于 RFID 技术的军用物资全资产可视系统构建浅析[J]. 物流科技，2008, 31（10）: 68-70.

[5] 张藩潇，付长义，龚德金. 美军联合全资产可视系统对我国的启示[J]. 科技视界，2014,（29）: 178.

[6] 袁建民，刘起来，武纲. 未来战争中美国战争动员的发展趋势[J]. 国防技术基础，2006,（08）: 31-33.

[7] 郭勇，罗浩. 美军信息系统近期发展的特点[J]. 舰船电子工程，2015, 35（12）: 11-13.

[8] 中国指挥与控制学会. 第一届中国指挥控制大会论文集[C]. 北京：国防工业出版社，2013.

[9] 周涛. 浅谈基于信息系统体系作战国防动员特点[J]. 国防，2013（8）: 54.

第4章 我国国民经济动员信息化建设

进入21世纪以来，国际形势不断变化，以现代通信、网络、数据库技术为基础，包括互联网、大数据、云计算人工智能等内容的信息技术飞速发展，强烈地冲击着国民经济动员活动，使得国民经济动员基础和方式发生了深刻变化[1]。各国据此也纷纷调整战略，充分利用相对和平时期的机遇，大力加强国民经济动员信息化建设，信息化已经成为支持国民经济动员潜力向动员能力转变的重要手段和保证。因此，要根据信息化条件下战争保障内容多、技术性强的特点，努力打破陈旧思想观念、过时制度机制等藩篱，用好深化改革的新政策新理念，力争在更广范围、更高层次、更深程度上推进军民融合深度发展，统筹各方力量加强国民经济动员信息化建设。本章旨在推动我国国民经济动员信息化建设，在总结当前我国国民经济动员信息化发展基础的前提下，对国民经济动员信息化建设的现状进行深入分析，进而提出国民经济动员信息化建设的主要内容和任务，以期为推动我国国民经济动员的信息化进程提供参考和方向建议。

4.1 国民经济动员信息化的基础

21世纪以来，在新技术革命浪潮的推动下，信息技术等高新技术以人们难以想象的速度迅猛发展，深刻地影响着人类社会的各个领域，在加速社会进步的同时，也为我国国民经济动员信息化建设提供了有利的条件。

4.1.1 国民经济动员发展趋势

20世纪下半叶以来，信息技术迅猛发展，尤以计算机科学技术最具代表性。自从1945年人类研究出首台计算机以来，经历了数代的发展，其性能大大提升。信息技术的发展，尤其是大数据、云计算等新一代信息技术的应用，成为推动我国国民经济的动员信息化建设的有利条件。需要指出的是，信息化的基本特征之一是信息传播的多元化和广泛性，而多渠道交流、全方位合作和资源共享为我们推进国民经济动员信息化创造了有利条件。

国民经济动员信息化离不开国民经济信息化。20世纪70年代以来，我国国民经济信息化取得了显著进步，为21世纪国民经济动员信息化提供了有力的技术支撑。2016年3月《国民经济和社会发展第十三个五年规划纲要》指出，"国内外发展环境更加错综复杂。从国际看，和平与发展的时代主题没有变，世界多极化、经济全球化、文化多样化、社会信息化深入发展。"由此可见，不断加强国民经济动员信息化建设，抢占新时期的军事制高点，将使国民经济动员呈现出新的发展趋势。因此，加强国民经济动员信息化建设，是21世纪中国国民经济动员的一项战略性任务。

4.1.2　国民经济动员信息化的内涵

关于国民经济动员信息化的内涵，相关学者做了一些研究。黄薇认为，国民经济动员信息化，是指在国家统一规划和组织下，在国民经济动员领域的各个方面广泛应用信息技术，实现从动员信息的获取、传输、处理、使用到动员管理的数字化、智能化、网络化，从而培养国家应对战争和突发事件的高效经济动员能力，其本质是依靠信息化手段提高经济动员能力[2]。张勇等人认为，新时期随着国民经济信息化的加速发展和高技术局部战争信息化程度的显著提高，国民经济动员不论从平时的经济发展需要出发，还是从非常时期尤其是战时的部队需要出发，都必须向信息化方向发展。第一，国民经济信息化要求国民经济动员向信息化方向发展；第二，现代信息化战争要求国民经济动员向信息化方向发展[3]。库桂生认为，国民经济动员信息化是国民经济动员理念、机制、内容和手段从机械化时代转化为信息化时代的一系列活动[4]。国民经济动员信息化建设是在国家的统一领导下，对国民经济动员的理论观念、运行机制、动员内容和动员手段等，以信息化为目标而实施的一系列创新工程。

因此，本书认为，国民经济动员信息化是指在国家经济动员办公室的统一规划、组织和领导下，在国民经济动员领域的各个方面，广泛应用信息技术，实现信息获取、传输、处理、使用、管理的数字化、网络化与智能化，并实现国民经济动员潜力（人力、物力、财力）和信息资源的高效开发、利用与共享，全面提高国民经济动员实战能力（应付战争、应对自然灾害）的过程。

4.1.3　国民经济动员信息化建设的必要性

1. 建设信息化军队、打赢信息化战争迫切要求国民经济动员信息化

信息技术的飞速发展，使得战争形态和军队建设发生着深刻的变化，以信息技术为主体的高新技术群在军事领域不断运用，信息化武器装备大量涌现并逐步装备到各军兵种，军队的指挥控制能力、远程攻击能力、快速机动能力、精确打击能力和超常毁伤能力都得到了空前提高。信息化成了国防和军队改革的重要环节，也是构建中国特色现代军事力量体系的重要保证。信息化战争取代机械化战争已经成为必然趋势，战争形态以及国防和军队改革的趋势，迫切要求国民经济动员转型，即由机械化战争时代的国民经济动员，转变为信息化战争时代的国民经济动员。

2. 国民经济动员的快速发展迫切要求国民经济动员信息化

面对新形势下国民经济动员准备工作出现的新特点，必须要把国民经济动员信息化建设作为一项紧迫任务加以落实。作为军事斗争准备的重要组成部分，国民经济动员是随着军事斗争需求的发展而发展的。从世界上近几场高技术局部战争中不难看出，高技术局部战争爆发的突然性增加，战争的周期缩短，战争的消耗空前增大，战争的信息化程度急剧提升，这就要求国家必须运用先进的信息管理和决策手段，更加快速地完成平战转换，迅速动员战争所需的各类资源。在信息技术高速发展的今天，军队面临着完成机械化和信息化建设的双重任务，国民经济动员建设必须抓住机遇，走跨越式快速发展的道路，尽快在信息化管理和运作上取得实质性进展。

3. 国民经济动员信息化是顺应我国信息化建设的必然趋势

随着信息化在全球的快速进展，世界对信息的需求快速增长，信息产品和信息服务对于各个国家、地区、企业、个人都不可缺少。当前，我国以物联网、大数据和云计算为代表，掀起了计算机、通信、信息内容的监测与控制的信息化革命，网络功能开始为社会各行业和社会生活提供全面应用。国民经济动员是在应对信息化战争和应对突发事件时国家干预和调控国民经济的管理活动，作为国民经济系统由平时状态转为急时状态的桥梁，其信息化建设必须走在前列，这既是"坚持富国与强军相统一"的必然要求，更是军事斗争准备的实际要求。国民经济动员工作必须从确保国家安全和发展利益的高度，努力推进国民经济动员信息化建设。

随着经济社会的快速发展和军事变革的不断推进，国民经济动员的任务需求和建设环境都发生了深刻的变化。未来战争突发性强、对抗强度大、作战损耗大，并且装备器材精密、物资保障繁杂，需要有十分强大的国民经济动员能力作为支撑。更为重要的是，各地能否快速将国民经济动员潜力转化为保障实力，直接关系到战争最终的胜负。因此，国民经济动员必须创新建设思路、更新发展观念，推进国民经济动员建设步入信息化时代，以适应未来信息化战争对国民经济动员的要求。

4.2　国民经济动员信息化建设现状分析

4.2.1　国民经济动员信息化建设的阶段划分

美国管理信息系统专家诺兰提出了著名的信息系统进化的阶段模型，即诺兰模型。诺兰将计算机信息系统的发展道路划分为 6 个阶段，即初始阶段、传播阶段、控制阶段、集成阶段、数据管理阶段和成熟阶段。诺兰强调，任何组织在建设以计算机为基础的信息系统时都必须从一个阶段发展到下一个阶段，不能实现跳跃式发展。

按照诺兰模型，国民经济动员信息化建设进程也可以划分为 6 个阶段，即信息化建设的起步、扩展、控制、集成、数据管理和成熟阶段。目前，我国在国家经济动员办公室的组织领导下，国民经济动员信息化建设正在逐步深入，制定了动员信息化建设总体方案；出台了相关技术标准与规范；成立了国民经济动员信息系统研发中心、信息化产业基地、仿真演练研究中心、教育培训中心等支撑机构；初步建成了国家级、省级、部分市级国民经济动员信息系统；拥有了一批动员信息化研究成果，信息化建设取得了一定的成效。

但是，由于保密等问题我国国民经济动员信息化整体上还处于各动员单位针对各个项目开发和分布实施的阶段，动员领域内部横向及纵向不能很好地实现互联互通，因此，目前我国国民经济动员信息化进程还处于集成阶段（图 4.1）。

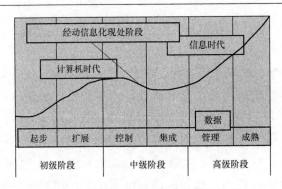

图 4.1 国民经济动员信息化现处阶段

4.2.2 现有国民经济动员管理信息系统介绍

根据国家国防动员委员会和国家经济动员办公室业务管理要求，依据国家经济动员办公室颁布的标准，国民经济动员管理信息系统旨在建立一个以数字化电子地图为空间载体，基于先进成熟的 GIS 平台上开发的信息系统软件。建立地理数据与动员资源数据的紧密关联，实现动员资源的数字化、可视化，提供动员资源的检索、查询、统计、分析、调度及发布，为战时物资动员、医疗卫生动员等提供决策支持，也可用于自然灾害等突发情况下的民众转移和疏散，为平战结合的应急管理提供可靠的辅助决策。

4.2.2.1 国民经济动员管理信息系统的基本功能

国民经济动员是调动社会经济资源以应付战争。在满足国防需要的基础上，保障国家正常的经济生活和整个社会的基本需要，从而决定了系统功能的应用范围。信息管理涉及面广，涉及部门和单位多，信息门类也多，信息量大，而且条块分割，软件开发工作量大。在国民经济动员管理中，对国民经济动员潜力管理、资源调度分析、信息交换管理、文档管理、预案管理等动员管理软件应具备的基本功能进行了规定。

1. 基础信息管理

1）基础地理信息管理

（1）基本功能。

① 地图显示。显示各种地图，并具有放大、缩小和漫游等基本操作。

② 空间定位。对动员对象进行空间定位。

③ 查询统计。实现各种方式的空间信息及其属性信息的查询检索与统计。

④ 专题图制作。根据需要完成各种专题图的制作和输出。

⑤ 网络分析。实现最短和最佳路径分析。

⑥ 地图编辑。完成图形信息和属性信息的编辑、存储、数据转换和数据更新。

⑦ 空间数据导入、导出。导入和导出不同格式的地图数据文件。

⑧ 符号设置。完成对各种空间对象的显示方式、符合颜色和大小等的设置与管理。

⑨ 地图输出。实现地图打印功能。

⑩ 报表功能。实现把查询结果打印成报表。

（2）扩展功能。

① 数字高程模拟。实现数字高程模型的建立，实现对任意划定的多边形范围进行挖填方计算，进行通视分析，显示地形的横截面。

② 遥感图像（RS）处理技术的应用。实现航片影像、遥感影像与电子地图的配准，利用遥感影像进行数据更新和空间分析。

③ GPS 导航和监控。实现利用 GPS 技术对经济动员目标进行导航和监控。

2）动员资源潜力信息管理

国民经济动员涉及工业、农业、交通、通信、科技、医疗卫生、财政金融、物资、人力资源等领域，在各省市、行业可建立相应经济动员数据管理子系统，这些系统涉及的功能包括：

（1）基本功能。

① 数据录入。把收集到的有效经济动员数据录入到指定数据库中的功能。

② 查询统计。对专业信息进行分类查询、分主管部门查询、分地区查询和分布显示。

③ 报表输出功能。对经济动员潜力数据查询的结果，实现以报表的形式显示和输出。

④ 导入/导出数据功能。可以用多种数据库格式导入或导出数据。

⑤ 体系编码维护。提供对国民经济动员指标体系编码字典的维护接口。

（2）扩展功能。

① 图表制作。提供饼图、直方图、折线图等多种图表输出样式的图表制作功能。

② 趋势分析。通过对某一国民经济动员指标进行分析，得到它的发展变化趋势。

③ 数据填报督办功能。数据填报督办功能是为了有效地管理数据填报工作，让安排人员能及时知道填报人员是否在规定时间内完成了数据填报。

2. 综合信息管理和分析

1）资源调度分析

动员资源调度是系统完成调动社会经济资源以应付战争的功能的具体实现。

（1）基本功能。

① 设置地区可动员量。根据动员地区的实际情况，指定某一国民经济动员指标的最大可动员比例或最大可动员量，对于产品要指定其扩大生产可动员量和生产周期。

② 设置实体可动员量。根据动员单位的实际情况，指定某一国民经济动员指标的最大可动员比例或最大可动员量，对于产品要指定其扩大生产可动员量和生产周期。

③ 资源调度分析。根据动员需求，通过用户选择参与动员的单位，自动生成资源调度结果。

④ 提供多次动员功能。对某种具体指标不但可以实施一次动员，而且可以实现多次动员。

提出如下动员方法：

① 比例分配法。把指定指标按比例分配到所管辖的地区或单位。

② 重点选择法。指定重点地区或单位参与资源动员。

③ 专家指定法。由专家根据实时情况及自身掌握的情况，直接指定各地区或单位应动员的资源数量。

④ 综合调配法。综合考虑其他影响因素，进行资源调度。

（2）扩展功能。

可动员量评价分析。实现国民经济动员指标的可动员量的评估分析，其评价对象是地区和具体动员单位。

2）信息交换管理

（1）基本功能。

① 发个人信息。实现把命令、预案、经济动员文档资料等信息发给指定用户。

② 发群体信息。实现把命令、预案、经济动员文档资料等信息发给多个指定用户。

③ 收件箱。实现接收命令、预案、经济动员文档资料等功能，当收到新的邮件时，系统自动产生提示信息。

（2）扩展功能。

① 发布通报。实现在网页上直接公布重要的、需要各个部门都应及时知道的信息。

② 发布系统信息。实现在网页指定区域发布滚动的信息。

③ 查看在线信息。实现实时查看其他系统用户上线或下线的情况。

3）文档管理

（1）基本功能。

① 文档分类。实现根据需要，设置任意多级的文档类别。

② 文档录入。实现按指定的格式进行文档录入。

③ 文档浏览。对经济动员文档浏览查看。

④ 文档查询。实现对保存的文档按标题，按关键字进行查询。

⑤ 文档管理。实现对保存的文档进行重新命名、从数据库中删除。

（2）扩展功能。

管理文档样式。实现文档样式定制，预先制作出命令、计划、通知通报等各种有格式规范的文档模板。

3. 辅助决策支持

1）动员模型

通过对各类经济动员数据进行更深入地分析、处理，使国民经济动员决策更加科学、合理、有效。动员模型以管理科学、运筹学和控制论为基础具体包括：经济动员专用模型、地理空间模型、通用运筹学模型 3 类。

（1）经济动员专用模型基本功能。

资源替代关系模型。国民经济动员资源分为两类：不可被其他动员指标替代的和可以被其他动员指标替代的。实现替代指标的查找，替代数据的换算。

（2）经济动员专用模型的扩展功能。

① 资源原料关系模型。解决国民经济动员指标在其他指标的直接制约、间接制约等情况下的可动员量分析。

② 资源存储模型。解决国民经济动员指标在各地区、行业、单位中的存储模型管理，减少由存储费用和缺货造成的损失。

③ 资源运输方式模型。实现根据物资类别和限制条件以确定运输方式。

（3）通用运筹学模型的基本功能。

④ 线性规划模型。解决经济资源最优配置问题。

⑤ 整数规划模型。解决整数类型的经济资源最优配置问题。

（4）通用运筹学模型的扩展功能。

① 动态规划模型。解决多阶段决策问题。

② 指派模型。解决如何指派，使总工作效率最高的问题。

③ 多目标规划模型。实现在管理决策过程中，求解出使多个目标达到最满意结果的最优

方案。

④ 随机服务系统模型。至少能解决 M｜M｜1 模型问题。

⑤ 决策分析模型：解决不确定性问题和风险性决策问题。

⑥ 其他通用运筹学模型。

（5）地理空间模型的基本功能。

选址分析模型：解决在多点间进行选址分析的问题。

（6）地理空间模型的扩展功能。

结合经济动员的工作要求，定制地理空间模型。

2）预案管理

（1）基本功能。

制定国民经济动员预案，是为了提高国民经济在应付未来战争和突发事件过程中的应变能力和平战转换速度。在平时依据可靠的数据调查和合理的预测分析，根据各种不同假设条件，预先制定一系列动员实施方案。

预案生成。实现系统自动生成预案、人机相辅生成预案、完全由人工生成预案 3 种预案编写方式中的一种或几种。对同一任务，根据不同条件，实现生成多个方案。

预案传输。实现预案申请、审批、发布工作流管理，被赋予权限的用户才能打开该预案进行阅读及执行。为满足不同传输环境的需要，预案传输能适应多种形式，如可通过专线、专网、公众网或介质等形式传输。

预案执行监控。对已发布的动态预案，实现执行与监控。

预案分析评价。实现对预案的评价指标的设定，实现对预案执行的时间、成本、效益等的评价。

（2）扩展功能。

预案仿真演练：实现对动员预案的模拟，以检验预案的合理性和可行性，并对动员预案演练提供训练手段。如图 4.2 为预案仿真演练流程图。

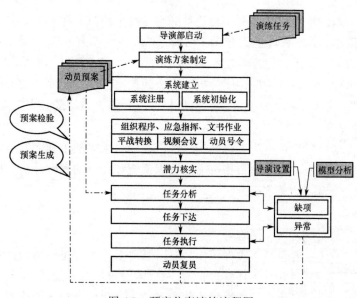

图 4.2　预案仿真演练流程图

4.2.2.2 国家级国民经济动员管理信息系统的设计与实现

1. 系统建设背景

加强国民经济动员信息化建设是打赢信息化战争的重要保障，是建立和完善我国应急体系的客观需要。为了贯彻落实国家经济动员办公室关于加强国民经济动员信息化建设的指示精神，提高适应信息化条件下防卫作战需要的国民经济动员能力，国家经济动员办公室在国家发展和改革委员会的领导下，联合国家信息中心和厦门精图信息技术有限公司，共同开发了国家层次的国民经济动员管理信息系统。

2. 系统建设概述

本系统是利用计算机技术、3S 技术、网络技术等多种高新技术手段，融合国防动员学、经济学、地理学、管理学、运筹学等多学科的技术原理，开发完成的符合国家国民经济动员行业标准、满足国民经济动员信息化建设需求、具有自主知识产权的动员工作管理平台。本系统将 GIS 技术与经济动员工作有机结合，构造了完整的经济动员信息管理体系，实现了潜力调查、平战转换能力分析、预案管理、资源预警、网上演练、突发事件处理等辅助决策功能。本系统包括国民经济动员指标管理体系，完成了我国国民经济动员潜力调查数据库的建设。

3. 系统基本功能

包括动员潜力数据的收集、审核、汇总、分析和维护功能。

1）动员资源管理

动员资源管理模块是本系统的基础模块之一，负责国民经济动员潜力调查数据的收集、自动汇总等工作。本模块采用"AJAX 异步传输"技术，实现快速数据收集、查询汇总、统计分析、数据输出等功能。

2）基于地理空间的经济动员信息的查询、分析和辅助决策功能

动员单位在地理空间上的分布，无疑是影响动员潜力转化的重要因素。本系统采用地理信息技术，建立了基础地理信息数据库和动员潜力专题空间数据库。

本系统提供数据查询、保障能力分析（也称为平战转换能力分析）、辅助决策等功能。充分应用了地理空间分析技术、运筹学技术、网络分析技术、WEB 动态网页生成技术，能对多个国民经济动员指标同时进行资源调度分析，生成的预案保证"快速高效、经济低耗、持续均衡、好中选优"，实现"精确动员""科学动员"，发挥潜力资源的最大效能。

3）预案管理

制作国民经济动员预案，是为了提高国民经济在应付未来战争和突发事件过程中的应变能力、加快平战转换速度。在平时依据可靠的数据调查和合理的预测分析，根据各种不同假设条件，预先制定一系列动员实施方案。

4）信息管理功能

本系统提供信息交换、网上演练等功能。

信息交换管理模块主要包括"收件箱""发件箱""发个人信息""发群体信息""发布系统信息""系统信息管理""突发事件管理""发布战情通报"等功能。

网上演练系统以"信息交换管理"模块作为支撑，以"信息指挥调度中心"模块作为辅

助手段，建立了网上演练功能模块。当打开"战情通报"窗口时，具有权限的用户可以查看各个系统用户的在线状态。可以对参战小组下达命令或指示，通报预案的执行情况或事件的进展情况，各个责任单位根据这些情况，修正预案或采取新的措施。

本功能为所有用户提供了共同的信息交换接口（即"战情通报"），为多用户协同处理某件突发事件提供了信息交换与共享工具，为检验某个动员预案的可行性及实施效果提供了手段。

5）信息安全管理

（1）用户管理。本系统的建设注重系统安全，同时注重应用方便，用户管理采用用户、用户组关系网的管理模式，一个用户组可包含一组具有相同权限的用户。

为了和工作实际相结合，方便网上演练，系统提供用户级别设置。例如，新建一个用户组，可以指定为"基层人员级""中层领导级""高层领导级"。可以设置某个用户组的上下级，便于用户进行信息交换。

（2）信息安全。功能层安全：可以限制某些用户的功能，例如，没经过授权的用户，不能应用"设置用户系统权限""资源调度分析"等系统功能。数据库层的安全：为了方便管理，把表分类管理，可以用"类表权限"和"个表权限"，进行授权。权限分为"无权限""查看""编辑"和"完全控制"。数据安全精确到某条记录：某填报用户只对自己填报的那一条记录有查看、编辑权限。操作审计：本系统管理的任何数据都是十分重要的，我们要监控用户对系统的操作，保证数据的安全，本系统的审计信息详细记录了每个用户在何时、利用哪台计算机对哪些数据进行了何种操作。

6）维护管理

本系统通过贯彻国家及经济动员相关标准，提供系统维护接口、提供二次开发组件，保持系统的可拓展性和生命力。

（1）贯彻国家和经济动员相关标准。本系统除贯彻执行了国家有关标准，贯彻执行了《国民经济动员指标编码体系》《国民经济动员管理信息系统软件开发规范》等经济动员行业标准，使该系统能和各级经动信息系统方便地进行信息交换。

（2）动员潜力数据库维护。动员潜力指标维护：可增加、删除动员指标、设置动员指标单位。

（3）动员潜力数据库维护：包括可增加、修改动员潜力调查表，设计表结构、表头等，导入各地上报的潜力调查数据，备份数据库等。

（4）动员专业地图维护：系统提供潜力调查数据空间配准接口，提供自动和手动定位配准功能。

（5）下载更新潜力数据功能。可利用笔记本电脑，根据需要和权限，随时更新下载服务器上的最新潜力数据，导入到系统中。这样便于在网络被破坏的情况下，进行离线移动指挥。

（6）单位可动员潜力的维护。本系统通过"设置地区可动员量""设置实体可动员量"，为设置和调节各个动员单位的动员潜力提供了接口。为模块抽组中的模块设置和管理提供了接口。

（7）二次开发。系统提供了国民经济动员管理信息系统专用平台二次开发组件，以及用此组件开发的甘肃省国民经济动员管理信息系统的源程序，系统用户可以根据需要在此基础上进一步开发、拓展和应用。

4. 系统总结

本系统提供强大的查询功能和丰富、直观的表现方式，可随时随地、准确掌握真实可靠的动员潜力数据，形象直观地供军地双方使用，实现经济动员潜力管理的科学化，可视化、动态化。使经济动员工作复杂问题简单化，模糊问题精确化，抽象问题可视化。为经济动员潜力的快速转化提供了有力工具，充分体现了国民经济动员平战结合的思想，为国民经济动员工作由传统模式向现代模式转换提供了有效的辅助决策支持平台。

4.2.2.3　省级国民经济动员管理信息系统的设计与实现

为了提高国民经济动员能力，各省也根据自身国民经济动员发展阶段特点，开发符合地区特色的国民经济动员管理信息系统。以内蒙古自治区为例，在 2014 年，国家经济动员办公室赋予内蒙古自治区"国民经济动员信息系统建设"的试点任务。

围绕试点建设任务，内蒙古自治区国民经济动员办公室坚持以国民经济动员军事需求为导向，突出重点，充分运用现代信息技术，会同国民经济动员信息系统研发中心、厦门精图信息技术股份有限公司，研发了《内蒙古自治区国民经济动员指挥系统》，为增强内蒙古自治区动员能力，提高动员指挥水平，提供了有力手段。

1. 系统概述

本系统按照"平战结合、体系完备、功能齐全"原则，在充分吸收有关单位实践成果基础上，科学设计了系统底层数据库、整体框架和各类指标要素，实现了"潜力管理""预案管理""能力建设""军事任务""辅助决策""指挥平台"功能模块，并预留了"军民融合"和"社会化保障"功能接口，使整个系统的功能更加齐全、性能更加优化、操作更加便捷，为有效实现经济动员"需求适时感知、资源可视掌握、决心及时正确"目标，打下了坚实基础。

2. 系统特色

（1）实现了动员潜力的数字化、可视化。动员潜力可直观展示在电子地图上，并能根据需求进行汇总统计。

（2）实现动员能力分析的科学化、精准化。通过建立系列动员能力分析模型，实现需求与保障的精准对接和快速响应。

（3）实现动员决策的科学化、智能化。根据动员任务实际，结合系统提供的空间分析、运筹分析、预案分析等功能，为动员决策提供参考和依据。

（4）实现了动员指挥管理的规范化、自动化。建设了自治区国民经济动员指挥中心，利用该动员指挥系统，组织了全区经济动员培训和演练。

3. 系统成果

（1）动员潜力数据库。按照动员工作需求，形成涵盖"综合资源、机构设施、人力资源、物力资源、交通战备、给养保障" 6 个方面的潜力数据库。经过地理空间定位，明确了各种动员资源的具体空间分布。

（2）地理信息数据库。充分利用全区地图瓦片数据、地图矢量数据、地名地址数据、地理实体数据等，实现地图数据与潜力数据的有机结合，为科学指挥决策奠定了基础。

（3）辅助决策系统。围绕动员潜力数据的采集、汇总、分析、运用、维护整个过程，研发了"潜力管理""预案管理""能力建设""军事任务""辅助决策""指挥平台"功能模块，实现对复杂模型、海量数据的分析及应用。

（4）数据维护系统。系统提供分级登录权限，各盟市、旗县经动办人员，可通过内部网络，适时更新、查询本级数据；通过网络交互，保证数据的适时同步和动态更新。

4. 系统功能

本系统最大功能，就是明确了全区动员潜力有什么、有多少、在哪里，实现了对潜力资源的科学分析和指挥调度。

1）查询功能

（1）地区情况查询，例如，查询赤峰、通辽、鄂尔多斯三地市水供应企业的信息情况。

（2）多地区、多指标查询，可评估几个地区的综合潜力情况。例如，保障部队过境时，需要评估"呼和浩特市、包头市、乌海市、巴彦淖尔市"4 个地市的"稻谷"和"小麦"军需物资潜力情况，以正确抽调地方资源。

（3）条件查询，可根据动员的特殊要求对潜力资源进行过滤查询。例如，需要知道全区"消防车"数量大于 25 辆的消防机构情况，通过系统设置条件进行查询，可以快速掌握满足条件的消防机构分布位置，查看它们的详细信息。

（4）周边查询，可跨越行政区划的界限，对指定目标的周边区域进行潜力资源查询。

（5）点状目标周边查询。例如，在战时，上级要求在呼和浩特市第一医院设立后方医院，利用系统功能可掌握其周边 30 千米范围内的采供血机构情况，以保证救治伤员时能有充足的血浆。

（6）线状目标周边查询。例如，巴彦淖尔市到包头市段，京藏高速沿线，周边 30 千米范围内的加油站情况。

（7）面状目标周边查询。例如，查询"乌兰察布市察哈尔右翼前旗"5 千米范围内的套餐制作企业情况。

2）管理功能

实现对动员预案的管理。制作经济动员预案，是为了提高经济动员在应付未来战争和突发事件过程中的应变能力、加快平战转换速度。在平时依据可靠的数据调查和合理的预测分析，根据各种不同假设条件，预先制定一系列动员实施方案。预案管理包括预案的编制、上报、审批、发布、查询等功能。

实现对动员中心的管理。系统收录了全区国家级动员中心 5 个，自治区级动员中心 11 个。系统能以地图、文字、表格、多媒体等多种方式详细、直观、丰富地展示各动员中心的地理位置、概况、主要产品、生产能力等信息。

实现对专业保障队伍的管理。结合十三五规划的指导性意见，系统单独列出专业保障队伍的动员能力查询，包括医疗救治、油料、设施维修、粮油物资、应急等保障队伍。同时系统提供对地区保障能力的评估分析功能，以保证指战员科学地下达保障和动员任务。

实现对重要防护目标的管理。重要目标防护主要从防空战备这一角度提出，由于空袭的主要打击目标依次为国家指挥中心、能源设施交通设施、民心、军事力量。系统的重要目标防护功能能够在地图上呈现重要目标的空间位置，可查询基本情况，防护手段等。

实现对军事任务的管理。系统将军事任务分为财经、被装、给养、油料、卫生、营房、装备 7 个类别，可在地图上定位、展示军事任务分布，任务信息情况。同时，以报表形式直观展示各地承担军事任务的对比情况。

3）调度功能

资源调度分析功能。为了高效地完成动员保障任务，科学地制定动员保障方案，系统提供了资源调度分析功能。例如，部队在呼和浩特市火车站驻扎，上级要求从呼和浩特市调集面粉、大米等物资。利用系统分析，面粉动员任务由呼和浩特白塔粮库承担，大米动员任务由清水河县第二粮库承担。待各项参数设置好后，系统能自动生成调度方案，方案内容包括各供应地点向各集结地点调度的动员潜力数量、调度的最短路径、参考距离，以及参考地图等。

快速集结潜力的路径分析功能。路径分析，可分为以下两种类型：

（1）任意两点或多点间最优路径分析，在地图上标出需要经过的两个或多个点，系统会分析出，经过这些点的最优路径。

（2）在有障碍点（或破坏点）情况下最优路径分析，例如，从包头市到鄂尔多斯市路段，"南黄线"黄河路段受损不能通行。设置破坏点后，系统能分析出新的通行路径。

模块抽组能力分析功能。系统可以对全省及各地市进行"模块抽组能力分析"，例如，查询分析"包头市、乌海市、赤峰市"能组建多少"三级建材物资保障模块"，分析结果可以用图表进行对比。通过本功能，可以对地区的保障能力进行评估分析，实现需求与保障的精准快速对接。

4）指挥功能

为了有效地解决在动员工作过程中指挥信息流转的效率问题，系统提供文书管理、待办事项、站内邮件、法律法规、文件管理等功能。做到信息流转过程的电子化，及实现对信息流转的有效监控，实现了动员指挥管理的规范化、自动化。

4. 系统总结

《内蒙古自治区国民经济动员指挥系统》利用地理信息技术，与国民经济动员管理业务的有机结合，直观准确展示了全区潜力资源。通过系统科学分析、规范的指挥管理，使动员工作实现了复杂问题简单化、模糊问题精确化、抽象问题具体化，推进了军民融合、体现了平战结合、实现了力量联合，为自治区经济动员工作由传统模式向现代模式转变，提供了重要平台和有力支撑。

4.2.3　国民经济动员信息化建设的现状

目前，我国已完成了《国家国民经济动员管理信息系统》的研发，并于2005年验收通过，投入运行使用。在国家经济动员办公室的支持下，国家国民经济动员信息中心完成了国家级的国民经济动员数据处理中心的建设。此外，我国制定了若干经济动员行业信息化建设方面的标准、规范，并已印发到各省市自治区经济动员机构。目前，已经形成相关技术标准和规范三大类（管理规范、潜力调查、软件编制）共21个，涵盖了经济动员行业信息化建设、运行多个方面。目前，大部分的省市自治区都已经建立了省级国民经济动员管理信息系统，其中部分计划单列市（如厦门、宁波等）也相继完成了国民经济动员管理信息系统的建设。各省市自治区已完成了国民经济动员管理信息系统的验收工作。福建、上海、安徽、湖南、贵州、河北、厦门等省市已经开发了国民经济动员信息系统，厦门建立了国家国民经济动员信息系统研发中心，湖北省建立了国家国民经济动员仿真演练研究中心。

目前，全国各省市国民经济动员管理信息系统建设技术基础好，技术架构先进，标准化、规范化程度较高，能够依托国家以及各省市自治区信息化建设的基础，充分利用现有设施和信息资源，坚持统一规划、统一标准、资源共享、分工合作、分步实施的原则，实现了国民经济动员信息化建设的总体目标。

但是，在国民经济动员信息化建设中还存在着不少问题。首先，虽然各省级管理信息系统平台已经搭建，但是国家到省一级的纵向网络尚未开通，省级之间横向网络的互联互通还未实现，各战区与各省市自治区经济动员办公室网络也未联通。其次，已建成的各省市自治区动员信息系统（尤其是数据部分）或多或少地存在着差异，各应用系统之间都需要规范方便的数据交换服务来消除这种差异。

4.2.4　国民经济动员信息化建设的原则

国民经济动员信息化建设是一项长期的战略工程。在过去，由于各级、各部门、各行业、军地自成体系，没有科学有效的建设原则，导致在信息化建设中出现了许多问题。因此，理清国民经济动员信息化建设的原则已成为当务之急。本节就此提出了国民经济动员信息化建设应该遵循的几个原则。

1. 综合标准化建设的原则

国民经济动员信息化进程离不开一系列标准的支持，尤其是在当今各省市、军地信息化建设差异明显的现状下，更要发挥标准化的导向作用，以确保各技术环节的一致性和动员的快速高效性。通过标准化的协调功能，可以保证信息共享、数据传递、业务协同、信息安全以及网络互联互通。只有这样，才可以防止动员活动中出现"信息孤岛"的现象，体现动员的经济性和整体性，提高动员的效率。

2. 应急应战一体化建设的原则

随着威胁国家安全的因素发生深刻变化，除传统意义上的战争以外，以争夺资源为目的的各种形式的争夺与对抗，恐怖活动、重大自然灾害、金融危机等突发事件，也都成为威胁国家安全不可忽视的因素。无论从经济学的成本收益角度，还是从理顺动员体制的角度考虑，都应将国民经济动员的功能进行拓展，进而把国民经济动员功能定位为"应急应战"。因此，在国民经济动员信息化建设过程中也必须考虑应急应战一体化的原则。

3. 军民融合式发展的原则

以军民融合发展战略思想为指引，适应军队和国防改革的要求，建立军民融合式国民经济动员新模式，是一项十分重要的任务。当前国民经济动员信息化建设出现军地割裂的现象，各战区与各省市经济动员办公室的网络未能连通，导致军地形成了"信息孤岛"的情况。究其原因，是信息化建设在顶层设计时没有遵守军民融合式建设原则，使得军地双方在信息化建设过程中未能将各自的信息资源数据进行整合。因此，国民经济动员信息化建设应该以军民融合式发展为原则。

军地各级要充分认清军民融合的必要性、紧迫性，准确把握军民融合的可行性、坚定性，提高抓好军民融合的自觉性、针对性，汇聚推动军民融合发展的强大力量。要强机构抓融合，构建统筹协调的组织领导体系；要抓法规促融合，构建衔接配套的制度保障体系；

要建机制深融合，构建灵活高效的工作运行体系。要共筑网络安全，在实施网络安全管控时相互学习借鉴，实现信息融合、资源共享、能力互补。要共建融合产业，大力发展新能源、航空制造、生物医药等战略新兴产业，共同推动地方经济和国防建设协调发展，实现军地双赢。

要紧紧抓住"智慧动员、军民融合、网络强军"三大趋势，推进国民经济动员事业跨越式发展。在"智慧动员"上，要积极主动、创新深化、稳步推进；在军民融合上，要提升融合效益，拓展融合领域，固化融合机制；在网络强军上，要培育网络思维，加强网络基础，抓实网络安全。

4.3　国民经济动员信息化建设的内容和任务

在跨入信息化时代之时，国民经济动员信息化建设已经成为国民经济动员发展的战略重点之一。当前，我们要抓住有利时机，明确目标和任务，快速推进国民经济动员信息化进程。

4.3.1　国民经济动员信息化建设的内容

随着世界经济和科技的飞速发展，信息化已经成为一个国家经济和社会发展的关键环节，成为衡量一个国家现代化水平、综合国力和国际竞争力的重要标志。在 21 世纪人类社会的发展中，信息已经构成了经济和社会发展的战略性资源，信息技术则是社会生产力的重要构成要素。国民经济动员信息化是国民经济信息化的一个缩影。同时，信息已经构成了国民经济动员潜力的战略性资源之一，信息技术则是国民经济动员能力的重要构成要素。从总体上看，国民经济动员信息化的内容涉及信息资源、信息网络、信息技术应用、信息技术和产业、信息化人才、信息化政策和法规等一系列问题。具体来说，国民经济动员信息化建设的内容有以下几个方面。

1. 国民经济动员资源的信息化

国民经济动员资源的信息化是国民经济动员信息化建设的前提和基础。这里所说的国民经济动员资源的信息化，包括 3 层含义：一是指能够运用信息技术快速、准确和最大限度地采集到国民经济动员信息；二是指按照信息化经济动员的要求，经过加工处理后的信息，这些信息是信息化经济动员赖以进行的信息基础；三是可用于国民经济动员决策的信息，这些信息是具有重大现实和潜在军事价值的信息。

2. 国民经济动员活动所需的信息技术

国民经济动员信息化建设的实质是运用先进的信息技术改造和武装国民经济动员活动。或者说，将国民经济动员建立在信息技术的基础上。国民经济动员所需要的信息技术主要包括：情报与信息的收集与处理技术；动员潜力数据的更新技术；监控与预警技术；仿真演练与虚拟现实技术；实时决策支持技术；管理信息系统技术等。

3. 国民经济动员信息化人才

无论是国家还是军队的信息化建设，人才都是根本，国民经济动员信息化建设亦然。从总体上看，国民经济动员信息化人才是一种复合型人才。这些人才精通计算机和网络应用技术，具有掌握通信、信息处理、模型处理、决策与评估规划等手段的实际工作能力；具有较好的科学文化知识和较高的政治思想素养与军事素养，精通国民经济动员实际工作。

4.3.2 国民经济动员信息化建设的任务

国民经济动员信息化建设过程是对传统的国民经济动员的一场革命。在这场信息化革命中，国民经济动员基础、国民经济动员能力以及国民经济动员活动方式等将发生根本性的变化。

4.3.2.1 实现国民经济动员资源数字化

应对信息化战争和突发事件，首先要求国民经济动员资源成为信息技术可以利用的信息，即实现资源信息的数字化。我国国民经济动员应该采取以下措施：

（1）组织有关部门、政府机关、科研院所的各类动员专家学者，更新形成规范和适用的具有中国特色的国民经济动员潜力调查指标体系。

（2）要加强国民经济动员资源的编码技术研究，形成具有中国特色的国民经济动员编码体系，为实现"数字化"提供技术支撑。

（3）要进一步加强国民经济动员数据库建设，国民经济动员涵盖国民经济各个行业、部门、系统，涉及范围广阔、种类繁杂、数量众多的实时数据，只有全面、准确、实时地掌握可动员资源的类型、数量，才能为未来信息化战争和突发事件应急提供可靠的保证，必须强化地方信息管理机构建设，丰富信息采集手段，充分利用国民经济动员信息资源网络，确保各级国民经济动员数据处理中心数据库各类数据及时、可靠。

4.3.2.2 实现国民经济动员信息安全共享

网络技术的快速发展，使得各种信息通过声音、数据、图像在任何时间和地点相互传递。在信息化战争和突发事件应急处置中，高速信息动员网络是实现随机直接动员的前提和基本条件。但是，当前我国国民经济动员仍存在信息采集标准不统一、信息数据更新不及时、信息平台接口不相融等问题，导致上下左右协同困难，跨行业、跨领域、跨区域合作困难，使得动员成本高、效率低，因此，亟须基于大数据平台构建跨区域的国民经济动员信息共享通道。信息共享、互联互通的大数据平台，为优化资源配置、推进多部门、多领域、跨区域协作机制建设提供了基本平台和技术支持，有利于各类动员活动的及时沟通、密切协同。为此，我国国民经济动员应该采取以下措施。

（1）建立互联互通的数据平台，线上通过在各动员机构指挥监控中心开设专用宽带线路，搭设平台，实时指挥，及时交换信息；线下加强同地方政府各职能部门的联系，疏通工作渠道，并加强与作战部队的联系，科学制定动员规划，加强与企业事业单位之间的联系，摸清和核实动员潜力。以此整合军地现有信息资源和信息渠道，逐步实现国民经济动员机构、党政军机关有关部门网络互联互通、信息资源共享。

（2）增强大数据平台的安全性，大数据条件下战场的透明度增强了，对行动的保密要求更高，在数据共享的过程中，通过在监控终端安装专用软件平台、设置多层密码认证、对动员敏感信息进行多次加密、详细记录用户操作日记等方法手段，设置提高信息安全等级，做到安全无漏洞、操作无疏漏、传输无纰漏，确保动员指挥的安全性、准确性。

4.3.2.3 创新国民经济动员潜力调查工作模式

国民经济动员潜力调查，是国民经济动员建设的基础性工作，是国民经济动员准备的重要内容，也是一项科学严密的系统工程。由于当前潜力调查工作开展周期长，数据更新频率低，潜力数据不够准确，使得系统中的数据在应战应急时难以直接使用[5]。国民经济动员潜力调查不能为了调查而调查，而应该从调查目的的角度去思考，从数据应用的角度去思考，怎样才能使调查工作更为有效，动员潜力调查的目的是为了有效地动员筹划，即在动员指挥工作中下达更为精准更为有效的指令。同时，动员潜力调查的对象不应该只是面向政府和大型企事业单位，全社会的企业和个人都应该作为调查的对象。基于此，有必要利用大数据创新国民经济动员潜力调查工作模式，为此，我国国民经济动员应该采取以下措施。

（1）完善动员潜力指标体系，以动员作业需求为驱动，形成"动员队伍、动员物资、动员装备、城市设施、应急事件、宏观经济"等动员主题，再根据各个主题的数据来源、业务分类进一步细分，如动员物资和动员装备的来源有3类：各级政府储备库、动员签约合作单位或各级动员中心、民用储备单位；指标数据生成方式依托大数据平台，以系统挖掘数据为主、人工填报为辅，将各种源数据上传到系统，并通过整合分析，形成各类核心实体数据。

（2）改变数据采集机制，从"人工填报"转变为"系统抽取、人工审核、网络核实"。首先将动员潜力数据的采集来源分为以下几类：军队和国防数据，地方政府数据，动员签约合作单位和各级动员中心数据，社会动员上报数据。其次，对不同数据源上传的数据进行核查处理，具体步骤包括数据采集，剔除异常，核查上报，确认更新，数据展现。

（3）修订工作实施细则，明确成员单位的对接工作，强化各级政府的主责意识，使动员潜力调查工作成为政府常态化的事项，实现动员潜力统计与地方经济资源统计同步进行。此外，还需要在省市两级国民经济动员办公室配置一定数量的信息技术专职岗位人员，负责本级综合信息系统建设，统计本级动员潜力数据。

4.3.2.4　建立智能化的国民经济动员决策支持系统

所谓国民经济动员组织和控制可视化，指的是为决策部门及时准确地提供有关动员物资和生产的技术设备、基础设施、人员、原材料、能源及相关技术资料的名称、位置、数量、状态特征等信息的能力。国民经济动员组织和控制的可视化，是国民经济动员决策部门科学决策支持系统，也是实现国民经济快速动员的物质基础。

随着大数据的广泛运用，人们的生产、生活和思维方式正在发生深刻改变。在国民经济动员领域也应该充分利用大数据的技术，通过对应战应急相关数据进行整合处理，从中分析提取有价值的信息，优化实现实时感知、同步认知甚至超前预知，建立起以各应战应急保障力量在动员任务中以数据共享为基础的智能化国民经济动员决策支持系统，完成由数据优势向决策优势的转化，压缩指挥、决策、行动周期，提高快速反应能力。为此，国民经济动员应该采取以下措施。

（1）要突破传统思维和制度缺陷限制，重视"基于量化"的动员决策，实现对动员供给从经验治理到科学治理的转变。

（2）要积极培育大数据专业人才，开展大数据关键技术研发，运用技术对数据进行深度挖掘分析，为动员决策科学化与管理精细化提供准确的量化支撑。

（3）要提高动员组织领导者自身的"数据思维"，动员组织领导者应顺应大数据时代趋势，形成一套完整的数据综合分析利用思维体系。

通过智能化的国民经济动员决策支持系统分析获悉动员趋势，通过大数据精算有什么、用什么、怎么用，基于量化分析调整动员决策，精细化调控资源流量及时空进程，确保动员目标的可控可靠。

4.3.2.5　实现动员精准对接和动员任务物化落地

精准组织动员供需对接，是促进动员任务落实的基本途径，是实现精准动员的重要环节。国民经济动员办公室作为协调主体，应充分发挥桥梁纽带作用，积极协调"需求方"军队和"供给方"政府之间的动员任务对接，确保动员任务有效落实。为此，我国国民经济动员应该采取以下措施。

（1）要做好动员需求与动员潜力的对接。在基本掌握需求与潜力的基础上，各级国民经济动员办公室要发挥牵头组织作用，协调需求方和供给方，根据潜力底数、动员准备程度、经济承受能力等情况，对动员需求进行研究论证，对动员任务进行细化区分，形成比较科学、符合实际的动员需求量化任务表。要按照《中华人民共和国国防动员法》有关规定，根据动员潜力状况和动员需求编制国民经济动员计划和国民经济动员实施方案，依据动员潜力变化、需求落实进展情况及时进行调整。要在联合战役演习、部队跨区机动、国民经济动员演习、非战争军事行动等重大活动中，结合动员行动检验需求和计划的科学性，确保动员需求始终与任务需要对接、与动员潜力实际相符。

（2）要做好任务部队与动员单位的对接。建立规划纳入制度，政府相关部门在编制经济和社会发展规划、军民融合深度发展规划、专项建设规划时，主动征求任务部队、军事机关的意见建议，把国民经济动员建设作为专项内容编入规划。建立联席会议制度，定期召开任务部队、政府相关部门、军事机关、国民经济动员办公室、国动委办事机构参加的军地联席会议，总结工作，部署任务，研究在地方经济社会发展、重大基础设施建设中贯彻国防要求的措施办法，协调解决遇到的困难和问题。建立联合考评制度，各级国民经济动员办公室协调任务部队、政府相关部门，定期组织对动员任务落实情况进行联合检查评估，并向军地双方通报检查考评结果，为军地双方实施奖惩提供依据。

（3）要做好军用技术与民用技术的对接。做好军民两用技术对接，是实现动员潜力更加高效地转化为战争实力的有力保障。目前，军用技术与民用技术通用性越来越强、结合面越来越广，但由于标准体系不统一，先进技术相互转化利用不够。国家层面应加强军民通用标准体系建设，建立起军用和民用统一的标准体系，解决好"军标"与"国标"的衔接问题，实现军用技术与民用技术无缝对接。军队要结合实际，撤销地方技术领先领域的军用标准规范和军用标准，采纳民用标准，降低民营企业准入门槛，鼓励民营企业最大限度采用能够满足军用要求的民用标准。政府要建立资金补偿政策、制定优惠奖励政策，鼓励"军转民""民参军"，增强促进军民两用技术双向转化的内在动力。

4.3.2.6　加强国民经济动员信息安全建设

在信息化社会时代，信息是极其宝贵的战略资源。从这个意义上看，信息安全将是一个国家最为重要的安全问题。就国民经济动员而言，国民经济动员信息安全也是信息化战争中最为突出的问题。

国民经济动员信息安全的要求主要表现在：一是强调信息的真实性，即可以对信息的真伪进行鉴别；二是信息传递保密性能好，保证信息不被泄漏；三是数据收集完整性强，能防止数据被修改和破坏。国民经济动员信息网络是一个具有高技术和多节点的庞大体系。在拥有先进性的同时，也伴随着可侵入、可破坏、可干扰和可击穿等薄弱性。如果不能有效解决国民经济动员信息安全问题，一旦发生信息干扰和非法入侵，其影响将是灾难性的。

大数据时代，我国拥有占绝对优势的原始数据资源，在较多领域存在领先机会，必须在大力推进动员数据开放共享和技术改革创新的同时，掌握大数据时代动员信息安全主动权。为此，我国国民经济动员应该采取以下措施。

（1）进行大数据立法并制定行业标准。信息安全问题的解决不仅有赖于技术领域的创新发展，技术规范的法律化也有重要现实意义。我国亟须通过立法，对数据的使用目的、使用范围和使用期限等进行界定和责任划分，对数据采集权、使用权、所有权、收益权，以及个人隐私权等进行保护，开创数据合法有序利用的良好局面，规范信息资源市场秩序。

（2）改革现行动员信息安全监督管理机制。我国国民经济动员信息系统的管理、开发和利用被分割成各自独立的领域，政策之间存在一定冲突和矛盾，不利于整体规划和协调推进大数据安全战略。应尽快建立统一领导、分工负责的监管机制，突破当前执行依据互不统一的问题，不断强化和充实监管能力，依法行政、有效监督动员大数据的开发利用。

（3）构建端到端网络安全防护新模型。大数据时代网络攻击的种类更多、渠道更广、隐蔽性更强，基于传统网络安全防护模型的各种策略和技术设备大大失效。必须紧扣大数据时代网络和技术新特点，构建端到端模型：强化接入认证管理，利用密码保护防止动员数据污染，采取云威胁分析精确定位攻击窃密行为，主动感知、主动检测、主动防御，有效克服传统安全模型缺陷。

本章小结

实现国民经济动员信息化，是新军事变革对国民经济动员发展的客观要求，也是 21 世纪中国国民经济动员发展的重要任务之一。本章首先对当前国民经济动员的发展趋势以及信息化建设的基础进行总结，进而概括国民经济动员信息化的内涵，并指出了信息化建设的必要性；其次，借鉴信息系统进化的阶段划分，对国民经济动员信息化建设的阶段进行划分，并在对现有国民经济动员管理信息系统进行介绍之后，提出国民经济动员信息化建设的原则；再次，结合当前全国国民经济动员信息化建设的实际情况，以及当前应对信息化战争和突发事件的需要，阐述国民经济动员信息化建设的内容和任务；最后，指出国民经济动员信息化建设的发展方向，力图为推动我国国民经济动员发展提供参考和指导。

思考题

（1）简述国民经济动员信息化的内涵。

（2）简述信息化条件下国民经济动员的特点。

（3）浅谈国民经济动员信息化建设的意义。

（4）论述当前国民经济动员信息化建设的现状。

（5）论述国民经济动员信息化建设的内容和任务。

参考文献

[1] 张纪海. 关于国民经济动员信息化的思考[J]. 北京理工大学学报（社会科学版）2007, 9（3）：3-5.

[2] 黄薇. 国民经济动员信息化建设思考[N]. 中国国防报，2004-11-15.

[3] 张勇，王炳书，蔡伦喆. 国民经济动员信息化浅析[J]. 军事经济研究，2005，26（12）：31-33.

[4] 库桂生. 加强国民经济动员信息化建设的理论思考[J]. 国防，2005（04）：1-4.

[5] 钟军. 关于利用大数据创新国防动员潜力调查工作模式的探索[J]. 信息技术与信息化，2016，09：99-102.

中篇：决策支持系统基本理论

第5章 决策支持系统导论

近 20 年，由于信息技术飞速发展，世界各国十分重视信息基础设施的建设，使得信息的共享成为可能；各类传感器的广泛使用，大大丰富了信息获取的手段；管理信息系统的普及，使得各类信息的存储和查询统计得到充分应用，并积累了大量的业务数据。与此同时，信息泡沫和信息垃圾也层出不穷。如何有效利用收集到的各类信息必然成为人们十分关心的问题。特别是如何为社会和企业/组织带来巨大的社会和经济效益，引起了许多专家和企业界人士的极大兴趣和关注。决策支持系统（DSS）是在传统的管理信息系统（Management Information Systems，MIS）理论基础上发展起来的一门适用于不同领域的、概念和技术都是全新的信息系统发展分支，也是目前发展最为迅速的一个分支。决策支持系统可以有力地支持企业组织决策活动，并不同程度地改善决策者和信息工作人员的素质和行为，从而改善决策者和管理人员的思维和工作方式。本章主要介绍决策支持系统的概念、现状与发展以及决策支持系统的主要结构。

5.1 决策与决策支持

5.1.1 决策

"决策"是一个古老的概念。从宏观讲决策就是制定政策，例如，国家对某行业的投资决策，关于城市发展的决策等；从微观讲，决策就是做出决定，例如，企业决定是否上马一个项目，学生对自己报考大学的决定等。它是在人们的社会生活和工作中普遍存在的一种活动，也是管理中经常发生的一种活动。把决策作为一种学科来研究则是起始于 20 世纪 40 年代，经过短短几十年的发展，现已逐步形成了涉及应用经济学、社会心理学、组织理论、系统分析、信息科学、数学、运筹学和计算机技术等学科的新兴边缘学科。决策分析方法最初以统计决策理论为基础，逐步由单目标决策扩展到多目标决策、由个体决策扩展到群体决策、由静态决策扩展到动态决策等。

5.1.1.1 决策的概念

决策是人们在政治、经济、技术和日常生活中普遍存在的一种行为。决策科学先驱西蒙（H. A. Simon）教授指出：管理就是决策。

决策是为了确定未来某个行动目标，根据决策者的经验，在具有一定信息的基础上，借助科学的方法，在众多替代方案中选择一个最优方案的过程。在一定的人力、设备、材料、技术、资金和时间因素的制约下，从两个以上可供选择的策略中做出决断，以求得最优或较好效果的过程就是决策过程。

人们在日常生活中常常做出各种决策。个人决策包括晚餐吃什么，吃哪几道菜，是做家务还是去看电影等。企业决策包括一件产品卖多少钱，在哪儿做广告与推广新业务，在每天的报纸上占多少版面，如何为购置设备筹措资金，雇佣哪位候选人去担当一项工作等。这些都是常见的决策活动，可以看出，决策在企业管理中显得更加重要。

5.1.1.2　决策的内涵

决策是有关如何解决问题这一更加宽泛主题的组成部分，是缩小现实和人们希望出现的某种局面之间差距的整个过程。

（1）决策目标。决策是为了解决某一问题，或是为了达到一定目标。确定目标是决策过程第一步。决策所要解决问题必须十分明确，所要达到的目标必须十分具体。没有明确的目标，决策将是盲目的。

（2）多个可行的备选方案。决策实质上是选择行动方案的过程。如果只有一个备选方案，就不存在决策的问题。因此，至少要有两个或两个以上的方案，人们才能从中进行比较选择，最后选择一个满意方案为行动方案。

（3）决策实施。如果选择后的方案束之高阁，不付诸实施，这样决策也等于没有决策。决策不仅是一个认识过程，也是一个行动的过程。

（4）目标优化。在方案制定和执行的过程中，可能发现目标的某些不合理性或者环境发生的变化导致目标不得不进行优化。

决策往往不可能一次完成，而是一个迭代过程。决策可以借助于计算机决策支持系统来完成，即用计算机来辅助确定目标、拟订方案、分析评价以及模拟验证等工作。

5.1.1.3　决策的特征

每一个决策都是以决策陈述、一批替代方案和一套决策准则作为其特征。

1. 决策陈述

决策陈述表明正试图做出怎样的决策。清晰的决策陈述对于明智的决策来说十分重要，它能使人们把思想集中在明确的主题上，从而远离不相干的枝节问题。如果决策是由群体做出的，则一个清晰、明确的决策陈述可确保该群体中所有的人尝试做相同的事情。群体决策支持工具可以帮助处于不同地方的人们就共同的决策陈述进行交流。

2. 替代方案

替代方案是人们能做出的可能决策。有时替代方案较少，如在组织篮球队时发现仅有两人可以作为队长的候选人；有时替代方案较多，如在选举班级的班长时，有 10 个人选。而在某些情况下，可能有数以千计的替代方案，例如，从股票交易所选择一只股票来投资，或在为客户量身定做服装时从一大堆样式中选择一种适合其体型、气质的款式。对于这些情况，决策者需要将选择目标缩小到一个合理的范围内，这时可借助决策支持工具来协助完成此类任务。

3. 决策准则

决策准则是决策者在决策全过程中应遵循的原则。其中包括决策思维方式、决策组织、拟定备选方案等方面的原则要求。如在进行一项投资过程中，可能会关注资本本金的收入、增长和安全。而在选择一辆汽车时，就会很在意其外表、舒适性、动力性能、可靠性、安全性和购置及使用费用等。

5.1.2　决策过程

决策过程是一个连续的统一体,这个连续区间的范围从高度的结构化到高度的非结构化。这个过程被分为 4 个阶段,即情报阶段、设计阶段、选择阶段和实现阶段。

1. 情报阶段

情报阶段用于寻求要求决策的条件。该阶段需要面对现实,即对决策者所处环境进行分析、考察,找出要求做出决策的情况,即对问题进行确认和定义。这时,决策者需要获取、处理、检查数据以便确认存在的问题或发现机会,具体包括发现问题、问题分类、问题分解、问题归属。

2. 设计阶段

设计阶段用于创立、发展和分析可能的行动方案。该阶段涉及建立、开发和分析各种可能的可行方案,其中包括理解问题、产生方案、测试方案的可行性等活动。在这个阶段,也要建立、测试和验证问题情况模型。建模涉及问题的概念化处理和将其抽象为数学模型或符号形式。对于数学模型,要说明各种独立的和非独立的变量,建立描述各变量之间关系的方程。必要时还要通过一系列假设进行简化。

3. 选择阶段

选择阶段用于从那些可行方案中选择一个满意的行动方案。对于不同的选择原则,可能有不同的选择结果。一般来说有两种选择原则:规范性原则和描述性原则。规范性原则是力图在允许条件内选择一个最优的或局部最优的方案;而描述性原则则强调能否得到一个足够好或者说是满意的方案。

4. 实现阶段

因为实现过程是一个漫长的复杂过程,边界也不十分明确,因此,实现的定义也比较复杂。简单地说,实现可以定义为“使一个推荐方案付诸实施”。在实施过程中,总要不同程度地引入一些变革,因而也会出现很多一般性的问题,如反对改革、支持高层管理部门的程度,用户培训等。

我们认为,对决策者来说,科学的决策程序一般包括发现问题,确定目标;收集情报(信息)和预测;探索各种对策方案;选择方案;控制决策的执行等几个步骤。

1)发现问题,确定目标

决策问题是人们经过认识的主客观之间的矛盾。客观存在的问题,只有当人们能够清楚地表达出来的时候,才构成决策问题。科学的发现表明,客观存在的矛盾,要变成人们能够清楚描绘出来的问题,并抓住它的实质,不但要经过大量的调查研究、分析、归纳,有时还必须通过创造性思维,突破传统的观念,开发出新的观念。

为抓住问题的实质,确定系统的决策目标,首先要对存在的问题进行系统分析。可以说,决策目标是对决策问题的本质的概括与抽象,经过分析后得出的目标必须达到如下要求:

(1)目标成果可以用决策目标的价值准则进行定性或定量的衡量。

(2)目标是可以达到的,即在内外各种约束条件下,是现实的、合理的。

(3)达到目标要有明确的时间概念。

2）收集情报（信息）和预测

信息是人们认识世界和改造世界的源泉，也是决策科学化的基础。在决策方案制定过程中，自始至终都需要进行数据、信息的收集和调查研究工作。由于决策所需要的条件和环境往往存在着一些目前不能确定因素，因此就要根据已经收集到的数据和信息进行预测。预测是人们对客观事物发展规律的一种认识方法。

3）探索各种对策方案

在一般情况，实现目标的方案不应该是一个，为了探索可供选择的方案，有时需要研究与实现目标有关的限制性因素。在其他因素不变的情况下，如果改变这些限制性因素，就能实现期望的目标。识别这些因素，把注意力放到如何克服这些限制因素上去，就可能探索出更多的比较方案。在制定方案的过程中，寻求和辨认限制性因素是没有终结的。对某一时间、某一方案来说，某因素可能对决策起决定作用，但过了一定时间后，对类似的决策者来说各种限制性因素就改变了。

4）选择方案

从各种可能的备选方案中，针对决策目标，选出最合理的方案，是决策成功或失败的关键阶段。通常这个阶段包括方案论证和决策形成两个步骤。方案论证是对备选方案进行定量和定性的分析比较和择优研究，为决策者最后选择进行初选，并把经过优化选择的可行方案提供给决策者。决策形成是决策者对经过论证的方案进行最后的抉择。作为决策者的主管干部虽不需要掌握具体论证方法，但必须知道决策的整个程序和各种方法的可靠程度，应当具备良好的思维分析能力、敏锐的洞察力以及判断和决断的素质。

5）控制决策的执行

在决策执行过程中，还要及时收集其过程中的情报，据此发现问题或采取预防措施消除可能出现的问题。有时候，根据情报也可能做出停止执行或修改后继续执行的决定。

5.1.3　决策分类

决策问题有许多种，可以从不同的角度对决策问题进行分类。

1. 按决策问题的结构分类

西蒙教授将决策问题分为结构化决策和非结构化决策。结构化决策是那些问题的本质和结构十分明确，解决这些问题的步骤是已知的，而且是经常重复发生的那些决策问题，可以用算法或启发式形式的标准操作程序来解决。非结构化决策是那些以前未曾出现过的问题，或者问题的本质和结构十分复杂而难以确切了解，没有固定的模式、经验去解决，决策者的主观行为，如学识、经验、直觉、判断力、洞察力、个人偏好和决策风格等，对各阶段决策效果的影响比较大。也有人把决策问题分为结构化决策、半结构化决策和非结构化决策。半结构化决策问题的特点介于上述两者之间，这种决策问题一般可适当建立模型，但无法确定最优方案。

2. 按决策问题的重要性分类

决策问题可以分为战略决策、战术决策和作业决策。战略决策是有关全局或重大问题的决策，如确定企业的经营方向、经营方针、新产品开发等决策。战术决策又称为策略决策，是指为实现战略决策服务的一些局部问题的决策。如为了实现重大产品开发，如何组织企业内部的人力、物力和财力，如何联合外部力量等。作业决策则是那些经常性的任务安排以及一些偶然性的事务处理等。

3. 按决策问题是否重复出现分类

决策问题可以分为常规决策和非常规决策。常规决策又称为重复性决策，是指企业生产经营中经常出现的问题的处理。对于这种问题容易总结规律，可以做出一套常规的处理办法，变成程序由计算机处理，因此也称程序化决策。非常规决策是指偶然发生或极少发生的一次性问题的决策，它们所占比重较小，但往往是企业中的重大战略性问题，不能掉以轻心，这种决策也称非程序化决策。

4. 针对决策问题所处状态分类

决策问题可以分为确定型决策和风险型不确定型决策。确定型决策是一种确定状态下的决策。这种决策问题的结构可以用数学式表示，有明确定义的目标函数，有能求出最优解的数学表达式，其方案选择是求问题的利润最大，或费用最小，或时间最短等最佳值。风险型决策是指方案的执行可能会存在一些风险的决策。这种决策所需要的客观状态是未知的，也是不可控的，但是它发生的概率是能够知道的。这类决策与半结构化决策很相似，它是在概率的基础上进行的，因此要承担一定的风险，也称为随机型决策或统计型决策。

5. 按决策目标分类

决策问题可以分为单目标决策和多目标决策。单目标决策是指决策所要达到的目标只有一个的决策。此类决策目标单一，容易掌握，但可能产生片面性。多目标决策是指决策所要达到的目标有多个，且这些目标是互相联系又互相制约的决策。这类决策要求用系统的观点，对希望达到的多个目标进行系统的研究分析。

6. 按所要执行的决策在时间上是否相互依赖分类

决策可以划分为静态决策和动态决策。静态决策是单阶段决策，在决策时不考虑以后采取的决策。动态决策是多阶段决策，几个阶段的决策相互有关，先后执行。

5.1.4　决策支持的概念

在 DSS 的发展过程中，决策支持是一个先导的概念，决策支持的概念形成若干年以后才出现决策支持系统。直到现在，人们仍然认为决策支持是比决策支持系统更基本的一个概念。可以这样说：决策支持是目标，决策支持系统是通向目标的工具。决策支持的基本含义是指用计算机来达到如下目的，或者说具备如下特征：

（1）帮助决策者在半结构化或非结构化的任务中做决策。

（2）支持决策者的决策，显然无代替决策者的判断力的意思。

（3）改进决策效能，而不是提高它的效率。

要达到这 3 个目的，并不是一件轻而易举的事情。随着计算机技术的飞速发展，实现这些目的的可能性也在不断地增加。现在，利用交互式的终端可以用很低的费用存取模型、进入系统、建立数据库。这些设施变得更便宜、更灵活、更有力时，它们必然会给经理们在做关键决策时使用决策支持这一中心概念提供更多的机会和更大的可能性。

从人们探索这项新技术的经验中可以看出，决策支持和开发数据处理系统相比，所使用的设计方法和使用手段都完全不同。下面将从系统开发角度和根据系统用户的要求来考察决策支持,并尝试探讨决策支持系统的定义和基本特征。

5.2 决策支持系统的产生和发展

5.2.1 决策支持系统的产生背景

电子计算机问世不久就被应用于管理领域,开始人们主要用它进行数据处理和编制报表,其目的是实现办公室自动化,通常把这一类系统所涉及的技术称为电子数据处理(Electronic Data Processing,EDP)。EDP 把人们从烦琐的事务处理中解脱出来,大大地提高了工作效率。但是,任何一项数据处理都不是孤立的,它必须与其他工作进行信息交换和资源共享,因此有必要对一个企业或一个机关的信息进行整体分析和系统设计,从而使整个工作协调一致,在这种情况下,管理信息系统应运而生,使信息处理技术进入了一个新的阶段,并迅速获得发展。

管理信息系统能把孤立的、零碎的信息变成一个比较完整的、有组织的信息系统,不仅解决了信息存放的"冗余"问题,而且大大提高了信息的效能。但是,MIS 只能帮助管理者对信息做表面上的组织和管理,而不能把信息的内在规律更深刻地挖掘出来为决策服务。

20 世纪 70 年代末,学术界对于应用系统分析、传统运筹学、MIS 进行了认真的反思。人们发现,应用系统分析、传统运筹学在解决现实世界问题(特别是比较复杂的社会、经济、环境等问题)时遇到了不少障碍。应用系统分析的许多模型、方法往往看起来有用但有时并不真正能用,很多研究成果仅仅停留在研究室里、书面报告之中,大部分束之高阁,真正为决策者采纳并付诸实施的成功案例并不多,系统分析人员与决策者(特别是高层决策者)之间缺乏必要的沟通。传统的系统分析方法对系统中人的因素和作用考虑不够或缺乏有效的手段去考虑是造成这种现象的重要原因。这种始于 20 世纪 70 年代末的反思还产生了另一个重要的结论:系统分析人员和信息系统本身都不要企图取代决策者去做出决策,支持决策者才是他们正确的地位。于是人们自然期望一种新的用于管理的信息系统,它在某种程度上可克服上述缺点,为决策者提供一些切实可行的帮助。

庆幸的是,20 世纪 70 年代末以来,与完成这一任务相关学科都有了长足的进步。运筹学模型已发展到完善的地步,数理统计方法及其软件的发展,多目标决策分析突破了单一的效用理论的框架,人工智能方面的知识表达技术、专家系统语言及智能用户界面的发展,小型、高效率、廉价的微机及工作站的出现,数据库及其管理系统,图形专用软件,各类软件开发工具等均为广泛的研制和应用 DSS 提供了良好的技术准备和物质准备。

综上所述,自 20 世纪 70 年代中期 Keen 和 Scott Morton 创造"决策支持系统"(DSS)一词至今,作为用于管理的一种新型的计算机信息系统,已经得到了迅速的发展,它已成为系统工程、管理科学、人工智能等领域十分活跃的研究课题。1985 年以来,以 DSS 为"标签"的研究课题、各种实用系统,以及少数成功的案例的介绍像雨后春笋一样出现在国内外的有关刊物或报告之中。然而像所有处于发展之初的学科或研究方向一样,DSS 距离成熟阶段尚有很长的距离,一系列理论和实际问题尚待解决。

5.2.2　决策支持系统的定义

众多学者从不同角度对决策支持系统进行了定义，下面本书列出部分经典定义，以供参考。

在 20 世纪 70 年代早期，M. S. Scott Morton 最早提出 DSS 的概念。他将 DSS 定义为"交互的计算机系统，能够帮助决策者使用数据和模型解决非结构化问题"。

Gorry 和 Scott Morton（1978）从用户角度定义了 DSS：决策支持系统结合个人的智能资源和计算机的能力来提高决策的质量。它们包含一个基于计算机的支持系统，为管理决策制定者处理半结构化的问题。

Moore（1980）提出：DSS 是一个可扩展的系统，具有支持特定数据分析和决策建模能力，定向于未来规则，可无规划地不定期使用。其强调的是 DSS 动态和学习的能力。

同年，Bonczek 和 Whiston 提出了 DSS 是由 3 个部分组成的计算机系统：语言系统（Language System，LS）——提供用户与 DSS 通信；知识系统（Knowledge System，KS）——储存系统中的知识；问题处理系统（Problem Process System，PPS）——对问题进行描述，提出问题的方法，得出问题的解答。这一定义从系统构成上描述了 DSS 概念。

Turban 等人根据上述定义进行总结，认为 DSS 应当是一个交互式的、灵活的、适应性强的基于计算机的信息系统，能够为解决非结构化管理问题提供支持，以改善决策的质量。DSS 使用数据，提供容易使用的用户界面，并可以体现决策者的意图。

虽然决策支持系统的定义并未达到广泛的认同，但绝大部分的 DSS 定义都阐述出来 DSS 的一些共性特征。这些特征可归纳如下：

（1）关注上层管理人员经常面临的结构化程度不高、说明不够充分的问题。

（2）把模型或分析技术与传统的数据存取技术及检索技术结合起来，系统中一般包含各种模型，各种类型的数据库。

（3）易于为非计算机专业人员以交互会话的方式使用，即决策支持系统是用来支持人的工作而不是取代人进行决策。

（4）强调对环境及用户决策方法改变的灵活性及适应性。

（5）支持但不是代替高层决策者制定决策。

用构成决策支持系统的部件来表述 DSS 的结构特征是把握 DSS 定义的又一重要方法，这种提法在国内学术界比较流行，它也包括如下 5 个方面：

（1）模型库及其管理系统。

（2）交互式计算机硬件及软件。

（3）数据库及其管理系统。

（4）图形及其他高级显示装置。

（5）对用户友好的建模语言。

上述是一个范围较宽的集合，但是在国内对 DSS 的构成研究中则更流行四库（知识库、模型库、数据库、方法库）一体化的说法，这种提法把知识库、人工智能的应用作为 DSS 的基本特征之一，是一种较窄的提法。

我们也可以从决策、支持和系统 3 个方面来说明 DSS。决策意味着解决问题，在制定决策中解决问题，在解决问题的每一步做出决策支持；主要是在决策过程的每一个阶段使用计算机及软件技术支持决策者，而这些支持又可分为被动支持、惯例支持、开拓支持和规划支持等；系统是指一个人机交互的系统以及设计和实施中的系统性。在这里集成化的方法是重要的，特别是采用计算机网络和现有数据库连接时变得更为重要。

5.2.3　决策支持系统的发展

1971 年，Scott Morton 在《管理决策系统》一书中第一次指出计算机对于决策的支持作用，当时对于行为科学的研究开始成为一个很活跃的技术领域。1971 年到 1976 年，从事决策支持系统研究的人数逐渐增多，大部分人认为决策支持系统就是交互式的计算机系统。与此同时，很多人都把注意力集中到如下的技术设计上：有界推理（Bounded Rationality）、非结构任务（Unstructured Tasks）、组织的信息处理（Organizational Information Processing）以及决策者的认知特征（Cognitive Characteristics of Decisionmakers）等。1975 年以后，决策支持系统（DSS）作为这一领域的专有名词逐渐被大家承认，但人们又忽略了在 DSS 中对人类思维和行为的模仿应该是研究的关键问题。

经过几年的努力和发展，DSS 研究基本走上了正轨，所开发的系统也得到广泛的应用。Peter G.W.Keen 等人编辑了一套丛书，阐述决策支持系统的主要观点，并把至 20 世纪 70 年代末为止的各种实践的、理论的、行为上的和技术上的观点综合在一起，初步构造出 DSS 的基本框架。

1978 年到 1988 年，DSS 得到了迅速的发展，它已成为一个非常流行的名词术语，只要是为管理服务的软件，都被冠以 DSS。但是，什么是 DSS？至今 DSS 仍没有一个学术界公认的严格的定义。这里告诉我们一条原理：对一个正在迅速发展的领域过早地追求一个完善的定义并非明智之举，只要把握住这个领域的基本特征和基本框架就可以了，这样做的好处是给该领域的扩充和改变方向提供了足够的灵活性，但是也要防止人们无休止地争论下去。

1978 年，DSS 的设想确实是很新颖的。经过十多年的发展，这些设想表现了强大的生命力，其中一个最引人入胜的想法是把人的判断力和计算机的信息处理能力结合在一起，提高决策者的效能而又不妨碍他们的主观能动性，是计算机终端成为决策者的有力助手。如果说 10 年前人们还在技术上徘徊，还在等待着开发新的硬件和软件，以便把理想变成现实，那么今天可以说 DSS 在技术上已经在向成熟的道路上迈进，理论上可以认为技术上已不再是难点，关键在于如何把理论技术变成现实。

近年来，专家系统的研究发展很快，它给 DSS 注入了新的活力，增强了 DSS 系统的主要功能，如知识库的组织和推理。目前，如何让机器和人一起完成一系列信息处理活动，仍然是 DSS 研究的重要目标。

在未来的年代中，DSS 除了涉及与计算机有关的技术之外，将进一步涉及智能技术，例如在人机界面上的自然语言理解和处理。值得注意的是，我们的着眼点仍然在辅助决策上，这就要求我们结合目标和背景运用智能技术，而不是在计算机上开发智能技术。这在某种意义上也告诉我们，DSS 的继续发展必须面向实际，更多地解决实际问题。

在科学技术迅猛发展的今天，各种新技术都可能为 DSS 的发展开辟新的天地，只要善于把这些技术同 DSS 的应用、开发、使用原则结合在一起，如远距离通信、光存储器、应用

AI 的语言处理、数据管理软件等，从支持个人移植到支持组织决策，从基于数据的 DSS 发展到基于知识的 DSS，从把模型视为过程到模型的生成和管理，从个人的计算机到远程通信网络，都隐含着新技术向 DSS 渗透的巨大潜力，而新一代 DSS 也正在迅速发展。

5.3　决策支持系统的结构和组成部分

为了进一步认识决策支持系统的本质，我们从决策支持系统建立的角度了解决策支持系统是由哪些部分组成的，以及决策支持系统各组成部分是如何工作和联系的。认识决策支持系统的结构可以帮助我们了解决策支持系统是通过怎样的构成和机制完成决策支持作用的。下面我们将着重介绍决策支持系统的三部件结构形式、三系统结构形式、三库、四库结构形式。

对决策支持系统发展影响最大的结构形式有两个，即 1980 年 R.H.Spraque 提出的三部件结构和 1981 年 R.H.Bonczek 等人提出的三系统结构。三部件结构强调模型部件在决策支持系统中的作用，而三系统结构强调知识系统在决策支持系统中的作用。以模型部件为主体的三部件结构更能代表决策支持系统。无论是哪种结构形式，都是以传统的三部件结构形式为基础，所以本章将在后 3 节着重讲述三部件结构的决策支持系统的结构和组成。

5.3.1　决策支持系统的三部件结构形式

决策支持系统的三部件结构，如图 5.1 所示。它是由 3 个相互通信、有机联系的子系统所组成的，即模型库管理系统（模型部件）、数据库管理系统（数据部件）、人机对话系统（对话部件）。

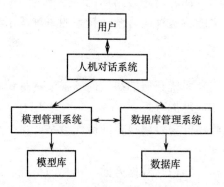

图 5.1　决策支持系统的三部件结构图

这种结构是为达到 DSS 目标的要求而形成的。管理信息系统 MIS 可以看成是对话部件和数据部件组合而成的，而 DSS 是 MIS 的进一步发展，即增加了模型部件。DSS 也不同于单模型的辅助决策，它具有存取和集成多个模型的能力，而且具有模型库和数据库集成的能力。DSS 发展成为既具有 MIS 能力，也具有为各个层次的管理者提供决策支持能力。它能为解决半结构化决策问题提供支持。可见，DSS 是有广泛前途的发展领域，DSS 已形成了一个学科领域。

由于三部件的决策支持系统只涉及两库，即模型库与数据库，故该结构的决策支持系统又称为决策支持系统的二库结构形式。

5.3.2 决策支持系统的三系统结构形式

1981 年，Bonczek 等人提出了决策支持系统的三系统结构形式，即决策支持系统由语言系统（LS）、知识系统（KS）和问题处理系统（PPS）3 个系统组成，其结构如图 5.2 所示。

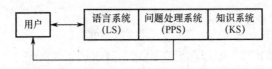

图 5.2　决策支持系统的三系统结构图

1. 语言系统

语言系统是实现人机对话的主要系统。这一系统主要包含两方面的内容：

（1）将自然语言翻译成机器语言，并将这种包含用户需求的机器语言转交给问题处理系统分析解决。

（2）将问题处理系统处理后产生的包含决策内容的机器语言转化为能为自然人识别的自然语言。

对于第一个内容，一般情况下认为，语言系统对于自然语言的处理过程包含 4 个基本步骤：语法分析、语句分析、语义理解和语用分析。然而，自然语言由于存在模糊性，现今的水平不能使系统完全识别它们，所以该领域一般运用人工智能技术加以解决。

而对于第二个内容，现存的机器语言一般可以分为三大类：数值计算语言（或称为高级程序设计语言），如 C、PASCAL 等；数据库语言，如 Oracle、FoxPro 等；智能语言，如 LPSP、Prolog 等。决策支持系统由于解决的问题为结构化问题与半结构化问题，运用前两类语言较为普遍。现存技术并没有产生能将两种语言统一起来的语言运用集成，以及用这种集成后的语言来描述决策问题。

2. 问题处理系统

问题处理系统是对通过语言系统获得的决策问题描述进行识别、分析和求解的过程。问题的处理可分为问题的识别和问题的分析。

问题的识别是将问题的陈述变为可供执行的操作方案。这来源于对问题的深入分析，确定问题的解决方法和解决步骤。

问题的分析是通过在模拟、知识、数据方面与用户的交互，达到详细理解决策问题本质的目的。其复杂程度与参与交互的主体对象数据相关，较为复杂的例子是遇到某决策问题，需要组合模型、知识、数据以及用户 4 类主体间的交互，从而形成实际的决策支持系统。

3. 知识系统

知识系统包含所有组织既得的，并能在某特定决策中服务于决策过程的知识综合。数据是最为普遍的知识，除了这些还有一些非结构化数据，如具体模型中包含的规律性描述等。

随着人工智能技术的发展，对于问题领域的规律性知识用定义的方式描述越来越多，其中除了数字等精确的知识外，更多地表现为经验知识，即非确定性知识，这大大扩大了知识系统的范围以及辅助解决决策问题的能力。

5.3.3　决策支持系统的三库结构形式

三库结构形式是早期 DSS 系统的结构形式，三库即数据库、模型库和方法库及相应的管理系统，简称三库结构，其结构如图 5.3 所示。

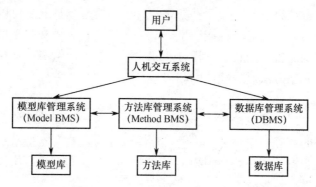

图 5.3　支持决策系统的三库结构

决策支持系统的三库结构形式是把模型和方法分离的系统结构形式。对模型和方法的看法有不同的理解。

1.“模型和方法”的第一种理解

用数学结构表示模型，用求解算法表示方法。例如，线性规划模型表示为目标函数和约束条件所构成的方程即单纯形法看成方法。

按这种观点来组织模型库和方法库，在方法库中用算法程序来表示方法，在模型库中存放问题的方程形式。这种三库结构形式，模型库在计算机中的作用就被淡化了，而方法库的作用突出了。一般在计算机中更注重程序的运行。这种结构形式只适用于从模型库中的方程能够自动生成方法库中的程序这类决策问题。

2.“模型和方法”的第二种理解

把模型理解为算法加上数据。这时方法库成为算法库更合适，存放由按算法编制的程序。而在模型库中存放的是一个索引，该索引包括算法程序文件的地址和它所需数据的地址。这种处理方式的好处在于对同一个算法程序，若所处理的数据不同，则成为两个模型。例如，线性规划算法程序运行农业数据，则称为农业线性规划模型，而该算法运行工业数据，则成为工业数据模型。这种理解是模型更接近于实际，算法更偏向于普通程序。这样模型把算法和数据结合起来，已经不是一个通用的抽象模型，而是一个直接可运行的实际模型。

3.“模型和方法”的第三种理解

将模型和方法库合一。模型和方法虽然有它的不同，但只是表现形式上的不同，在本质上它们代表了同一个问题，即模型和方法是同一个问题的两个侧面。从宏观上看，可以把模型和方法统一看成模型。特点是在计算机中，模型的数学形式不是主要的，模型的算法才是主要的。一般将模型的方程形式以文本形式作为模型的说明文件。而模型的算法编制成计算机程序，此时要解决的问题是完成问题的计算，达到模型的求解目的。这样用模型的计算程序代表模型就很自然了。

（1）对于"一个模型有多个不同的方法"的统一看法。一个模型有多个不同的方法，但这些不同的方法其实际运行效果是不同的。在计算机中一般选取一个方法编制程序就可以了，用它代表模型。例如，运输模型由3个方法，即表上作业法、图上作业法和标号法。在计算机中编制表上作业法的程序代表运输模型就可以了，不必再对其他两个方法编制程序。

（2）对于"多个方法组成一个模型"的统一看法。模型本身就是可以大可以小的，可以是基础的，也可以是组合的。对于构成模型的基础方法可看成是基础模型，被构造的模型就是组合模型。例如，预测模型由相关分析方法和线性回归方法组成，把相关分析方法看成相关分析模型，把线性回归方法看成线性回归模型，它们都是基础模型，而它们构造的预测模型就是组合模型了。

按照这种理解就可以省略方法库了。在计算机中，多一个库将多一个库管理系统，而且还增加了库与库之间的相互关系，方法库和模型库合并简化决策支持系统的开发难度。

在大多数的决策支持系统中均采用模型库和方法库合并的形式，这样三库结构回到了二库结构形式，即三部件结构形式。

5.3.4　决策支持系统的四库结构形式

现在，为了提高决策支持系统的功能，一些研究者在三库结构的基础上增加知识库，开发出四库结构的决策支持系统，即：DSS=四库系统+对话系统（人机界面）。四库系统是指数据库系统、模型库系统、方法库系统、知识库系统，结构形式如图5.4所示。

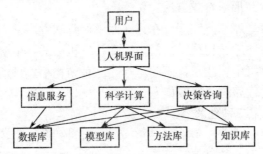

图 5.4　决策支持系统的四库结构形式

DSS 的系统结构模型主要研究 DSS 各主要部件的连接关系。不管使用多少类库，对不同的库必须建立相应的库管理系统。分别对于不同的库进行管理，各库之间又存在着接口问题，即完成模型、知识等之间的相互调用，以及分别对数据的存取。

1. 数据库系统

这里的数据库系统主要目的是支持决策，因此它对综合性或者经过预处理后的数据比较重视，能够适应管理者的广阔业务范围，不仅能够提供企业内部数据，而且能够提供企业外部数据库。其功能除了包括数据库的存储、检索、处理和维护，更重视从来自各个渠道的各种信息资源中析取数据，把它们转换成 DSS 要求的各种内部数据。

事实上这里的数据库系统的主要工作就是进行一系列的数据转换过程，用以支持数据库、知识库和方法库的运行。多数情况下，这里的数据实质是数据集市或者数据仓库，即在业务数据库基础上为决策而集成的数据。

2. 模型库系统

模型库系统灵活地完成模型的储存和管理功能，它是决策支持系统的核心，最重要的也是较难实现的部分。模型数据库系统管理的模型由两类：一类是基础模型（如规定模型、网络模型），这些模型按照某些常用的程序语言编程，并存在库中；另一类是由用户应用建模语言而建立的应用模型。有时候，模型数据库系统还提供模型可视化组合功能，支持决策问题的可视化分解，提供系统灵活性。

模型库系统与对话子系统的相互交换，可使用户控制对模型的操作、处理和使用；它与数据库子系统交互作用，以便提供各种模型所需要的数据，实现模型输入、输出和中间结果存取自动化；它与方法库交互作用，实行目标搜索、灵敏度分析和仿真运行自动化等；它与知识库子系统交互作用，既支持模型选择，又能丰富模型库中的内容。

3. 方法库子系统

方法库子系统在 DSS 中，通常是把决策过程中的常用方法（如优化方法、预测方法、蒙特卡罗法、矩阵方程求根法等）作为子程序存入方法库中。方法库管理系统对通用算法、标准函数等方法进行维护和调用。有的决策支持系统把方法库子系统并入模型库子系统。

4. 知识库子系统

知识库子系统是 DSS 能够解决用户问题的智囊，它主要包括一个综合性的知识库，其中存储的是有关问题领域的各种知识、数据、模型等。该子系统除了具有通常的维护管理功能外，还可以包括知识获取、知识集成和知识服务等功能。

此外，也有人提出了更多的库系统，如案例库、文本库、图形库、语言库、工具库等。

5.4　模型库管理系统

5.4.1　基本概念

1. 模型库

模型库即模型的仓库，用来存放模型。模型不同于数据，其区别主要表现在如下两个方面：

（1）模型的表示。它总是以某种计算机程序形式表示的，如数据、语句、程序甚至于对象等。这种物理形式在模型库中具体为：模型名称及相关的计算机程序、模型功能的分类、模型的输入输出数据、控制参数等属性。模型表示的一般形式采用程序形式，即用程序文件的形式表示。

（2）模型的动态形式。模型可以以某种方法运行，进行输入、输出、计算等处理。这种形式无法或很难以数据组织的形式来描述。

2. 模型库管理系统

模型库管理系统（Model Base Management System，MBMS）是模型库子系统的核心部分。目前被广泛接受的对模型库管理系统的定义为：模型库管理系统是一个支持模型生成、存储、维护、运行和应用的软件系统。它管理着模型库中的所有模型，模型库管理系统也给用户提供直接操作模型的渠道，用户通过模型库管理系统来操作这些模型。模型管理技术经历了 3 个发展阶段。

（1）程序文件。这一阶段，模型算法是以程序文件形式存放在计算机的存储器中，由操作系统的文件管理系统统一管理。程序文件分为源程序文件和目标程序文件两种，以程序文件的后缀来区分。

（2）模型软件包。这一阶段，对大量的较通用的模型由专职人员预先编制好模型程序，统一挂在交互菜单下。用户就不用自己再编模型程序，而是在人机交互菜单驱动下，调用所需要的模型。模型之间是相对独立的，模型使用的数据仍放在各自的数据文件中，这比模型程序文件是前进了一步。它是大量模型的简单组织机构。

（3）模型库管理系统。这一阶段，建立了大量模型的有效组织机构，模型不是简单地挂在菜单下面，而是在管理系统下，有效地对模型进行存储、修改、查询、调用。模型之间不仅可以相互独立，而且可以相互组合。模型使用的数据可以统一放在数据库中，不同模型可以存储同一数据，这比模型软件包又前进了一步。

5.4.2　模型库管理系统功能

为了适应模型的静态与动态特征，模型库管理系统对应有两方面的功能：一是类似于数据库管理系统静态管理功能；另一个是模型的动态管理功能。

1. 模型库的静态管理

为了有效地管理模型库，一般建立模型字典，在模型字典中包括模型名、模型程序名、模型功能说明、模型所需数据说明等。模型的静态管理功能有以下两种。

（1）模型字典的管理。模型字典的组织形式一般采用数据库形式。在数据库的各个属性项中存放模型名、模型程序文件名等。模型字典的管理可以采用数据库管理。

（2）模型文件管理。模型文件一般包括模型算法程序文件、模型功能说明文件以及模型数据说明文件等，它是模型的主体。模型的各文件是通过不同的方式产生的，算法程序文件是由高级语言按照算法过程编制的。功能说明文件是利用编辑程序按文本形式输入的。数据说明文件是模型程序与实际数据之间的接口文件，通过它提取模型所需要的数据。对模型文件的管理，一般是针对模型文件进行添加、删除等操作，由于在存储过程中模型文件以文档形式存储，因此管理方式一般为操作系统管理文件的方式。

2. 模型的动态管理

对模型的动态管理也称运行管理，它是把模型看作一个活动的实体进行的动态管理，它的功能有以下两种。

（1）控制模型的运行。模型的运行是有条件的，当涉及具体决策，才能使用具体模型进行分析解决，而模型库管理系统通过对模型静态管理时发现模型的这些使用标准，对模型的运行加以控制，同时对模型的使用次序进行管理，使得面对决策时能运行合适的模型辅助决策。模型的运行一般具有顺序、选择、循环 3 种基本运行控制机制。

（2）模型与数据库部件之间的接口。规定数据流的输入来源与输出去向，同数据库做好数据交换工作，使得模型有效运行。

5.4.3　模型库管理系统的语言体系

与数据库管理系统相似，模型库管理系统也是有一个语言体系，这个语言体系应包括如下 3 个方面。

（1）模型管理语言。定义模型的有关字典属性，如名称、功能、参数、程序构成以及与其他模型的关系等。

（2）模型的操作语言。执行模型、控制模型与数据库之间的动态数据交换、模型之间的运行控制等。

（3）数据接口语言。模型要对数据库操作，所以需要接口。完成接口任务是由接口语言（Date Interface Language，DIL）来实现的。一般模型程序是由数值计算语言来编写的，不具有数据库操作功能，模型程序和接口语言相连接，达到模型操作数据库的能力。

5.5　数据库管理系统

5.5.1　概述

数据库管理系统（Database Management System，DBMS），是一种操纵和管理数据库的大型软件，用于建立、使用和维护数据库，也是决策支持系统最基本的部件。用户通过 DBMS 访问数据库中的数据，数据库管理员也通过 DBMS 进行数据库的维护工作。它可使多个应用程序和用户用不同的方法在同时或不同时刻去建立、修改和询问数据库。

数据库用来存储大量数据，一般组织成易于进行大量数据操作的形式。典型的数据组织模型有网络模型、层次模型、关系模型等形式，数据库由数据库管理系统来管理和维护。数据库管理系统主要有以下特点：

（1）采用复杂的数据模型表示数据结构，数据冗余小，易扩充，实现了数据共享。

（2）具有较高的数据和程序独立性，数据库的独立性有物理独立性和逻辑独立性。

（3）数据库系统为用户提供了方便的用户接口。

（4）数据库系统提供 4 个方面的数据控制功能，分别是并发控制、恢复、完整性和安全性。数据库中各个应用程序所使用的数据由数据库系统统一规定，按照一定的数据模型组织和建立，由系统统一管理和集中控制。

（5）增加了系统的灵活性。

5.5.2　数据库管理系统功能与语言体系

1. 数据库管理系统的主要功能

数据库管理系统是建立在操作系统的基础之上，对数据库进行统一的管理和控制。数据库管理系统有 4 项主要功能。

（1）描述数据库。描述数据库数据的逻辑结构、存储结构、语义信息和保密要求等。

（2）管理数据库。DBMS 提供了数据操纵语言从而控制整个数据库系统的运行。数据的管理功能是指帮助用户在他们的权限范围内方便地实现对于数据库中有关数据的各种操作，包括数据查询和更新（插入、修改和删除）等。其中，数据插入是指将数据按照一定的结构要求存放到数据库中去；数据查询是指从数据库中取出用户想查看的数据；数据删除是指将不再需要的数据从数据库中删去；而数据修改则是指当数据的内容发生变化时将其改变。

（3）维护数据库。数据维护功能是指负责数据库初始数据的装入和转换，工作日志的记录，数据库的重新组织，数据库数据的转储与恢复等。

（4）数据通信。组织数据的传输。

2. 数据库管理语言体系

数据库管理系统提供了一套语言体系，供用户使用数据库或提供与高级语言的接口，这套语言体系一般由两部分组成。

（1）数据库定义语言（DDL）。提供定义数据库中数据的组成形式，如数据存储模式（数据类型、长度、小数点位置等）、数据依赖关系（如关键字）等。

（2）数据库操作语言（DML）。提供对数据库中的数据进行操作，包括数据库建立、维护；数据字典的建立和维护；数据查询、检索等。

5.6　人机对话系统

5.6.1　基本概念

人机对话系统是决策支持系统中的重要组成部分。在计算机完成的任务中，大量任务是人与计算机相互配合共同完成的。在决策支持系统中，人与计算机需要进行相互间的通信，即所谓的人机对话。实现人与计算机之间通信的硬、软件系统，即为人机对话系统。对话系统通常包括计算机输出或者显示设备给人提供大量信息及提示，以及人向计算机输入有关的信息、问题回答等。

5.6.2　人机对话系统的形式

人机对话方式有多种形式，一般有菜单、填表、命令语言、屏幕显示、窗口、报表输出等。

1. 菜单

菜单是由用户在一组项目表中选择一个认为最合适的选项，并激活该选项，系统就开始执行用户的选择。菜单中所用术语和选择项目的意义是可以理解的而且是明确的，用户简单地击键即可完成他们的任务。由于菜单的选项不多，用户容易做出清楚的选择，这就是菜单的最大好处。

一个有效的菜单系统设计通常来源于对各种设计要求的仔细斟酌和测试。这些要点包括语义组织、菜单系统结构、菜单选项的数目和次序、标题、提示格式、图形布局及设计、菜单选项的描述、显示速率、响应时间、设置的快速跳转、联机求助、选择机制（键盘、鼠标、触摸屏、语言）等。

2. 填表

填表是要求用户对一系列相关字段构成的表，输入相关数据。

用户看见一个相关字段的显示，在该字段中移动光标，在指定的地方输入数据。填表方式要求用户必须理解填表字段的标题，系统应提示输入数据的允许范围和输入方法，并能够对用户输入进行校验，包括格式正确与否、是否越界等，对错误的输入能以明确的出错信息做出反应。

3. 命令语言

命令语言提供了一个便于控制和自由操作的环境。一旦用户掌握了命令语言的语法，如数据库查询语言、操作系统命令语言等，就能够迅速地表达出复杂的操作。人们利用计算机和命令语言系统完成各种各样的任务，例如，文本编辑、操作系统控制、书目检索、数据库处理、电子邮件、金融管理、航空公司的订座和旅馆的客房预订等。

命令语言是解释性语言，适合于功能较少的系统，对于功能较复杂的系统应该采用编译性高级编程语言。

4. 屏幕显示

屏幕显示主要有数字、文字、图形、图像信息的显示。这些信息的显示为人机对话系统提供了丰富的画面环境。

（1）数字、文字信息的显示。数字、文字的显示是信息显示的基础，它为用户显示系统运行输入信息、中间运行信息、最后结果信息，即给用户提供系统运行的完整信息，以增加用户对系统运行的信任程度。

（2）图形信息的显示。信息系统中用到的图形有地理图形、地形图形、曲线图形、统计图形等。

在军事信息系统中，地形图形、地理图形用的很多，如河流、山脉、桥梁、公路、铁路等。在经济信息系统中，变化曲线图形、统计图形（直方图、饼图等）能给统计人员有一个形象的概念，使决策者和管理者对目前状态有一个全面的了解。

（3）图像信息的显示。人像、产品照片、风景照片等实物图像的信息显示更能直观深刻地影响用户。图像信息有静态和动态之分：照片是静态图像，产品加工过程、战争的场面、风景的全貌等是动态的图像（视频）。图像信息显示效果比图形显示效果更好，但是，图像是以点阵信息存放的，占存储空间很大。动态图像占存储空间更是迅速地增长。多媒体计算机支持图像信息的显示。

5. 窗口

随着计算机支持多任务的要求并在多个任务之间的相互切换，目前系统广泛采用多窗口技术。

航空公司订票员可以从一个"旅客预定行程"窗口开始，再进入"航班表窗口"，在选好飞行区段后，自动送入"预定行程"窗口，在标有"座位选择"的窗口选择座位，然后出现"信用卡计费"窗口，在完成交费后，结束该项事务处理。

这些情况要求人机对话系统的设计者要考虑各种策略来管理和访问相关信息的多窗口。

6. 报表输出

打印机上的输出主要是文件的输出和报表的输出。而报表输出是技术难度较大的工作，报表类似于日常工作中的账本和账单，格式多样。而打印机的输出纸是固定宽度，在打印机上输出各类实际系统中所需要的报表格式，需要进行详细的报表格式设计。在报表设计完成后，要编制报表输出程序来完成这些报表的打印。

7. 多媒体信息表现与交互

以数据、文字、图形为媒体的信息系统，对信息的表达仅限于"显示"。在多媒体环境下，各种媒体并存，既有视觉方面的文字、图像、动画、视频等，又有声音、音乐等，这种多媒体信息的表达成为"表现"。多媒体信息系统的表现，既具有电影、电视、广播等视听媒体的连续播放来表达某种"思想"，又能够通过人机对话来增加人对信息的理解和扩充。

例如，宾馆的多媒体查询系统可以使客人随意交互点播宾馆周围的环境、各种类型房间的设施、娱乐场所、会议室、饭厅以及各种菜谱的烹饪过程。

多媒体信息系统表现与交互改变了电影、电视那种被动接受信息的状态，变成了对信息的主动探索。通过人机对话，可以让用户获得所关心的内容，获取更多的信息。例如，对某事物进行选择，有条件的找出事物之间的相关性，从而获得新的信息内容。对某些事物的运动过程进行控制，可以得到某种奇特的效果，如倒放、慢放、快进、变形、虚拟等，从而激发用户的想象力、创造力，制造出各种讨论的主题。即使最普通的信息检索应用，用户也可以找出想读的书籍、想看的电视节目，可以快速跳过不感兴趣的部分，可以对某种所关心的内容进行编排、拆入书评等，从而改变现在使用信息的方法。

人机对话不仅仅是一个人机交互界面的问题，对于媒体的理解和人机通信可以看成是一种智能行为，它与人类的智能活动有着密切的关系。

从数据库中检索出某人的照片、声音及文字材料，这是多媒体的初级交互应用，通过交互特性使用户介入到信息过程中（不仅仅是提取信息），仅达到了中级交互应用水平。当我们完全地进入到一个与信息环境一体化的虚拟信息空间中，充分利用各种感觉器官和控制能力对空间进行控制和自由遨游时，这才是交互应用的高级阶段，这就是虚拟现实。虚拟现实可以提供更高层次的交互性，这种交互性不仅仅局限于视觉和听觉，还要引入触觉和运动跟踪和反馈，使得用户的每一个动作都对他所感受到的信息产生相应的影响。这种全方位的交互使得用户体验到逼真的感觉。

5.6.3 人机对话系统的功能

人机对话系统是决策支持系统与用户之间的交互界面，用户通过人机对话系统控制实际决策支持系统的运行。决策支持系统既需要用户输入必要的信息（用于控制）和数据（用于计算），又要向用户显示运行的情况以及最后的结果。对话部件包括如下几方面的功能。

1. 提供丰富多彩的显示和对话形式

目前，计算机中几种常见的人机界面技术有菜单和窗口；命令语言和自然语言；多媒体和可视化技术。

不管是微机或者是工作站上的软件都提供了较丰富的窗口、菜单等界面。窗口、菜单用于引导用户逐级进入系统，用户只需按照菜单提示，按动几个选择键（或鼠标）即可操纵和使用系统。若用命令语言来操作，可以脱离菜单的固定模式，其适用范围更宽，且更有效地控制系统的运行。对于不熟悉计算机的人员，使用自然语言更方便些，但对计算机技术要求更高，需采用人工智能技术，如自然语言理解和问题分析等技术。

20 世纪 90 年代发展起来的多媒体技术，极大地丰富了人机交互的内容。图形、声音、视频的组合使计算机更接近现实世界。可视化技术是计算机的数据及处理过程，用直观的图形来表示，大大增加了对计算机内部数据及数据处理的透明度。

2. 输入、输出转换

系统对输入的数据和信息，要转换成系统能够理解和执行的内部表示形式。当系统运行结束后，应该把系统的输出结果按一定的格式显示或打印给用户。

3. 控制决策支持系统的有效运行

对话部件连接决策支持系统的其他两大系统，通过组合这两个系统中集成语言所编制的决策支持系统程序，来实现对整个决策支持系统控制的目的。

本章小结

本章介绍了决策与决策支持的概念，决策支持系统的产生和发展，以及决策支持系统的结构和组成部分。决策是人们在政治、经济、技术和日常生活中普遍存在的一种行为，西蒙认为管理即是决策。随着决策问题复杂程度的提高，决策过程中的决策者以及决策分析人员都希望运用决策支持工具。计算机作为一种工具使人的分析能力得到了延伸，所以决策者可以将复杂的决策问题求解过程程序化，交给计算机执行，提高决策的科学性。在决策支持系统发展的历程上，很多专家和学者从不同的角度对决策支持系统进行了定义，并综合上述定义，将决策支持系统定义为认为：DSS 应当是一个交互式的、灵活的、适应性强的基于计算机的信息系统，能够为解决非结构化管理问题提供支持，以改善决策的质量。为了进一步认识决策支持系统的本质，我们从决策支持系统建立的角度了解决策支持系统是由哪些部分组成的，以及决策支持系统各组成部分是如何工作和联系的。认识决策支持系统的结构可以帮助我们了解决策支持系统是通过怎样的构成和机制完成决策支持作用的。最后，基于三部件结构的重要性，本章着重介绍了三部件结构形式的决策支持系统。

思考题

（1）简述决策的基本内涵。

（2）简述决策和决策支持系统的定义。

（3）描述决策支持系统的三部件结构形式和三系统结构形式，并说明它们的区别。

（4）描述决策支持系统的三库结构形式和四库结构形式，并说明它们的区别。

（5）什么是模型库管理系统？

（6）模型库管理系统的功能包括哪些？

（7）什么是数据库管理系统？

（8）数据库管理系统的语言体系包含哪两部分？

（9）人机对话方式有哪些形式？

（10）对话部件包含什么功能？

参考文献

[1]　陈文伟. 决策支持系统及其开发[M]. 2 版. 北京：清华大学出版社，2000.

[2]　高洪深. 决策支持系统（DSS）理论与方法[M]. 4 版. 北京：清华大学出版社，2009.

[3]　吕坷. 决策支持系统若干理论及应用问题的研究与实践[D]. 武汉：华中科技大学，1989.

[4]　戴建设. 决策支持系统若干基本问题的探讨[J]. 系统工程，199；9（6）：11.

[5]　李欣苗. 决策支持系统[M]. 北京：清华大学出版社，2012.

[6]　李东，蔡建. 决策支持系统与知识管理系统[M]. 北京：中国人民大学出版社，2005.

[7]　李志刚. 决策支持系统原理与应用[M]. 北京：高等教育出版社，2005.

[8]　张玉峰. 决策支持系统[M]. 武汉：武汉大学出版社，2004.

[9]　高洪深. 决策支持系统（DSS）理论·方法·案例[M]. 北京：清华大学出版社，2005.

[10]　赵艳平. 数据库管理系统的组成与发展[J]. 科技信息，2011（7）：73.

[11]　刘晶珠. 决策支持系统导论[M]. 哈尔滨：哈尔滨工业大学出版社，1990.

[12]　陈景艳. 决策支持系统[M]. 成都：西南交通大学出版社，1995.

[13]　李书涛. 决策支持系统原理与技术[M]. 北京：北京理工大学出版社，1996.

[14]　宫铁峰，韩慧君，吴健中. DSS 智能化的思考[J]. 决策与决策支持系统，1997（01）：33-37.

[15]　谢榕. 基于数据仓库的决策支持系统框架[J]. 系统工程理论与实践，2000，4（04）：27-30.

[16]　刘博元，范文慧，肖田元. 决策支持系统研究现状分析[J]. 系统仿真学报，2011，23（B07）：241-244.

[17]　Gorry G A, Scott Morton M S. A framework for management information systems[J]. MIT Sloan Management Review, 1989,30(3):49.

[18]　Simon H A.The New Science of Management Decision[M]. New York, USA:Harper Brothers,1960.

[19]　Spague R H.A Framework for the Development of Decision Support Systems [J]. MIS Quarterly (S0276-7783),1980:1-26.

[20]　Bonczek R H,C W Holsapple, A B Whinston. Foundations of Decision Support Systems[M]. New York, USA: Academic Press,1981.

第6章　决策支持系统的设计与开发

决策支持系统（DSS）和其他信息系统所不同的一个主要的方面在于：由于决策支持系统是以用户为中心的，系统的成功与否取决于决策者对它的依赖性如何。因此，用户是 DSS 设计、开发和运用中必须始终考虑的因素。DSS 的开发是一个较为复杂的过程，它既涉及诸如硬件、软件工具选择之类的技术问题，又涉及开发团队的组成和开发过程的控制等管理问题。由于有各种不同类型的 DSS，因此，没有一种构造 DSS 的最好办法。由于组织决策人和决策问题领域的不同，构造决策支持系统也相应有不同的方法。本章将从决策支持系统的开发策略、开发过程、开发方法和开发工具这几个方面进行介绍。

6.1　决策支持系统的特点与开发策略

6.1.1　决策支持系统开发的特点

与传统的事务处理系统比较起来，决策支持系统的柔性（或称灵活性或弹性）也许是一个最重要的特征。普通的事务处理系统处理的是"定型的"业务，强调的是系统的稳定性和效率的提高，而 DSS 与之不同的是它的柔性，能够对应不同用户、不同问题的需求。"柔性"一词有多种意义，例如，系统能够在不同的决策环境下对决策者提供帮助，或者是系统能够根据变化的需求进行自我调整等。一般来说，事务处理系统在进行系统设计的初期阶段，就要对系统完成的任务和业务流程都明确下来，据此决定系统的数据结构的详细部分，以后除非业务发生了变化，否则很少对这些进行修改。而没人能预测或详细说明什么是决策支持系统真正的需求，所以系统必须不断改进，以达到符合要求的"最终"设计。而且系统必须随时配合环境、工作内容以及使用者等因素的变化，而这种变化是频繁的，因此，系统的开发是无止境的。学者们普遍认为，DSS 开发成功的关键在于系统能够随着组织业务的增长和用户需求的变动，灵活地调整自身的结构，满足决策者的要求。

DSS 的柔性可以分为 4 个级别。第 1 级（简称 F1，下同） 表示使用者能够浏览、寻找问题域中所有的问题——即专用 DSS 能够在使用者的直接控制下，处理问题域中一组相关或类似问题的能力，故 F1 又称求解的柔性（Flexibilit to Solve）。为了理解求解柔性，可以设想存在一个问题空间，这个空间的每一点表示一个特点的问题或子问题，这些子问题在空间上构成了点集，故称为问题域。用户在问题域内搜索解决问题的能力，就是柔性 F1。

第 2 级柔性是指在使用 F1 还不能生效的情况下，DSS 所提供的修正某个特定的 DSS 的能力，使它能够处理不同问题并扩大其问题空间，称为修改的柔性（Flexibility to Modify）。通常，F2 表现在能够增加/删除表述、操作、助记或控制机制，例如，柔性 F2 可以表现出增加或删除一张图表或一幅地图、图表上的一种操作、一个暂存工作空间、菜单上的某些项目等。

第 3 级柔性是指当 F2 中的"修改"程度大到几乎要重建一个完全不同的 DSS 时，称其为适应的柔性，记为 F3。这种柔性也称为适应性柔性（Flexibility to Adapt）。例如，Excel 内部有 500 多个常用函数，但是它不可能将各种问题解决的常用函数都准备好。有一些厂商就开发了某些专用的函数，用户可以根据需要购买这些函数，从而可以解决自己特定的问题。F3 往往是通过改变 DSS 生成器来实现的。这种柔性是系统开发人员所需要的。

最后，F4 表示系统配合 DSS 技术的变化而演进的能力，也称演进的柔性 F4（Flexibility to Evolve）。它是通过能增强生成器适应能力的工具和技术的变化来实现的。例如开发工具的变化和进步，使得 DSS 生成器的能力大大增长，从而使得现有的技术能力和速度、效率大为提高。F4 对于 DSS 生成器的意义是给予它吸收和同化新技术的能力。它要求系统具有快速修正它的底层工具软件或 DSS 生成器的能力。

以上 4 种柔性又与用户紧密相关，因为经理、系统开发人员和工具开发商的技术人员所关心和需要的是不相同的。最终用户需要的是 F1、F2，系统开发人员所需要的是 F3，而软件技术人员所需要的是 F4。

6.1.2 决策支持系统的开发策略

决策支持系统的设计和开发是一个复杂的过程，它涉及从管理（如决策支持系统辅助剧场的层次与综合程度）、技术（如硬件和网络的选择）以及行为（如人机接口和 DSS 对于个体和群体的潜在影响）等一系列问题。由于决策支持系统类型各不相同，因此，不存在一种总是最好的决策支持系统的开发方法。针对具体决策问题，设计与开发决策支持系统有相应的开发策略与方法。

在所有决策支持系统开发方法中，有 3 种不同策略：编制用户定制化的 DSS、采用 DSS 集成开发工具（也称为生成器或生成机）和利用专用的 DSS 生成器。每一种策略都有其独到之处，而选择哪一种策略方法通常是根据组织机构的设置和问题的环境所决定的。实际上，一个复杂的 DSS 很有可能在项目的不同设计阶段同时采用这 3 种策略。下面对这 3 种策略做一个简单介绍。

1. 使用 DSS 基本工具（DSS primary tools）编制一个用户定制化的 DSS

这种策略是直接使用一种通用编程语言（GPL），如 Pascal 语言和 C 语言；或者采用第四代编程语言（4GL），如面向对象的语言（Delphi 和 Visual C++）、表格和面向财务的语言。早期的 DSS 都是采用通用程序语言进行设计的，但大多当今系统是通过结合第四代编程语言和 JAVA 程序模型开发的。第四代编程语言，由于其功能的集成性和模块性，应用这些工具可比采用通用的编程语言提高了程序员的效率，减少了开发时间和工作量。虽然出现了专门支持 DSS 开发过程的应用程序，但直接使用一种通用编程语言作为一种最基本的手段，在接口开发中，特别是一个大型组织的 DSS 和其他计算机信息系统的许多接口，通常采用原始代码开始构造。

2. 采用 DSS 生成器（DSS Generator，DSSG）

DSS 生成器是一种应用系统，使用它能够在 DSS 的设计与实施过程中少编数千条指令或程序。DSS 生成器是由相关的一组软件和硬件组成的模块，包括数据、模型和对话管理所需的技术以及将其有机结合起来的接口。可根据决策者的要求、决策问题与决策环境等，在短时间里生成一个专用的 DSS。

最常见的 DSS 生成器就是电子数据表格，如 Excel、Lotus1-2-3、Quattro Pro 等，以及更复杂的生成器 Express。虽然和直接使用编程语言开发相比，使用 DSS 生成器开发效率要高得多，但是和使用 4GL 的其他策略相比，DSS 生成器限制了开发的灵活性和能够达到的复杂程度。

3. 利用专用 DSS（Specific DSS，SDSS）

专用 DSS 实际上是执行决策支持的系统，其特点与数据处理系统完全不同。专门领域的 DSS 生成器用于生成专门领域内特定问题的决策支持系统，用于辅助开发高度结构化的专用 DSS 系统，因此适合某些职能部门快速反复地使用。专用 DSS 包含一组计算机软件和硬件，支持一个或一群决策者，处理一批相关的决策问题，例如，Portfolio Management System（T.P.Gerrity，1971）是一个支持投资管理者对顾客证券管理的日常决策的系统；Brandaid（J.D.C.Little，1975）是一个用于产品推销、定价和广告决策的混合市场模型；HR InfoNet（Rudenstein，2000）是一个员工自助福利服务 DSS。这些例子都是 SDSS 获得成功的实例。近几年，更先进的专用 DSS 也在不断地开发和应用。

6.2　决策支持系统的开发过程

作为计算机信息系统，决策支持系统也是从系统的分析与设计开始的。但它同时又具有本身的一些特点，如决策支持系统是以计算机为工具的人机交互系统，同时也是模型驱动的动态系统等，这就决定了其系统的开发步骤和其他信息系统开发步骤不完全相同。一般来说，决策支持系统的开发主要经历系统分析、系统设计、编制程序、系统评价和系统实施等几个阶段。但这阶段的工作不是严格按顺序进行的，其中多个阶段的工作可能是多次重复进行。整个决策支持系统的开发过程如图 6.1 所示。

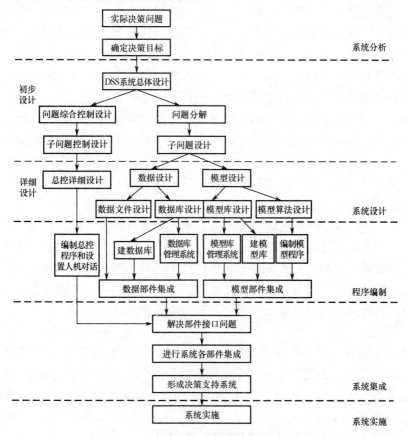

图 6.1　决策支持系统的开发过程

6.2.1 系统分析

系统分析（System Analysis）也称为逻辑设计（Logical Design），是指运用一定的方法，对原系统业务流程和新的需求进行分析和理解，熟悉其中的环节和它们之间的相互关系，最后给出一个符合用户需求的系统模型。

系统分析是系统开发生命周期的一个主要阶段，计算机信息系统开发首先要解决的是如何理解、抽象和描述系统所要解决的问题。决策支持系统也不例外，作为系统开发的首要步骤，系统分析需要对整个问题的现状进行深入了解，掌握它的来龙去脉、它的有效性和存在的问题。在此基础上对建立新系统的可行性进行论证。对于建立新系统，提出总的设想、途径和措施，在系统分析基础上提出系统分析报告。

6.2.1.1 可行性分析

可行性分析一般从经济、技术和社会 3 个方面来分析，主要考察所开发的系统是否是可能的和必要的。

（1）经济可行性分析。主要包括投资分析和评估经济效益分析。投资分析要考虑投资规模及确定投资规模的依据，需要追加的投资总额，资金的来源。评估经济效益分析要考虑设备、人力、资金等的管理和日常维护的费用，要考虑系统的使用所带来的经济效益，从而判断该系统经济上是否可行。

（2）技术可行性分析。主要包括用户技术基础分析和新技术运用分析。用户技术基础分析包括有人员技术素质、企业管理技术水平、企业通信状况等方面内容；新技术应用分析是通过对当前新计算机技术、信息技术和网络技术的现状进行分析，来考虑计算机的硬件性能、系统软件的功能、软件开发技术、网络通信技术等方面能否实现用户需求。

另外，还要考虑系统采用的技术是否是主流技术，是否具有先进性，以保障系统具有较长的生命周期。如果系统采用过于陈旧的技术，一方面会影响到功能实现，另一方面也会缩短系统的生命周期，甚至系统还没开发完成，就已经过时了，使系统开发的所有工作和投入失去了意义。

（3）社会可行性分析。由于系统的开发使用受到社会相关因素制约，包括企业内部的管理，因此也需要进行可行性分析，如开发人员风险、政策法律风险等。

另外，如果一个企业组织混乱、管理没有规范、业务流程没有标准，则根本就难以获得系统的需求，也就无法进行系统的开发。

可行性分析结论有两种，一种结论是系统建设不可行，即系统的开发是不可能或不必要的，这时，整个决策支持系统开发工作就结束了；另一种结论是系统建设是可行的，即系统的开发是可行且必要的，这时开发工作就进入到需求分析阶段。

6.2.1.2 需求分析

需求分析是系统开发的一个重要步骤，是整个系统开发的基础。如果需求定义出现错误，如需求不完全、不合乎逻辑或容易产生误解等，就会对以后的系统开发产生重大影响，甚至可能造成系统开发失败。因此，需求分析必须得到足够的重视，尽可能地保障需求定义的质量。

需求包括功能需求和非功能需求两大类型。

（1）功能需求是决策支持系统所要提供的服务的描述。通过对系统的输入、输出、选用的模型及数据存储方式进行定义。功能需求是最基本要求。

（2）非功能需求是指系统性要求、可靠性要求、完全保密性要求，以及可使用的资源等方面的限制，如系统的易用性、系统响应时间、开发进度以及安全控制等内容。

需求分析主要工作是对现行系统业务流程和新系统的信息需求进行详细的调查，然后在此基础上进行分析研究。调查必须对现行系统进行详尽全面的调查，尽可能完整、准确地收集涉及信息流动和处理过程，一切事实、资料和数据，以便全面、准确地了解信息系统中信息的流动、处理的过程和方法，为进行分析研究以及新系统建模提供依据。

调查应由系统开发项目组负责组织实施，由开发人员分头进行。凡是涉及信息处理的环节和岗位，包括工作人员和管理人员都需要调查。

调查的结果将得到系统的业务处理流程，各职能机构的作用及相互间的关系，各种类型原始凭证产生的时间、地点，原始凭证中数据项的来源、意义，以及原始凭证的流向，各种统计报表的要求格式及数据计算方式等。

需求分析结束后将进入系统建模阶段，在对调查结果进行了全面分析研究后，系统分析人员将提出一个或多个可能的新系统逻辑模型方案，由系统开发小组和企业决策层领导共同进行选择。新系统的逻辑模型主要是以数据流程图、数据字典、数据存储方案分析的形式表现出来。

系统分析阶段的最终结果是完整的系统需求规格说明书。

6.2.1.3　ROMC 方法

ROMC 方法是由 Carison 提出的基于决策过程基本活动的方法，是决策者进行表达（R）、操作（O）、存储辅助（M）和控制（C）的方法，其基本思路是建立起 DSS 的要求与性能之间的关系，并力求减少它们之间的差异。

该方法是一种独立于决策过程的系统分析方法，它避免了对决策者的活动描述限制于某一顺序。这一点与基于数据流程图的传统（MIS）系统分析方法有着本质的不同。它主要从以下几点进行分析：

（1）表达（Representation）。提供表达式以帮助决策者将问题概念化，以便于处理和交流。

（2）操作（Operatmn）。提供这些表达式进行分析和运算的某些操作方法。

（3）存储辅助（Memoryaid）。表达与加工的存储支持。

（4）控制机制（Controlmechanism）。提供处理和使用整个系统的控制机制。

其基本原理是：根据决策过程模型可知，尽管决策过程是非常复杂的，但其 3 个基本活动：情报收集、方案设计、方案选择，都是能够识别的。当然，这些活动并非顺序的，而是交错的反复关联的。既然能够识别决策过程的基本活动，就可以通过观察决策者在这些活动中的行动来确定支持的要求。

ROMC 方法主要有以下几个特点：

（1）ROMC 方法是过程独立的。所谓过程独立也就是它避免了对决策者活动的描述限制于某一顺序进行。这与基于数据流程图传统的分析方法有着本质的不同。按照传统的分析方法，业务过程和数据处理过程必须详细描绘出来。

（2）ROMC 方法依赖表达式（不仅仅是数据）作为联系 DSS 各部分的纽带，它是通过在表达式上的操作来支持决策过程的情报收集、方案设计和方案选择活动；各种存储又是支持表达式和操作，而控制则是为了控制表达式、操作和存储。识别表达式以及关于表达式的操作比识别整个完整的决策过程要容易些。

（3）ROMC 方法提供了 DSS 分析与设计框架，但方法本身并没有提供实现 DSS 结构的具体技术。有效地运用 ROMC 方法，还需要有 DSS 生成器作为软件支撑环境。

ROMC 方法的基本步骤如图 6.2 所示。首先识别决策过程的基本活动，其次分析每一个基本活动的组成部分，包括表达式、操作、存储和控制，然后继承这些部分建立一个专用的 DSS。在交付使用时，开发者继续沿这 4 个方向追踪系统和用户，不断地扩展和修改基本部件，直至用户最终满意。

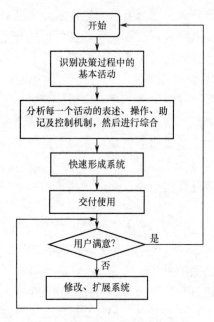

图 6.2　ROMC 方法的基本步骤

ROMC 分析方法的内容既要符合所需决策问题的规则、模型和方法，又要面向决策者，方便决策者的使用和修改。ROMC 的分析为 DSS 的设计提供了依据。其中，表达和操作就为方法库子系统、模型库子系统及知识库子系统的设计提供了框架；存储为数据库、方法库、模型库及知识库的存储方案设计提供了思路；控制机构所提出的要求和功能，就是会话子系统所要实现的。

6.2.2　系统设计

确定系统部件、结构和特点的详细说明，选择合适的软件或编写程序。

系统设计是开发这个决策支持系统的关键，其主要的任务是设计出决策支持系统的总体结构，并提出决策支持系统的实现方案。具体来讲，要针对获取的需求，对系统进行详细的物理设计，包括进行系统主控模型及系统输入输出设计、数据库系统的设计、模型库和模型库管理系统设计、方法库和方法库管理系统设计以及知识库系统设计等。这些设计的需求可以是从系统分析得来，也可以是系统使用后的修改意见。

系统设计又可分为 DSS 系统的初步设计和详细设计两个阶段。

6.2.2.1　初步设计

DSS 系统初步设计完成系统总体设计，进行问题分析和问题综合。对于一个复杂的决策问题，总目标比较大，我们要对问题进行分解，分解成多个子问题并进行功能分析。在系统分解的同时，对各子问题之间的关系以及它们之间的处理顺序进行问题综合设计。对各种问题进行模型设计，首先要考虑是建立新模型还是选用已有模型，对于某些新问题，在选用现有的已成功的模型都不能解决的情况下，就要重新建立新模型。建立新的模型是一项比较复杂的工作，具有一定的创造性。

对于选用已有的成功的模型，是采用单模型还是采用多模型的组合，这需要根据实际问题决定，对于数量化比较明确的决策问题，可以采用定量的数学模型。对数量化不明确的决策问题，可以采用知识推理的定性模型。对于比较简单的决策问题，可以采用定量模型或定性模型来加以解决。对于复杂的决策问题，需要把多个定量模型和定性模型结合起来。对子问题还要进行数据设计，主要考虑到两方面：

第一，数据提供辅助决策的要求。例如，综合数据或者对比数据等给决策者建立一种总的概念或某个特定要求的数据。

第二，为模型计算提供所需要的数据。这需要和模型设计一起组合起来考虑，模型之间的联系一般是通过数据的传递来完成的，即一个模型的输出数据是另一个模型的输入。

6.2.2.2　详细设计

各子问题的详细设计，具体是对数据进行详细设计和对模型进行详细设计，问题综合的详细设计需要对 DSS 总体流程进行详细设计。

对数据的设计，包括数据文件设计和数据库的设计。若数据量小，而且通行要求不高，为便于模型程序的直接存取，一般设计成数据文件形式。数据量大，且通用性较强，为便于对数据的统一管理，设计成数据库形式。目前，通常采用关系数据库形式。

对模型的详细设计，包括模型算法设计和模型库的设计。模型库不同于数据库，模型库是由模型程序文件组成。模型程序文件包括源程序文件和目标程序文件。为便于对模型的说明，可以增加模型数据说明文件（对模型的变量数据和输入、输出数据进行说明）和模型说明文件（对模型的功能、模型的数字方程以及解法进行说明）。对于模型的这些文件如何组织和存储是模型库设计的主要任务。对于数学模型，一般是以数学方程形式表示。如何在计算机上实现，它需要对模型方程提出算法设计，算法设计必须设计好它的数据结构（如栈、队、链表、矩阵、文件等数据结构形式）和方程求解算法（数值计算方法）。计算机算法涉及计算误差、收敛性以及计算复杂性等有关问题。当模型设计了有效的算法后，才能利用计算机语言编制计算机程序，在计算机上实现。

6.2.2.3　累接设计方法

决策支持系统常用的系统设计方法是累接设计方法。在研制 DSS 之前，管理者在很大程度上凭借过去的经验来解决问题，做出决策。在他们的思想中，很少想到使用模型来解决自己的问题。开发 DSS 时，在系统开发人员的帮助下，才会想到对要解决的问题进行模型化。这时，开发人员要根据决策者的要求很快构造出代表实际问题原型的模型供决策者使用。决策者在使用模型的过程中，会对模型或其应用提出更高的要求。根据这种新的要求，开发人员反复修改、探索，从而达到系统的不断进化。累接设计也称为进化探索法，是将决策支持系统的分析、设计、实现、评价、修改等环节被合并为一体，经过多个这种循环才实现相对稳定的决策支持系统的设计过程。其设计步骤如下：

（1）确定系统中一个重要的子问题。决策者或用户与系统研制者共同参与这项工作。子系统必须足够小，使得问题的性质、基于某种计算机支持的需求和这种支持的特点都是透明的。

（2）开发一个小型但能对决策者起辅助作用的系统。系统很可能（或者说是必然地）是简单的，在此框架上，可以再进一步开发。必须指出，这一步骤不包含很多的系统分析，研制者在一个极小的规模上很快地进行了系统开发过程的所有环节。

（3）周期性地改进、扩展、修改系统。每一周期都要经过分析—设计—实施—使用—评价这样一些环节。如果方法得当，用户可能并不意识到经过了这些环节。在 DSS 的开发中，必须重视研制者和用户的配合效果，用户发挥使用和评价的作用，也是系统开发的参与者并应发挥积极作用，而研制者的任务是设计和构造系统。

（4）不断评价系统。在每一个周期的终结，用户都要对系统进行评价，评价是整个累接设计的过程控制机构。评价的原则是要把 DSS 的成本和效益保持在一定的范围内。对于专业DSS 提倡开发生命周期较短的系统，经过评价认为不能使用的系统就要进行淘汰等。

由于要求模型能够体现管理者解决问题的思想方法，因此必须由管理者直接参与模型设计工作。尽管具体的工作都是由 DSS 开发人员来进行的，但在形成模型的整个工作过程中，起主导作用的必须是管理者。这里有以下 3 个设计原则：

（1）在管理者指导下进行模型设计。

（2）必须特别注意管理者与模型编辑，即输入、输出设计。

（3）根据管理者的标准，对模型进行质量评估。

在管理者的指导下进行模型设计，指的是管理者对设计活动应该起到主导作用。系统开发人员提出解决问题的各种模型方案，完成各种实际工作。但是这些模型是否可行，必须得到管理者的认可，这样的模型才是适用而有效的模型。管理者与模型界面，即输入、输出部分，必须根据管理者的意愿来设计，在设计时要特别注意输入、输出的格式。此外，对模型的评价不能根据开发人员的标准，而只能是按照管理者的标准来进行。成功的模型应该使用方便，对管理者有很好的辅助决策功能。

6.2.3　程序编制

在完成详细的物理设计后，就开始编制各部件程序，包括编制主程序和人机对话模块；建立数据库、数据库管理系统；编辑模型程序，建立模型库、模型库管理系统。这里的主控程序将对各部件进行管理和调度。

编制程序阶段，对 DDS 三大部件要进行不同的处理。

1. 数据部件的处理

数据部件中编制程序的重点是数据库管理系统。目前，各种类型计算机都配有成熟的数据库管理系统，自行设计和开发的数据库管理系统从功能和运行效果上，一般赶不上已成熟产品的软件，而且开发一个数据库管理系统需要花费较多的人力、物力。采用这些已成熟的软件产品可以大大节省开发时间。在选定数据库管理系统以后，针对具体的实际问题，需要建立数据库。建立数据库一般包括建立数据库接口和输入实际数据。对数据库部件的集成主要体现在实际数据库和数据库管理系统的统一。利用数据库管理系统提供的语言，建立有关数据库查询、修改的数据处理程序。

2. 模型部件的处理

模型部件中编辑程序的重点是模型库管理系统。模型库管理系统现在没有成熟的软件，需要自行设计并进行程序开发。模型库的组织和存储，一般由模型字典和模型文件组成。模型库管理系统就是对模型字典和模型文件的有效管理，它是对模型建立、查询、维护和运行等功能进行集中管理和控制系统。

开发模型库管理系统时，首先设计模型库的结构，再设计模型库管理语言，由该语言来实现模型库管理系统的各种功能。模型程序管理语言的作用类似于数据库管理语言。它比数据库语言更复杂，它要实现对模型文件和模型字典的统一管理和处理。模型主要以计算机程序形式完成模型的计算，利用计算机语言（如 FORTRAN、PASCAL 语言）对模型的算法编制程序。模型部件的集成，主要体现在模型库和模型库管理系统的统一。

3. 综合部件的处理

编制 DSS 总控程序是按主控详细流程图，选用合适的计算机语言，或者自行设计语言来编制程序。作为 DSS 系统总控的计算机语言，要有数值计算能力、数据处理能力模型、调用能力等多种能力。目前的计算机语言还不具备这么多种综合能力，但可以利用像 PASCAL、C 这样的语言作为宿主语言增加在 DSS 中欠缺的功能（如数据处理以及模型调用等）。要是总控程序能有效地编制完成，可以采用自行设计语言来完成 DSS 总控的作用。

6.2.4　系统集成

DSS 的三部件集成首先要解决三部件之间的接口问题，然后对三部件进行集成，最后形成 DSS 系统。

6.2.4.1　接口问题

最基本的接口问题是模型对数据库中数据的存取接口。模型程序一般是由数值计算语言如 FORTRAN、PASCAL 等来编制程序，它不具备对数据库的操作功能。数据库语言等适合数据处理而不适合数值计算，故它不便用来编制有大量数值计算的模型程序。数值语言编制的模型程序所使用的数据通常是自带数据文件的形式。在 DSS 系统中要求数据有通用性（即多个模型共同使用），数据放入模型程序的自带数据文件中就不合适了。而把所有数据都放入数据库中，便于数据的统一管理。在这种要求下，就需要解决模型和数据库的接口问题，也就是说，数值计算语言具有对数据库操作的能力。

第二个接口问题是总控程序对数据库的接口问题，总控程序有时需要直接对数据库中的数据进行存取操作，这个接口和模型与数据的接口处理方法相同。

第三个接口问题是总控程序对模型的调用，根据总控程序的需要随时要调用模型库中某些模型的程序运行。由于模型库的存储组织结构形式，实际总控对模型程序的调用需通过模型字典作桥梁，再调用模型执行程序文件。如图 6.3 所示这相当于总控程序调用模型模块的运行。DSS 控制权交给模型目标程序，当模型执行完后，又返回到 DSS 总控程序，控制权又返回到 DSS 总控程序。目前计算机语言的发展一般都具有这种调用模块程序的功能，不过，在调用过程中，涉及模型程序的大小、在内存中运行是否放得下，模型程序的运行又涉及所使用数据的大小。对于大型矩阵的运算，需要采取一定的措施来保证在给定的内存中大型模型的运行以及大型矩阵数据的运算。

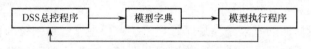

图 6.3　DSS 总控程序调用模型程序运行过程

6.2.4.2　集成问题

系统的集成化作用在于如何把不同层次、不同类型和不同用途的模块，按决策过程的需要组织起来，发挥支持作用。现代化的 DSS 既然要面向实际问题，对各种方法、技术、工具博采众长，为己所用，就必须有办法把各种模块组织起来，协同动作。虽然是从不同的侧面和角度、不同的准则进行分析得出多方面的结论，却要能够加以协调综合，通过和决策者的多次交换信息，得出较为满意的方案。就像一位高明的领导，能够请到各方面的专家各抒己见，畅所欲言，又要善于归纳引导，使分析步步深入，最后形成较一致的意见。当然，DSS作为一种人–机系统，是人在起主导作用，但计算机系统也要创造条件加以配合。这是功能方面理解的集成任务。要完成这一任务，系统自上而下要有一套组织决策支持过程的思路，善于组织集成，又要自下而上有相应的信息、知识、模型的组织结构，便于组织集成。前一个问题涉及元决策（即决策的决策，或者说决定如何组织决策）问题、心理学、决策科学、系统科学、计算机科学等一系列技术问题，需要综合研究解决。

目前，常用的集成方式有 4 种：网状结构、桥式结构、分层结构和塔状结构。它们各有所长，很难说究竟哪一种结构好。

1. 网状结构（Network Architecture）

网络集成的基本目标是允许模型和对话系统能共享数据，并能比较容易地增加新的内容。这种结构可以使得由不同的人、在不同的地方、用不同的程序设计语言在不同的操作环境下设计的部件能组合在一起。因此，它的集成能力很强，是适应性最强的部件集成方法。

2. 桥式结构（Bridge Architecture）

为了减少由网络结构所要求的部件接口数目，同时又保持能够方便地集成新部件的性能，提出桥式结构的概念。这种结构使用了统一的接口单元，它包括对话、局部模型、数据库等单元；同时把共享建模单元和共享的数据库单元两者之间联系在一起。局部单元不可以共享，它只为单个用户服务。

3. 分层结构（Sandwich Architecture）

DSS 的分层结构是用单个对话单元和单个数据库与多重模型单元集成，这与集成多重对话和多重模型库的网络结构、桥式结构不同。

分层结构是所有的建模单元共享同一个对话单元和同一个数据库，建模单元的数据通信要借助于共享的数据库来完成，他们之间控制信息通信则要利用共享的对话单元来完成，因此像桥式结构一样，也具有标准的数据接口和控制接口。但是，在分层结构中，这种标准接口是由同一个对话单元或数据库提供，而不像桥式结构那样，由分离的接口提供。在分层结构中，每个建模单元的开发和变更都必须满足这两个接口的要求，而在网络结构中，大部分修改都是在单元接口内完成的。

4. 塔状结构（Tower Architecture）

在 DSS 的 3 个主要单元中维持简单交互的同时，为单元提供模块性和灵活性，以支持各种不同的硬设备和源数据库的选用。

塔状结构和网状结构的主要差别是，在塔状结构的每一层次上，单元都处在同一种操作环境下。与分层结构一样，对每一个专用 DSS，它仅有唯一的对话单元和数据库单元，而且对话、建模和数据库等单元也是分层的，不像桥式和网络结构那样混杂在一起。在与模型单元的接口方面，塔状结构与分层结构相同。它与分层结构的主要区别是，它可以支持各种用户接口设备和多个源数据库。塔状结构把对话单元和数据库单元各分割为两个部分。

6.2.5　系统实施

从系统开发的角度来讲，DSS 的开发工作中也存在"系统实施"的内容。由于 DSS 的开发具有循环、迭代和累接的特点，广义地讲系统实施包括下列任务：测试、评价、演示、说明、训练和配置，其中有些任务可同时进行。

（1）测试。收集系统输出的数据，并与设计说明进行比较。

（2）评价。评价实现的系统对用户需求的满足程度。因为系统在不断地修改或扩展，所以没有确切定义的完成日期或用于比较的标准，且测试和评价通常会引起设计和构造的变化，过程需周期性的反复几次，因此，对 DSS 的评价是比较困难的。

（3）演示。为用户演示完整的系统功能是一个重要阶段，这会使用户较容易接受系统。

（4）说明。为用户提供掌握系统基本功能和操作的说明。

（5）训练。按系统的功能和结构，训练用户操作，并训练用户学会如何维护系统。

（6）配置。配置完整的运行系统供所有用户使用。

在实施阶段还涉及系统的维护。维护包括为系统及其用户提供支持的计划，并开发系统使用和维护的文档。

为适应用户日常需求以及今后的变化，可再循环上述步骤。系统应该提供修改的柔性与适应的柔性，提供一定的发展的柔性，如问题的扩展、软硬件环境的升级、系统移植等。

6.3　决策支持系统的开发方法

开发信息系统的具体方法很多，通常不严格地将它们分为结构化系统开发方法、原型法、面向对象开发方法和 CASE 开发方法等几大类。

6.3.1　结构化系统开发方法

结构化系统开发方法（Structured System Development Methodologies）是在 Dijkstra 等人提出的结构化程序设计思想以及生命周期法（life cycle）基础上发展起来的，也称为结构化的系统分析与设计方法（Structured System Analysis and Design，SSA&D），是自顶向下结构化方法、工程化的系统开发方法和生命周期方法的结合，它是迄今为止信息系统开发方法中应用最普遍、最成熟的一种。

6.3.1.1 结构化系统开发的生命周期

结构化系统开发方法的基本思想是用系统工程的思想和工程化的方法，按用户至上的原则，结构化，模块化，自顶向下地对系统进行分析与设计。具体来说，就是先将整个信息系统开发过程划分出若干个相对独立的阶段，如系统规划、系统分析、系统设计、系统实施等。在前 3 个阶段坚持自顶向下地对系统进行结构化划分。在系统调查或理顺决策问题时，应从顶层的管理决策入手，逐步深入至基层。在系统分析，提出新系统方案和系统设计时，应从宏观整体考虑入手，先考虑系统整体的优化，然后再考虑局部的优化问题。在系统实施阶段，则应坚持自底向上地逐步实施。也就是说，组织人力从基层的模块做起，然后按照系统设计的结构，将模块一个个拼接到一起进行调试，自底向上、逐渐地构成整体系统。

（1）系统分析。旧的系统 （手工或计算机系统）如果不再适应发展变化了的环境，就可能提出开发新系统的要求，并做出新系统的开发规划。系统分析是开发工作的第一个阶段，它以开发规划中提出的目标为出发点，首先经过初步的系统调查，对开发新系统的可行性进行论证，论证的内容主要包括经济上、技术上、资源上及管理上的可行性，可行性分析的结果以可行性分析报告的方式形成文稿，并呈交有关领导审阅、批准。如果有关领导认为可行性分析报告中的论证正确，有必要开发新系统，则进入下一环节，即通过详细的系统调查和系统化的分析，初步建立信息系统的逻辑模型。其中详细调查的内容主要包括两个方面：管理业务流程的调查和数据流程的调查。在上述工作的基础上，要写出 "系统分析报告"，这是系统分析阶段的文档，也是下一开发阶段的工作基础。

（2）系统设计。系统设计阶段是为了在系统分析提出的逻辑模型的基础上设计系统的物理模型，其主要内容包括：代码设计、信息系统流程图设计、数据库设计、处理流程图设计和编写程序设计说明书。系统设计阶段的成果是"系统设计说明书"。

（3）系统实现。系统实现阶段的内容包括程序设计及调试、系统转换及系统运行与评估等环节。这一阶段的成果，除了最终实现的信息系统外，还包括有关的技术文档 （如程序说明书、使用说明书等）。至此，一个新的信息系统便开始了它的生命周期。

在每一阶段中，又包含若干步骤，步骤可以不分先后，但仍有因果关系，总体上不能打乱。

6.3.1.2 结构化系统开发方法的特点

结构化系统开发方法主要强调以下特点：

（1）自顶向下整体性的分析与设计和自底向上逐渐实施的系统开发过程。即在系统分析与设计时要从整体全局考虑，要自顶向下地工作（从全局到局部，从顶层领导到普通管理者）。而在系统实现时，只要根据设计的要求，先编制一个个具体的功能模块，然后自底向上逐步实现整个系统。

（2）面向用户的观点。强调用户是整个信息系统开发的起源和最终归宿。在开发过程中，吸收用户参加并与用户及时交流、讨论开发中的各种问题。用户对系统开发的成败是至关重要的，故在系统开发过程中要面向用户充分了解用户的需求和愿望，充分突出了决策者在这样一种人机交互的决策支持系统中的中心地位。

（3）深入调查研究。即强调在设计系统之前，深入实际单位，详细地调查研究，努力弄清实际的问题提出与决策制定过程的每一个细节，然后分析研究制定出科学合理的系统设计方案。

（4）严格区分工作阶段。强调把整个系统开发过程划分为若干个工作阶段，每个阶段都有其明确的任务和目标，以及预期要达到的阶段成果。在实际开发过程中要求严格按照划分的工作阶段，一步步地展开工作，如遇到较小、较简单的问题，可跳过某些步骤，但一般不可打乱或颠倒。

（5）充分预料可能发生的变化。系统开发是一项耗费人力、财力、物力且周期很长的工作，一旦周围环境（组织的内外部环境、信息处理模式、用户需求等）发生变化，都会直接影响到系统的开发工作，所以结构化开发方法强调在系统调查和分析时，对将来可能发生的变化给予充分的重视，强调所涉及的系统对环境的变化具有较强的适应能力。在系统的分析、设计和实践过程中，都要充分地考虑可能变化的因素。

（6）开发过程工程化。要求开发过程的每一步都按照工程标准规范化，文档资料标准化。在系统研制的每一阶段、每一步骤都要有详细的文字资料记载，需要记的信息是：系统分析过程中的调研材料和同用户交流情况，设计的每一步方案（甚至包括经分析后淘汰掉的信息和资料）。资料要有专人保管，要建立一整套管理查询制度。

6.3.1.3　结构化系统开发方法的优缺点

结构化系统开发方法是在对传统自发的系统开发方法批判的基础上，通过很多学者的不断探索和努力而建立起来的一种系统化方法。这种方法的突出优点就是它强调系统开发过程的整体性和全局性，强调在整体优化的前提下考虑具体的分析设计问题，即自顶向下的观点。它强调的另一个观点是严格地区分开发阶段，强调一步一步地严格地进行系统分析和设计，每一步工作都及时地总结，发现问题及时地反馈和纠正，从而避免了开发过程的混乱状态，是一种目前广泛采用的系统开发方法。

但是，这种开发方法在决策支持系统开发过程中也暴露出很多缺点和不足。最突出的问题是这种方法要求系统开发者在调查中就充分地掌握用户需求、管理状况以及预见可能发生的变化，这不符合决策者对半结构化，甚至非结构化问题的认识规律，因此在实际的决策支持系统开发中具有较大的实施困难。

6.3.2　原型法

20 世纪 80 年代，原型法（Prototyping）逐渐被信息系统开发者所认可，并得到广泛应用，成为一种流行的系统开发方法。原型法针对上述结构化系统开发方法的缺陷提出的设计新途径，是适应当前计算机技术的进步及对软件需求的极大增长而出现的，是一种快速灵活交互式的软件开发方法学。其核心是用交互的、快速建立起来的原型取代了形式的、僵硬的（不易修改的）规格说明，用户通过在计算机上实际运行和试用原型，而向开发者提供真实的反馈意见。

6.3.2.1　原型法的开发步骤

原型法又称为交互式设计法，把设计开发过程划分为两个阶段：首先构造一个功能简单的原型系统提供给决策者试用，检验实践思路是否合理，决策方法和模型是否正确；然后通过对原型系统逐步求精，不断扩充完善，得到最终的决策支持系统。原型系统就是应用系统的模型，这个模型可在运行中被检查、测试、修改，直到它达到用户需求为止。

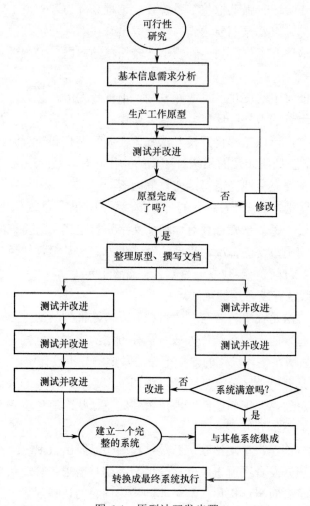

图 6.4 原型法开发步骤

使用原型法构造 DSS，如图 6.4 所示，只需要通过一系列短时间的开发步骤，在这些步骤中有来自用户的反馈，以保证开发正确进行，因此，DSS 工具必须能适应快速的变化。迭代过程包括下列 4 项任务：

1. 首先构造选择的重要子问题

用户和开发者一起识别一个重要问题，用于初始 DSS 的构造。这项开发初期的联合工作可以在项目参与者之间建立初步的工作关系，并建立相互沟通的渠道。子问题应该足够简明，对于问题的本质、计算机支持的需求及特性都是清楚的，并且决策人对该问题有很大的兴趣，哪怕决策人的兴趣是短暂的。

2. 构造原型，开发初步原型系统

在前一阶段的基础上，根据基本规格说明，尽快实现一个可运行的原型系统。初始原型不求完善，但必须满足用户的基本需求，一些细节问题（如安全性、健壮性、异常处理等）

可暂时忽略。

这一阶段,原型的建立速度是关键,而不是运行效率,为此需要强有力工具来支持,如采用第四代高级语言实现原型,引入以数据库为核心的开发工具等。初始原型的质量对于项目的成败至关重要:如果带有明显缺陷,会给用户造成不良影响,从而打击对系统投资的信心;如果为追求完整而做得太大,则不易修改,就会增加修改的工作量。

3. 用户和开发人员使用并评价原型

这一阶段是开发者和用户频繁沟通,发现问题,消除误解的重要阶段。由于原型忽略了许多内容,它集中反映了要评价的特性,外观看起来可能会有些残缺不全。用户要在开发者的指导下试用原型,在试用过程中评价原型的特性,分析其运行结果是否满足规格说明的要求,以及规格说明的描述是否满足用户的期望。纠正过去交互中的误解和分析中的错误,增补新的要求,并为满足环境变化或用户的新设想而引起系统需求的变动而提出全面的修改意见。为了鼓励用户来评价模型应当充分地解释原型的合理性,但不要为它辩护,以求能广泛征求用户的意见,在交互中使原型达到完善。

4. 不断细化、扩展和修改原型系统

不断循环地扩展和改进 DSS 版本,所有分析、设计、开发、实现和评价步骤在各个细化过程中重复进行。

该过程经多次重复、不断进化直到产生一个比较稳定、综合的系统。在这个过程中,用户、构造者和技术人员之间的交流是极为重要的。用户和构造者一起工作与合作,用户在使用和评价中起主要作用,而构造者在设计和实现阶段起重要作用。这里用户起主动作用,这与常规系统的开发不同,在常规系统开发中,用户常常是被动的。

迭代设计方法产生的一个特定的 DSS。对于为个人提供支持的 DSS 设计,该过程是比较直接的,对于为群体或组织提供支持的 DSS,虽然该过程也是有用的,但会变得更加复杂,需要特别为用户和构造者建立相互沟通的机制。当维护适用于所有用户的标准核心系统时,还需要提供对于个人变化的支持机制。

迭代过程可概括如下:它开始于部分问题的模型或整个问题的简化情况,这给终端用户某些具体的概念。然后终端用户提供可能改进 DSS 的建议。接着,开发出 DSS 的新版本,该过程继续下去直到终端用户对系统满意为止。由于在复杂的决策过程中,用户经常不能精确知道他们需要什么,并且 DSS 构造者也不了解终端用户需要或接受什么,而迭代过程使他们可以相互学习,故该迭代过程是必需的和有效的。

6.3.2.2　原型的分类

原型有两种常见的应用策略,分别是演进式原型策略和抛弃式原型策略。这两种原型策略除了具备上述原型模式共同的特征外,各自还有其不同的适用场合。

(1)演进式原型策略(Evolutionary Prototyping)。演进式原型策略是将所有需求看成一个整体,从需求最清楚的部分入手,快速经历一系列开发周期(如分析、设计、实施),完成初始原型系统的开发,再利用该原型与用户沟通,以确定、修改和扩充需求,并以此作为下一周期原型演进的依据。该周期不断地反复进行,一直到原型系统符合双方的约定为止。

(2)抛弃式原型策略(Rapid Throwaway Prototyping)是以一种快速而粗糙(Quick and Dirty)的方式建立原型,使用户能够尽快通过与原型的互动来确定需求项目,或允许开发人员一次性寻求问题的解决方案。这种原型因为用过即丢,所以不需要考虑原型系统的运行效率和可维护性,也不需要容错的能力。

原型被抛弃的原因很多:可能是因为所用的开发工具并非最终所决定的工具;也可能研发出新方法,但新方法与原方法可能完全不同或不相容;或发现修改原有的原型所需的成本比重新开发来得高。

6.3.2.3　原型法的特点

原型模法论从原理到流程都比较简单,但为什么会备受推崇,其原因在于:

(1)符合人们认识事物的客观规律。从认识论的角度看,人们对事物的认识不可能一次完成,需要循序渐进的过程。同时,人们对事物的认识也会受到环境的启发而不断完善,评论一个已有的事物要比凭空描述一个设想要容易得多。原型模式为用户和开发者提供了这样一种环境,因此更容易被接受。

(2)将模拟手段引入系统分析的初期阶段。原型构造为开发者提供初步的实验机会,并使用户很快看到系统开发后的样子。所有讨论都是围绕特定的原型展开,减少用户和开发者之间的误解,缩短了他们之间的距离。

(3)强调用户的全程参与。用户全程参与系统的开发,知道哪里有问题,哪些需要改进等,消除了用户的心理负担,打消了他们对系统何时才能实现以及是否适用等疑虑,提高了用户参与开发的积极性。同时用户使用了系统,对系统的功能容易理解,有利于系统的移交与运行。

(4)提倡使用工具开发。使用与原型模式相适应的模型生成与修改、目标的建立和运行等一系列的系统开发生产环境,使得系统开发摆脱了老一套的工作方法,时间、效率及质量等方面的效益都大大提高了,系统对内外界环境的适应能力也大大增强了。

在采用快速原型法开发决策支持系统时,为了迅速建立和修改系统模型,需要利用许多软件开发工具,现在已有许多具有实用价值的开发工具实现。如通用型的决策支持系统快速开发平台,部件型的模型管理服务器、知识管理平台、数据仓库快速部署工具、屏幕区化及多模式展现等构件。原型法开发使用的是可复用的软件部件,需要根据系统需求考虑哪些是能利用的可复用部件,这意味着某些需求不能得到完全地实现,因为可复用部件不一定完全同客户需求吻合。但是,构成的原型可以让客户对系统有初步的了解,同时也进一步明确客户的要求。

原型法不排斥传统生命周期法中采用的大量行之有效的方法和工具,它是与传统方法互为补充的方法。

6.3.3　面向对象方法

如上所述,传统的结构化方法在实际应用过程中遇到了各种各样的问题,传统的开发过程严格地按阶段划分,即使用户本身对企业信息需求的理解没有导致这种不一致性,在系统分析阶段,也必然会导致不一致性。一方面,用户即使能将自己的信息需求表达出来,开发人员对这种表达的理解也并不是完全的,毕竟开发人员对业务流程不是很熟悉;另一方面即使开发人员对企业的业务需求很熟悉,但在分析阶段将其组织的业务流程图转化为目标系统的逻辑模型,即分层的数据流图的过程中也必然会产生不一致性。事实上,实际中的业务流程和抽象出来的数据流之间对应关系并不是完全映射关系，因此，即使是最好的分析员，也不能保证所开发的系统与实际的功能需求是一致的。

尽管原型化方法也可以作为一种系统开发方法应用于信息系统开发的全过程，但应该看到，原型化方法的产生只是一种权宜之举。实际上，原型法一般只作为确定用户需求的一种策略，用以辅助其他开发方法，而很少作为一种单独的方法使用。为了克服结构化开发方法的不足，一种全新的面向对象的系统开发方法应运而生。

6.3.3.1　面向对象的基本思想

传统的信息系统结构化开发方法存在许多缺陷，主要表现在：人们认识问题的过程同构建系统方法（包括建模理论和表示法）不一致，这种不一致性导致了现实世界（即问题域空间）与计算机世界（即解域空间）之间的语义断层，从而使建模者与用户之间的信息通信出现严重障碍。这一方面使得从问题域向解域空间转换过程中信息大量丢失，使系统开发过程出现偏差甚至错误；另一方面，按这类方法建立的信息系统的结构不太灵活，不易随问题域一同改变。从理论上讲面向对象的方法能最大限度地解决信息系统建立过程中出现的语义断层问题。

从认知科学角度看，面向对象理论是思维科学的一项技术工程学，它遵循认识论的一些基本概念，能够比较自然地模拟人类认识客观世界的方式和客观世界本身。它最大的优点是：具有一种自然的模型表示能力，能按人们通常的思维方式建立整个问题空间的模型体系，认识问题域的过程与问题域的求解过程在思维方式、形式描述等方面具有一致性和连贯性，并且在从现实问题空间到计算机解域空间的变换过程中，信息损耗量非常少，真正做到了模型对现实的直接模拟和近似表示。

从模型角度看，面向对象理论比较适合复杂系统及动态系统建模，它不但为计算机建模人员提供了一种全新的、接近自然的模型表示方法，而且由于解空间（计算机空间）由一些相互关联的方法和数据属性的模块封装（即对象）组成，因此具有较小的冗余、较高的灵活性。

6.3.3.2　面向对象的基本概念

面向对象方法学以"对象"为基石，可形式化地表示为：

$$OO=Object+Class+Inheritance+Communication\ with\ Messages$$

上式表明，面向对象方法学主要包括对象（Object）、类（Class）、继承（Inheritance）和消息传递（Communication with Messages）4 个方面的内容。

以上 4 个方面进一步引申出许多基本概念或机制，但在实际应用中，这些概念或机制并不一定会全部用到。通常，若只使用了对象和消息，则称这种方法为基于对象的方法（Object-based）；如果进一步用到了类的概念，则称为基于类的方法（Class-based）。

目前，在新系统的开发过程中，主要使用基于类的方法，这将涉及下列一些基本机制和主要特征。

（1）对象（Object）。是指一些相互关联的实体（Entity），它是面向对象理论的基石，由对象的标识（ID）、对象中的操作集合（MS）、对象的数据结构（DS）以及对象对外消息接口（MI）4 部分组成，即对象：={ID, MS, DS, MI}。由于对象具有"封装"和"能动"两种特性，因此对问题域研究的出发点便是"我希望对象做些什么"或"对象能做什么"，而不再是传统的"我能为对象做些什么"或"我如何把数据变成信息"。换言之，对象是数据结构以及作用于此结构上的数据操作的封装体，这个封装体具有自身行动能力。

（2）类和实例（Class & Instance）。把众多的事物归纳成一些类是人类在认识客观世界时经常采用的思维方法。分类所依据的原则是抽象，即忽略事物的非本质特征，只注意那些与当前目标有关的本质特征，从而找出事物的共性；把具有共同性质的事物划分为一类，得出一个抽象的概念。类的概念使我们能对属于该类的全部个体事物进行统一的描述。在面向对象方法中，类的定义是：具有相同属性和操作的一组对象的集合，它为属于该类的全部对象提供了统一的抽象描述，其内部包括属性和操作两个主要部分。类是创建对象的蓝图，从这个意义上讲，对象是类的实例，由类到对象的过程称为实例化过程。

（3）消息与方法（Message & Method）。方法使对象具有了处理封装数据的功能，而消息则激活了这种功能并建立了对象间通信桥梁。在面向对象方法中，对象之间的服务是通过消息来连接实现的。消息一般包含有下述信息：提供服务的对象标识、服务标识、输入信息和响应信息。方法一方面描述对象执行操作的算法，另一方面又定义了响应消息的机制。

（4）继承（Inheritance）。运用抽象的原则就是舍弃对象的特性，提取其共性，从而得到适合一个对象集的类。如果在这个类的基础上，再考虑抽象过程中被舍弃的一部分对象的特性，则可形成一个新的类。这个类具有前一个类的全部特征，是前一个类的子集，形成一种层次结构，即继承关系。

继承是自动共享超类中的方法和数据的机制，描述了人类由一般到特殊、自顶向下的演绎能力。它使信息系统的体系结构具有了开放性。对于超类，继承意味着"遗传"，子类可以自动地共享其中的数据和方法；对于子类继承又意味着"变异"，子类可以放弃超类中的一部分数据和方法，并增加新的方法和数据，或对原有部分进行重载变形。在建模过程中，继承机制提供了层次构模法，即开发一个模型不必从零开始，而允许在已有模型类的基础上构建新的模型类，从而一方面节省了建模的时间，另一方面共享的问题域的知识。

（5）封装（Encapsulation）。封装性是保证软件部件具有优良的模型性的基础。在面向对象方法中，封装就是把对象的属性和操作结合成一个独立的单位，并尽可能隐蔽对象的内部细节。具体而言，包含两层含义：

① 将有关的属性和操作结合在一个类中，形成一个不可分割的基本单位。各个对象相互独立，互不干扰。对象的属性只能由这个对象的操作来读取和修改。

② 将对象中某些部分对外隐蔽，即隐蔽对象的内部细节，对外形成一道屏障，只留下少量接口，以便与外界联系，接受外界的消息。

封装的信息隐蔽作用反映了事物的相对独立性，可以只关系它对外所提供的接口，即"能提供什么服务"，而不注意其内部细节，即"如何提供这些服务"。封装机制将对象的使用者与设计者分开，使用者不必知道对象行为实现的细节，只需要按照设计者提供的外部接口来对对象进行操作。封装的结果实际上隐蔽了复杂性，并提高了代码重用性，从而降低了开发难度。

（6）多态性与重载（Polymorphism & Overloading）。"多态性"一词源于希腊语，意味着一个名字可以具有多种语义，它提供了一种与人类在解决问题时的思维方式相容的能力。在类继承树中，类的不同层次可以共享一个方法的名字，而又按各自的需要实现这个方法，一个消息可以在发送给父类对象的同时发送给它的子类对象。当对象接收到发送给他的消息时，各自根据需要动态地选择类属中的定义的方法。在进行信息系统设计与实施时，不同的程序设计语言实现多态性的机制可能不同，但它们在原理上却是相同的，即都可以预先定义出相同函数的多个特定版本，运行时，再根据接收消息的具体对象所属的类决定执行哪个版本。重载在功能及使用方法上与多态性有许多相似的方面，但重载是通过静态连接实现的，而多态性则采用动态连接。重载多指下列两种情况：①函数重载，指同一作用域的若干参数特征不同的函数可以使用相同的名字；②运算符重载，指同一个运算符可以施加于不同类型的操作上。重载与多态性增加了信息系统体系的简洁性、灵活性、可读性、重用性及可扩充性，提高了系统的开发效率。

6.3.3.3　面向对象的模型表示

开发一个信息系统并非易事，这是因为：第一，新系统高于原系统；第二，开发者对需求的认识难以完整；第三，用户需求会发生变化。因此采用面向对象方法来开发信息系统并不像理论上那么简单。人们在不断地探索、总结面向对象的典型方法，例如，Booch 法、面向对象的建模技术（Object Modeling Technique，OMT）、统一建模语言（Unified Modeling Language，UML）就是 3 种典型的面向对象可视化建模方法。不同的方法，用于表达逻辑模型、物理模型、计算机可执行模型也有不同。

Booch 法的面向对象开发模型可分为静态模型和动态模型两部分。静态模型侧重于系统的构成和结构，而动态模型则侧重于系统在执行过程中的行为。Booch 法中通常用状态迁移图和时序图来描述系统的动态行为。Booch 法的面向对象开发模型还可分为逻辑设计和物理设计两个部分。逻辑设计部分中，通常用类图和对象图来描述类和对象的定义；物理设计部分中，通常用模块图和进程图来描述软件系统的结构。

OMT 是美国通用电气公司在总结内部采用面向对象方法多年实践的基础上形成的一种方法。逻辑模型包括反映数据结构的对象模型、描述时间顺序操作的动态模型，以及描述有操作而改变值的功能模型，这 3 个模型分别描述对象的静态结构、交互顺序和数据转换。物理模型是对逻辑模型的不断提炼、求精、优化，明确各类的定义和相互的关系，以及各类的操作，在考虑重用效率的基础上加入新的类和关系。

UML 是一种基于实例（Use Case）的面向对象方法，在不同的开发阶段，提出相应的模型表示系统的不同侧面。系统的逻辑模型包括实例、概念模型、系统行为模型和状态模型。物理模型包括设计实例模型、体系结构模型、对象行为模型、类模型和状态模型。

6.3.4　CASE 方法

CASE（Computer Aided Software Engineering）方法是一种自动化或半自动化的方法集图形处理技术、程序生成技术、关系数据库技术和各类开发工具于一身，能够全面支持除系统调查外的步骤。严格地讲，CASE 只是一种开发环境而不是一种开发方法。它是 20 世纪 80 年代末从计算机辅助编程工具、第四代语言（4GL）及绘图工具发展而来的。目前，CASE 仍是一个发展中的概念，各种 CASE 软件也较多，没有统一的模式和标准。就 CASE 工具的发展和对整个开发过程所支持的程度来看，它不失为一种实用的系统开发方法。

6.3.4.1　CASE 方法的基本思路

采用 CASE 工具进行系统开发，必须结合一种具体的开发方法，如结构化开发方法、面向对象的开发方法或原型化方法等。CASE 方法只是为具体的开发方法提供支持每一过程的专门工具，也就是把原先手工完成的开发过程，转变为以自动化工具和支撑环境支持的自动化开发过程。

如果从对象系统调查后，系统开发过程中的每步都可以在一定程度上形成对应关系，则完全可以借助专门研制的软件工具，实现上述各种开发方法的一个个开发过程。这些系统开发过程中的对应关系包括结构化方法中的业务流程分析、数据/过程分析、数据分布和数据库设计、数据库系统等；面向对象方法中的问题抽象、属性结构和方法定义、对象分类、确定范式、程序实现等。由于在实际开发过程中，上述几个过程很可能只是在一定程度上对应，故这种专门研制的软件工具暂时还不能一次"映射"出最终结果，还必须实现其中间过程，即对于不完全一致的地方由系统开发人员再作具体修改。

CASE 方法具有下列特点：

（1）解决了从客观对象到软件系统的映射问题，支持系统开发的全过程。

（2）提高了软件质量和软件重用性。

（3）加快了软件开发速度。

（4）简化了软件开发的管理和维护。

（5）自动生成开发过程中的各种软件文档。

从方法学的特点来看，它具有前面所述方法的各种特点，同时又具有自身的独特之处即高度自动化。值得注意的是，这种方法的应用以及 CASE 工具自身的设计中，自顶向下、模块化、结构化是贯穿始终的。

6.3.4.2　CASE 工具介绍

CASE 工具与系统开发阶段相对应，主要有以下一些工具。

在需求分析阶段，CASE 工具包括：带分析功能的结构化图形工具箱，如 DED 图形工具、实体关系图（E-R）图形工具等；面向对象模型化工具和分析工具；原型化工具；共享信息资源中心库等。

设计阶段，CASE 工具包括：图形及其他描述工具箱，如系统控制流图形工具、系统结构图形工具、N-S 图支持工具、PAD 图支持工具等；文档编辑工具、数据设计工具、原型化工具、共享信息资源中心库等。

在程序设计与实现阶段，CASE 工具包括：Jackson 程序结构图、N-S 图、PAD 图等结构化图形工具；源代码生成工具；源代码分析工具；测试数据生成工具；测试覆盖率分析工具；异常结果查错工具等。

在测试阶段，CASE 工具包括测试环境模拟工具、集成测试支持工具等。

现在，市场上的 CASE 工具很多，但还没有一个 CASE 工具可以提供全套服务，系统开发过程离完全自动化程度的目标还相距甚远。

应当指出，以上对 DSS 开发方法的分类只能说是大致的不严密的分类。由于这些方法间有不少交叉的内容，分类并非在同一坐标维上进行，因此在概念上有含糊之处。例如，用结构化方法开发的时候，也可能部分采用原型法；用面向对象方法开发的同时，也可能采用了结构化分析的内容。

6.4　决策支持系统的开发工具

6.4.1　软件工具分类

DSS 的 3 个基本功能——模型管理、数据管理与对话管理，实际都是对数据的加工与解释。所以，可以把 DSS 看成是"驱动数据"的一组解释程序，而 DSS 软件工具正是用来生成和修改这些解释程序或有关数据的软件。这些软件工具可以分为 3 类。

1. 支持分析工具

支持分析工具主要用于帮助人们进行系统分析，即对已有的信息系统进行调查与研究，制定改造方案。这类工具的主要功能在于协助分析人员收集和整理系统现状的各种信息，对系统的状况进行定性定量的描述，协助分析人员分析系统的弱点与特点，协助设计人员制定系统改造的方案，并形成相应的各种文档（包括文字资料与图表）。常见的属于这一类的工具有数据字典管理系统、数据流程图（或其他概念模型）的生成、查询与管理软件、数据及表格统计分析软件、各种文档的自动生成软件等。

2. 支持设计工具

支持设计工具主要用于帮助人们实现已有的设计方案，即在软件的编码、测试或装配阶段得到有效的帮助。这类工具主要的功能包括协助用户编码（包括一定程度上的代码自动生成）、协助用户测试（包括提供测试环境、测试方案、测试数据）、协助用户修改（包括设置检查点、追踪、现场保存等），这类工具常与数据库管理系统或程序设计语言结合在一起，以第四代语言或一体化环境的面目出现。

3. 支持规划与管理的工具

支持规划与管理的工具主要用于帮助人们对大型、长期的开发项目进行规划与管理。这类工具的主要功能在于协助人们制定项目的开发运行计划，控制与监督项目的进度与质量，控制与调度人力及其他资源，对于产品的版本更迭进行控制与管理，以保证项目的连续性与一致性。随着项目规模的扩大与复杂程度的增加，这方面的需求日益明显。

6.4.2　软件工具的选择

在规划决策支持系统的开发工作时，一般按下面步骤去选择工具：

（1）首先分析已有的决策环境与技术环境，选择合适的语言或数据库管理系统作为系统的主语言。主要的标准是要有方便的编程环境或第四代语言，而且能够作为高层的作业调度语言以调用其他的软件包或应用软件。这一选择将决定系统主体结构的灵活性和用户界面的友好程度。

（2）选择适当的分析工具以描述系统、形成文档。在这方面有不少关于数据字典、建立文档的工具软件。这些软件工具当然要与总的环境相一致，不应要求系统增加新硬件设备和软件资源。这些工具可以不与上述主语言一致，因为它主要涉及系统逻辑设计方面，并不直接与编码相关。

（3）选择适当的规划管理工具，从一开始就对系统开发与运行所得到的成果进行严格的管理，保证有关信息不致丢失，并能向系统开发的组织者及时地提供进一步改进的目标与方向。同时，系统开发中每一个阶段、每一个版本，都能得到认真的分析与评价，从而保证系统的连续性与稳定性。

DSS 工具的种类很多，以上只是介绍一部分。随着计算机的普及应用，DSS 工具将进一步具有能够理解自然语言，识别和接收语言、图像和文字，以及逻辑推理等强大功能。

为开发 DSS 而选用工具时，应当注意以下几点：

（1）不论使用什么工具都必须首先花相当的时间和精力去了解和熟悉它们，学会使用。只有这样，才能把它们用到自己系统的研制中。

（2）选择工具时，必须充分考虑功能、使用方式、硬件的要求、限制及环境要求（指问题的条件与规模）、内部算法、对外接口以及修改或裁剪的可能性等多种因素。

（3）要考虑工具的适用性一体化因素。

（4）选择任何工具都需要用户自己做一定的工作，如编制接口软件、进行交互部分的设计等。绝对自动化的工具是不存在的。

（5）运用专用工具开发 DSS，与运用其他软件工具相比，效率更高，成本更低，并能使系统具有更大的自适应性。所以，当有合适的 DSS 专用工具可供选择时，应尽量选择这类更高级的工具。

本章小结

决策支持系统的目标用户是一个组织的决策层，它是为决策者量身定做的信息系统。因此，决策支持系统不是一种通用的产品，而是一个解决方案。决策支持系统开发则是近年中提出的关于决策支持系统开发环境的新课题。决策支持系统设计开发人员需要结合决策层的状况、明确亟待解决的管理决策困难，然后进行系统分析设计开发和实施，以真正满足用户的管理决策需要。本章从决策支持系统的开发角度进行详细的分析介绍，首先从决策支持系统的特点入手，分析的 DSS 的柔性、开发策略；其次分析了决策支持系统的开发过程，在此基础上介绍了常用的开发方法：结构化系统开发方法、原型法、面向对象方法和 CASE 方法；最后给出了决策支持系统的开发工具分类和选择标准。

思考题

（1）简述决策支持系统的四级柔性。

（2）简述决策支持系统开发的 3 种策略。

（3）描述决策支持系统开发的基本过程。

（4）ROMC 方法的基本原理是什么？

（5）说明累接设计方法的基本步骤。

（6）结构化系统开发方法的特点是什么？

（7）说明原型法的开发步骤。

（8）描述面向对象方法的基本思想。

（9）对比结构化系统开发方法、原型法和面向对象方法的优缺点。

（10）如何选择决策支持系统的开发工具？

参考文献

[1]　高洪深. 决策支持系统（DSS）——理论·方法·案例[M]. 北京：清华大学出版社，1996.

[2]　陈艳春. 决策支持系统设计与开发[M]. 北京：中国铁道出版社，2007.

[3]　刘心报. 决策分析与决策支持系统[M]. 北京：清华大学出版社，2009.

[4]　埃弗雷姆·特班，杰伊 E. 阿伦森，梁定澎. 决策支持系统与智能系统[M]. 杨东涛，钱峰，译. 北京：机械工业出版社，2009.

[5]　陈文伟. 决策支持系统教程[M]. 北京：清华大学出版社，2010.

[6]　刘仲英. 管理信息系统[M]. 北京：高等教育出版社，2006.

[7]　秦秋莉，邵丽萍，刘会齐. 管理信息系统[M]. 北京：科学出版社，2010.

[8]　赖邦传. 数据驱动的综合智能决策支持系统及其生成器的研究与开发[D]. 长沙：中南大学，2005.

[9]　胡东滨. 决策问题管理系统及其开发组件研究[D]. 长沙：中南大学，2008.

[10]　胡东波. 模型驱动的决策支持系统研究[D]. 长沙：中南大学，2009.

[11]　宋旭东，徐连鹏，刘晓冰. 基于模型驱动架构的决策支持系统开发方法[J]. 计算机工程，2009，35（18）：48-50.

第7章 新一代决策支持系统

决策支持系统是一个融计算机技术、信息技术、人工智能、管理科学、决策科学、心理学、行为科学和组织理论等学科与技术于一体的技术集成系统。随着其他学科的不断发展，决策支持系统日益强调多种数据、知识的综合集成运用，强调知识管理功能，谋求技术及应用上的突破，由此产生了新一代的决策支持系统。新一代决策支持系统主要向以下几个方向发展：群决策支持系统、智能决策支持系统和基于数据仓库的决策支持系统等。本章将依次予以介绍。

7.1 群决策支持系统

群体决策是若干决策者针对大型或复杂问题，在共同环境和一定的目标下发挥相互联系或相互制约的作用，通过共同协商，寻求各方都满意的结果。群体决策是一个涉及不同时间、地点、成员、通信方式及合作技术的复杂的系统工程，仅仅利用传统的手工作业和面对面会议的方式是不够的，以计算机和现代通信技术为基础的群决策支持系统 GDSS 应运而生。它将计算机技术、通信技术和决策支持技术等结合在一起，支持群体决策问题。

7.1.1 什么是群决策

7.1.1.1 群决策的概念

群决策（Group Decision Making）就是指若干主体作为一个协作群（通常以会议形式）共同做出某项决策的过程。根据 Turban 的观点，典型的群决策活动的特征如下：

（1）决策群体通常由 2 人以上、25 人以下的人群构成。

（2）参加活动的群成员通常有相等或近似相等的地位和共同关心的话题。

（3）群决策活动的重要作用之一在于所有成员能有效地交换个人信息和观点。

（4）在活动开始时往往不能预测决策结果，因为该结果部分地依赖于群体的组成，以及与会者的知识、观点和判断。

（5）会议结果也依赖于群体的决策过程。

（6）对会议议题的观点分歧，一般通过与会者的意见表决、协商或仲裁来解决。

从系统的观点进一步分析，可以将群体决策表示为一个包含成员要素、对象要素、方法要素、方案要素和协同规则要素的五元素系统，即

$$GDS=\{M,\ O,\ W,\ S,\ C\}$$

式中：GDS 为群体决策系统；M 为成员要素，即群体决策的主体；O 为对象要素，即决策的环境、要解决的问题和达到的目标；W 为方法要素，即群体决策理论、采用的方法和手段；

S 为方案要素，包括所有可能的决策方案；C 为协同规则要素，即决策过程中的控制方法和协作机制。

这一定义表明，群体决策是一定组织形式的群体成员，面对共同的环境，为解决前进中存在的问题并要达到一定的目标，而依赖一定的决策方法和方案集，按照预先制定的协同模型进行的决策活动。群体决策五元组可以被认为是群决策的基本要素，也是建立 GDSS 的出发点。

7.1.1.2　群体决策过程

群体决策的过程与一般决策过程大致相同，但是由于融入了成员间的组织关系，因此在实际的实施过程中更为复杂，如图 7.1 所示。

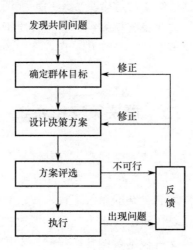

图 7.1　群体决策过程

1. 发现共同问题

在群体决策中，不同决策成员对问题的理解程度可能并不完全相同，因此需要通过决策支持技术对环境信息进行收集、分析和评价，使决策成员对问题的内涵和外延达到相同、充分的理解。在非合作性决策中，由于利益不同，需要通过协商、归纳总结等方法，发现各个决策成员共同关注并愿意决策的问题。

2. 确定群体目标

在合作性群体决策中，成员的目标从根本上是统一的，但往往也包含了多个方面，如企业在生产决策中，需要对生产发展、环境保护、设备改造等多方面进行利弊权衡。在非合作型群体对策中，决策成员均有各自的决策目标，这些目标还可能相互冲突，因此决策的总目标是尽量平衡地满足这些基本目标或调和目标间的矛盾。

3. 设计决策方案

设计决策方案的过程就是寻求实现目标途径的过程，也是一个反复探索的过程。它比传统决策的方案设计更为复杂，多个决策成员在方案设计中担任不同角色，有时需要将一个整体任务分解为多个子任务，由不同决策成员分担。对于一些重要的决策任务，需要由多个决策成员并行处理，分别提出各自的方案，形成备选方案集。决策方法设计是最能体现群体性活动意义的步骤之一，相对于单人决策，更能克服个人在信息含量方面的局限性，使决策方案更科学、合理。

4. 方案评选

对于产生的方案集进行评选。首先对各个方案建模，再对模型进行求解，最后分析比较结果，选择最优方案。

5. 执行、反馈

在确定了最终的决策方案后，需要从多方面对其进行检验。即使在投入实施后，还要随时反馈执行结果，及时发现问题，以便修正。对于决策过程中的经验总结，应记录下来，为下次决策提供参考。

7.1.1.3　群体决策技术

1. NGT 法

NGT（Normal Group Technique）法是最早支持群体工作的管理方法之一，由 AndrewH. VandeVen 教授和 A. L. AndreL. Delbecq 教授在 1968 年开发。运用 NGT 方法时，做决策的群体成员不宜过多，一般在 5~9 人为宜，有一位组织者作为主持人，群体成员必须出席并进行独立思考。NGT 方法的具体实施步骤：

（1）组成一个小规模的决策群体，一般以 7~10 人为宜。

（2）将需要决策的问题呈现给群体成员。

（3）群体成员单独写下自己的观点和解决方案。

（4）群体成员逐个表达自己的观点和方案。

（5）将所有成员的意见用简明的语言列出来。

（6）针对每一条意见进行讨论或澄清其中的问题。

（7）每个群体成员单独将这些意见按照自己的偏好排出顺序。

（8）将群体成员的排序情况汇总，排序在前面的意见作为群体决策的方案。

NGT 法的优点是能够在比较短的时间内解决问题，群体成员有着均等的机会表达自己的观点，每种意见都得到了足够的重视。但是它也有一些不足之处。首先，这种方法适合解决比较简单的问题，如果是复杂的问题，则需要将问题分解成几个小的问题，通过多次名义群体法加以决策；其次，要求群体成员进行面对面的讨论，对每个人的观点进行评价，容易给群体成员造成压力。

2. 德尔菲法

德尔菲法（Delphi Method）是另一个早期被广泛应用的群体决策技术，1946 年，兰德公司首次用这种方法用来进行预测，后来该方法被迅速广泛采用。

德尔菲法也称专家调查法，是一种采用通信方式分别将所需解决的问题单独发送到各个专家手中，征询意见，然后回收汇总全部专家的意见，并整理出综合意见。随后将该综合意见和预测问题再分别反馈给专家，再次征询意见，各专家依据综合意见修改自己原有的意见，然后再汇总。这样多次反复，逐步取得比较一致的预测结果的决策方法。

德尔菲法依据系统的程序，采用匿名发表意见的方式，即专家之间不得互相讨论，不发生横向联系，只能与调查人员发生关系，通过多轮次调查专家对问卷所提问题的看法，经过反复征询、归纳、修改，最后汇总成专家基本一致的看法，作为预测的结果。

这种方法的优点主要是简便易行，具有科学性和实用性，可以避免会议讨论时产生的害怕权威或是固执己见等弊端。一般来说，用德尔菲法可以获得一个收敛的结果，该结果能反映出专家群体对所调查问题的共同观点。但该方法有两个缺点：首先是寻找一个理想的专家群很困难，这些专家不但要有相关的知识，还要确保他们认真填写问卷，否则调查就没有意义。其次对于某些难以取得共识的问题，采用问卷反馈这种形式往往收不到预期效果。因为对于科学工作者来说，对问题的认识应当建立在研究的基础上，根据他人的意见来修改自己的观点，这样一来就和从众心理难以区分了。

7.1.2　群决策支持系统的组成和结构

群决策支持系统（GDSS）在计算机网络的基础上，由私有决策支持系统、规程库子系统、通信库子系统、共享的数据库、模型库及方法库、公共显示设备等部件组成，一种较有代表性的框架结构如图 7.2 所示。与个人 DSS 相比，GDSS 必须建立在一个局域网或广域网上，在构件上增设了规程库、通信库、共享的公共数据库等。

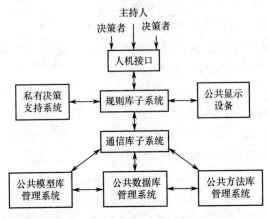

图 7.2　群体决策支持系统框架结构

GDSS 一般以一定的规程展开，如以正式会议或虚拟会议的方式进行，由一个主持人及多个与会者围绕一个称为"主题"的决策问题展开。人机接口接收决策群体的各种请求，比如主持人关于会议要求与安排的发布、与会者对数据、模型、方法等决策资源的请求等。通信库子系统相当于会议的秘书处，是系统的核心，它存储管理主题信息、会议进程信息及与会者的来往信息，负责这些信息的收发，沟通与会者之间、与会者与公共数据库、模型库与方法库之间的通信。规则库子系统存储于管理群体决策支持的运作规则及会议事件流程规则等。

7.1.3　群体决策支持系统的功能与特点

7.1.3.1　群决策支持系统的功能

GDSS 的主要目的是加快决策行为的进程，改进决策结果的质量，提高群体工作的效益，同时减少群体工作时的不良作用。美国亚利桑那大学的实验研究现实：群体小组利用 GDSS 进行决策行为时，每个成员的时间成本可节省 50%以上。为了实现这一目的，GDSS 至少应包含以下主要功能：

（1）成员管理，主要功能如表 7.1 所列。

表 7.1　GDSS 成员管理功能的组成部分

各部分名称	含义	作用
成员档案管理	对成员的静态信息的描述和控制，包括成员的简历、单位、部门、职位、学历、技术职称、知识偏好等	为选择决策活动参与人员提供依据
成员活动管理	对决策成员参与决策活动情况的管理，包括决策问题或决策步骤中的参与成员的计划、实际参与情况的记录以及参与人员的临时变更	对成员—问题关系和成员—决策关系的具体反映
成员权限管理	对决策成员身份、地位、级别及层次关系的记录和控制	反映了成员—成员关系，有利于协调决策者间的工作关系，使决策活动依序进行

（2）任务管理，支持对决策问题和决策目标的描述、修改和储存，最重要的功能是问题库的建立和管理。问题库的作用有两点：一是便于决策成员检索和存取与自己相关的决策问题；二是便于今后对类似问题的求解。

（3）信息支持，是指 GDSS 向决策群体提供各种信息交流渠道，使它们能够方便、快速、准确地获取和共享所需的组织内部和外部信息。主要包括 4 个方面：信息检索和信息访问、信息共享、信息交流、信息记录和信息存储。

（4）交互支持，是指 GDSS 为决策群体提供文本、语音、图像、动画和视频等多种交互式手段以及各种操作工具。

（5）统计计算，是指 GDSS 提供计算器、电子表格等工具，对决策期间产生的数字信息进行整理、总结、分析和计算。

（6）模型支持，包括模型库的建立和维护、增删和修改、单个模型的运行和多个模型的组合计算等。模型支持是 GDSS 最重要的功能之一，强有力的模型支持能够提高决策者对决策问题的理解、表达和分析能力。

（7）方案管理，是指对决策方案的描述、修改、评估和存储。以方案集和评价指标集为基础，决策成员针对自己相关的决策任务产生决策方案，并存入方案集中，随时供自己和其他决策成员进行修改和评估。

（8）决策控制，是指对决策过程和策略的控制和调度。GDSS 中的决策控制支持主要包括：

① 引导和提示群体决策成员，按所要求的顺序步骤进行操作。

② 帮助群体选择适当的个体交互技术，以控制信息的交换模式、时间和内容。

③ 如果决策无法得出一致，则提示讨论个体决策差异或要求重新定义问题。

④ 防止消极的群体行为对决策效果产生不良影响。

7.1.3.2　群决策支持系统的特点

（1）群体性。GDSS 的最大特点就是支持群体成员的协调工作，在 GDSS 控制下的决策过程应该充分体现群体活动的各个要素和方法，包括等级、体制、约束条件、分工合作、信息沟通等，而且，这种支持应该是超越时空限制的。

（2）支持性。GDSS 所提供的支持从技术上可分为 3 个层次：

第一层次主要提供过程支持，包括群体成员之间的电子信息交流，连接各群体成员终端的网络、协助者和数据库，公共屏幕或中央大屏幕等项目。主要目的是减少或消除语言障碍，通过改进信息来改善决策过程。

第二层次主要提供决策技术支持，目的是使决策过程结构化，通过建模支持和决策分析方法来减少不确定性和"噪音"，如财务模型、概率评估模型、资源分配模型和社会判断模型。

第三层次通过次序规则支持，它融合了第一和第二层次的技术，加入了控制群体决策过程的次序规则，由计算机根据规则启发指导信息通信和决策行为，包括控制决策行为时间、决策内容、信息交流形式等。

（3）集成性。GDSS 是一类为特殊用途而设计的信息系统。它集成了多门学科知识和多项科学技术，主要包括计算机技术、通信技术、决策支持技术以及组织行为学知识。

（4）开放性。GDSS 在技术层次上要高于一般的信息管理系统，系统设计更为复杂，而且很难一步到位，需要随时补充、修改和完善。因此 GDSS 的开发一般采用原型法，整个开发过程是一个不断反复迭代的过程。

（5）交互式。GDSS 是用来辅助人进行决策的，应该是对用户友好的，能适应不同知识层次的用户，它强调人的因素，为了使决策成员能够在最友好、最自然的环境中工作，GDSS 必须提供充分的交互支持，除了人机交互，还包括人人交互和人景交互。

（6）智能性。GDSS 应具有一定的自学习能力和自适应能力。如果在 GDSS 中运用自然语言理解、知识推理等人工智能技术，则 GDSS 将发展为智能群体决策支持系统（IGDSS），这是 GDSS 的更高层次，也是今后 GDSS 的发展方向。

7.1.4　群体决策支持系统的应用和发展

7.1.4.1　群体决策支持系统的应用类型

目前，GDSS 有 4 种应用类型，它们是由各决策者的集中和分散程度以及利用计算机网络形式的不同而形成的。

（1）决策室（DecisionRoom）。与传统意义相当的电子会议室，参与者集中到一间特殊会议室，通过特殊的终端或节点进行决策。一般都有一点的时间限制。

（2）局部决策网（LocalDecision Network）。各决策者在各自的计算机工作站上利用各自的 DSS 进行决策，他们之间通过局部网络进行通信，并和 GDSS 组织管理者通信，传输各自需要的输入、输出信息。

（3）远程会议（Teleconferencing）。把相距遥远的远程会议室联系起来，通过通信线路实现录像电视传真、大屏幕显示、计算机网络、电话网络和电子黑板等设备，形成现代化远程会议，达到群体决策。

（4）远程决策制定（RemoteDecision Making）。主要针对需要定期在一起做决策而又不能会面的决策成员。地理上分散的决策成员通过远程"决策站"之间的持续通信，参与持续时间不定的问题求解和决策活动。近年来，随着 Internet 和 Intranet 技术的飞速发展，基于这两种技术的远程决策依据成为 GDSS 的发展方向。

这种类型的 GDSS 与局部决策网络型 GDSS 有较多相似的特点，两者的主要区别在于前者是建立在远程网上的，而且系统更加强调网络通信的实时性和各节点的独立性。

7.1.4.2　群体决策支持系统与商务智能

GDSS 可以应用在模拟训练、风险评估、商业谈判、意见协调等活动中。Gray 和 Borovits 的论文讨论了在 GDSS 环境中进行某种业务训练的意义。他们用实验证明了：通过模拟训练，能够提高管理者在危机环境或谈判进入僵局的情况下的问题觉察和处理能力。模拟训练不仅可以使受训者从中得到启发，而且也可以用这种方法来分析和研究管理者应当如何面对危机。另外在复杂的环境下，决策者的行为往往无常理可循，而 GDSS 的可反复性使得人们可以通过模拟来提高处理复杂问题的能力。模拟训练还可以帮助高级经理们更加清晰地分析企业内部的意见倾向，有助于达成共识。

对于谈判的辅助也是 GDSS 的应用的一个领域。具有不同语言和文化背景的组织在进行合作项目的商业洽谈时，可能由于对某个概念的理解不同而产生沟通障碍。使用 GDSS 可以快速发现对应的概念解释，从而有效地进行沟通和决策。

企业内部的职位设计、质量控制和业务再造等活动往往涉及不同群体的意见冲突或利益分歧。通过 GDSS 是商业谈判功能可以有效地帮助不同群体明确分歧所在，折中达成妥协，减少相互之间的矛盾。在选择新产品的包装时，通过新产品包装设计的展示、意见分析、投票等工具可以提高决策的效率和准确性。

7.1.4.3　群体决策支持系统的研究趋势

由于群决策支持系统涉及人工智能、计算机网络、运筹学、数据库技术、心理学以及行为科学等多种学科的理论，方法与技术，实用系统研究与开发的难度非常大。目前，国内外投入实际运行的 GDSS 还不是很多。

虽然 GDSS 已发展为可实用的商业系统，但在其应用中仍然存在许多障碍，与此相关的一些理论问题也相继被提出。由于 GDSS 的应用障碍通常是综合性的，许多问题的解决都涉及基础性的理论课题，需要综合各学科的力量来深入。Alan Dennis 等人在《用信息技术辅助电子会议》一文中提出了 6 个主要的 GDSS 研究课题：

（1）群体性质。如群体的规模和电子会议的关系。

（2）任务的类型。哪些任务适合于使用电子会议。

（3）情境。什么样的背景和情境有助于吸引或激励人们使用电子会议。

（4）电子会议工具。什么样的工具能有效支持电子会议。

（5）过程。如主持人的设置、匿名性、冲突的解决方式。

（6）结果。决策结果的质量、参与者的满意度等。

7.2　智能决策支持系统

7.2.1　人工智能技术概述

智能决策支持系统（Intelligence Decision Support System，IDSS）的概念最早由美国学者伯恩切克（Bonczek）等人于 20 世纪 80 年代提出。IDSS 是 DSS 和人工智能（Artificial Intelligence，AI）结合，应用专家系统（ES）技术，使 DSS 能够更充分地应用人类的知识通过逻辑推理来帮助解决复杂决策问题的辅助决策系统。

人工智能技术主要是以知识处理为主体，利用知识进行推理，完成人类定性分析的部分智能行为。将它融入决策支持系统后，DSS 在模型技术和数据处理技术的基础上增加了知识推理技术，使 DSS 的定量分析和 AI 的定性分析结合起来，提高了辅助决策和支持决策的能力。IDSS 中包含的与决策支持有关的人工智能技术主要有专家系统、神经网络、遗传算法、机器学习、自然语言理解和基于范例推理等。

1. 专家系统

专家系统（Expert System，ES）是利用大量的专门知识解决特定领域中的实际问题的计算机程序系统。它利用专家的定性知识进行推理，达到领域专家解决问题的能力。

2. 神经网络

神经网络（Neural Network，NN）是利用神经元的信息传播的数学模型（MP 模型）进行数值计算，来完成对样本的学习和对实例的应用。分为前馈式网络、反馈式网络和自组织网络。这种网络依靠系统的复杂程度，通过调整内部大量节点之间相互连接的关系，从而达到处理信息的目的，并具有自学习和自适应的能力。

3. 遗传算法

遗传算法（Genetic Algorithm，GA）是利用模拟生物遗传过程的数学模型进行群体优化遗传的算法。它的处理对象是问题参数编码集形成的个体。遗传过程用选择、交叉和突变 3 个算子进行模拟，产生和优选后代群体。经过若干代的遗传将会获得满足问题目标要求的优化解。遗传算法已经广泛地应用于各类优化问题和分类学习问题。

4. 机器学习

机器学习（Machine Learning，ML）是让计算机模拟和实现人类的学习，获取解决问题的知识。机器学习方法主要是归类学习和类比学习。比较成功的机器学习方法有覆盖正例、排斥反例的 AQ 学习方法，决策树 ID3、C4.5 和 IBLE 方法以及粗糙集（Rough Set）方法等。

5. 自然语言理解

自然语言理解是让计算机和处理人类交流所使用的自然语言。由于自然语言存在二义性、感情（语调）等复杂因素，在计算机中无法直接使用自然语言。目前，计算机中提供的语言如高级语言 C、Java 等，数据库语言 FoxPro、Oracle 等，均属于 2 型文法（上下文无关文法）和 3 型文法（正则文法）范畴，离 0 型文法和 1 型文法的语言有较大差距。但是在人机交互中，对于简单的自然语言进行理解和处理还是能做到的。处理过程是：通过词法分析从一连串的文字表示的符号串中识别出单词，经过句法分析将单词组成句子，再经过语义分析理解句子的含义，变成计算机中的操作（如查询数据库）。

7.2.2　智能决策支持系统的结构

7.2.2.1　智能决策支持系统的信息结构

IDSS 的广义结构如图 7.3 所示。

在 IDSS 结构中，神经网络涉及样本库和网络连接的权值库；遗传算法的核心是选择、交叉和突变 3 个算子，它处理后的对象是经过编码后的群体；机器学习包括各种学习算法，它对实例库算法操作获取知识；自然语言理解需要语言文法库（知识库），处理对象是语言文本，对语言文本的推理采用推导和规约两种方式。可见这些人工智能技术可以概括为推理机+

知识库。

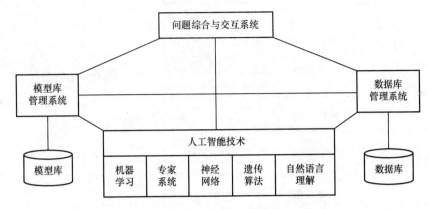

图 7.3　IDSS 的广义结构

较完整与典型的 IDSS 结构是在传统三库 DSS 的基础上增设知识库与推理机，在人机对话子系统与四库之间加入自然语言处理系统 （LS）、问题处理系统（PSS），最终构成的系统结构如图 7.4 所示。

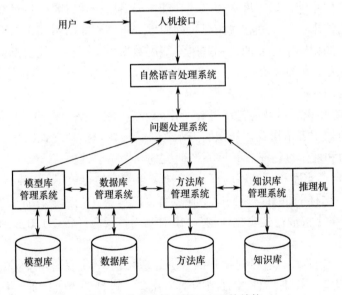

图 7.4　完整与典型的 IDSS 的结构

1. 智能人机接口

四库系统的智能人机接口接受用自然语言或接近自然语言的方式表达的决策问题及决策目标，这较大程度地改变了人机界面的性能。

2. 问题处理系统

问题处理系统处于 DSS 的中心位置，是 IDSS 中最活跃的部件，它既要识别与分析问题，设计求解方案，还要为问题求解调用四库中的数据、模型、方法及知识等资源，对半结构化或非结构化问题还要触发推理机作推理或新知识的推求。问题处理系统主要由问题分析器与问题求解器两部分组成。其工作流程如图 7.5 所示。

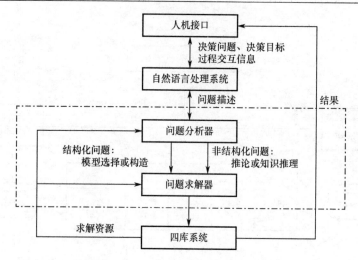

图 7.5　IDSS 问题处理系统的工作流程

3. 知识库子系统和推理机

知识库子系统的组成可分为 3 部分：知识库管理系统、知识库及推理机。

（1）知识库管理系统。知识库管理系统功能主要有两个：一是回答对知识库知识增删、修改等知识维护的请求；二是回答决策过程中问题分析与判断所需知识的请求。

（2）知识库。知识库中存储的是那些既不能用数据表示，也不能用模型方法描述的专家知识和经验，即决策专家的决策知识和经验知识，同时也包括一些特定问题领域的专门知识。它是知识库子系统的核心。

① 知识库中的知识表示是为描述世界所作的一组约定，是知识的符号化过程。对于同一知识，可有不同的知识表示形式，知识的表示形式直接影响推理方式，并在很大程度上决定着一个系统的能力和通用性，是知识库系统研究的一个重要课题。

② 知识库包含事实库和规则库两部分。例如：事实库中存放了"任务 A 是紧急订货""任务 B 是出口任务"这样的事实；规则库中存放着"IF 任务 I 是紧急订货"，"and 任务 I 是出口任务，THEN 任务 I 按最优先安排计划""IF 任务 I 是紧急订货，THEN 任务 I 按优先安排计划"这样的规则。

（3）推理机。一组程序，它针对用户问题去处理知识库（规则和事实）。推理原理如下：若事实 M 为真，且有一规则"TF M THEN N"存在，则 N 为真。因此，如果事实"任务 A 是紧急订货"为真，且有一规则"IF 任务 I 是紧急订货 THEN 任务 I 按优先安排计划"存在，则任务 A 就应优先安排计划。

7.2.2.2　智能决策支持系统的结构层次

依照系统层次的观点，IDSS 从技术上可以划分为 3 个层次：

（1）应用层。直接面向 IDSS 的使用者。在该层，决策者可以根据自己的需要确定 IDSS 的状态和约束。决策者通过用户接口进行系统对话，输入相关信息，DSS 则通过信息转换理解用户请求和命令，并进行系统推理运算，将结果通过输出界面反映给用户。整个过程对用户是透明的。

（2）控制协调层。面向 IDSS 的总设计师。其基本单元是系统中各种库的控制协调模块，系统工程师通过各库的标准接口来建立它们之间的联系。

（3）基本结构层。面向专业程序设计人员。设计人员通过该层对各库进行具体的实现，具体到定义各库的组织结构、通信方式等，以完成各库的内部管理结构和外部通信任务。

7.2.3　专家系统和智能决策支持系统

把 AI 引入 DSS 主要是通过专家系统与 DSS 结合，在 DSS 系统中加入推理机和规则库。专家系统和决策支持系统的具体集成的系统结构图如图 7.6 所示。

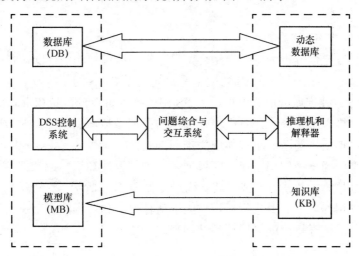

图 7.6　专家系统与决策支持系统具体集成的系统结构图

IDSS 中 DSS 与 ES 的结合主要体现在 3 个方面：

（1）DSS 与 ES 的总体结合。

（2）知识库和模型库的结合。模型库中的数学模型和数据处理模型作为知识的一种形式，即过程性知识，加入到知识推理过程中去。也可以把知识库和推理机作为智能模型加入到模型库中。

（3）静态数据库和动态数据库的结合。

上述 3 种结合方式形成了 3 种 IDSS 的集成方式。

1. DSS 与 ES 并重的 IDSS 结构

这种结构由集成系统完成对 DSS 和 ES 的控制的调度，根据问题需要协调 DSS 和 ES 的运行。有两种形式：

（1）DSS 和 ES 两者之外的集成系统，调用和集成这两者的能力。结构形式如图 7.7 所示。

（2）将 DSS 的控制系统功能进行扩充，即增加对专家系统的调用组合能力，仍使 DSS 和 ES 并重。这种结构中 DSS 和 ES 之间的关系体现了定量和定性分析并重的解决问题的能力。

2. DSS 为主体的 IDSS 结构

这种集成结构系统以定量分析为主体，结合定性分析解决问题。集成系统和 DSS 控制系统合为一体，从 DSS 角度来看，简化了 IDSS 的结构，如图 7.8 所示。

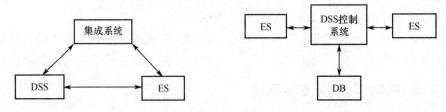

图 7.7　DSS 与 ES 并重的 IDSS 结构图　　　图 7.8　DSS 为主体的 IDSS 结构

这种结构中，ES 相当于一类模型，即知识推理模型或智能模型，它被 DSS 控制系统所调用。

3. ES 为主体的 IDSS 结构

这种结构形式以定性分析为主体，结合定量分析。这种结构中，DSS 的问题综合与交互系统与 ES 的推理机合为一体，从 ES 角度来看，简化了 IDSS 的结构。

（1）DSS 作为一种推理机形式出现，受 ES 中的推理机控制，结构形式如图 7.9 所示。

这种结构中，推理机是核心，对产生式知识的推理是搜索加匹配，对数学模型的推理就是对模型中公式的推演。问题的求解体现为推理形式。

（2）数学模型作为一种知识出现，即模型是一种过程性知识，或者把模型计算作为知识推理后的延伸，这是第二种结合形式。其结构形式如图 7.10 所示。这种结构中，数学在推理树中的反映是知识树的叶节点要进行对模型的数值计算。如对预测模型进行智能选择后，再对此预测模型进行数值计算，就采用此种结构形式。

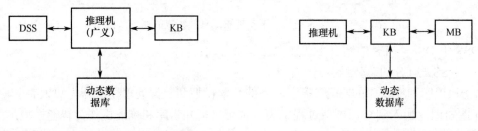

图 7.9　DSS 作为推理形式的 IDSS 结构　　　图 7.10　模型作为知识的 IDSS 结构

7.2.4　智能决策支持系统的应用现状和研究展望

IDSS 属于一个新兴的交叉学科领域，是运筹学、管理科学和计算机科学结合的产物，在我国许多应用领域有了初步的运用，如税务稽查、渔业专家系统、中国工商银行风险投资决策、为电信部门进行 VIP 分析等。渔场预报系统就是 CBR（基于范例推理）一个很好的应用实例（由中科院计算所史忠植老师指导完成），这个系统已被应用于中国东海渔业中心的预测。在国外 IDSS 也有着非常深入的研究与广泛的应用，如 Hill，Holsaplec 等人采用神经网络、遗传算法等实现了综合决策支持系统，系统在某种程度上体现了人类思维和决策过程的性质；在应用方面有 Web 和 Agent 的协同决策支持系统，Web 的专家系统，如好莱坞经理决策支持系统（Movie forecast Guru: A Web-based DSS for Hollywood managers）等。

现实中决策环境的不确定性，信息的不完全、不精确性，决策信息的分布性特点等，都给 IDSS 的研究带来新的挑战，更高智能的 IDSS 需要从以下方面进行研究。

1. 决策过程的理解

决策过程的理解是建立智能决策支持系统的基础。目前，对人类决策过程的理解还仅限于具有明确过程性和可计算性的部分，对更高级的人类决策过程还缺乏明确的认识。事实上，人类决策包含的问题识别、问题分解与求解过程等多个方面，需要多种知识和方法的综合。人类的认知能力几乎是无限的，只有人类能在复杂多变的环境中，在具有不完备、不确定甚至是错误的信息的情况下，做出正确的决策，对人类决策的理解是建立更高智能的决策支持系统的关键。对决策过程的理解实际上是对人类智能的认识。目前为止，仍没有更好的方法对人的思维过程进行准确模拟。

2. 时空与多维决策过程

目前，决策支持系统的研究大多集中在决策问题的求解过程方面，而决策行为总是与决策过程和决策环境的各个方面相联系。在决策过程中引入时间、空间等多维准则，可以突破时空限制，优化和改进决策过程，提高支持决策效果。时间是决策的内部维度，决策者在决策过程中能够感知自身的存在，并与决策问题的时间要求相联系，如在决策的实时性要求较高的场合，时间可能就是最重要的决定因素；空间维则用来观察外部世界，与决策环境的空间因素相联系，一般用来描述对决策具有重大影响的因素，如不同意见及其带来的额外信息等。很多决策过程已经对时间和空间因素提出相当高的要求，这些因素反过来又对决策支持系统的理论和方法提出了新的挑战。

3. 基于知识的人机交互

决策支持系统强调决策过程的交互性，对人机对话系统有较高的要求。近年来，基于知识的交互方式是目前研究的方向，长期以来，人们对数据、信息和知识的认识仅限于数据—信息—知识的单链条关系，实际上，从数据中获得信息，再从信息中获得知识，仅仅是决策过程的开始，对数据、信息和知识关系的研究表明，对其他关系的研究对提高决策质量也具有重要意义。在如何从数据中提取信息、信息如何呈现给决策者等问题中，知识发挥着重要作用，对这些问题的研究产生了数据—知识—信息—知识—数据的循环或网状关系等。随着信息技术的发展，人机界面的研究也已经从简单的菜单驱动和多媒体界面发展到智能化、多通道界面，除了传统的输入方式外，还允许语言、手势、视觉等多种交互方式。其中，采用Multi-agent 等技术实现多通道界面的研究成为 IDSS 对话系统的一个发展方向。

7.3　基于数据仓库技术的决策支持系统

7.3.1　数据仓库的概念和结构

7.3.1.1　数据仓库的概念

数据仓库（DW）的概念是由 W.H.Inmon 在《建立数据仓库》一书中提出的。它是以关系数据库、并行处理和分布式技术为基础的信息新技术。

不同学者提出的数据仓库的定义不同，下面列举两个经典定义。

（1）W.H.Inmon 的定义：数据仓库是面向主题的、集成的、稳定的、不同时间的数据集合，用于支持经营管理中的决策制定过程。

（2）SAS 软件研究所的观点：数据仓库是一种管理技术，旨在通过通畅、合理、全面的信息管理，达到有效的决策支持。

从数据仓库的定义中可以看出数据仓库有以下特点。

（1）面向主题。

（2）集成的。

（3）随时间变化。仓库内的数据时限为 5~10 年，故数据的键码包含时间项，表明数据的历史时期，便于决策分析时进行时间趋势分析。

（4）数据量大。数据仓库存储的数据通常为 10GB，相当于一般数据库 100MB 的 100 倍，大型数据仓库的数据量是 1TB 级的。其中，综合数据和原始数据各自占比为 2/3 和 1/3。

（5）软硬件要求较高。

7.3.1.2　数据仓库用于决策分析

随着决策分析的需求扩大，兴起了支持决策的数据仓库。它面向决策主题需求，集成多个数据库、重新组织数据结构、统一规范编码，使其有效完成各种决策分析。

数据仓库由数据库演变而来，它们之间的区别如表 7.2 所列。

表 7.2　数据库和数据仓库的对比

数据库	数据仓库
面向应用	面向主题
数据是详细的	数据是详细、综合和历史的
保存当前数据	保存过去和现在的数据
数据是可更新的	数据不更新
对数据的操作是重复的	对数据的操作是启发式的
操作需求是事先可知的	操作需求是临时决定的
一个操作存取一个记录	一个操作存取一个集合
数据非冗余	数据经常冗余
事务处理需要的是当前数据	决策分析需要过去和现在的数据
支持事务处理	支持决策分析

7.3.1.3　数据仓库的结构

数据仓库从原有的事务型数据库中获得的基本数据和综合数据被分成一些不同层次。一般数据仓库的结构如图 7.11 所示。

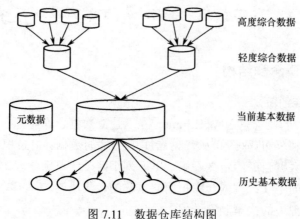

图 7.11　数据仓库结构图

当前细节数据是最近时期的业务数据，数据量大。随着时间推移，当前细节数据由数据仓库的时间控制机制转为早期细节数据，一般被转存于外部存储介质中，如磁带、光盘等。轻度综合数据是从当前细节数据中抽取出来的，设计这层数据时会遇到"综合处理数据的时间段选取""综合数据包含哪些属性和内容"等问题。高度综合数据的数据十分精炼，是一种准决策数据。例如，当前基本数据层到高度综合数据层分别存放的是2015—2016 年的销售细节数据，2010—2014 年的销售细节数据，2010—2016 年的每月销售数据，2010—2016 年的每季度销售数据。由此可见，数据仓库中大数据具有不同的综合程度，称为"粒度"。

数据仓库要根据决策的需要对来自企事业内外的有关数据进行适当的提炼、综合与归档处理，形成多级别的分析数据，使其能有效地为决策过程提供信息。数据仓库中的数据是从许多业务处理系统中抽取、转换而来，对于这样一个复杂的全局数据环境，如何以安全、高效的方式来对它们进行管理和访问就变得尤为重要。解决这一问题的关键是对元数据进行科学有效的管理。

按照传统定义，元数据是关于数据的数据，具体来说，是关于数据、操纵数据的进程和应用程序的结构及意义的描述信息，其主要目标是提供数据资源的全面指南。整个数据仓库的组织结构是由元数据（Metadata）来组织的。元数据不仅定义了数据仓库中数据的模式、来源以及抽取和转换规则，而且整个数据仓库的运行都是基于元数据的，可以说元数据是数据仓库的"灵魂"。

通常把元数据分为技术元数据（Technical Metadata）和业务元数据（Business Metadata）。技术元数据是存储关于数据仓库系统技术细节的数据，用于开发和管理数据仓库使用的数据。它主要包括以下信息：数据仓库结构的描述，包括仓库模式、视图、维、层次结构和导出数据的定义；业务系统、数据仓库的体系结构和模式；汇总用的算法包括度量和维定义算法，数据粒度、主题领域、聚集、汇总、预定义的查询和报告；由操作环境到数据仓库环境的映射，包括源数据和它们的内容、数据分割、数据提取、清理、转换规则和数据刷新规则、安全（用户授权和存取控制）。

业务元数据从业务角度描述了数据仓库中的数据，它提供了介于使用者和实际系统之间的语义层，使得不懂计算机技术的业务人员也能"读懂"数据仓库中的数据。主要包括：使用者的业务术语所表达的数据模型、对象名和属性；访问数据的原则和数据的来源；系统所提供的分析方法以及公式和报表的信息。

元数据有以下几种用途：

（1）数据仓库的目录。

（2）数据从业务环境向数据仓库环境转换的目录。

（3）从当前基本数据到轻度综合数据再到高度综合数据的综合说明。

在数据仓库中，元数据机制主要支持以下 5 类系统管理功能：描述哪些数据在数据仓库中；定义要进入数据仓库的数据和从数据仓库中产生的数据；记录根据业务事件发生而随之进行的数据抽取工作时间安排；记录并检测系统数据一致性的要求和执行情况；衡量数据质量。

7.3.2　基于数据仓库的决策支持系统的结构和特性

7.3.2.1　基于数据仓库 DSS 的层次体系结构及技术构成

1. 层次体系结构

数据仓库、联机处理和数据挖掘是作为 3 种独立的信息处理技术出现的。三者分别用于数据的存储和组织、数据的分析、知识的自动发现。由于这 3 种技术内在的联系性和互补性,可以将它们结合起来,设计出一种新的决策支持系统构架,即以数据仓库为基础、以联机分析处理和数据挖掘工具为手段的一整套可操作、可实施的解决方案。其层次体系结构如图 7.12 所示。

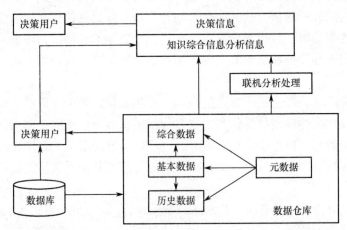

图 7.12　基于数据仓库的新决策支持系统层次体系结构

这种形式结构的决策支持系统被称为新型决策支持系统或基于数据仓库的决策支持系统,这种 DSS 是一种具有一定智能的计算机应用系统,主要由 3 部分组成:

(1)数据仓库。它是支持 DSS 的数据集合体,也是 DSS 的决策基础,它可为后面的分析决策提供数据支撑。

(2)联机分析处理工具(Online Analytical Processing,OLAP)。它是一种验证行的模型化分析工具,以数据仓库中的数据为基础,以人机交互为主要操作手段,按一定的模型进行分析,最终可获得一定的规律性知识,这是一种较为常用的扩充分析方法。

(3)数据挖掘工具。它是一种以归纳为主的分析工具集合,能对数据仓库中的数据作归纳性总结和分析,最终形成规则性知识。

2. 技术构成

在基于数据仓库的 DSS 中,数据仓库是整个 DSS 的基础,它从底层的事物应用处理数据(源数据库)中抽取数据。由于这些数据主要来自营运数据,它们可能分布在不同的硬件、数据库、网络环境中,为不同的业务部门服务。从结构上看,它们是相对独立的,不利于企业决策者进行全面分析和查询,因此必须对其进行综合、集成与转换(复制、抽取、清洗)。但是如果仍然使用传统的数据共享、正规化等思路来组织和管理数据,是很难将数据转化为集中的、随时可用的信息的。数据仓库运用了反正规化的技术,一如星状资料模式(Starschema)的思想,把数据集成为一个统一的整体,提高面向全局的数据视图。

以数据仓库为中心的 DSS 的第二个重要组成部分是它的工具层,主要包括 OLAP 工具和数据挖掘工具。OLAP 实现多维数据分析,它从集成的数据仓库数据出发,用切片、旋转等方法在一个为用户预定义的多维数据视图中捕捉信息,为具有明确分析范围和分析要求的用户提供高性能的决策支持。OLAP 将分析结果存储在信息库中,便于决策者通过对比分析结果做出更好的决策。其技术构成如图 7.13 所示,主要包括 3 个主体。第一个主体是专家系统和数据库系统的结合,它是决策支持的基础,为决策问题提供定量分析(模型计算)的辅助决策信息。第二个主体是数据仓库、OLAP,它从数据仓库中提取综合数据和信息。第三个主体是专家系统和数据挖掘的结合。数据挖掘从数据库和数据仓库中挖掘知识并将其放入专家系统的知识库中,由进行知识推理的专家系统达到定性辅助决策。3 个主体构件相互补充、相互结合,集成在一起形成更高级的决策支持系统,既可以处理来自不同系统、不同数据格式的大量数据,又可以进行复杂的数值计算,能够更好地完成辅助决策任务。

目前 OLAP 的实现技术主要有 MDOLAP(基于多维数据的 DLAP)和 ROLAP(基于关系数据库的 OLAP),这两种技术都可以满足 OLAP 数据处理的一般过程,即数据装入、汇总及提供使用。数据挖掘技术自动的挖掘数据仓库中隐藏的模式,预测未来的趋势,并可以直接用于指导联机分析处理。数据挖掘的技术基础是人工智能,它利用了统计分析、决策树、神经网络、遗传算法等一些已经成熟的算法和技术。数据挖掘对数据的分析过程分为数据准备、挖掘操作、结果表述 3 个阶段。事实上这 3 个过程是一个不断递归、执行的过程,即只要分析人员对分析结果不满意,就可以反复执行这 3 个过程,直到得到最有价值的信息并通过决策支持工具提交给决策者。

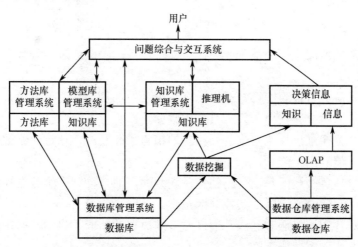

图 7.13　基于数据仓库的决策支持系统的技术构成

7.3.2.2　基于数据仓库 DSS 的特点

我国是在 1996 年正式引入新决策支持系统概念的。由于新决策支持系统的基础是数据仓库,所涉及的技术包括数据库、管理系统、人工智能,故引起了多方面学者的关注,很快在我国兴起了研究热潮。其特点如下:

(1)传统决策支持系统中,数据库、模型库和知识库往往被独立地设计和实现,缺乏内在的统一性,而数据仓库、联机分析和数据挖掘组成新的决策支持系统构架解决了决策支持系统数据库内数据的不一致问题。

（2）由于内在的统一性，新结构很好地解决了相互间的衔接问题。从技术构成中可以清楚地看到数据仓库、联机分析处理和数据挖掘三者之间紧密联系，互为补充。新的决策支持系统构架真正展示了信息的本质，表明了信息系统的设计观念从处理驱动到数据驱动的转变，从而使信息的重点逐步从支持面向操作层的联机事务处理、中间管理控制层的管理信息主体提高到数据模式分析以及对高层的决策支持和分析、预测上来。

7.3.3　基于数据仓库的决策支持应用

7.3.3.1　多维分析与原因分析

1. 多维分析

多维分析是数据仓库重要的决策支持手段。数据仓库的中心数据是以多维数据存储的。通过多维分析（切片、切块）将获得在各种不同维度下的实际商业活动价值（如销售量等），特别是它们的变化值和差值，达到辅助决策的效果。例如，通过多维分析得到如下信息：

（1）今年以来，公司的哪些产品是最有利润的？是不是和去年一样？

（2）公司今年这个季度的运营和去年相比情况如何？

（3）哪些类别的客户是最忠诚的？

问题答案是基于分析的面向决策的信息。决策分析往往是事先不可知的。例如，一个经理可能会按地区的分布查询品牌利润。每个利润的数值指的是在指定时间内，某个品牌所有产品在该地区所有地方的销售利润的平均值。每个利润数值都可能是成千上万的原始数据汇聚而成的。

2. 原因分析

查找问题出现的原因是一项很重要的决策支持任务，一般通过多维数据分析的钻取操作来完成。

例如，某公司从分析报表中得知最近几个月来企业的利润在急速下滑，为此系统分析员利用数据仓库通过人机交互找出原因。具体步骤如下：

（1）查询整个公司最近 3 个月来各个月份的销售额和利润，通过检索数据仓库中的数据得到销售额正常，但利润下降。

（2）查询全世界各个地区每个月的销售额和利润，通过检索多维数据和切块，显示欧洲地区销售额下降，利润急剧下降，其他地区正常。

（3）查询欧洲各国销售额和利润。通过对多维数据的钻取，显示一些国家利润率上升，一些国家持平，欧盟国家急剧下降。

（4）查询欧盟国家中的直接和间接成本。得到直接成本没有问题，但间接成本提高了。

（5）查询间接成本的详细情况。得到企业征收了额外附加税，使利润下降。

通过原因分析，得到企业利润下滑真正原因是欧盟国家征收了额外附加税。

在数据仓库中，在宏观数据的切片中发现的问题，通过向下钻取操作，查看下层大量详细的多维数据，才能发现问题出现的原因。

7.3.3.2　预测未来

预测未来使决策者了解"将要发生什么"。在进行预测的时候要用到一些预测模型。最常用的是回归模型，包括线性回归和非线性回归。利用历史数据建立回归方程，该方程代表了沿时间变化的发展规律。预测时，代入预测的时间到回归方程中就能得到预测值。一般的预测模型有多元回归模型、三次平滑预测模型和生长曲线预测模型。

除此之外，采用聚类模型或分类模型也能达到一定的预测效果。

聚类模型是利用距离的远近（如欧氏距离和海明距离），把没有分类的大量实例聚成不同的类，如 K-means 聚类算法和神经网络的 Kohonen 算法等。聚类后，对新的例子仍用距离大小判别它属于哪个类。

分类模型是在有了类别后，对不同类进行类特征的描述，如决策方法、神经网络的 BP 模型等分类模型通过对各类实例的学习，得到各类的判别知识（即决策树、神经网络的网络权数值），利用它们可以判别新实例属于那个类别。

7.3.3.3　实时决策与自动决策

1. 实时决策

前面介绍的 3 种决策支持都以支持企业内部性战略决策为重点，帮助企业制定发展战略，包括市场划分、产品（类别）管理战略、获利性分析、预测和其他信息。第四种决策支持则是用于支持战术型决策即实时决策。企业准确了解"正在发生什么"，通过建立动态数据仓库有效地解决当前的实际问题。战术性决策支持的重点在企业外部，支持的是执行公司业务的员工。

动态数据参考能够逐项产品、逐个店铺、逐秒地做出最佳决策支持。以货运为例，统筹安排货运车辆和运输路线需要进行非常复杂的决策。卡车上的货物常常需要打开，把某些货物从一辆车转移到另一辆车上，以便最终送抵各自的目的地。当某些卡车晚点时，就要做出决定：是让后继的运输车等待迟到的货物还是让其按时出发。如果按时出发，那么迟到包裹的服务等级将大打折扣；如果等待，将损害后继运输车上的其他待运包裹的服务等级。

运输船究竟等待多长时间，取决于需装卸到该车辆的所有延迟货物的服务等级以及装卸到该车辆的货物的服务等级。显然，第二天就应该抵达目的地的货物和数天后才需抵达的货物，二者的服务等级和实现难度是大不相同的。此外，发货方和收货方也是决策的重要考虑因素。对企业盈利十分重要的客户，其货物的服务等级应该提高。延误货物的运输路线、天气条件和其他因素也应予以考虑。能够在这种情况下做出明智的选择，相当于解决了一个非常复杂的优化问题。

要实现数据仓库的决策支持能力，就必须随时更新作为决策基础的信息。为了使数据仓库的决策功能能真正服务日常业务，就必须不断地获取数据并将其填充到数据仓库中。战略决策可使用按周或月更新的数据，以这种频率更新的数据是无法支持战术决策的。此外，查询响应时间必须以秒为单位来衡量，才能满足作业现场的决策需要。

动态数据仓库的主要功能是缩短重要业务决策极其实施之间的时间。要实现这一功能，重要的是将数据仓库所做的数据分析转换成可操作的决策，这样才能将数据仓库的价值最大化。

2. 自动决策

数据仓库的第五种决策是由事件触发、利用动态数据库自动决策，达到"希望发生什么"。在电子商务模式中，面对客户与网站的互动，企业只能选择自动决策。网站中或 ATM

系统所采用的交互式客户关系管理（CRM）是一个个性化产品供应、定价和内容发送的优化客户关系的决策过程，在无人介入的情况下，响应时间1秒或毫计。

随着技术进步，越来越多的决策由事件触发自动发生。例如，零售业正面临电子货架标签的计算突破。该技术的出现废除了原先沿用已久的手工更换的老式聚酯薄膜标签。电子标签可通过计算机远程控制，改变标价，无须任何手工操作。电子货架标签技术结合动态数据仓库，可以帮助企业按照自己的意愿实现复杂的价格管理自动化；对于库存过大的季节性货物，这两项技术会自动实施复杂的降价策略，以便以最低的损耗售出最多的存货。动态数据仓库还允许用户采用事件触发和复杂决策支持功能，以最佳方案，逐件货品、逐家店随时做出决策。在CRM环境，根据每一位客户的情况做出决策都是有可能的。

7.3.4　基于数据仓库的决策支持系统的研究现状

近10年，数据仓库技术不断发展。2003年10月，国内第一个基于数据仓库的决策支持系统由南京军区福州总医院与福州维胜公司合作建成。该系统性能良好，支持医院历史数据结构，可对医院历史数据进行挖掘和多方面汇总分析，有极高的科学价值。

2004年第四军医大学的周忠彬，依据某中心医院信息系统中的药品信息为基础，运用数据仓库技术构建了医院药品信息统计资源库，并利用Oracle9i Discoverer工具进行数据挖掘，生成了相应的报表和视图，从中得到丰富的辅助决策信息，拓展了医院信息系统（Hospital Information System，HIS）信息资源的利用空间。

2008年南京军区福州总医院以单病种分析为主题，建立了相应的单病种数据仓库，用于病种费用分析、病种发病特征分析。针对当前病种分析系统中的缺点，提出使用初始聚类原型，在此基础上利用模糊聚类算法精确求得最优聚类，将其分析应用于内科腹痛医疗诊断，诊断准确率得到了有效提高。

2008年江苏省太仓市卫生局联合上海中医药大学基础医学院，共同投入研究数据仓库，其成果在中医临床信息分析中得到应用，使大量的诊疗信息得到充分利用，加速了中医临床诊疗的信息化发展，为今后中医临床决策支持系统的形成奠定了基础。

在发达国家如加拿大、荷兰、日本、美国等，数据仓库技术已经广泛应用到临床治疗、药理实验、生物医学工程等转化医学方面，在平台互联、信息交换等方面也取得了较大进步。近几年的开发多集中在把整个临床、实验、研究、商务的过程纳入一个完整医疗体系，在此完整体系基础上所构建而成的医疗数据仓库，在决策支持方面可以发挥更加强大的作用。

我国基于数据仓库的决策支持系统尚处在初级阶段，仅有少数医院构建了数据仓库，并将决策支持运用到日常的生产运营中去，距国际先进水平的要求尚存较大差距。

7.3.5　基于数据仓库的决策支持系统的研究展望

数据仓库技术自20世纪90年代初兴起以来，目前已有众多商用数据仓库产品走向市场。IBM、Oracle、Sybase、CA、NCR、SAS、Microsoft等公司已相继推出了各自的数据仓库解决方案。BO和Brio等专业软件公司也在前端在线分析工具市场占有一席之地。随着数据仓库技术的不断发展与完善，该技术越来越广泛地应用到各个领域。在国外，许多大公司纷纷参与DW、OLAP、DM等系统的开发应用，在公司内部建立起各种数据仓库，利用联机分析和数据挖掘工具进行决策支持，取得了很好的应用效果。建立数据仓库进行数据分析和数据挖掘是全面提升企业数据利用率的有效手段。商务智能和数据仓库应用是国际数据库市场发展的重要趋势。

在国内数据仓库技术已经引起了广大科研人员的兴趣，很多大学和研究机构对数据仓库及相关技术进行了学习与研究。我国部分企业已经开始了数据仓库的应用研究，在金融、证券、保险、电信、医疗等行业已有了一定的应用。但到目前为止，数据仓库应用在国内还没有推广开。除了我国企业信息化基础不完善、数据积累不充分、数据管理机制不健全等因素外，一个重要的原因就是缺少对数据仓库应用的研究。

将数据仓库产品应用到企业实际是一项复杂的系统工程。目前市场上已有的数据仓库产品基本上是解决所有商业模式的通用系统，数据抽取、净化与转化等数据仓库工具不能完全适应应用需求，实施数据仓库的方法也不能很好地满足具体企业的需求。因此，必须根据企业实际和行业特点，针对企业实施数据仓库的关键问题和关键技术进行分析，提出企业数据仓库的解决方案。

以医疗行业为例，基于数据仓库的决策支持系统，是一个以医院信息系统为基础的，对医院整体工作流程进行优化处理、资料整理、归纳总结的管理工具。医院信息化发展的程度，在某种程度上决定了医院数据仓库决策支持系统的开发效果。医院信息化的发展，在当前信息技术环境下，主要可分为 3 个阶段：医院管理信息化阶段、临床信息化阶段和局域医疗卫生服务阶段。国际上目前医疗信息技术较为发达的国家正在进行第二阶段的建设。我国大型医院管理信息系统的开发和应用虽然已经达到了发达国家的平均水平，但在临床信息系统方面，无论是医生工作站、电子健康档案、图像存取，还是检验信息系统，与国外先进水平仍然有较大差距。只有先构建一个架构相对完整的框架，随着医院信息化建设的发展再逐步进行功能上的完善，最终形成一个以医院信息系统为依托，囊括整个医院临床、实验、研究、商务过程的数据仓库决策支持系统。

7.4　基于案例推理的决策支持系统

7.4.1　案例推理技术的起源和发展

基于案例推理（Case-Based Reasoning，CBR）是人工智能领域中的一种重要的问题求解方法，它以其独特的推理风格和成功的应用，向人们展示了它强大的生命力。1982 年，Schank 提出的以记忆组织包（Memory Organization Packets）为核心的动态记忆理论（Dynamic Memory Theory），被认为是人工智能领域最早的关于 CBR 的思想。

1983 年，Janet Kolodner 领导开发了第一个案例推理系统——CYRUS，首次实现了 Schank 著作中的许多思想。在 CYRUS 的案例记忆模型基础上，耶鲁大学、佐治亚理工学院和麻省理工学院的研究人员在法律、烹调和医药等领域中又建造了一些 CBR 系统。早期的代表性 CBR 系统还包括：奥斯汀·得克萨斯大学的 Bruce Porter 和他的小组提出了基于典型案例的概念表示，以处理分类任务的概念学习问题，并开发出 PROTOS 系统；麻省理工学院的 EdiwinaRissland 和她的小组于 1983 年将 CBR 技术引入法律领域，开发了基于案例与基于规则方法相结合的 CABARET 系统。

欧洲的 CBR 研究比美国起步稍晚，初期的研究多集中在复杂故障诊断，如 MOLTKE 系统；Enric Plaza 等人开发了一个用于医疗诊断的 CBR 系统。其他的如基于案例的规划系统 CAPLAN、基于案例的医疗诊断学习系统和基于案例的专家系统开发工具 RBCShell 等都是 CBR 发展早期的成果。

20 世纪 90 年代，CBR 的研究和应用开发在亚洲地区也开始得到重视并快速发展。其中中国的代表人物是中国科学院计算所智能信息处理重点实验室的史忠植，他在案例推理方面进行了一系列的研究，提出用于案例表示的记忆网模型和案例检索算法。1993 年，周涵研制了基于案例学习的内燃机油产品设计系统 EOFDS。1994 年，徐中云开发了基于案例的天气预报系统。

随着国际上研究性开发项目和应用系统不断增加，出现很多使用 CBR 方法商品化工具。人们对 CBR 的研究和应用已经深入到热门的医疗诊断、辅助决策、法律案件、电子商务、规划设计等。

7.4.2　案例推理的基本原理

推理常常需要涉及很多领域专业知识，一般的推理方法需要完备的领域知识，案例推理是一种应用先前相似案例的解决方案来解决新问题的方法，这种方法是直接模拟人类求解未知问题时的思路，这种方法在推理时需要的知识仅是以往的历史案例。

案例推理来源于人类解决问题的一种常用方式，即人类能利用以前积累的经验和知识解决现存的问题。所以，案例推理成立是基于以下两个假设的：

（1）相同或相似的问题有相同或相似的解法。

（2）相同或相似的情况会重复发生。

案例推理的原理是大家所公认的 Watson 方法论，案例推理和传统的推理方法不同，我们在使用案例推理时不需要知道问题的解决办法，只需要收集过去相同或类似的例子，并且不需要完整的领域知识。使用案例推理时，必然有以下几个步骤：检索（Retrieve）、匹配（Reuse）、调整（Revise）、学习（Retain）。

（1）检索。从历史案例库中检索出与当前问题案例最相似的案例。

（2）匹配。运用相似案例的解决方法来处理当前问题，它是案例推理的目标。

（3）调整。如果历史案例的解不完全符合当前问题，需要对历史案例的解进行调整，修正解决问题的办法。

（4）学习。修正后的案例保存到数据库中成为新的案例，供以后推理使用。

7.4.3　基于案例推理的决策支持系统结构

7.4.3.1　用于决策支持的案例推理过程

用于决策支持的基于案例的推理与学习过程如图 7.14 所示。

一个较完善的案例推理系统，会考虑领域知识、适配知识和修正规则的应用。图 7.15 给出了其基本流程。

任何案例推理的基础是案例库。这表明案例的表示方法对系统性能有重要影响，同时说明案例库的组织方式也是影响系统性能的重要因素。因此，在构造系统前，分析数据并决定使用数据的哪些特征和属性是非常重要的。这些属性很可能成为案例的索引或适配的属性。

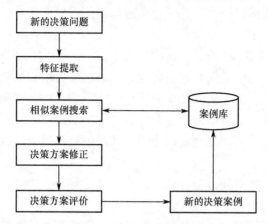

图 7.14　用于决策支持的基于案例的推理与学习过程

案例索引对有效和高效的检索是重要的。在实际应用系统中，通常混合使用多种案例检索模式来加速寻找有效适合的案例。一旦检索到最好的匹配案例，通常与当前情景相对照。有多种方法可执行适配过程，包括启发式规则，与用户交互的方式，首要因素分析法和公式法。实际方法的使用取决于应用领域和环境，在一个前向信息检索的情况下，可以不需要适配（或修改）过程。

案例适配后，必须评价是否为待解决问题提供了解决方案。经过评价后的案例可以作为当前问题的解决方案，同时存储在案例库中已备将来使用。

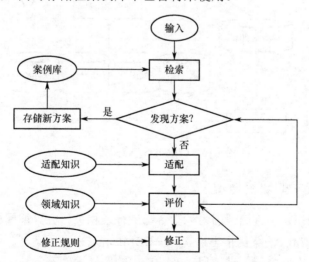

图 7.15　考虑了领域知识、适配知识等的案例推理系统的基本流程

由此可见，案例的存储（案例库）对于整个 CBR 过程是关键的。如果存储设计不合理，系统的性能就会比较差。

7.4.3.2　集成案例推理的决策支持系统

在基于 CBR 的智能决策支持系统中，决策用户扮演着重要角色，他们要完成以下任务：

①在相关算法辅助下，抽取当前问题（或子问题）的主要特征；②将源案例解适配到当前环境中，形成解协议；③在计算机辅助下分析案例失败的原因；④建立收集进一步信息的学习目标；⑤根据收集到的知识和启发信息分解当前问题；⑥集成所有子问题的解，形成问题的最终解答。

　　一个比较完整的 CBR-IDSS 的系统结构如图 7.16 所示。它由以下几个部分组成：

　　（1）智能人机系统。完成人机交互、问题形成、结果显示和系统总体控制。

　　（2）典型案例库系统。由案例库及案例管理系统组成，含有案例匹配算法和调整规则。

　　（3）知识库系统。支持案例检索、案例分析、案例调整等。

　　（4）集成推理系统。以基于案例推理为主，辅以规则推理，完成案例的检索和决策方案的调整。

　　（5）模型库系统。完成案例模型的调用，并把结果综合，送入人机智能系统显示，作为补充信息供案例调整使用。

　　（6）多库协同器。根据问题求解的要求，按照一定的数据抽取策略，完成求解过程中对各个系统的调度。

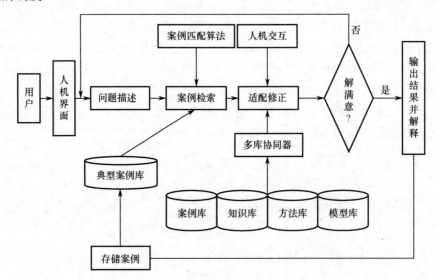

图 7.16　CBR-IDSS 的系统结构

7.4.4　案例推理技术的研究概况

　　在案例推理的知识表示方面，国内外学者都进行了相关研究。德国柏林大学的 Doyle 等人提出了一个基于 XML 的案例推理语言——CBML，用来表示案例。曾文、黄玉基提出的一种包括了概念层、次概念层、过程层以及结论层的四层案例表示法。王悦、范晖、田书格分析了案例推理中案例结构的描述方法以及他们在推理中所面临的问题，提出了一种基于模拟和面向问题的两种案例结构表达共同使用为基础的案例表示方法。周凯波等人结合 XML 于面向对象技术，提出了一种面向对象的案例表示方法。

　　案例检索是案例推理的核心部分，这方面的研究一直是国内外学者的研究重点。案例检索的方法大致有 3 种：最近邻法、归纳索引以及知识导引。从实际应用角度出发，有学者提出了一些基于具体领域的新的方法，如在案例检索前，先对案例进行聚类分析，将相似的案例分类，大大提高检索的效率；基于神经网络的案例检索模型；将模糊逻辑引入案例推理中，提出一种基于灰色关联论和模糊集的相似度计算方法等。

今后关于基于案例推理的研究将集中在以下几个方面：

（1）案例推理与其他推理技术，如规则推理、模型推理或 D-S 推理方法的结合。多种推理方法结合推理是推理技术的发展趋势，它可以最大限度地降低单一推理方法的弱点，另外，可以增强整个系统的推理能力。

（2）案例推理与 Web 技术的结合。Internet 的飞速发展，为案例推理与 Web 的结合提供了基础，今后关于在网络上的案例分析、案例获取以及利用网络资源对案例进行调整都是案例推理的研究方向之一。

（3）将各种软计算方法，如粗糙集、神经网络、遗传算法、模糊逻辑等方法运用到案例推理的各个部分中去。如在案例相似度计算时引入模糊数学的方法，在案例特征权重的获取上采用神经网络或遗传算法等，今后这方面的研究也是案例推理系统的热点之一。

（4）分布式推理的发展，与 Agent 技术的融合。基于多 Agent 的案例推理系统，每个 Agent 有一个本地案例库，多个 Agent 合作共同解决复杂问题，这也将是案例推理与分布式计算技术相结合的未来发展道路。

本章小结

决策支持系统是 20 世纪 80 年代兴起的，从最初三部件（对话、模型、数据）结构的决策支持系统（DSS）开始，到现在已经得到极大的发展。从目前发展来看，群体决策支持系统、智能决策支持系统、基于数据仓库的决策支持系统作为新一代的决策支持系统而受到广泛关注。本章分小节介绍了群体决策支持系统、智能决策支持系统、基于数据仓库的决策支持系统和基于案例推理的决策支持系统的基本概念、系统结构、涉及的支持技术等。相信随着计算机技术、网络技术等现代信息技术的不断发展，DSS 将逐步向着高智能化、高集成化和综合化方向不断发展，深入到社会生活的各个领域，成为人们决策活动中不可缺少的有力助手。

思考题

（1）简述群体决策的基本过程。

（2）简述 GDSS 成员管理功能各个组成部分。

（3）简述群决策支持系统的功能和特点。

（4）描述 3 种 IDSS 的 3 种集成方式。

（5）依照系统层次的观点，IDSS 从技术上可以划分为哪 3 个层次？

（6）简述数据仓库的基本概念。

（7）说明数据库和数据仓库的区别。

（8）基于数据仓库的决策支持系统一般由哪3部分组成？

（9）案例推理的基本原理是什么？

（10）简述用于决策支持的基于案例的推理与学习过程。

参考文献

[1] Khalil M A, Dominic P D D, Fadzil B H M.Decision Support System Framework for Implementation of Enterprise Resource Planning(ERP)System[C].International Symposium in Information Technology(ITSIM), Kualalumpur,2010: 1439-1443.

[2] Sarkar B B, Chaki N.High Level Net Model for Analyzing Agent Base Distributed Decision Support System[C].International Association of Computer Science and Information Technology-spring Conference(IACSITSC), Singapore, 2009:351-358.

[3] Zakaria N,Cogburn D L.A Culturally-attuned Distributed Decision Making Model of Global Virtual Teams in World Summit on the Information Society[C].The 44th Hawaii International Conference on System Sciences(HICSS),Hawaii,2011:1-10.

[4] Sun X L,Huang M, Wang X W.The Distributed Decision Making Risk Management Model for Virtual Enterprise Based on Principal-agent Theory [A].Chinese Control and Decision Conference (CCDC)[C].Mianyang, 2011: 467-472.

[5] 吴昊. 基于模糊积分的弹药处废机构智能安全评测系统[J]. 四川兵工学报，2008（1）：77-80.

[6] 王克义. 人工智能技术在武器装备中的应用研究[J]. 四川兵工学报，2006（1）：13-16.

[7] Manuela Veloso, Hector Munoz-Avila. Ralph Bergmann Case-Based Planning:Selected Methods and Systems[J].AI Communications.1996,9(3):128-137.

[8] Enric Plaza,R. Lopez de Mantaras.A Case-Based Apprentice that Learns from Fuzzy Examples[J].Methodologies for Intelligent System 5.North Holland,1990:420-427.

[9] Silvia Guardati. RBCShell:A Tool for the Construction of Systems with Case-Based Reasoning[J]. Expert Systems with Applications,1998,14(2):63-70.

[10] Lorcan Coyle,DonalDoyle,Padraig Cunningham.Representing similarity for CBR in XML[C].Advances in Case-Based Reasoning(Procof EC-04). M-adrid,Spain:Springer,2004:119-127.

[11] 曾文，黄玉基. 基于案例推理技术在刑法定罪量刑系统中的应用研究[J].广西师范大学学报（自然科学版），2003，21（1）：73-78.

[12] 王悦，范君晖，田书格. 基于案例推理专家系统中的案例表示方法[J].上海工程技术大学学报，2005，19（1）：42-46.

[13] 周凯波，金斌，等. 基于XML的面向对象案例表示方法[J]. 武汉理工大学学报，2005，27（3）：86-89.

[14] 赵卫东，李旗号，盛昭翰. 基于案例推理的决策问题求解研究[J]. 管理科学学报，2000 （4）：29-36.

[15] Ma Shixia,Li Jibiao,Liu Dan.The Case Retrieval Strategy Based on hierarchical Clustering[C].Web Mining and Web-based Application,Wuhan 2009,81-85.

[16] 李锋刚. 基于案例推理的智能决策技术[M]. 合肥：安徽大学出版社，2011.

[17] 邓苏，张维明，黄宏斌，等. 决策支持系统[M]. 北京：电子工业出版社，2009.

[18] 陈文伟. 决策支持系统及其开发[M]. 北京：清华大学出版社，2014.

第8章 基于预案的国民经济动员仿真演练系统

国民经济动员预案是和平时期国民经济动员准备工作的重要内容和优化模式，它既是国民经济信息化建设的基础，同时也是国民经济动员演练的依据，对于国民经济动员准备有着重大意义。为了检验动员预案的准确性和合理性，应进行国民经济动员演练。国民经济动员演练是和平时期国民经济动员的一项重要工作，有利于提高国民经济动员的快速反应能力和增强国民经济动员准备的针对性与有效性。国民经济动员演练具有指挥流程复杂、演练对象众多、突发情况多样等特点，而且国民经济动员演练要耗费大量的人力和物力，代价极高，这些问题对演练需求描述、演练内容构建和演练绩效评估等问题提出了新的挑战，需要在现有的团队仿真训练理论与方法的基础上，建立比较完整的国民经济动员仿真演练理论与方法，为国民经济动员仿真演练实践提供指导，然而采用计算机仿真的方式则完全不影响国民经济体系的运行，且具有周期短、成本低的优点，因此研制基于计算机仿真的国民经济动员仿真演练系统，有利于为各级国民经济动员管理部门和国民经济动员执行单位提供低成本和多样化的服务。

8.1 国民经济动员演练与仿真演练的基本理论

8.1.1 国民经济动员演练的定义及内容

所谓国民经济动员演练，即国民经济动员演习，是通过模拟非常状态，使演练对象的各项动员工作按照战时动员工作的实际步骤和方式进行训练。目的在于提高国民经济组织能力和被动员对象的快速反应能力。国民经济动员演练主要是模拟非常时期的经济动员状态，检验和平时期国民经济动员准备情况，因此，国民经济动员演练的内容涉及国民经济动员活动的方方面面。换句话来说，国民经济动员的每一种活动都可以进行演练。

从国民经济动员的内容看，可以将国民经济动员演练分为农业动员演练、工业动员演练、科学技术动员演练、交通运输动员演练、财政金融动员演练、商业动员演练、医疗卫生动员演练等。从国民经济动员潜力的状态看，可以分为动员组织程序演练、组织机构扩编演练、动员计划编制演练等。

进行国民经济动员演练主要是检验动员准备工作的情况，推动国民经济动员工作。因此，可以根据不同时期国民经济动员工作的要求和重点，进行具有一定针对性的演练。一般来说，演练的目的不同，在演练的对象、内容、方式和演练上也会有所区别。

开展国民经济动员演练，无论是和平时期国民经济动员准备还是战时国民经济动员实施，都具有极其重要的意义。第一，有利于检查和平时期国民经济动员准备的情况，发现问题，找出薄弱环节，不断改进工作；第二，有利于模拟战争时期国民经济动员实施，促进动员资源整合，增强国民经济动员快速反应能力和国民经济动员准备的针对性与有效性。

国民经济动员演练是和平时期国民经济动员准备的重要内容，也是检验和修订国民经济动员预案的有效途径。如果说编制国民经济动员预案仅仅是动员计划的主观设想，那么只有根据国民经济动员预案进行演练才能将国民经济动员预案变为行动方案[1]。

通过国民经济动员演练，主要解决 3 个问题：

（1）检验国民经济动员预案的基本方案和主要程序是否合理。

（2）通过训练使国民经济动员各级领导和专业人员了解和熟悉国民经济动员程序，明确自己的工作职责和任务，掌握实施国民经济动员的基本技能。

（3）研究国民经济动员在实施过程中遇到的各种新情况和新问题，为制定相应的政策措施奠定基础。在现代战争中，国民经济的平战转换速度在很大程度上取决于和平时期国民经济动员的准备程度。

8.1.2　国民经济动员演练的基本程序

由于演练的对象和内容不同，演练的方式、方法和步骤也不完全相同。国民经济动员演练的基本工作程序主要包括下达动员演练任务、动员演练准备、预演、下达演练命令、动员演练的实施、动员演练的总结等阶段。

1．下达动员演练任务

国民经济动员演练任务由国家、战区、省（自治区、直辖市）经济动员机构通过年度工作计划申报，经国防动员委员会审批后执行。国防动员委员会可以根据动员准备工作的需要，临时下达国民经济动员演练任务，由经济动员办公室组织实施。一般来说，演练任务由国防动员委员会批准，经济动员机构决定，演练任务以演练任务书的形式下达。演练任务书由经济动员机构起草，并下达给参加国民经济动员演练的部门（行业）和单位。任务书的主要内容有动员演练对象、动员演练的目的和目标、演练开始时间、演练的基本要求等。

2．动员演练准备

接受动员演练任务的单位，应立即进行演练前的各项准备工作。准备工作主要包括成立演练的组织机构，制定动员演练的实施纲要和导演文书、调理文书，落实动员演练的经费、物资、装备、设备和设施，教育和培训参演人员等。

3．预演

为保证经济动员演练任务的顺利完成，可在正式演练前进行经济动员演练的预演，预演的次数可根据需要决定。预演结束后，导演部应召开会议，总结预演的经验与教训，进一步修改完善文书并向组织演练的经济动员办公室提交动员演练准备情况。

4．下达演练命令

组织演练的经济动员领导机构根据导演部的报告，确认演练成熟时，下达经济动员演练命令。命令内容包括经济动员演练的时间、地点、目的与内容、参演人员等。

5．动员演练的实施

演练单位接到演练命令后，应立即按照演练实施纲要规定的内容迅速进入动员状态，并按照实施纲要开展演练工作。首先参加演练的单位与人员集结，介绍演练的基本情况，随后进行动员演练的演示，最后检查、评估演练任务完成情况，至此演练结束。

6．动员演练的总结

演练结束后，应由演练导演机构、参演部门和单位、经济动员办公室等逐一进行总结，由经济动员办公室汇总并向国防动员委员会和上级经济动员办公室呈报经济动员演练的总结报告[2]。

8.1.3　国民经济动员仿真演练的定义及内容

现代高技术战争的突发性和快节奏，对国民经济动员的时效性提出了很高的要求，提高快速反应能力成为国民经济动员的核心问题。非常时期的国民经济动员组织工作复杂，只有立足于平战结合，加强针对性演练，才能实现国民经济的快速动员，确保可以应对战时的各种军事需求；否则，国民经济动员实施过程就容易陷入被动和混乱局面。

国民经济动员演练是保证战时动员快速有效的重要手段之一，是检验动员机制，锻炼工作队伍，提高组织协调能力，验证预案的好办法。国民经济动员演练具有多种演练方式和组织形式，以及复杂的组织演练程序，涉及国家、战区、省、地市各级国民经济动员管理机构、各种类型的国民经济动员执行单位。国民经济动员实战演练是最为有效的演练方式，然而实战演练的成本高、灵活性低、规模大，因此很难经常性地组织实战演练。

将分布式交互仿真技术和团队训练方法应用于国民经济动员演练的组织实施过程，是国民经济动员演练的一种新途径。国民经济动员仿真演练是指利用信息技术模拟实战演练的全过程，在计算机上开展国民经济动员实施过程的各项工作，实现动员预案的网上分布式协同模拟训练。国民经济动员仿真演练主要用来检验各类预案的合理性，通过虚拟的网上仿真演练使其掌握动员程序，了解动员预案的实施过程，熟悉动员环境，从而提高各级动员管理部门人员的组织协调能力、快速反应能力和应急决策能力。

国民经济动员仿真演练需要多人协同参与，其本质是一种交互性和协同性较强的团队仿真训练过程。为此，我们应将现有的团队仿真训练理论与方法与国民经济动员仿真演练实际需求相结合，以期形成国民经济动员仿真演练理论与方法[3]。

8.1.4　国民经济动员仿真演练的原则和意义

国民经济动员仿真演练与国民经济动员实施的原则不完全相同。一般来说，国民经济动员仿真演练应遵循以下原则：

（1）适时。即综合考虑周边战略态势、军事战略方针、军事斗争准备任务以及国民经济动员准备的重点等，及时地进行国民经济动员的某一方面活动的仿真演练。

（2）真实。即在演练过程中要按照非常时期经济动员实施的要求进行。国民经济动员仿真演练的基本目的之一，就是检验和平时期的国民经济动员准备情况，如果不按照经济动员实施的要求进行，就无法检验其缺陷和不足，从而达不到仿真演练的目的。因此，在仿真演练的过程中，要尽可能模拟非常时期的经济动员状态。

（3）实效。即在仿真演练过程中要明确演练的目的和目标，实事求是地分析国民经济动员准备情况，找出存在的不足和薄弱环节，并有针对性地探索解决问题的办法与措施。

（4）节约。即国民经济动员仿真演练要尽量减少资源的占用和耗费。

国民经济动员仿真演练是和平时期国民经济动员准备的重要内容之一。开展国民经济动员仿真演练，无论是平时的国民经济动员准备还是非常时期的国民经济动员实施，都具有极其重要的意义。

（1）有利于检查和平时期国民经济动员准备的情况，发现问题，找出薄弱环节，不断改进工作。

（2）有利于模拟非常时期国民经济动员实施，促进动员资源整合，增强国民经济动员快速反应能力和国民经济动员准备的针对性和有效性。

（3）国民经济动员仿真演练系统不影响国民经济体系的运行，具有可重复性、周期短、成本低的优点[2]。

8.2　基于高层体系结构（HLA）的分布式仿真演练功能框架

8.2.1　HLA 的基本原理

分布式交互仿真技术就是采用协调一致的结构标准、协议和数据库，通过局域网、广域网将地理上分布的多个仿真设备互联并交互使用，以协调完成复杂的仿真任务和实现具有分布特性的仿真应用。在军事应用、计算机技术和网络技术发展的推动下，20 世纪 80 年代初期出现了分布式仿真系统，由于其在训练、教学、远程维护等方面的广泛应用价值而受到多方关注。与传统的仿真技术相比分布式仿真技术的主要特点是分布性，仿真系统中各个仿真节点在地理位置上是分布的，在功能和计算能力上同样是分布的。

由于应用需求的牵引和分布式处理、网络计算、人机交互、多媒体、虚拟现实等相关技术的推动，分布式交互仿真技术经历了 SIMNET、DIS（Distributed Interactive Simulation）协议、ALSP（Aggregate Level Simulation Protocol）协议 3 个发展阶段，目前已进入高层体系结构（HLA）阶段。由于 HLA 能更好地支持各种同构、异构仿真应用之间的互操作和重用性，也能更好地支持仿真系统的可扩展性，它已成为当前仿真技术研究的重点和主流。

HLA 作为新一代分布式交互仿真体系结构，它是在 DIS 和 ALSP 成果的基础上发展起来的，具有较高的起点，并以形成 IEEE 标准（IEEE Std1516）。HLA 可在保证仿真应用间的互操作性和仿真资源的可重用性的前提下，支持构建大规模的仿真平台，为规模复杂性不断增加的问题领域的仿真提供环境支持。

在 20 世纪 80 年代以前，由于计算机性能的不足，尤其是网络技术和其他有关条件的限制，仿真训练一般都只在单机上进行，智能进行单兵种、单武器平台的仿真训练。随着军事训练需求的不断提高，以及计算机网络技术与虚拟现实技术的发展，仿真训练的目的与对象都发生了很大变化。从原有的单兵种、单武器平台的作战技能训练发展为多兵种、多武器平台的分布式联合军事仿真演练[4]。

在 HLA 中，将用于实现某一特定目的的分布式仿真系统成为联邦（Federation），它是由联邦成员（Federate）、联邦对象模型 FOM（Federation Object Model）、仿真对象模型 SOM

（Simulation Object Model）和运行支撑框架 RTI（Runtime Infrastructure）构成的集合。参与联邦的所有应用都称为联邦成员，简称成员。FOM 中定义了参加联邦的所有对象类和交互类以及它们的属性和参数信息。SOM 中定义了单个联邦对象的信息，包括对象、属性、交互和参数等。RTI 是一种通用的分布式交互仿真支撑软件，用于集成各种分布的联邦成员，在联邦运行时提供具有标准接口的服务。整个仿真过程称为联邦执行（Federation Execution）。HLA协议由以下 3 个部分组成。

1．框架和规则

HLA 的框架和规则（Frameworks and Rules）定义了在联邦设计阶段必须遵循的准则，为确保系统兼容性，描述了成员和联邦应具有的职责和必须遵守的规则。

2．成员接口规范

成员接口规范（Federate Interface Specification）包括联邦管理、对象管理、声明管理、时间管理、所有权管理和数据分发管理 6 大接口服务，用于支持联邦运行时的成员间互操作和联邦运行管理。

3．对象模型模板

对象模型模板（Object Model Template，OMT）规定了记录对象模型内容的标准格式和语法，它是实现 HLA 互操作和可重用的重要机制之一。OMT 标准不仅可提供一个通用的、易于理解的成员之间的数据交换协议和运行期间的协作机制，还可提供一个通用的、标准的成员所具备的与外界进行数据交换及协作的能力描述，为 FOM 和 SOM 规定了标准化的数据格式。

8.2.2　基于 HLA 的国民经济动员仿真演练的技术难点

目前，基于 HLA 的分布式交互仿真技术能满足分布式仿真系统对开放性、可重用性、可扩展性和面向应用的需求，并具有较高的效率，成为当今分布式仿真训练系统实施的一个首选方案。然而，面对复杂的国民经济动员仿真演练需求，尚存在以下问题：

1．分布式仿真演练功能框架

基于事件的训练方法（Event-Based Approach to Traincy，EBAT）是最为有效的团队仿真训练方法之一，但该方法只是提出了一系列指导性原则，其功能框架可实施性不强，也未充分考虑分布式仿真演练需求和仿真技术特性。开发交互性和协同性较强的仿真演练系统，需要将 EBAT 方法与仿真技术真正地结合起来，建立分布式环境下的仿真演练功能框架，才能更好地发挥仿真技术在团队训练中的作用和效果。

2．分布式仿真事件调度

情景和事件作为 EBAT 方法的核心，不仅是描述演练内容和演练过程的主体，更是驱动演练过程的关键。针对交互性和协同性较强的仿真演练过程，如何实现基于 HLA 的分布式仿真事件调度，是整个仿真演练过程能够按照情景向前推进的关键。

3．并行仿真策略

基于 HLA 的分布式仿真演练过程是一个复杂的分布式离散事件仿真过程，包括人在回路（演练对象的训练操作）与无人在回路（仿真模型）的仿真环节，且演练对象数量多，仿真并行程度高。因此，需要解决实时与超实时混合的并行仿真控制问题，从而保证分布式仿真演练的有效推进。

4．分布式仿真数据收集

由于仿真数据是在线或事后分析及回放的必要条件，同时也是绩效评估和反馈的基础。因此，在分布式仿真演练过程中，仿真数据收集是十分重要的。仿真演练所涉及的演练对象多、流程复杂，需要实时收集的数据量大，如何实现高效的、实时的分布式仿真数据收集也是一个需要解决的问题[5]。

8.2.3　基于 HLA 的分布式演练功能框架

近年来，EBAT 功能框架在团队仿真训练中得到了大量应用。然而，在与 HLA 结合的过程中还存在如下问题：一是，EBAT 功能框架各功能组件之间未形成一致性接口，即未提供各功能组件间的通用接口规范；二是，训练内容功能与训练控制功能没有分离，很难适应训练需求的变化。为了将基于 HLA 的分布式交互仿真技术与基于 EBAT 的团队仿真训练方法有效地结合起来，并充分地发挥 HLA 的重用性与互操作性的优势，提出一种基于 HLA 的分布式仿真演练功能框架（HLA-based Team Simulation Training Functional Framework，HLA-TSTFF）。

HLA-TSTFF 设计借鉴了软件架构设计中的分层思想，将系统垂直划分为若干相对独立的功能层，通过层间标准接口，实现高层对低层的调用。这种方式使系统结构更加清晰，有利于新的服务和功能的集成，并能保证系统的可靠性与可扩展性。

HLA-TSTFF 分为 RTI 运行层、控制层、模型层、展示层 4 个层次，总体设计思路描述如下：

（1）将 RTI 运行环境、仿真演练控制与仿真演练内容进行分离，从而抽取出通用功能层与非通用功能层。RTI 运行层和控制层实现了仿真演练运行环境相关功能，具有良好的通用性，能直接应用与不同领域的仿真演练。而演练模型层和演练展示层则实现与仿真演练内容相关的功能，不具有通用性，需要根据具体的仿真演练应用需求，进一步进行分析和设计。

（2）为了实现不同层之间的功能调用，规定了各层接口之间的数据格式。RTI 运行层与控制层之间的接口采用 RTI 交互数据格式，控制层与模型层之间的接口采用事件数据格式，而模型层与演练展示层之间的接口则采用模型数据格式。

（3）每层完成相对独立的功能，下层向上层提供透明的功能服务。RTI 运行层包括 HLA-RTI 提供的 6 大接口服务。控制层包括仿真演练数据管理、事件响应过程调度、分布式仿真控制、仿真演练过程管理、事件驱动引擎和 RTI 控制接口等功能。模型层包括演练管理、演练操作和演练辅助决策等模型。展示层则提供各种类型的人机交互界面。

在功能分层的基础上，下面描述具有通用性的控制层功能和各层间的接口协议。

1．控制层功能

控制层功能由仿真演练数据管理、仿真演练过程管理、事件响应过程调度、分布式仿真控制、事件驱动引擎以及 RTI 控制接口 6 个部分组成。

（1）仿真演练数据管理。提供给演练数据和 RTI 运行数据的管理功能。演练数据包括演练方案数据、演练对象数据和事件响应过程数据。RTI 运行数据包括联邦数据、联邦成员数据和 RTI 参数数据。

（2）仿真演练过程管理。实现演练过程和 RTI 运行过程的管理与监控过程。演练过程的管理与监控包括演练进度管理，演练时间控制，演练状态的实时监控、备份和恢复等功能；RTI 运行过程的管理与监控包括 RTI 时间控制，RTI 运行状态的实时监控、备份和恢复等功能。

（3）事件响应过程调度。提供事件数据生成和事件响应调度功能。事件响应调度作为核心功能，可依靠情景事件的触发关系，对各类演练管理和演练操作模型实时调度，具体包括向模型层发送事件数据、接收模型层返回的事件数据和事件调度等。事件调度按照事件分类、触发规则和时序关系得到事件执行序列。

（4）分布式仿真控制。提供 RTI 参数解析、RTI 运行控制、RTI 运行数据生成、RTI 交互处理，以及仿真运行控制等功能。仿真运行控制作为核心功能，采用基于 PDES 的并行仿真策略，实现各仿真节点内部的并行离散事件仿真过程控制。

（5）事件驱动引擎。提供事件队列管理、事件提取、事件发布以及回调等功能。事件队列管理师根据事件响应过程调度结果生成事件队列。事件提取是从事件队列中提取事件。事件发布是向模型层发布事件数据。事件回调则是由模型层返回事件响应结果。

（6）RTI 控制接口。对 RTI 接口服务进行封装，提供 RTI 参数设置、RTI 状态采集、交互队列管理和 RTI 交互接收与发送等功能。

2．HLA-TSTFF 各功能层间的接口协议

由于 HLA-TSTFF 各功能层具有相互独立的功能，各层之间则通过接口协议进行交互，它对于 HLA-TSTFF 的运行来说至关重要。借鉴 OSI（Open System Interconnection）分层协议模型的设计思想，HLA-TSTFF 各层间的接口协议采用分层协议封装模式。

接口协议定义了包括非通用的展示层、模型层，以及通用的控制层和 RTI 运行层间的接口数据格式。通过逐层数据打包与解包过程，使各层数据进行套接，并最终通过 RTI 运行环境进行数据交互。采用这种方式，既可保证各层数据的关联性和完整性，也便于各层功能的数据提取[3]。

8.3　国民经济动员预案仿真演练系统

8.3.1　国民经济动员预案仿真演练系统的基本程序

国民经济动员预案仿真演练系统是在计算机网络环境下，利用分布交互仿真技术模拟国民经济动员预案实战演练的一套软件系统，该系统可为各级经济动员管理部门和动员执行单位进行演练服务，实现从动员任务、动员组织程序、应急指挥、文书作业、潜力核实、任务分配到动员任务执行以及异常突发事件处理等环节进行网上仿真演练。仿真演练系统的基本程序如图 8.1 所示。

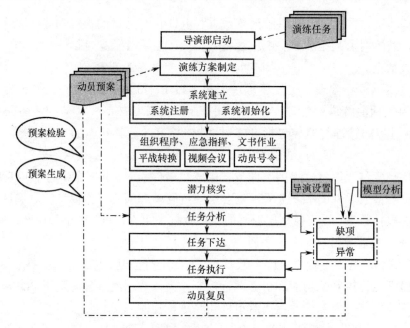

图 8.1 国民经济动员预案仿真演练系统的基本程序

8.3.2 国民经济动员预案仿真演练系统的目标和意义

8.3.2.1 系统的目标

国民经济动员涉及的行业多，领域广，专业性强，涵盖了工业、农业、建筑业、交通运输业、信息通信业、商贸流通业、文化教育、科学研究、医疗卫生等行业。同时，由于国民经济动员是为战争或应对重大突发事件服务，动员工作需要军队、各级政府不同部门乃至全社会的共同协作，其组织关系非常复杂。在和平时期，国民经济动员演练是检验国民经济动员准备情况的重要措施，但实战演练的成本高，需要消耗大量的时间、资金、物力和财力，且演练只能针对特定的演练内容，在特定的条件下对动员过程进行推演，在演练过程中不能灵活地调整演练对象与演练内容。为了解决国民经济动员实战演练成本高、灵活性低等问题，需要探索基于计算机仿真的国民经济动员演练新模式，开发国民经济动员仿真演练系统。

国民经济动员仿真演练系统目标：通过虚拟的网上仿真演练，使包括国家、军区、省、地市各级国民经济动员动员管理部门人员掌握动员程序，了解动员预案的实施过程，熟悉动员环境，从而提高其组织协调能力、快速反应能力和应急决策能力；同时依据军事需求，针对相关国民经济动员预案实施过程进行仿真演练，对预案体系及编制内容的合理性和有效性进行检验，并能够为修正已有的预案和编制新的预案提供理论科学依据。建设一个有限范围的国民经济动员预案仿真演练系统，围绕综合/行业（管理类型）预案，主要涉及动员指挥程序、工业动员、医疗卫生动员；企业（执行类型）预案，主要涉及物资生产预案、医疗抽组预案。针对一般经济动员预案及相关补充预案（为解决预案执行过程中的缺项和异常情况，而制定的相关动员预案）实施网上仿真演练，从而达到检验各类预案的合理性和有效性的目的；通过仿真演练，能够逐步生成动员预案或对已有预案进行修正，从而实现动员预案的实时生成；通过虚拟的网上仿真演练使各级动员管理部门人员掌握动员程序，了解动员预案的实施过程，熟悉动员环境，从而提高其组织协调能力、快速反应能力和应急决策能力。

国民经济动员仿真演练系统的研制工作需要从动员程序、演练方法、功能框架和系统实现 4 个层次展开，动员程序层是对国民经济动员组织结构、指挥协调关系、动员指挥程序及其涉及的突发情况进行抽象和提取，为动员演练需求分析和建模提供基础。演练方法层是对演练需求建模、演练情景生成、演练评估等方法进行技术实现，为演练需求规范化描述和演练情景灵活构建提供支持。功能框架层是基于 HLA 和 EBAT 团队仿真训练方法，应用团队仿真训练功能框架、仿真事件调度、并行仿真策略和仿真数据收集等技术解决方案，对具有通用性的团队仿真训练功能框架进行技术实现。系统实现层应用所提出的通用的团队仿真训练功能框架，实现演练管理、事件调度与仿真控制、人机交互与自动仿真训练模型和演练评估等功能。

8.3.2.2　系统的意义

整个演练流程既包含宏观的动员管理过程，又包含微观的物资生产、医疗抽组、交通运输及技术保障过程。而且，由于计算机仿真演练的可重复性，系统的使用可大大节省国民经济动员预案演练的费用[2]。研制国民经济动员预案仿真演练系统，可以充分利用计算机分布式仿真的优势，在网上进行国民经济动员的仿真演练，节省了时间、人力物力，检验动员预案的合理性和有效性，提高经动人员的实际动员的能力。对于经济动员的复杂环境和流程，演练剧情能更高效、更灵活控制仿真演练的发展，从而达到更好的演练效果。

8.3.3　国民经济动员预案仿真演练系统的演练需求

8.3.3.1　演练角色

目前，我国国民经济动员管理机构类型主要包括国防动员委员会（国动委）、国民经济动员办公室（经动办）及其行业组等。动员执行单位是指承担国民经济动员任务的企事业单位。由国民经济动员组织系统特点可知，国民经济动员组织机构可以按行政级别、地区和机构类型进行分类，相同行政级别和机构类型的国民经济动员机构具有相似的国民经济动员职能。为此，国民经济动员预案仿真演练系统可以根据国民经济动员机构类型和行政级别对所有可能涉及的演练对象进行抽象，提取典型的动员机构作为仿真演练系统的演练对象类型，即演练角色。演练角色主要包括导演部、国动委、经动办、行业组、物资生产单位、专业保障队伍、物资征用单位、交通运输单位等。根据不同的行政级别，系统提供相应的演练角色，从而确定演练角色之间的基本行政级别关系。

由演练情景构建需求分析可知，由于没有统一规定的国民经济动员组织结构及动员流程，这就要求参与动员演练的演练对象需要根据不同演练地区、行政级别和演练内容进行动态配置和调整。仿真演练系统通过应用基于"角色—事件—规则"的演练情景生成方法，使得对于不同的演练目的和内容，演练角色的级别和类型可以动态调整和扩展。不同级别和类型的演练角色经过实例化之后，则可以扮演具体的导演机构、动员指挥机构与动员执行单位，以构成不同的动员组织结构。演练角色实例化过程是，通过设置各参演单位的演练角色属性特征（名称、地区、级别等），以及各单位所适用的动员组织协调关系（平级、上下级、行业组配置等）和指挥程序（潜力核实流程、完善组织机构流程等），形成参加演练的具体演练对象。

8.3.3.2   演练阶段

演练流程依赖于演练方案，而制定演练方案有两种方式：一是事先已有明确的国民经济动员预案，根据相关动员管理机构与国民经济动员单位预案，提取预案编制主体与执行单位作为演练对象，并自动提取预案的相关信息，作为演练方案基本情况、演练任务、演练对象、基础数据及演练参数，生成演练方案；二是事先没有明确的预案，根据参加演练的地区和演练任务，通过系统添加新的演练方案。确定演练方案后，可以根据演练方案选择抽象情景，并设置演练流程配置参数，自动生成演练情景。演练流程的最终确定还依赖于演练过程中的人机交互过程及仿真模型计算，即演练活动是否执行、由谁执行、什么时候执行是动态确定的。

每个演练阶段都由不同的事件构成，通过各种不同事件的组合和重用，形成不同的演练流程，并由不同演练对象予以响应，从而实现对国民经济动员程序的训练。为了使演练方案制定者能更为方便地选择合适的抽象情景，在分析目前中国较为典型的国民经济动员组织结构和工作程序特点的基础上，针对基本指挥模式、无行业组指挥模式、有行业组指挥模式和国动委下达任务指挥模式所涉及的动员实施过程，系统专门设定了 4 套不同的抽象情景，以满足大多数情况下的演练需求。同时，也可以通过对演练角色、事件及抽象情景进行必要的扩展而方便地满足较为特殊的演练需求的需要[3]。

8.3.4   国民经济动员预案仿真演练系统的系统结构

8.3.4.1   软件体系结构

国民经济动员预案仿真演练系统是在基于高层体系结构（HLA）的分布式交互仿真软件平台基础之上开发的一套支持多用户分布式网上仿真演练软件系统，该软件系统将分布式交互仿真技术应用于多用户联合模拟训练，同时系统集成了视频会议系统、文书管理系统、预案管理系统等。

该软件系统可以分为 4 个层次：系统服务层、系统管理层、演练服务层和演练通用服务层。

系统服务层，主要实现建立和维护基于 HLA 分布式仿真演练系统联邦、联邦成员，并负责在演练过程中提供 RTI 分布式仿真服务，包括联邦管理、声明管理、对象管理、所有权管理、时间管理和数据分发管理。

系统管理层，主要实现演练系统管理与演练的总体控制功能，具体包括演练系统基础数据管理、演练系统管理、演练方案管理、演练脚本管理、演练过程控制、演练过程的监控与显示以及演练系统分析评价。

演练服务层，主要实现各演练对象仿真演练功能。具体包括国动委（省级、地市级）、经动办（省级、地市级）、物资生产企业、医院、交通运输单位、技术保障单位。

演练通用服务层，主要实现演练过程中为各参演对象提供通用化功能，具体包括预案管理、文书管理、视频应急指挥、演练控制、监控与显示以及演练子系统分析评价。

8.3.4.2   硬件体系结构

国民经济动员预案仿真演练系统硬件体系结构主要由服务器平台、网络平台与仿真演练终端 3 部分组成。

第一部分为服务器平台，主要包括 RTI 分布式交互仿真演练服务器（IBM NF5100PC 服务器）、视频会议 Web 服务器（IBM PC 服务器）、仿真演练系统数据库服务器（SUNE450 企业级服务器）、视频会议数据库服务器（IBM PC 服务器）、文书管理数据库服务器（SUN 企业级服务器）。

第二部分为网络平台，主要包括以太网网络设备（Cisco4006、4003、2950 部门级交换机），提供 100M 和 1000M 速率的以太局域网环境；广域网络接入网络设备（Cisco2621 企业级路由器），提供 100M 和 1000M 速率的广域网接口，无线网络接入设备（AVAYA AP100），提供 11M 速率的无线网用户接口。

第三部分为仿真演练终端，主要由商用 PC 计算机或笔记本电脑构成，可通过局域网、广域网或无线网 3 种不同方式灵活地接入至仿真演练系统中。

8.3.5　国民经济动员预案仿真演练系统的功能、内容及演练方式

8.3.5.1　国民经济动员预案仿真演练系统的功能

国民经济动员预案仿真演练系统根据各个参演实体的需求分别提供了 10 项功能，包括系统管理、基础信息管理、预案管理、方案管理、脚本管理、演练管理、监控与显示管理、视频应急管理、文书管理与分析评价功能。

1．系统管理

系统管理功能主要实现 RTI 注册，即实现分布式仿真演练系统的建立，具体功能描述如下。

（1）用户输入仿真演练系统名称、演练序号、参演单位编号。其中演练序号的编码规则如下：

① 演练序号总共 10 位，前 8 位为当前日期编号，后 2 位为仿真脚本流水号。考虑演练序号为如下形式。

② ××××××××（前 8 位）××（后 2 位）。

③ 顺序为当前日期编号+仿真脚本流水号。

④ 20060628+01。

（2）系统根据参演单位编号，自动获取并显示单位名称、单位类型及单位类别。

（3）系统提供仿真演练参数调整功能，即演练过程中可以根据需要调整演练时间推进进度，目前系统支持三种推进速度（小时、分钟、秒）。

2．基础信息管理

基础信息管理功能主要实现实体基本信息与各演练实体（子系统）演练基础信息的分类管理，即实现仿真演练系统的基础数据准备与维护。

实体基本信息用于描述演练单位的基本情况。演练基础信息主要包括：国动委组织机构、职务、人员信息；经动办动员单位、动员潜力数据、运输参数信息；物资生产企业产品、生产线、原材料、设备、人员、能源信息；医院人员、设备、药品资源信息与医疗任务配比信息；交通运输单位运输物资属性数据、运输参数、运输路段信息。系统提供了基础数据的添加、删除、编辑、保存与现实功能以及潜力数据导入与交通地图数据导入功能。

3．预案管理

预案管理子系统作为仿真演练的演练剧情、参演单位及演练任务内容的输入者和输出者角色，它主要负责各类动员预案的组件与模板管理、预案管理功能。

　　具体功能主要包括预案组件、模板生成与显示；预案生成，显示，查询，检验；预案文档生成与发布；预案接口（导入/导出）。

4．方案管理

　　演练方案管理在整个国民经济动员预案仿真演练中处于一个很重要的位置，它是仿真演练的基础，整个仿真演练的运行都依赖于演练方案的制定。它需要配置每次仿真演练的初始化信息，包括演练基本信息、演练任务及参演单位。演练就是依据方案中的配置进行的，例如，各个参演单位加入演练系统，参演单位获得各自的基础信息，参演单位对演练方案设置的演练任务进行分析与执行的等。

　　演练方案在整个演练过程也不是一成不变的，演练的过程同样可以影响方案，方案与演练过程存在交互，如某些参演单位可以对任务进行进一步的分解，随着任务的逐级分解、下达与执行，可能需要在演练过程中加入新的参演单位。这些将会使得演练方案发生相应的变化，得到进一步地完善，直到演练过程结束，整个演练方案才会最终确定下来，成为有参考价值的历史方案。

5．脚本管理

　　演练脚本是演练过程的事件执行序列，通过它可以辅助控制演练流程。根据演练的目标不同，可以设定不同的演练脚本，进而促使演练流程向不同的方向发展，以达到预想的演练目标。演练脚本就是要能够达到灵活控制演练流程的目的。

　　演练脚本主要控制导演部、省、地市国动委与经动办演练实体脚本控制事件的执行顺序和执行单位，即在演练脚本中应明确给出以上参演单位的具体单位执行的具体事件流程。脚本控制事件的选取主要是为了反映演练的主体流程，因此只选取了各实体的主体流程事件，演练过程中将根据脚本控制事件和系统事件调度规则调度执行响应的事件。

　　演练脚本主要用于：

　　（1）演练过程中，各参演单位随时查询，从而使演练人员了解本次演练的基本过程。

　　（2）演练过程中，系统将根据当前演练事件执行的情况，将所有允许执行的演练脚本控制事件自动加入到演练执行事件列表中，从而引导演练人员处理响应的事件。

　　（3）演练结束，导演部分析评价功能将针对演练脚本与参演单位实际执行的事件顺序和执行单位进行对比，并给出结果。

6．国民经济动员预案仿真演练系统的监控与显示管理

　　本系统监控与显示管理分为两个层次：一是导演部针对整个演练系统提供系统级监控与显示功能；二是其他演练实体系统提供实体级监控与显示功能。

　　（1）导演部监控与显示功能。

　　① 演练实体结构图，即显示当前演练方案中各实体上下级关系，以及实体是否加入演练系统的状态。

　　② 演练系统信息，即演练总体信息，如演练序号、执行状态、执行阶段、开始时间、当前时间、推进时间等。

　　③ 演练执行信息，即演练过程中导演所执行的各种事件处理信息。

　　④ 演练单位实时信息，即实时监控并显示各实体的主机名、IP 地址、演练时间、前瞻量、基础信息名称等信息。

⑤ 演练交互信息，即演练过程中各实体之间的实时交互信息。

（2）其他演练实体监控与显示功能。

① 各演练实体主界面显示演练系统参演单位结构图、演练流程图及演练消息。

② 演练实体提供单位基本信息及资源信息显示。

③ 演练实体（国动委）提供任务、异常、缺项及运输需求相关信息、执行进程及处理状态等信息显示。

④ 演练实体（经动办）提供潜力数据、任务、异常、缺项及运输需求相关信息显示，以及潜力核实、任务、异常、缺项及运输需求执行进程与处理状态等信息。

⑤ 演练实体执行态势显示，如交通运输企业 GIS 运输态势、医院医疗抽组集结准备与集结态势、物资生产企业生产态势。

演练实体（物资生产企业、医院、交通运输单位）提供实时监控功能，即演练过程中实时显示当前的动员任务的执行进度，资源的使用状态信息等。

7．国民经济动员预案仿真演练系统的食品应急指挥

本系统通过采用远程的视频会议系统，建立了分布式可视化应急指挥系统，可以模拟经济动员过程中的应急指挥程序。

系统具体功能包括：

（1）会议的添加、修改、删除以及会议保存信息。

（2）会议的选择与加入以及与会单位的动态选择功能。

（3）通过网络发送会议开始及结束通知及接收会议开始及结束通知回复。

（4）实时跟踪记录会议执行进程并修改会议状态。

8．国民经济动员预案仿真演练系统的文书管理

本系统提供了基于数据库的分布式文书作业管理系统，可实现文书在线编辑和快速自动生成以及网络传输。文书作业管理功能内嵌在仿真演练实体子系统之中，使文书作业演练与动员信息化指挥系统统一起来。同时文书作业管理又可以作为独立的功能模块使用。

系统具体功能包括：

（1）文档模板（预先号令、动员复员令、决心建议、保障决心、情况通报等）管理，可以根据演练需要增删文档模板并保存在文档模板数据库中。

（2）系统提供了文档的新建、修改、删除，文档的发送，文档的搜索，文档的打印，以及文档从本地磁盘到数据库的导入和导出功能。

（3）系统生成文档时，可自动调出预定格式的文档模板，参演人员根据实际任务进行修改、完善文档，并通过网络发送给相关参演单位。同时可把文书保存在文档数据库服务器中，以供日后查阅、分析评价和审核。

（4）系统提供文书的网络传递功能，并提供演练过程中文书的发送或接收日志。

9．国民经济动员预案仿真演练系统的分析评价

本系统通过提供多种分析评价指标，对仿真演练的所达到的效果进行统计评价，以方便用户对仿真演练系统有总体把握。

本系统提供导演部系统分析评价和演练实体分析评价。导演部系统分析评价是导演部通过监控所有演练实体执行信息，从而提供对整个演练系统分析评价。演练实体分析评价则可针对各演练实体子系统演练情况进行记录和分析评价。

8.3.5.2　国民经济动员预案仿真演练系统的演练内容

国民经济动员预案仿真演练系统可对国家、战区、省、地市级的综合预案、专项预案以及物资生产、专业保障队伍抽组、物资征用等预案进行仿真演练，也可根据给定动员任务进行仿真演练。由于系统在演练对象、演练任务类型及情景方面均具有可扩展性，可通过配置新的演练对象和动员任务类型，实现对更多类型的动员预案进行仿真演练。

根据国民经济动员预案仿真演练的总体流程，系统提供了 8 种演练内容：预案管理与检验、预案生成与修正、动员组织程序、任务分析、文书作业管理、视频应急指挥、异常和缺项管理、演练方案分析评价。

1．预案管理及检验

预案管理的思路是通过对预案进行组件化的管理，从而实现灵活地可扩展的预案生成，修改。

预案检验主要包括预案自身数据的准确性和完整性的检验，还包括预案体系检验，即上下级预案之间的相关联数据的准确性和完整性的检验。其检验都是围绕任务进行的。

2．预案生成与修正

系统通过对已有预案的仿真演练，从而验证预案的基本方案和主要程序是否合理有效；通过仿真演练，逐步生成动员预案或对已有预案进行修正，从而实现动员预案的生成。

3．动员组织程序

系统可以管理和维护平时组织机构和人员，在非常时期根据平时机构组建战时组织机构。通过对战时组织机构进行动态管理，包括对机构设置、人员调配来模拟动员组织机构调整的过程，使得参演者可以熟悉和掌握在不同情况下的动员组织程序。图 8.2 是动员组织程序示意图。

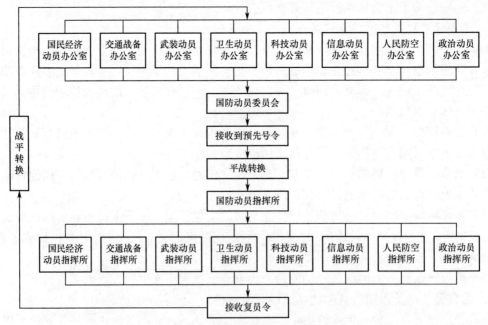

图 8.2　动员组织程序示意图

4．任务分析

分析不同任务需求情况，提出相应的动员潜力释放规模和动员能力分配方案。

任务分析方式：根据现有潜力数据分析，已有相关预案补充完善。

图 8.3 是任务分析的示意图。

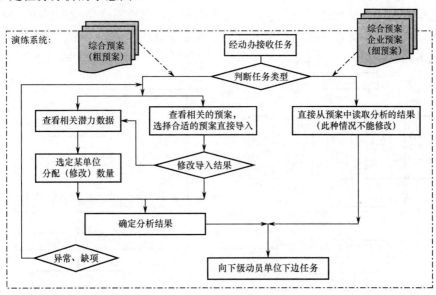

图 8.3　任务分析示意图

5．文书作业管理

文书作业管理功能包括了各种文档模板（预先号令、决心建议、情况通报等）的管理。系统可自动调出相应的规定好格式的模板，参演人员根据实际任务修改、完善文档，并发送到相关参演单位。也可把文书保存在文档服务器中，供日后分析评价和审核使用。文书作业管理功能内嵌在仿真演练系统之中，使文书作业演练与动员信息化指挥系统统一起来。图 8.4 是文书作业管理功能图。

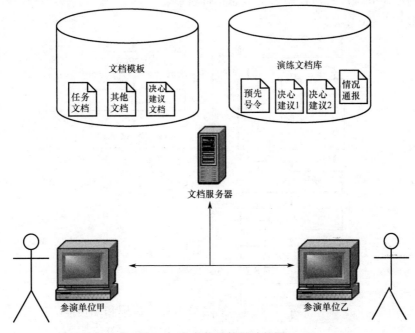

图 8.4　文书作业管理功能图

6．视频应急指挥

采用远程的视频会议系统，建立了可视化指挥系统，可模拟应急指挥程序。视频应急指挥系统可进行组织机构调整、文书文档下达、指挥命令下达等仿真演练。图 8.5 是视频应急指挥系统结构图。

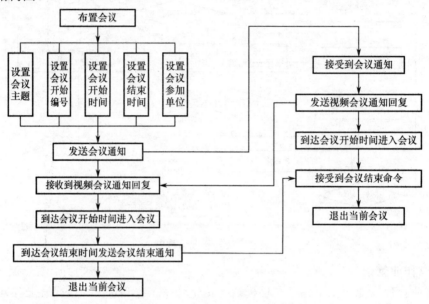

图 8.5　视频应急指挥系统结构图

7．异常与缺项管理

通过设置被动员单位的各种异常和缺项，模拟对各种突发事件的发生、造成的影响，训练参演人员的应急处理能力，检验演练应急指挥机制。

异常设置（图 8.6）：

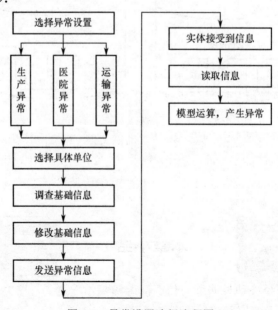

图 8.6　异常设置选择流程图

缺项管理流程（图 8.7）：

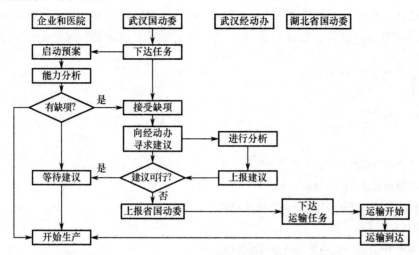

图 8.7 缺项管理流程图

8. 演练方案分析评价

　　系统通过提供多个分析评价指标，对仿真演练所达到的效果进行总体评价、实体阶段评价和具体事件的评价。整体评价是对演练系统进行事件发生总数、总时间、总成本的评价。阶段评价是对仿真实体的各阶段进行事件记录信息查询、阶段总时间、阶段总成本、阶段事件平均时间、阶段时间平均费用的评价。事件评价是对仿真实体各阶段各事件进行发生总数、频率、事件总时间、时间总费用、事件平均时间、事件平均费用的评价。图 8.8 是分析评价结构树。

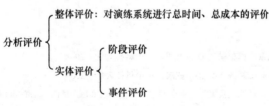

图 8.8 分析评价结构树

8.3.5.3 国民经济动员预案仿真演练系统的演练方式

　　国民经济动员预案仿真演练系统提供了"向导式"和"学习式"两种演练方式。"向导式"演练是由系统根据预先设定的演练程序，将用户需要处理的事件自动提示出来，指导用户按步骤处理。"学习式"演练是由系统将用户需要处理的相关所有事件列出，由用户根据当前的实际情况，选择真正需要执行的事件进行处理，若用户选择错误事件，则系统将立即提示用户，并进行错误操作记录，以便系统进行分析评价[2]。

本章小结

　　本章首先介绍了国民经济动员演练与仿真演练的基本理论，对国民经济动员演练与仿真演练的定义、内容、原则及意义等进行了简单阐述，随后介绍了高层体系结构（HLA）的基本原理和技术难点，并基于分布式交互仿真技术研究了基于 HLA 的分布式仿真演练功能框架，本章最后在分析国民经济动员预案仿真演练系统的系统目标和演练需求的基础上，对系统体系结构和主要功能进行了设计与实现，并阐述了国民经济动员预案仿真演练系统的演练方式。

思考题

（1）简述国民经济动员演练的定义、内容及基本程序。

（2）简述国民经济动员仿真演练的原则和意义。

（3）你认为国民经济动员仿真演练还应遵循哪些原则？

（4）谈谈你对 HLA 的基本认识。

（5）说说你对基于 HLA 分布式演练功能框架的认识。

（6）简述国民经济动员预案仿真演练系统的意义。

（7）简述国民经济动员预案仿真演练系统的基本程序。

（8）如何理解国民经济动员预案仿真演练系统的演练角色和演练阶段的需求，除此之外，你认为还有哪些需求需要注意？

（9）描述你所理解的国民经济动员预案仿真演练系统的系统结构。

（10）简述国民经济动员预案仿真演练系统的功能和内容。

参考文献

[1] 刘本旭.国民经济动员仿真演练系统框架研究[D]. 武汉：华中科技大学，2008.

[2] 王红卫.国民经济动员预案仿真演练系统教程[R]. 武汉：华中科技大学，2006.

[3] 王红卫，王剑，陈曦.国民经济动员管理决策与仿真演练方法、技术及其应用[M]. 北京：科学出版社，2013.

[4] 吴昊，费奇.基于 HLA 的国民经济动员仿真演练系统中的层次联邦设计[D]. 武汉：华中科技大学，2006.

[5] 余明晖.基于高层体系结构（HLA）的国民经济动员仿真演练系统[J]. 科技进步与对策，2004.

下篇：国民经济动员决策支持系统的设计与实现

第9章 基于多主体的国民经济动员系统仿真方法

多主体系统的发展源自人工智能领域的一个分支学科——分布式人工智能。多主体系统解决问题的方法是把问题分解为多个程序片段或主体，每个程序片段或主体拥有各自独立的知识或专业经验，通过联合或群集的方式，一群主体能够找到比单个主体更优的解决策略。由于多主体系统中的程序片段——主体可以非常好地表征一个独立的经济主体（人或组织），而社会科学界研究的目标恰恰是由大量个体或组织构成的集合行为，所以多主体系统很快被引用到社会经济系统的模型研究中。基于多主体的计算机模型，简称为多主体模型。新时期国民经济动员系统（National Economy Mobilization System，NEMS）内外部环境的变化要求系统具有较强的适应性，能够快速地完成动员任务。Swarm 是美国圣菲研究所开发的一种基于主体技术和复杂适应系统理论的建模与仿真平台，利用该平台可对一些复杂系统进行建模与仿真。基于 Swarm 平台进行系统仿真需要研究人员精通一门面向对象的程序开发语言（Objective C 或 Java 语言），同一领域的系统具有相似的结构，利用 Swarm 设计一般性的领域模型框架，针对领域内的研究问题将仿真框架实例化，就会有效地降低建模与仿真程序开发的难度，将更多的时间用于分析、模型设计。

9.1 多主体建模与仿真的一般流程

9.1.1 多主体建模步骤

在基于主体的建模过程中，首先要对需要仿真的系统进行面向主体的分析，然后对涉及的各个主体进行建模，其过程可以简要地概括为以下几个步骤。

1．对仿真系统进行需求分析

面向主体的需求分析是一种独立于计算域的分析方法，目的是获得某一类问题的求解模式而不是为了获得一定的、完全的软件规范，因此这种分析结果具有更大的稳定性和可复用性，尤其适合于复杂仿真系统的分析。

2．对任务进行分解，确定所需要的主体的种类

在需求分析的基础上对仿真系统的功能进行划分，并将分解后的任务分配给相应的主体。在任务分解后可以确定系统所需要的主体的种类以及每种主体的功能。

3．对每一种主体进行分析、设计和建模

在面向主体的仿真系统中，主体是行为实体，在一定状态下能对外界事件做出响应，即能够完成某些活动，如进行状态转换或产生新的事件。对主体的描述需要包括 3 个方面：主体与外界的交流渠道、主体内部的推理方式以及主体对外界变化的动态反应行为。采用人工智能中的符号/逻辑方法构造的主体具有环境模型，并且其决策是通过逻辑推理模式匹配和符号操作实现的。另一种反应式主体的实现则不包括复杂的符号表示方式，而是简单地将感知的输入直接映射成动作。这两种主体结构都具有一定局限性，于是提出了混合式主体结构。在这种结构中将主体分解为多个子系统，并将其排列成层次化的、相互交互的等级结构，而不同层次对应不同的信息抽象水平，共同实现主体的反应行为能力和预动行为能力。

对于仿真系统中的主体，根据需要可以按照不同的结构进行设计。针对各种主体需要实现的功能，抽象出主体的特性、能力，确定需要使用的通信语言，并根据需要为主体建立相应的知识库，设计相应的推理机制。

4．根据主体之间的通信需求和协作需求，建立仿真系统的基本框架

在对系统中的主体进行设计与建模后，再根据主体之间的需要建立通信机制和协作机制，这样就可以建立起整个仿真系统的基本框架。

9.1.2　模型的迭代与重构

在使用多主体建模方法为复杂系统建模时，除遵循前面介绍的一般流程外，还应当注意上述流程中的迭代性。在实际研究中，很难做到完成一次流程就达到了研究的目标，许多时候我们都需要在原始模型的基础上反复重构，不断修正，才能设计出好的模型。因此，在设计模型的各阶段中，主要遵循以下原则：

（1）尽可能简化真实世界的问题，只保留那些对解答问题必不可少的内容。

（2）在设计主体时，重点放在主体行为与交互作用的规则上，其次考虑可能需要的各种随机因素。

（3）在用随机数时，应尝试着换用不同的随机数产生方式或随机数种子，多次运行模型，并从各个运行中收集数据进行统计。

（4）模型结果出来后，要尝试去理解主体行为的简单规则是如何导致观测到的系统总体的行为现象，特别是模型运行结果反常时，这一点更为重要。

（5）调节系统的参数，确定影响系统行为的关键因素以及不同参数的变化对系统整体行为影响的程度与方式。

（6）如果可能的话，进一步简化模型，或必要时添加新的考虑因素。

（7）如果在研究过程中发现严重的假设错误，则需要对模型全部重构[1]。

9.2　基于多主体的国民经济动员系统建模方法

9.2.1　NEMS 的总体结构

本节主要介绍国民经济动员系统的基本框架。在基于多主体的国民经济动员系统总体框架中，系统分为主体层、运行层、政策与机制层、公共资源层（图 9.1）。

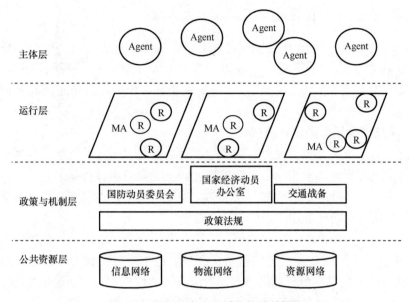

图 9.1　国民经济动员系统的总体框架

1．主体层

主体是实际执行和完成动员任务的实体，包括实际拥有资源的动员企业、动员中心和在动员任务执行过程中发挥协调作用的各级经济动员办公室。主体层描述了各个主体的功能结构，同时也反映了主体之间的关系。在分析国民经济动员系统总体框架时引入了角色及角色建模方法，认为经济动员系统中主体的灵活性、适应性以及系统的复杂性，源于主体在不同的环境下可以扮演不同的角色。国民经济动员系统是由各种类型主体构成的，但是系统的组织结构是通过主体所扮演的不同角色实现的。因此，在定义主体时需要重点描述主体如何通过角色机制实现系统复杂的关系。通过角色机制主体层可以反映国民经济动员系统静态的结构。

2．运行层

运行层是 NEMS 动态运行机制的综合体现，以构建虚拟动员组织为核心的运行方式，类似于面向对象建模方法中的事件驱动模型。在运行层中，根据动员任务定义了不同的动员联盟，其由角色与角色之间的关系构成，主体层中的主体与这些角色相匹配，构成动员联盟的实体。在运行层中可以同时存在多个动员联盟。

3．政策与机制层

政策与机制层建立了系统运行的规则和法律环境。政策法规是指保证经济动员系统顺利运行的法律环境，如《中华人民共和国宪法》《中华人民共和国国防动员法》《民用运力动员条例》等。另外，在这个层中也包括了系统内的特定组织机构，如国防动员委员会、国家经济动员办公室等。

4．公共资源层

公共资源层主要指支撑国民经济动员系统运行的各种公共资源，是国民经济动员系统的运行基础。

9.2.2 NEMS 中主要模型的设计与实现

由于国民经济动员系统属于复杂的大系统，很难建立系统的总体模型，系统的运行规律主要是通过环境主体与系统成员主体以及系统成员主体之间的相互作用体现的。在对 NEMS 进行建模时，主要建立 3 类模型：一是系统环境模型；二是系统成员模型；三是系统交互模型。

9.2.2.1 系统环境模型的设计与实现

国民经济动员系统主要负责应对各类紧急事件，而紧急事件的现状、发展情况以及为处理紧急事件而出现的资源需求构成了系统的环境。由于紧急事件种类丰富，发展方向和趋势也各不相同，很难建立针对每一种紧急事件的系统环境模型。本书通过定义预警 Agent 来反映系统环境的变化或动员任务和需求的产生情况。

预警 Agent 属于一种典型的反应主体，用于向所属协调 Agent 报告各种突发事件。每个预警 Agent 负责一定区域紧急状况的监督，一旦紧急事件发生就会将警情信息传递给协调 Agent。预警 Agent 是危机预警机制的体现，目前我国的危机预警和报警机制还不健全，从而造成经济动员系统不能及时有效地接收动员任务和紧急事件的相关信息。危机预警与报警机制是目前经济动员系统所欠缺的环节。

预警 Agent 实际上是危机预警报警子系统的抽象模型，属于动员系统的一部分。目前，尽管一些行业和部门建立了预警机制，但是我国的国家应急机制还不完善，各种资源信息无法整合，资源的利用效率低下。另外，由于缺乏统一的预警机制，经济动员系统接收警情信息滞后，无法及时地启动各种应急预案，因此，本书在经济动员系统中加入预警报警机制。预警 Agent 代表了经济动员系统中的预警与报警子系统，主要负责描述系统环境。

预警 Agent 实际上是一种反应型主体，在设计预警 Agent 时主要基于如下假设：主体行为的复杂性是主体运行环境复杂性的反应，而不是主体内部结构设计的反应[2]。

本书采用刺激——反应模型来构建预警报警子系统，预警 Agent 感应系统环境的变化，及时将警情信息传递给协调 Agent。图 9.2 显示的就是预警 Agent 主要功能框架。

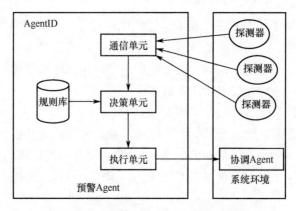

图 9.2 预警 Agent 主要功能框图

预警 Agent 通常与外部的探测器相连，这些探测器（如报警电话、监视器等）主要用于收集所辖范围内的紧急事件信息。下面以地震信息传递为例来描述预警 Agent 响应警情的过程。当地震信息传递到预警 Agent 时，预警 Agent 根据警情信息和规则库内的相关信息进行判断，得出结论是否将警情信息传递给协调 Agent。警情信息由警情的种类、产生时间、接收警情的主体、所处的位置等相关信息构成，可以描述为如下形式：

```
Message=<MsgID,TargetAgent,SendTime,Data,Location>
Data=<MatterKind, Damage>
```

预警 Agent 是一种典型的"刺激—反应"模型。每一个预警 Agent 实际上由多个探测器和逻辑单元组成的。规则库是预警 Agent 的重要组成部分，通过对探测器得知的信息根据规则库中的规则进行判断，得出是否发出警情的结论。预警 Agent 的规则库是由多个 ECA 规则组成的集合。一条 ECA 规则由 3 个部分组成，其基本形式为

```
WHEN Events
    IF Conditions THEN
        Action
ENDWHEN
```

另外，本书简化了对系统环境的描述，系统环境的变化情况主要是通过预警 Agent 反映的。预警 Agent 反映紧急事件的内容主要包括以下几个方面：
（1）记录、报告紧急事件的基本情况。
（2）确定动员需求。
（3）报告紧急事件的变化情况，主要通过需求信息的变化来体现。

在 NEMS 中系统成员与环境的交互主要是通过预警 Agent 来反映和实现的。另外，动员需求不但由预警 Agent 产生，系统的运行结果也直接作用于预警 Agent。由于经济动员系统处理的事件种类丰富，因此会产生多种不同的动员需求，有些需求可能是离散的，而有些是连续的，有些动员需求还有可能满足某种函数分布，如泊松分布、正态分布等。

下面使用有限状态机来描述预警 Agent 的内部运行机制。一个状态机表示一个行为，它说明对象在它的生命周期中响应事件所经历的状态序列及它们对那些事件的响应。在 UML 中状态机用于对具有事件驱动特性的动态行为进行建模，可以采用状态图和活动图两种方式对状态机进行建模。二者之间的差异在于：活动图强调对有多个对象参与的活动的建模，而状态图更强调对单个反应型对象建模。预警 Agent 的运行机制可以通过内部状态的转变来描述，更适合采用状态图来描述（图 9.3）。

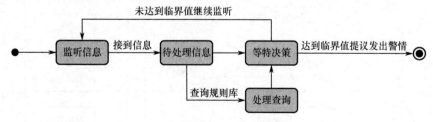

图 9.3　预警 Agent 的状态图

9.2.2.2　系统成员模型的设计与实现

NEMS 中成员建模的主要目的是确定主体由哪些模块组成以及这些模型的内部功能和结构。主体之间如何交互信息，主体感知到的信息如何影响它的行为和内部状态以及如何整合

主体的各项功能使之成为有机的整体。对于国民经济动员系统来说，系统成员主体主要分为两大类：一类是协调 Agent；另一类是资源 Agent。协调 Agent 代表各级经济动员办公室，属于一种典型的慎思主体。协调 Agent 掌握所辖区域内各资源 Agent 的基本信息，并且存储处理各种紧急事件的预案，并根据具体情况动态生成满足动员需求的方案。根据我国国民经济动员系统的结构，协调 Agent 根据所处的层次分为不同的等级。协调 Agent 的功能是对各级经济动员办公室职能的抽象：

（1）通过国民经济动员潜力调查，掌握我国经济资源的地域分布、储存量和可动员量；

（2）建立国民经济动员中心，以便在紧急事件发生时快速地调集资源；

（3）编写处理各种紧急事件的预案；

（4）建立处理紧急事件的各部门和各行业的协调机制；

（5）战争爆发时，调集各种经济资源应对战争，必要时将国家经济运行状态由平时状态转变为战时状态；

（6）在处理紧急事件时，为决策者提供各种资源的信息和处理事件的预案，并对预案进行修改生成可执行方案。

在处理紧急事件时，各级经济动员组织主要发挥参谋职能，为决策者提供咨询服务，与决策者共同构成决策层。

资源 Agent（如动员中心、各动员企业、医疗系统、公安系统、消防系统）属于混合主体，具备较强的独立性和自主能力，协调 Agent 采用多种不同的方式与资源 Agent 进行协调。资源 Agent 拥有一种或者几种用于处理紧急事件的资源，实际上是动员能力的储藏地点。这里的动员能力包括储备量和生产能力两种，在定义资源 Agent 时，我们需要下列信息记录资源 Agent 的动员能力：

动员潜力信息=[资源的种类，资源储备量，资源的可动员程度，资源的生产能力]

1．协调 Agent 模型的设计与实现

在构建国民经济动员系统模型时需要抽象各组成部分的职能，协调 Agent 的功能结构如图 9.4 所示。

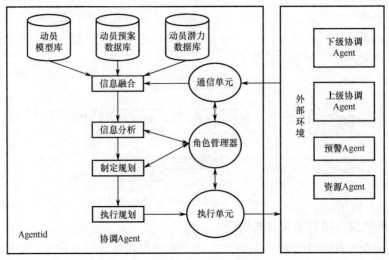

图 9.4　协调 Agent 功能结构图

1）通信单元

通信单元用于接收预警 Agent 和资源 Agent 以及其他协调 Agent 传递来的信息，并根据信息所属的角色进行分类，然后将这些信息传递给角色管理器的不同角色单元。另外，如果该协调 Agent 成为完成某一动员任务联盟的盟主时，该主体的通信单元将成为该动员联盟的通信服务器。

2）动员能力数据库

动员能力数据库主要存储所辖地区经济资源的潜力信息。潜力调查是国民经济动员系统的主要工作内容之一，在这些调查活动中获得了大量的动员潜力信息，这些信息主要存储在协调 Agent 的动员能力数据库中。动员能力数据库成为进行快速动员决策的信息基础。

动员能力信息主要包括所辖范围内资源的储存量、生产能力和扩产生产能力，以及资源的分布地点等重要信息。动员能力数据库对资源的划分可以有多种方式，如资源按照种类来划分、按照地区来划分等。

另外，协调 Agent 并不直接拥有或支配资源，这些资源往往存在于资源 Agent 中，如动员中心、动员企业等。平时状态下，协调 Agent 只负责搜集下属资源 Agent 的资源潜力信息。当紧急事件发生时或执行动员任务时，协调 Agent 被赋予一定的权利和责任可以直接或间接地控制和支配资源 Agent 中的动员能力。

3）动员预案数据库

动员预案数据库主要存储处理各类紧急事件的预案。预案实际上是为处理各种紧急事件预先制定的计划。预案和潜力资源是进行快速动员的基础。预案数据库是协调 Agent 的重要组成部分。预案功能是协调 Agent 智能化的重要表现形式之一。通过修改预案可以形成动员联盟的组织方案和执行动员任务的资源调度方案。

4）动员模型库

动员模型库是一种共享资源，其中的模型可以重复使用。另外，模型库中的模型可以通过多种形式进行组合，以解决更加复杂的问题。模型库除了存储各类资源调度算法和形成动员决策的各类模型之外，还含有数据处理模型、图形/图像模型、报表模型等。

5）角色管理器

由于协调 Agent 在国民经济动员系统中扮演不同的角色或担任其他系统中的角色，而这些角色之间经常会发生冲突。为了便于协调 Agent 管理执行任务时产生的大量信息和消减角色之间的冲突，在协调 Agent 中可以设立角色管理器用于区分不同的动员任务。角色管理器可以对不同角色的相关信息进行集中管理，当一个角色任务出现时，角色管理器将与角色有关的所有信息融合在一起由角色管理器的决策模块进行决策。角色管理器是协调 Agent 的核心组成单元，主要负责根据任务的特点形成不同的角色，以用于管理不同任务的决策信息，通过角色管理器还可以将协调 Agent 所控制的资源分配给不同的任务。角色管理器结构如图 9.5 所示。

决策模块实际上是角色管理器的核心功能模块。协调 Agent 的决策过程实际上是根据警情信息、处理该紧急事件的预案、资源的潜力信息和动员模型，生成可执行方案的过程。角色管理器主要包含角色的添加、角色的感知、角色冲突的消减 3 个主要功能。

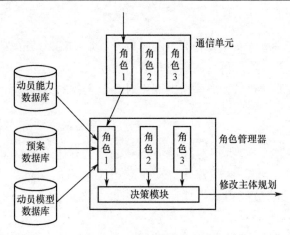

图 9.5　角色管理器结构图

2．资源 Agent 模型的设计与实现

在研究资源 Agent 的结构时，主要是根据经济动员的特点和需要进行设计。一个典型的资源 Agent 往往由通信单元、规则判断器、角色管理器等部分组成。资源 Agent 的功能结构如图 9.6 所示。

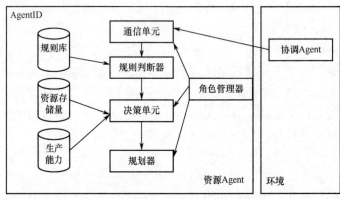

图 9.6　资源 Agent 的功能结构图

在 NEMS 中资源 Agent 是具有独立思考能力和自主能力的实体。平时状态下，根据自身的经营理念进行运营，紧急状态下加入动员活动。

1）通信单元

通信单元是资源 Agent 与外界环境交互的窗口，主要负责发送和接收信息，并根据规则库中的相应规则分别将信息传递给角色管理器中的各种角色。

2）规则库

在规则库中储存了资源 Agent 进行规则判断的信息。当一条动员指令发送给资源 Agent 时，决策单元需要根据规则库中的规则判断这条请求的性质。如果属于强制性指令，判断的结果是必须执行动员任务，否则根据任务需求的获利情况选择是否执行动员任务。最后，将判断结果反馈给角色管理器，以便根据任务的类型建立相应的角色。

资源 Agent 判断是否加入动员联盟的过程主要包括 3 个步骤：一是通信单元接收信息，并将信息传递给规则器；二是规则器判断指令是属于强制性指令，还是只是一个要约请求，并将判断结果传递给决策单元；三是决策单元综合分析任务指令和企业自身信息，进行决策。

在这个过程中规则判断器首先判断动员任务的类型，如果属于征用、征收类型，则必须执行动员任务；如果不是则考虑参与动员任务是否能够获利，即投入与产出是否能够匹配。

3）资源管理器

资源管理器主要负责管理资源 Agent 中的资源。资源 Agent 中的全部资源被称为资源实力，资源实力可以划分为资源的储存量和生产能力。在系统模型中，资源 Agent 中的资源可以描述为如下形式：

$$Resourse:=\{RNumber,RAID,Kind,Sum,ProduceAbility,IncreaseAbility\}$$

式中：RNumber 为资源的编号；RAID 为资源所属的主体；Kind 为资源的种类；Sum 为资源的数量；ProduceAbility 为资源的生产能力；IncreaseAbility 为资源 Agent 的增产能力。

以某兵工厂为例，该厂具备的半自动步枪资源实力，可以描述为如下形式：

编号:0001

型号:X01-113

名称:半自动步枪

实物储存量:500 只

日生产能力:200 只

扩产能力：　日增产能力:200　　生产线改造周期(日):90

另外，可以被协调 Agent 动员的资源称为可动员资源。可动员资源来源于资源实力，其是根据资源实力和动员函数确定的。动员函数实际上是判断如何执行动员任务的规则集。通过动员函数得出可动员资源的过程对应于经济动员实际工作中的潜力调查。

4）角色管理器

角色管理器实际上是资源 Agent 执行动员任务的核心模块。资源 Agent 通常具备较强的自主能力，其可能在同一时刻执行多项任务，为了便于管理这些任务，本书引入角色概念。角色管理器是资源 Agent 的任务执行中心，是资源 Agent 用于区分和管理不同任务的主要工具。角色管理器可以对不同任务进行评价，其内容主要是评价各种任务的紧急情况。另外，在动员任务执行过程中，与动员联盟中的其他成员的协调工作主要是通过角色管理器实现的。资源 Agent 的角色管理器与协调 Agent 中的角色管理器的显著区别在于资源 Agent 主要通过角色管理器实现资源的分配。

5）规划器

规划器主要用来管理资源 Agent 的行为规划，主要负责添加、删除资源 Agent 的各种行为计划，其与协调 Agent 的规划器功能类似。

资源 Agent 接受并执行动员任务的过程，可以通过资源 Agent 的有限状态机来反映，如图 9.7 所示：

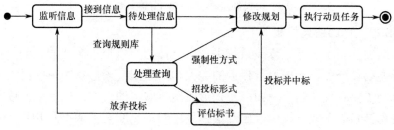

图 9.7　资源 Agent 的状态图

9.2.2.3　NEMS 中交互模型的设计与实现

系统交互模型是 NEMS 建模的重点和难点，这一部分集中体现了 NEMS 的运行规律及其区别于其他复杂系统的特点。NEMS 中交互模型主要包括协商模型和通信模型两大类。由于国民经济动员系统是一种事件驱动系统，通过形成不同种类、不同形式的虚拟动员组织执行和完成各类动员任务，因此 NEMS 中的协商模型主要描述动员联盟的形成过程及相关机制，其形成过程主要包括任务感知、盟主确立、盟员选择等阶段。通信模型主要描述 NEMS 中主体是如何传递信息的，主要探讨主体之间的通信机制。

主体之间的交互是保证系统能够正常运转的关键，也是多主体系统区别于其他相关领域（如分布式计算、面向对象系统、专家系统等）的关键概念之一。主体之间的交互可以分为协调和协作两种，其中协调是指一组智能主体完成一些集体活动时相互作用的性质。协调是对环境的适应，产生协调的原因在于其他主体意图的存在。协作是非对抗的主体之间保持行为协调的一个特例。

交互模型是 NEMS 建模的重点和难点，其体现了 NEMS 与其他复杂系统的不同之处。在 NEMS 中主体的交互方式是国民经济动员系统运行机制的集中反映和体现，本书将重点介绍国民经济动员系统中的协商机制。

1.　NEMS 的静态组织结构

国民经济动员系统是由多个主体构成的（图 9.8），但是这些主体又可能属于其他的系统。主体是现实系统的基本组成部分，每个主体的角色决定其在什么时候、什么情况下属于哪一个系统。也就是说现实世界由多个主体构成，而国民经济动员系统是由其中的一部分主体构成的。国民经济动员系统的组织结构只是相对稳定的，不同的主体可以在需要的时候动态地加入国民经济动员系统。因此，国民经济动员系统的动态组织结构是通过主体的角色转化实现的。

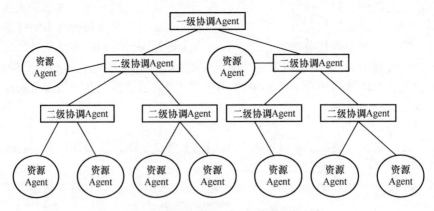

图 9.8　国民经济动员系统的静态组织结构

2.　NEMS 中主体的协调机制

主体动态地加入系统是通过修改系统中相应主体的角色集来实现的。动员任务出现时，协调 Agent 根据动员任务，形成执行任务的虚拟动员组织。紧急状态下国民经济动员系统中主体的协调机制主要表现在两个方面：一是形成动员联盟的过程；二是动员联盟执行动员任务的过程。在动员联盟形成过程中，盟友选择是影响动员联盟形成的重要环节。目前，常用的主体之间的交互模型主要有两种：一种是合同网模型；另一种是黑板模型。

3．角色模式间的协作

在动员联盟的角色绑定完毕之后，联盟内部的协作将委托给相应的角色进行处理。实际上通过绑定角色具备了被绑定的主体的主要资源。绑定完毕之后，动员联盟已经形成，动员任务的执行实际上就是通过虚拟动员组织实现的。动员联盟形成后预警 Agent、盟主协调 Agent 与盟员资源 Agent 之间的协作过程可以由图 9.9 反映。

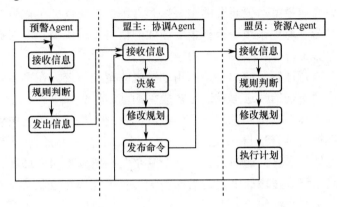

图 9.9　动员联盟协作活动图

通信模型是 NEMS 中主体交互的重要内容之一。在多主体系统中主体之间的通信方式大致有以下几种：无通信或简单通信、消息传递、方案传递、黑板和主体通信语言等（表 9.1）。

表 9.1　多主体系统五类典型通信方式对比分析

	通信类型	方式	优点	缺点	适用范围
1	无通信或简单通信	主体通过理性思考和推理而不是以通信的方式得到其他主体的任务方案或计划	有利于避免主体之间发生冲突	系统实现困难、性能较低、系统功能和规模不宜扩展。限制了主体之间的协作	简单系统
2	消息传递方式	主体使用一组事先约定好的格式和规则通过消息的形式相互传递计算请求和结果	高效、可支持并行计算	不灵活、不便于扩展、不利于主体之间的合作	软件系统常用的方法
3	方案传递模式	在相互协作的主体之间，一方通过给对方传递其整个方案，相互取得对问题的一致理解和相应的解决方案	使得主体之间的合作求解容易实现	传递方案带来的时空开销较大；传输中容易出错；不灵活；无法在状态多变、不确定的现实环境下应用	
4	黑板模式	黑板是指一个可供主体发布信息、公布处理结果和获取有用信息的共享区域	和方案传递模式相比，提供了一种比较灵活、高效的通信方式	由于主体的个性不同，知识库及计算处理能力有异，要求它提供灵活的公用信息表示机制。另外，它的事件驱动性还要求集中控制机构，这使得其实现和运行代价较大	常用于分布式问题求解。特别适合于事先无法确定问题的求解次序的复杂问题。
5	通信语言	主体通过某种"高级"通信语言来表达它关于其生存环境的认识、观念、态度、知识等问题的理解和定义	与上述 4 种方式相比，能够明确表达问题空间的语义和主体的通信语义		目前，基于主体系统主要采取的通信方式

本书主要采用黑板方式建立主体之间的通信模型。角色理论认为在决策过程不仅包含一系列的决策活动，还包含对决策过程持不同动机和看法的决策者，当面对一个问题时，这些决策人分别按照各自在组织中扮演的角色来认识、构造问题，并由此导致在信息的选择、偏好和效用等方面都存在很大的差异。不予区别地向所有层次的决策人提供相同的信息显然是不适合的。NEMS 中存在大量的主体，而这些主体可能存在数量巨大的通信活动，如何有效地组织通信活动成为通信模型所要研究的重要内容。当参与协商的主体数量不断增加时，黑板上的信息将剧增。为了避免采用黑板模型所造成的信息管理困境，本书提出通过角色控制机制来管理通信信息。

黑板系统是一个语音理解系统，早期应用于单机的智能系统。在多主体系统中，根据应用问题的特点，有许多不同的改进形式。黑板模型的基本思想如下：

多个人类专家或主体专家协同求解一个问题，黑板是一个共享的问题求解工作空间，多个专家都能"看到黑板"。当问题和初始数据记录到黑板上时求解开始。所有专家通过"看"黑板寻找利用其专家知识求解问题的机会。一个专家发现黑板上的信息足以支持他进一步求解时，他就将求解结果记录在黑板上。新增加的信息有可能使其他专家继续求解。重复这一过程直到问题彻底，获得最终结果。

在 NEMS 中通信模型主要采用分级黑板模型，这个模型是由国民经济动员系统分级特点形成的。黑板模型的分级、层次的特点直接是由角色的层次性造成的。黑板从总体上看是一个层次网状结构，它的根是一个并不派生任何实际对象的抽象类（Abstract Class），在它上面可以定义所有子类的共同属性和操作。黑板本身可以划分为若干个黑板层，每层均由若干块相对独立的黑板板区构成。不同层的板区构成层次结构，下层板区是上层板区的实例或细化，上层板区是下层板区的抽象或综合。每一个板区又划分为两层，上层是一块动态调度黑板（Dynamic Scheduling BlackBoard，DSBB），它统领下层的多块领域黑板。

NEMS 中的黑板模型是根据动员任务动态形成的，主要是由参与动员活动的协调 Agent 的通信模块组成，也就是说动员联盟中盟主和角色控制单元的通信模块动态地构成了分层的黑板结构。在协调 Agent 中定义了不同的角色，可以根据角色的感知范围，获取不同工作黑板上的信息。图 9.10 描述了根据动员联盟的组织结构形成的分层的、多级黑板模型。

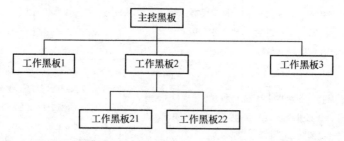

图 9.10　根据动员联盟的组织结构形成的分层的、多级黑板模型

黑板的分层代表动员目标不同抽象程度的描述，参与通信的主体可以根据角色的感知范围，获取不同级别黑板上的信息。黑板的分层机制同时也反映了角色的分层与继承机制。在黑板模型中，引入角色控制机制可以对信息进行有效的控制，避免将全部信息传递给联盟成员。

动员联盟的黑板模型是根据动员联盟中盟员的角色关系动态形成的。每一块黑板的感知范围都是根据黑板所对应的角色规定的。

在黑板模型中引入角色控制机制可以很好地建立通信信息的存取机制。基于角色的信息存取机制以 George Mason 大学 Sandhu 提出的 RBAC 理论和模型等最为著名。

黑板被划分成一定的信息层次，每个信息层次又包含一些数据项。在黑板上记录了一些原始数据、问题求解过程中的部分解和完整解，所有节点都可以直接访问黑板，读写数据，因此各节点就以黑板为媒介进行通信，并交换部分解和目标。

9.3　国民经济动员系统仿真框架

9.3.1　Swarm 平台概述

Swarm 是美国圣菲研究所为帮助科学家分析复杂适应系统而设计的仿真工具。开发 Swarm 的目的就是通过科学家和软件工程师的合作创造一个高效率的、可信的、可重用的软件实验仪器。Swarm 能够为科学家们提供一个标准的软件工具集（类库和一个程序框架），就像提供了一个设备精良的软件实验室以帮助人们集中精力于研究工作而非制造工具。Swarm 的建模思想是让一系列的主体通过独立事件进行交互，并通过这些交互反映复杂适应系统的行为。由于 Swarm 没有对模型和模型要素之间的交互作任何约束，因此 Swarm 可以模拟任何复杂系统，如物理系统、经济系统和社会系统等。

9.3.1.1　Swarm 约定的程序结构

一个典型 Swarm 仿真程序通常具有 3 个最主要的组成部分：模型 Swarm（ModelSwarm）、观察员 Swarm（ObserverSwarm）和环境（Environment）。

1. 模型 swarm

模型 Swarm 是许多主体组成的一个群体，这些主体是现实世界成员在模型中的体现。它们共享一个行为时间表和内存池，通过相互作用模拟现实世界中被观察系统的运动特征。模型 Swarm 是可以嵌套的，因此可以描述具有复杂层次结构的系统。

2. 观察员 Swarm

模型 Swarm 只定义了被模拟的世界，但是一个实验不应只包括实验对象，还应包括观察和测量系统运行特征的实验仪器。在 Swarm 仿真程序中这些观察对象被放在一个叫观察员 Swarm 的模型中。

在图形模式下观察员 Swarm 中的大部分对象被用来调节用户界面。这些对象可能是各类统计图表或探测器，它们与模型 Swarm 相连，读取实验数据并将这些数据输出到图形界面，进而为用户提供了实验观察途径。虽然实验结果的图形化有助于进行直观地判断，但是大多数的实验都需要收集统计结果，这意味着还要存储用于分析的实验数据。作为图形方式的替代选择——批处理 Swarm（Batch Swarms）承担了这一角色，它和用户之间没有交互操作，而是直接从文件中读取模型运行时所需要的数据，并将模型运行时产生的实验数据写入到某些文件中以用于事后分析。

3. 环境

环境是 Swarm 仿真模型中的重要组成部分，通过环境的定义与行为模拟，检验系统模型与环境相互作用时的各项性能。在 Swarm 仿真平台上环境也是主体的集合。

9.3.1.2　Swarm 模型的运行机制

　　Swarm 模型运行机制的模型视图、系统视图如图 9.11、图 9.12 所示。系统模型（ModelSwarm）根据预先定义的"时间表"和相互作用机制独立运行，观察员 Swarm 通过数据采集工具将系统状态以图表或数据的形式显示出来，供研究人员观测与分析。

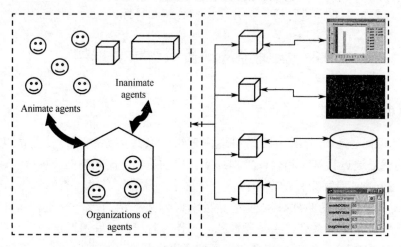

图 9.11　Swarm 模型运行机制（模型视图）

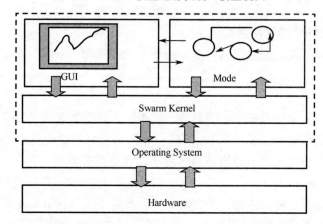

图 9.12　Swarm 模型运行机制（系统视图）

9.3.1.3　Swarm 提供的支持类库

　　为了便于研究人员对所研究问题的建模与仿真，Swarm 提供了许多支持类库，常用的类库包括[3]以下几种（图 9.13）。

　　1）defobj 库

　　defobj 库是 Swarm 类库中类层次的根，它定义了创建和析构对象的基本方法，同时提供了一组类，它们能够存档（序列化）对象实例和按照不同数据格式创建实例。

　　2）objectbase 库

　　该库包括两个重要的类：SwarmObject 和 Swarm。SwarmObject 是所有主体的根类，它定义了内存管理的接口并提供对探测器的支持。Swarm 类是 ModelSwarm 和 ObserverSwarm

的父类，用于派生子类对象，这些对象负责管理所有智能体的创建与析构，并控制仿真事件的执行。

3）activity 库

该库允许开发人员创建数据结构。这些数据结构用于调度仿真过程中的事件和更新 GUI。另外，该库提供了对时间表（Schedule）的支持。时间表是模型运行的时序列表，用户可以将周期性执行动作按顺序放入这个数据结构中，并指明运行间隔、触发条件或建立动态时间表模拟异步行为。通过这种方式模型就可以按照约定的规则运行而不需要人为地干预。

4）collections 库

用于管理集合类，如数组、链表等。这些类中的方法允许用户向集合中的所有成员发送消息、添加或删除成员、对集合进行排序、在集合中检索成员等。

5）space 库

该库是简单的空间库，包括一系列用于二维离散模型的类。space 中的类大多数是从Grid2D（一个可以在指定格点上存储对象和整型值的二维数组）继承得来的。该库定义了允许从离散的二维空间中存储、读取数据或对象的类。还提供了把算法应用于空间数据、从文件读取数据和处理用户界面事件的类。使用该库可以模拟系统的空间行为。

6）gui 库

用于创建光栅图像、曲线图、直方图的类，还可用于为用户界面创建窗口部件，应用 gui进行人机对话。

7）analysis 库

该库提供了一系列的分析工具，研究人员可以对系统状态与性能进行统计、分析与评价。常用的工具有 graph、Histogram、data filter 等。

8）simtools 库

该库包含支持探测器的类，这样就可以在模型的运行过程中观察或修改变量的值。simtools 库还提供数据分析和显示支持的工具，能够产生统计数据和时序图等。

9）random 库

该库提供给用户一套随机数生成器，支持正态分布、均匀分布、指数分布等多种随机分布。研究人员可以使用这些工具模拟环境或模型成员的随机行为。

10）probe 库

该库是 Swarm 中非常重要的一个支持库，它提供了观察和操纵模型成员状态属性的工具，是模型设计中不可缺少的部分。

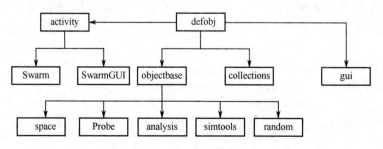

图 9.13　Swarm 类库的基本机构

9.3.1.4 Swarm 的建模语言[4]

Swarm 最初是一组用 Objective C 语言编写的类库。Objective C 是一种面向对象的语言，是 C 语言的超集。Swarm 的一部分图形界面，如图表、按钮和窗口等，是用 TCL/TK 设计的。Swarm 最初只能在 Unix 操作系统和 X Windows 界面下运行，1998 年 4 月伴随着 1.1 版本的发布，Swarm 推出了可以在 Windows 95/98/NT 上运行的版本。1999 年 Swarm 又提供了对 Java 语言支持的版本，从而使 Swarm 的应用范围越来越广。尽管 Objective C 不是目前的主流编程语言，但是由于具备以下特性而使其特别适合开发 Swarm 仿真程序。

1．Objective C 语言是一门容易学习的语言

Objective C 语言与 C 语言非常接近，只是在 C 语言的基础上添加了一些新的元素。另外，Objective C 语言不允许重载（Overloading）和多重继承（Multiple Inheritance of Class），大大地降低了学习语言的难度。

2．Objective C 语言允许动态绑定

与很多语言在编译时就需要判断接收的命令与能够接收的命令是否匹配相比，Objective C 语言允许动态绑定，只是在程序运行时才验证匹配关系。这种方式大大地增强了仿真程序的灵活性。

目前，http://wiki.swarm.org 网站（Swarm 的官方网站）上提供的最新成果显示 Objective C 仍然是开发 Swarm 仿真程序的主要语言，为了尽量重用现有的研究成果，降低仿真程序的开发难度，本书仍然采用 Objective C 语言进行仿真程序的设计与开发。

9.3.2 基于 Swarm 平台的 NEMS 建模与仿真框架

为了保证 Swarm 能够应用于各个领域复杂问题的仿真分析中，Swarm 开发者有意没有定义具体的仿真模型框架和建模指导方法，而仅仅提供了一种运行机制、开放的程序结构和众多类库以及一些指导研究人员进行编程的例程。也就是说，在对具体问题进行仿真分析时，研究人员需要自己进行面向问题的系统设计与程序开发。

尽管 SDG（Swarm 开发组织）一再表示为了便于使用才采用了这种方式，但是从实际使用情况来看，绝大多数研究人员仍深感编程带来的诸多不便。由于同一领域中的问题具有同构特征，因此设计领域内的仿真模型框架是必要的。通过这种方式一方面可以降低研究人员编程的工作量和建模的难度，另一方面也可以使研究人员有更多的精力和时间进行问题分析与模型设计。

9.3.2.1 模型引擎

模型引擎是整个系统的启动部件，用于系统运行环境的初始化和模型启动。系统的模型引擎对应着仿真程序的主文件（main.m）。其核心内容如下：

```
int main (int argc, const char **argv){
  SysObserverSwarm *observerSwarm;
  initSwarm (argc, argv);  //初始化运行环境
  initGraphLibrary ();
  observerSwarm = [SysObserverSwarm createBegin: globalZone];
  SET_WINDOW_GEOMETRY_RECORD_NAME (observerSwarm);
  observerSwarm = [observerSwarm createEnd];
  [observerSwarm buildObjects];
```

```
[observerSwarm buildActions];
[observerSwarm activateIn: nil];
[observerSwarm go];  //启动观测器
return 0;
}
```

在第 2 行程序中，声明了一个观测器模型（ObserverSwarm）变量。第 3 行程序负责初始化系统运行环境，是每一个 Swarm 仿真程序都必须具备的语句。第 5～7 行程序对观测器模型进行初始化。第 8 行程序构建系统模型中的对象，第 9 行程序构建系统模型成员的活动集，第 10 行程序激活观测器 Swarm，第 11 行程序启动观测器模型。从上面代码可以看出，Swarm 平台为实验人员构造了完备的实验环境。ModelSwarm（在 ObserverSwarm 中定义）是系统仿真模型的主体，ObserverSwarm 是 ModelSwarm 的观测环境。系统成员和系统整体属性的变化都可以由 ObserverSwarm 反映出来。

9.3.2.2　模型观测器

模型观测器主要用于观测经济动员模型的运行状态、相关统计数据以及系统性能等重要指标。模型观测器是一个 ObserverSwarm，本仿真框架中模型观测器的主要功能如下：

```
@interface SysObserverSwarm: GUISwarm{
  id <Graph> nems_graph;
  id graphCanvas;
  id <GraphElement> nems_Element;
  id <ActiveGraph> nems_activeGrapher;
  id <TextItem> nems_textItem;
  id <Histogram> nems_histogram;
  SysModelSwarm *sysModelSwarm;
  id <Entropy> SysEntropy;
}
+ createBegin: aZone;
- createEnd;
- buildObjects;
- buildActions;
- activateIn: swarmContext;//启动观测
@end
```

上述代码是模型观测器（ObserverSwarm）的头文件，其内容主要描述了模型观测器的基本功能，第 2～7 行程序主要定义了系统的观测界面，包括折线图、柱状图、动态图和探测器（Probe）等。第 13 行程序负责设置模型的基本参数，如运行周期、刷新频率等。在第 14 行程序中定义了要观测的行为。

9.3.2.3　NEMS 仿真框架中的模型容器

模型容器是 NEMS 仿真框架的核心部分，是一个 ModelSwarm。其中内置了动员组织、环境因素、动员组织对象模板以及描述它们之间相互作用关系的其他组件，通过这些模板和组件可以实现不同规模、不同层次的经济动员系统的仿真。在 NEMS 仿真框架中模型容器（ModelSwarm）框架结构如下所示：

```
@interface SysModelSwarm:Swarm{
  id modelActions;
```

```
        id repeatedSchedule;    //定义模型成员时间表
        id unRepeatedSchedule;
        id sysResAgentList; //定义 NEMS 仿真框架中资源 Agent 的成员列表
        id sysCooAgentList;    //定义 NEMS 仿真框架中协调成员列表
        id sysPreAgentList;  //定义系统环境成员列表,即预警 Agent 列表
    }
    +createBegin:aZone;
    -createEnd;
    -getSysResList;
    -getSysCooAgentList;
    -getSysPreAgentList;
    -stat;   //统计模型运行数据,负责向探测器输送数据
    -buildObject;    //初始化系统模型容器中的各个 Agent
    -buildActions;   //设置 Agent 的行为序列
    -activateIn:swarmContext;   //内存管理模块,提高程序的运行效率
@end
```

在模型容器中主要包含以下组件:

基本动员组织:主要包括协调 Agent 和资源 Agent;

预警 Agent:系统的运行环境主要是通过预警 Agent 来反映的;

协商模型:在 NEMS 仿真框架中主体之间的协商机制主要是通过动员联盟的形成过程来反映的;

通信模型;

动员联盟模型(虚拟动员组织模型)。

1. 协调 Agent 模型

协调 Agent 是 NEMS 仿真框架的核心成员,其实现各级经济动员办公室的主要功能。

```
@interface CoordinateAgent:SwarmObject{
    int countID;
    Location*    caLocation;
    Resourse*    ResourseDB;  //潜力资源数据库
    RoleManager* caRM;    //定义系统中角色管理器
    id<List> planList;           //协调 Agent 的任务列表
    id <List>roleSchemaDB; //协调 Agent 的角色模式库,由预案和计划等构成
    id <Map> blackBoard;//协调 Agent 的通信服务器
    }
//通信模块,是一组方法的集合,包括传感器和消息发送器。
-receiveMessage:(id) aSender  Message: (id) aMessage;
-sendMessage:(id) aReceiver  Message:(id) aMessage;
//协商模块
-requestEvaluate;//请求评价标书
-acceptEvaluate;//对标书的评价结果表示同意
-sendOrder:(id) aAgent Order:aOrder;//发出命令
-assignTask:(id) aAgent Task:aTask;//分派任务给下级 Agent
-addPlan:(aPlan);//在规划器中添加管辖的任务计划
-deletePlan:(aPlan)://在规划器中删除任务计划
-evaluateDemand:(id) aDemand;//评价需求
-generateMADemand:aRoleSchema :<task>:aTask;
```

```
-buildMA;//组建动员联盟
-bindingRSRole:Agent Schema:aSchema :Role :aRole;//绑定主体到角色模式中的
相关角色 -update;//定期更新动员潜力数据库
@end
```

　　第 2 行程序是协调 Agent 的标志信息,在 NEMS 仿真框架中每一个主体具备唯一的标识。第 3 行程序反映了协调 Agent 的地域信息,在 NEMS 中的每一个主体都分布于不同的位置,具备一定的行使职责的范围。第 4 行程序定义了协调 Agent 的资源数据库,主要用于存储所辖范围内资源的储备情况。潜力资源数据库是协调 Agent 赖以决策的基本条件之一。第 8 行程序定义了协调 Agent 的通信服务器,这种通信服务器实际上是一个通信黑板,不同主体根据自身角色的感知范围存取黑板上的信息。第 20 行程序的主要内容是:接收动员任务,然后分析、判断能否处理这个动员任务,如果不能够处理,则将动员任务传递到上级协调 Agent;如果能够处理,则发出组建动员联盟的指令。第 21 行程序负责根据动员任务组建动员联盟。第 24 行程序定期对动员潜力数据库进行更新,实际上是经济动员潜力调查工作的反映。

　　角色管理器是协调 Agent 的核心功能之一,通过角色管理器可以添加和删除角色,并赋予角色适当的权利和责任,同时也规定了角色的感知范围和不同角色之间冲突的处理方法。

```
@interface RoleManager:swarmObject{
  id ownerAgent;//角色管理器的宿主主体
  id roleList;
  id rule;//角色规则,即角色之间关系的规则
  id conflictRoleList;//冲突角色列表
}
+createBegin:(id) aZone;
-setOwnerAgent:(id) aAgent;
-addRole;     //添加角色时,需要注意角色之间的冲突
-deleteRole;  //删除角色
-getRoleList; //获取角色管理器中的角色
-conflictDeal;//角色冲突处理
-modifyPlan; //修改宿主主体的计划
@end
```

　　角色是 NEMS 仿真框架中比较重要的概念。根据 NEMS 仿真框架中角色的功能和特点,本书提出了如下的角色结构,以实现 NEMS 仿真框架中角色的基本功能。

```
@interface Role:swarmObject{
  id countNumber;//角色的编号
  id nameRole;//角色的名称
  id roleOrganization; //角色所属的组织}
  id superiorList;   //角色的上级列表;
  id underlingList;  //角色的直接下属成员列表
  id colleagueList;  //同级角色列表,重要的同级角色的列表
  id apperceiveRange;//上级、下级和重要的同级角色构成其感知范围
  id saveAbility;    //角色的资源存量需求
  id productAbility; //角色的生产能力需求
}
-addSuperior;  -addUnderling;   -addColleague
```

```
  -getSuperior;  -getUnderling;  -getColleague;
  -setSaveAbility;
  -setproductAbility;
  @end
```

2．资源 Agent 模型

资源 Agent 也是 NEMS 仿真框架中的核心成员，其实现基本动员组织的功能，如核心层组织的功能和松散层动员组织的功能等。

```
@interface ResourceAgent:SwarmObject{
  int countID;
  Location *  caLocation;
  Resourse*  ResourseDB; //动员能力数据库
  RoleManager*  caRM;  //定义系统中的角色管理器
  Plan planList;            //定义资源 Agent 的行为规划表
 }
+createBegin:aZone;
//通信模块,根据资源 Agent 不同的角色分类通信信息
-receiveMessage:(id) senderAgent Message:(id) aMessage;
-receiveOrder:(id) aAgent Order:(id) aOrder;//接到一条命令
-receiveBid:(id) aAgent Bid:(id) aBid;//接到一条要约
-sendMessage:(id) receiverAgent Message:(id) aMessage;
//协商模块
-bidEvaluate:(id) aBid; //对标书的评价结果进行评价
-acceptBid:(id) receiverAgent Bid:(id) aBid;//接受一条要约
-acceptOrder;//接受命令
//角色模块
-addRole:aRole;//添加一个角色
-deleteRole:aRole;//删除一个角色
//规划模块
-addPlan:aPlan;
-deletePlan:aPlan;
//行为模块
-taskPerform; //执行任务
-sendResource:(id) aAgent;//将需求资源运送到目的地
-sendUpdate;//定期向所属区域的协调 Agent 更新潜力资源信息
@end
```

在上面的程序代码中，第 4 行程序中定义了资源 Agent 的动员能力，这种能力主要由存量能力和生产能力两部分组成。实际上，并不是资源 Agent 的所有能力都可以用于动员活动，因此存在一个动员程度的问题。这是一个非常值得研究的问题，并且这个问题也比较复杂。在计算资源 Agent 的动员能力时本书设定了一个动员函数，将资源 Agent 的实力资源乘以动员函数值就可以得到实际可动员的资源，而动员函数的确定方法有待于进一步研究。

9.3.2.4　环境主体

系统环境的变化主要是通过预警 Agent 来体现的，预警 Agent 既能够报告警情的发生，也应当能够对警情进行分析，提出具体的动员需求，并反映动员需求的变化情况。

```
@interface precationAgent:SwarmObject{
  id countID;
```

```
    Location *pALocation;
    Range *aRange;    //预警 Agent 检测警情的范围
    Matter *emergenceMatter;
    Demand  *pATask;
    Rule *ruleDB;
}
-generateMatter;   //产生紧急事件
-report;           //负责报告警情的发展情况,并提出动员任务需求
-recevieResource;  //动员任务的执行结果直接作用于预警 Agent
-dealMatter;       //集中控制和管理紧急事件
-update; }         //更新需求变化,即紧急事件的处理情况
```

　　环境主体是 NEMS 与系统环境交互的纽带,模型中定义的预警 Agent 负责集中反映系统环境的变化情况。实际上预警 Agent 在功能定义上,已经超出了"预警"的含义。在系统模型中紧急事件由预警 Agent 产生,与此对应的动员需求的变化情况也是通过预警 Agent 反映的。第 4 行程序定义了紧急事件管理器,主要负责产生动员需求并规定动员需求的变化情况。第 6 行程序定义了规则库,主要存储预警规则,通过规则判断可以得出是否发出警情的结论。第 7 行程序产生紧急事件,在本书中紧急事件主要表现为动员需求的产生与变化。

　　环境主体是 NEMS 与系统环境交互的纽带,预警 Agent 负责集中反映系统环境的变化情况。实际上预警 Agent 在功能定义上,已经超出了"预警"的含义。在系统模型中紧急事件由预警 Agent 产生,与此对应的动员需求的变化情况也是通过预警 Agent 反映的。

9.3.2.5　协调模型

　　构建协调模型是 NEMS 建模的核心内容。动员联盟的形成模型主要在协调 Agent 模型中进行定义。本小结主要介绍动员联盟形成后的运作方式。

　　动员任务的具体执行主要是通过建立并运行动员联盟来实现的。动员联盟是一定上下文背景下系统成员的协作模型。动员联盟是根据动员需求动态生成的。根据 Swarm 平台中 ModelSwarm 的设计语法,动员联盟(Mobilization Alliance,以下简称 MA)的模型如下:

```
@interface MA:Swarm{
   id roleSchema;  //动员联盟的角色模式
   id modelActions;
   id repeatedSchedule;//定义模型成员活动时间表
   id maOrg;       //定义动员联盟组织
   id maMemList;   //成员列表
   id maWorkFlow;  //动员联盟的工作流
   id maTask;      //动员联盟任务
}
+creatBegin:aZone;
-getRoleScheme;//获取角色模式,并实例化 MA
-stat;//模型运行数据统计,负责向盟主发送相关的数据
-buildObject;
-buildAction;//设置主体的行为序列
-bindingRole;//初始化 MA 中的各个成员,也就是实现主体与角色的绑定
-unbinding;  //解除角色绑定
}
```

　　动员联盟形成后的运行机制类似于虚拟企业,但是由于动员活动的特点导致其协调过程

存在差异。动员联盟的候选盟员与动员联盟内部角色的绑定主要是通过盟主与候选盟员之间的协商机制实现的。

9.3.3　模型与仿真框架的使用方法

国民经济动员系统是复杂的大系统，对其进行建模与仿真难度较大，并且经济动员活动涉及社会的范围较广，情况也相差较大。本书对国民经济动员系统进行建模与仿真的目的，就是利用现代化的计算机技术，研究国民经济动员系统的运行规律。因此，本章提出的国民经济动员系统的仿真框架，为建立各层次的系统模型奠定了理论和方法的基础。

本书在构建国民经济动员系统模型时，主要采用基于多主体的集成化建模与仿真方法，这一方法从微观角度出发，可以通过成员之间的相互作用，反映宏观系统的运行规律。本章提出的 NEMS 仿真框架，既适合微观层次建模（动员联盟建模），又适合构造国民经济动员大系统模型。

由于时间和技术上的限制，本书主要是提出了 NEMS 仿真框架，该框架建立了进行国民经济动员系统仿真的基本环境。可以通过重用和修改其中的源代码实现特定规模经济动员系统的仿真。根据上述的研究思路，使用本仿真框架进行国民经济动员系统仿真的基本步骤如下：

第一步：问题分析。

此步骤是仿真过程的起点，也是非常重要的环节。本框架构建了组成 NEMS 仿真模型的基本模型和组件，但是由于国民经济动员系统非常复杂，在进行具体仿真工作之前需要明确仿真的目的，如通过系统仿真研究经济动员的规律、对动员预案的有效性进行评价等。另外，在分析问题时还需要确定仿真的规模，是对一省的经济动员系统建模还是对一国的经济动员系统建模。因此，明确仿真的目的和规模是进行仿真的第一步。

第二步：确定仿真的评价指标。

在分析仿真问题之后，就需要确定仿真的评价指标。评价指标是对所研究问题的一种衡量标准。针对不同的问题评价指标也是不同的，因此第二个步骤就是需要确定评价指标。

第三步：定义系统成员。

系统成员主要是由协调 Agent 和资源 Agent 构成的。在构建仿真模型时，修改模型的基本参数，定义待仿真系统的规模和系统成员的基本参数。

第四步：定义系统环境成员。

在 NEMS 仿真框架中系统环境成员主要是指预警 Agent。而预警 Agent 是动员需求产生的起始点和动员任务实现的终点。通过设置预警 Agent 的参数，确定仿真事件的种类。其实质是明确具体的仿真需求，包括资源需求的种类、数量和变化的规律。

第五步：修改系统的模型引擎（ModelSwarm）。

主要是根据仿真的规模确定环境成员和系统成员的数量。在 ModelSwarm 的 buildObject 中定义预警 Agent、协调 Agent 和资源 Agent，并设置这些成员的初始参数。

第六步：具体化模型观测器。

根据具体的仿真目标，确定需要观测的主要指标。此步骤主要是修改 ObserverSwarm 中的观测代码和探测器（Probe）需要观测的代码。

第七步：对仿真结果进行评价和分析。

主要是验证仿真的结果是否满足预期的评价指标，如果不满足则重新设定模型的相关参数或修改部分代码。

9.4　仿真案例

在进行案例研究时，确定系统仿真评价指标是非常重要的，然而国民经济动员活动种类繁多，不同的动员任务对应的评价指标是不同的。对于具体的动员任务，时间和成本往往是两个经常考虑的要素。从敏捷动员的角度考虑，动员活动应当尽量减少对社会正常秩序的影响，因此动员活动涉及成员的数量也应当重点考虑。

鉴于国民经济动员系统的复杂性，本书没有明确给定系统仿真的评价指标，可以根据具体的仿真目的来设定。另外，本章的仿真框架构筑在 Swarm 平台上，而 Swarm 仿真框架提供了 Probe（探测器）用于观测模型内部的仿真参数。在仿真过程中，可以设定不同的 Probe 探测系统内部的各项参数。

9.4.1　仿真问题分析

介绍本案例的主要目的是研究 NEMS 动员能力的聚集规律，并分析采取不同的动员方式对动员效果的影响。其中，动员效果主要反映在动员活动的时间、成本以及对社会的影响程度上（通过参与动员活动成员的数量反映）。通过此仿真可以得出不同动员方式在时间和成本上的差异。此仿真所要研究的动员方式主要包括以下 3 种。

（1）直接采用征用、征收等强制性手段进行动员活动。

（2）全部采用市场手段进行动员活动。

（3）根据本书设计的决策过程进行动员的活动。

1．系统总体介绍

本案例所研究的系统是一个两级的体系，系统的空间视图反映在一个 $n \times n$ 的二维网格图中。整个网格图代表一个省，在网格图中系统分为两级，对应于国民经济动员系统的省级和市级。该网格图由 4 部分组成，每一部分代表一个城市。系统成员协调 Agent（代表各级经济动员办公室）、资源 Agent（代表核心层成员和松散层成员）以及系统环境成员预警 Agent 都分布在这个 $n \times n$ 的网格图中。

2．系统资源情况

经济动员是协调各经济主体提供各种资源的活动。表 9.2 是仿真模型中资源的种类，表 9-3 是某市主体的基本情况。

通过对各省市资源潜力情况进行调查，可以得到一国的资源实力及其分布状况。潜力调查是定期分级进行的，也就是说协调 Agent 通常无法知道所辖地区资源潜力的实时情况。

表 9.2　仿真模型中资源的种类

编号	名称	单位	编号	名称	单位
001	食品	吨	004	药品	瓶
002	汽车	台	⋮	⋮	⋮
003	枪支	枝			

表 9.3　某市主体的基本情况

编号	名称	资源名称	主体种类	动员类型	成本	市场价格	库存	生产能力	网格中的分布位置
0001	食品厂 A	食品	资源 Agent	核心层	600 元/吨	1000 元/吨	500 吨	200 吨/日	(1,1)
0002	预警观测站 1	—	预警 Agent	—	—	—	—	—	(5,10)
0003	储备库	汽车	资源 Agent	核心层	20000 元/辆	20000 元/辆	20 辆	—	(3,8)
0004	预警观测站 2	—	预警 Agent	—	—	—	—	—	(6,3)
0005	食品厂 B	食品	资源 Agent	松散层	400 元	900 元	100	50 吨/日	(3,4)
0006	某市经济动员办		协调 Agent						(8,8)
0004	兵工厂	枪支	核心	核心层	300 元/枝	500 元/枝	—	200 枝/日	(7,2)
0005	食品厂 C	食品	松散	松散层	350 元/吨	780 元/吨	30 吨	10 吨/日	(9,6)
⋮	⋮	⋮	⋮	⋮	⋮	⋮	⋮	⋮	⋮

3. 紧急事件的产生

在仿真模型中，紧急事件是由预警 Agent 产生的。预警 Agent 经过规则判断得出是否发出警情的结论，具体表现为预警 Agent 根据紧急事件的具体情况提出资源的需求。紧急事件的发生有其特殊的规律，其变化情况往往是连续的。而基于 Swarm 平台的仿真是离散的，对于需求的变化在仿真过程中取离散时间点的需求。本书假设预警 Agent 提出一定时间段内的需求，在本段时间内需求未满足则需求量会进一步增长。需求增长可以遵循某一规律，如柏松分布、正态分布等。实际上，需求的变化规律是由于紧急事件的特点造成的。预警 Agent 提出的动员需求在仿真模型中表现为如下形式（表 9.4）：

表 9.4　动员需求分析表

	子需求	数量	截止时间	最终截止时间
总需求	1. 食品	800 吨	30 天	90 天
	2. 枪支	2000 枝	40 天	
	3. 汽车	1000 辆	90 天	

4. 决策指标分析

动员决策过程需要考虑一些评价指标，其中时间和成本是两项非常重要的指标，并且经常被用来评价仿真结果。

完成动员任务的成本主要包括协调成本、生产成本和运输成本和隐性成本。经济动员属于一种国家行为，并且为维护社会公众利益服务，可以采取一些特殊的手段和方法，如实施征用与征收等手段。采用征用、征收手段时的成本与采用市场手段的成本是有差异的。征收、征用方式下，协调成本较低。另外，采用征收、征用手段时，主要考虑对被征收、征用资源的补偿，目前主要考虑补偿被征收、征用资源的直接成本，这个直接成本往往小于市场上资源的价格。隐性成本是指对企业组织采用强制性动员手段，造成企业获利机会的丧失，这种成本属于机会成本。另外，强制性动员会对企业产生其他不利的影响，这种不利影响也是隐性成本的组成部分。表 9.5 以食品为例反映了强制动员和通过市场机制动员的成本差异。

表 9.5 以食品为例两种动员方式成本分析表

动员类型	协调成本	产品成本	运输成本	隐性成本
强制动员	10 元/吨	600 元/吨	30 元/吨/千米	500 元/吨
市场机制	50 元/吨	1000 元/吨	30 元/吨/千米	0

完成任务的时间主要包括协调时间、生产时间和运输时间。市场机制下,协调时间较长。采用征收、征用方式时,协调时间较短。表 9.6 以食品为例反映了强制动员和通过市场机制动员的时间差异。

表 9.6 以食品为例两种动员方式时间分析表

动员类型	协调时间	生产时间	运输时间
强制动员	2 天	(动员需求—库存)/生产能力	生产企业到目的地距离/时速
市场机制	10 天	(动员需求—库存)/生产能力	生产企业到目的地距离/时速

9.4.2 仿真结果分析

根据上述的评价指标分析仿真结果。系统成员的空间分布情况如图 9.14 所示:

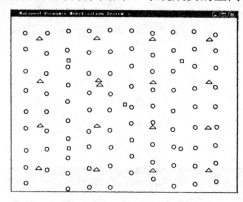

□ 代表协调Agent
○ 代表资源Agent
△ 代表预警Agent

图 9.14 NEMS 成员空间分布图

从图 9.15 中,可以看出随着紧急事件的不断升级,动员需求逐步超出市级组织的能力,动员指挥权转移到省级经济动员组织。动员活动涉及的领域,也已经由市级范围扩展到省一级的范围。上述情况反映了经济动员系统动员能力的聚集。

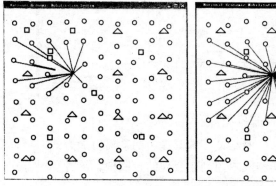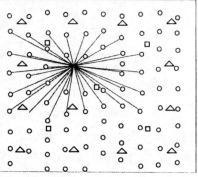

图 9.15 经济动员活动演化图

图 9.16 对比了 3 种不同的动员方式在成本上的差异。强制动员的速度最快，能够及时地完成动员任务，实际成本相对较小，隐性的社会成本较高，造成完成动员任务总的成本较高。采用市场方式进行动员活动没有隐性成本，完成动员任务的总成本最低。第三种方式依据本书提出的协调机制进行的动员活动，能够完成动员任务，其成本介于两种方式之间。

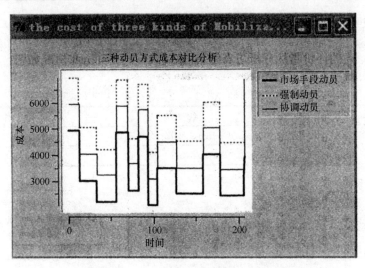

图 9.16　3 种动员方式成本比较图

图 9.17 从时间角度对 3 种方式进行比较，对于动员活动而言，完成动员任务所关注的是在规定期限内能否完成全部的任务。从此图中可以观察到，强制性动员完成动员任务的程度较高，采用市场机制方式导致未完成动员任务的数量最高，协调动员方式未完成动员任务的数量介于二者之间。

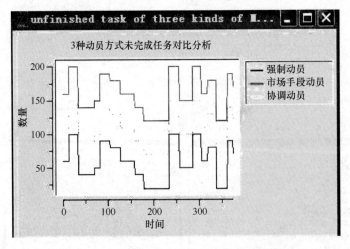

图 9.17　3 种动员方式下未完成任务对比分析

通过分析仿真结果可以得出这样的结论：本书提出的动员协调方式，可以保证动员任务的顺利完成，并将完成任务的时间和成本控制在合理的范围内。这种动员方式优于其他的两种方式。

本章小结

本章采用基于多主体的建模方法和技术对国民经济动员系统进行建模，提出了建立系统环境模型、系统成员模型和交互模型的框架，通过组合这 3 大类模型可以构建不同规模和不同层次的国民经济动员系统模型，为国民经济动员系统仿真提供了理论模型框架。然后基于 Swarm 仿真平台开发了国民经济动员系统仿真框架，运用该仿真框架可以进行不同层次和不同规模的国民经济动员系统仿真。该仿真框架主要构建了系统的基本模型，并没有限定系统成员之间、系统成员与系统环境之间的关系，因此，该仿真框架具有相对广泛的应用范围，可以进行动员政策仿真、预案仿真、潜力评价等。

思考题

（1）谈谈你对多主体建模的认识。

（2）简述多主体建模的基本流程。

（3）简述国民经济动员系统的总体框架。

（4）国民经济动员系统中的主要模型有哪些？

（5）交互模型是如何进行设计与实现的？

（6）简述你对 Swarm 平台的理解。

（7）简述基于 Swarm 平台的 NEMS 建模与仿真框架具体由哪些内容构成。

（8）简述模型与仿真框架的使用步骤。

（9）谈谈你对协调 Agent 结构的理解。

（10）通过本章的学习，谈一下自己的收获及得到的启示。

参考文献

[1] 张纪海.国民经济动员系统建模与仿真研究[M]. 北京：北京理工大学出版社，2008.

[2] 张维明.智能协作信息技术[M].北京：电子工业出版社，2002.

[3] Francesco Luna，Benedikt Stefansson . Swarm 中的社会经济仿真[M]：基于智能体建模与面向对象设计.北京：社会科学出版社，2003.

[4] Swarm Development Group，Documentation Set for Swarm 2.2[EB/OL].http：//www.swarm.org/wiki/Swarm:_documentation #Java_ Reference_Guide_to_Swarm_2.2.

第 10 章　国民经济动员信息资源管理系统设计

本章主要学习基于本体论的国民经济动员信息资源管理系统设计。首先引入本体理论及相关技术，提出基于领域本体的国民经济动员信息资源管理系统结构，详细阐述系统结构中的各组成内容以及系统的各类用户；其次，在对本体构建方法论详细研究的基础上，提出适用于国民经济动员领域的本体构建方法——"周期-进化法"；再次，在基于领域本体的信息抽取研究基础上，给出国民经济动员领域本体存储机制和国民经济动员信息资源组织机制，探讨基于国民经济动员领域本体的结构化和半结构化信息抽取策略；最后，在基于本体的智能信息检索研究基础上，设计并实现基于领域本体的国民经济动员个性化智能信息检索原型系统。本章的研究可以辅助动员业务人员核查和评估国民经济动员潜力；编制和调整国民经济动员预案；检验上下级预案、同级预案之间的相互关系等，为国民经济动员工作提供直接帮助。还可以为动员业务人员和管理决策人员提供个性化的智能信息检索服务，促进国民经济动员信息资源的开发和利用，充分发挥国民经济动员信息资源的作用和价值，更好地促进国民经济动员的发展。

10.1　本体与国民经济动员信息资源管理概述

10.1.1　本体概述

本体原指本体论（或实体论），历史上起源于哲学，主要研究客观世界的本质。在人类对世界的认知过程中，不同的人对客观世界的认识是有差异的，这种差别是由于不同的人对同一事物具有不同的概念而导致的。人与人之间缺乏共识导致了人们在交流与沟通过程中经常会出现误差。共识是指人们对同一个客观事物具有相同的概念。本体即是人类共识的集合，目的是构建一个统一的认识事物的标准。

20 世纪 80 年代以来，随着本体被引入计算机、信息系统等领域，它被赋予了新的含义。它的主要功能是知识表达、信息组织、软件重用、互操作性等，为某个领域提供一个共享的通用的理解，从而使异构的数据在语义层次上实现信息集成。目前，本体已在信息系统的许多领域得到了广泛的应用，如人工智能、知识工程、信息资源管理、数字图书馆、自然语言处理、智能信息检索、建模与仿真、语义 Web 等。

在西方哲学史中，本体论是指关于存在及其本质和规律的学说。以大写"O"开头的 Ontology 表示哲学领域中的"本体论"概念。它在哲学中的定义为"对世界上客观存在物的系统地描述，即存在论"，是客观存在的一个系统的解释或说明，关心的是客观现实的抽象本质。

以小写"o"开头的 ontology 表示信息系统领域中的"本体"概念，但是对于该本体的理解和定义一直缺乏统一的看法。1991 年，Neches 等人最早将本体定义为"给出构成相关领域词汇的基本术语和关系，以及利用这些术语和关系构成规定这些词汇外延规则的定义"[1]。1993 年，Gruber 给出了本体的一个最为流行的定义，即"本体是概念模型明确的规范说明"[2]。1997 年，Borst 在此基础上，给出了本体的另外一个定义："本体是共享概念模型的形式化规范说明"[3]。1998 年，Studer 等人对上述两个定义进行了深入的研究，他们认为本体是"共享概念模型的明确的形式化规范说明"[4]。

总的来说，本体的目标是捕获相关领域的知识，提供对该领域知识的共同理解，确定该领域内共同认可的词汇，并从不同层次的形式化模式上给出这些词汇（术语）和词汇间相互关系的明确定义，实现对领域知识的推理。从信息共享的角度来说，本体是通用意义上的概念定义集合，是在各种信息系统之间交换信息的共同语言。

以上是本体定义的文字描述。但这对实际应用来说还远远不够，因为计算机科学中的本体是具体和实实在在的，一个本体通常由一些基本的成分构成，因此，有必要给出形式化的本体定义。目前还没有一种权威的形式化本体定义，不同研究者针对他们所要解决的问题背景，提出很多形式化的本体定义：二元组、三元组、五元组甚至八元组的形式化定义都在使用。尽管不同研究者采用的形式化定义不同，但都没有偏离上面关于本体定义的文字描述。这里不失一般性，给出用七元组描述的本体形式化定义[5]。

定义 10.1 本体可定义为一个七元组 $O = (C, A^C, R, A^R, H, I, X)$，其中 C 是概念的集合；A^C 是概念属性的集合；R 是关系的集合；A^R 是关系属性的集合；H 是层次的集合；I 是实例的集合；X 是公理的集合。

（1）概念。概念也称为类，从语义上讲，它是对现实世界中个体的抽象，表示的是个体的集合，其定义一般包括概念的名称，以及对该概念的自然语言描述。

（2）概念的属性。如果 c_i 是 C 中的一个概念，那么它的属性可表示为 $A^C(c_i)$。概念间之所以有差异正是由于它们有着不同的属性，才对应着不同的个体集合。因此，概念的属性集合又称为概念的内涵，而它所对应的个体集合为概念的外延。

（3）关系。一个关系通常包含定义域和值域两部分，这两部分限定了关系所适用的范围。在本体中，关系的定义域通常是一个概念，而值域既可以是概念，也可以是具体的取值域（如字符串和整数等），当值域为取值域时，关系便退化为属性，所以可以说属性是一种特殊的关系。如果只考虑关系的值域为概念的情况，关系集合 R 中的每个关系 $r_i(C_p, C_q)$ 便表示概念 C_p 和 C_q 间的二元关系，这个关系只能表明概念 C_p 和 C_q 所对应的实例中可能存在关系 r_i，而并非任意取自这两个概念的实例都一定具有这样的关系。概念间的关系多种多样，那些具有普遍性的关系更值得关注，例如，表达概念之间部分与整体的"part-of"关系。

（4）关系的属性。关系的属性描述了对关系的进一步限制，例如，一个表示年龄的关系"Has-Age"，如果它的值域是整数，那么可以进一步通过它的属性规定其取值范围是 1～99 之间的整数。

（5）层次。层次可以定义在概念、属性和关系上。例如，在概念上的层次有"kind-of"或"is-a"，表示父类-子类关系，$(C_p, C_q) \in H$ 表示 C_p 是 C_q 的父类。

（6）实例。一个实例是现实世界中具体的和唯一的个体，它对应着本体中的一个或多个概念，具有概念描述的属性和具体的属性值。

（7）公理。公理代表领域知识中的永真断言，例如：声明关系"指导"与"被指导"是互逆的；声明概念"应战任务"和"应急任务"是不相交的；等等。

上述的七元组形式化本体定义指出本体是由一些基本成分构成的，这与 Perez 等人 1999 年归纳出的 5 个基本的本体建模元语[6]：类或概念、关系、函数（一种特殊的关系）、公理、实例是一致的。该形式化定义能很好地反映 Gruber 或 Studer 等人对本体描述的思想。在实际应用中，通常采用本体语言来描述本体，也可以用图的形式表示一个本体。

根据本体不同方面的属性，可以对本体进行不同的分类。Guarino[7]根据本体对领域的依赖程度由低到高划分了 4 个类别。

（1）顶级本体，描述最普遍的概念及概念之间的关系，如空间、时间、事件、行为等，与具体的应用无关，其他种类的本体都是该类本体的特例。目前已被广泛使用的顶级本体主要有 WordNet[8]、FrameNet[9]、GUM[10]、Mikrokmos[11]、SENSUS[12]、知网（HowNet）[13]等。

（2）领域本体，描述特定领域（医药、汽车等）中的概念及概念之间的关系。

（3）任务本体，描述特定任务或行为中的概念及概念之间的关系。

（4）应用本体，描述依赖于特定领域和任务的概念及概念之间的关系。

本章将主要研究国民经济动员领域的领域本体。

10.1.2　国民经济动员信息资源管理定义及分析

10.1.2.1　信息资源

信息资源（Information Resources）是信息与资源两个概念整合而衍生出的新概念。信息是普遍存在的，但信息并非全都是资源，只有满足用户需求或是一定条件的信息才能称之为信息资源。换而言之，只有经过人类开发与重新组织后的信息才能成为信息资源，即信息资源是信息世界中对人类有价值的那一部分信息，是附加了人类劳动的、可供人类利用的信息。因此，构成信息资源的基本要素是信息、人、符号、载体。信息是组成信息资源的原料；人是信息资源的生产者和利用者；符号是生产信息资源的媒介和手段；载体是存储和利用信息资源的物质形式。

目前，学术界对信息资源这一概念尚未达成共识。综合国内外现有研究成果，有两种观点具有代表性。一种观点是狭义的理解，认为信息资源是人类社会经济活动中经过加工处理有序化并大量积累起来的有用信息的集合，如科技信息、政策法规信息、社会发展信息、国民经济信息、金融信息等，都是信息资源的重要构成要素；另一种观点是广义的理解，认为信息资源是人类社会信息活动中积累起来的信息、信息生产者、信息技术等信息活动要素的集合，既包括信息内容本身，又包括有关提供信息的设施、设备、组织、人员和资金等，即信息资源及与它有关的各种资源的总和。

本章对信息资源持广义的理解，但不否认信息内容资源的核心地位。

10.1.2.2　国民经济动员信息资源管理

以广义信息资源的理解为指导思想，本章给出国民经济动员信息资源的定义。国民经济动员信息资源（简称动员信息资源），就是指国民经济动员领域所涉及的所有有用信息的集合，它包括信息内容资源以及提供信息内容的设施、设备、组织、人员和资金等资源。其中，信息内容资源是指在国民经济动员领域产生的和通过收集、整理、加工、处理、传输、使用、存储等的信息，包括国民经济动员机构、国民经济动员政策法规、国民经济动员规划计划、国民经济动员需求、国民经济动员潜力、国民经济动员预案、国民经济动员演练、国民经济动员教育培训等一切与国民经济动员相关的信息，有文字的、口头的或以数据库、纸质、光电介质、缩微品等介质保存的任何消息、知识、数字、图形、图表、图像、音像等。

由于信息内容资源是国民经济动员信息资源的核心，这里研究的国民经济动员信息资源范围主要是信息内容资源。

作为一类信息资源，国民经济动员信息资源一方面与物质资源和能源资源一样，具有经济资源的一般特征，即作为生产要素的人类需求性、供给的稀缺性、使用方向的可选择性等；另一方面它与物质资源和能源资源又有诸多的特殊性，包括非物质性、易流动性、易转换性、易分享性、质量差异性、意义多样性、效用性、成本结构的特殊性、体验性、生产和使用中的不可分性、驾驭性、累积性和再生性等。

10.1.2.3　国民经济动员信息资源管理

所谓国民经济动员信息资源管理（简称动员信息资源管理），就是指国民经济动员机构为了达到支持国民经济动员智能决策、提高国民经济平战转换能力和快速应变能力、有效应对战争和突发事件、保障国家安全等的预定目标，运用现代信息技术的理论、方法和手段，对国民经济动员信息资源的表示、分类、交换、共享、组织、存储、抽取、检索、应用等进行全面管理的活动，以实现对国民经济动员信息资源的合理开发和高效利用。

目前，国民经济动员机构内包含多套动员信息系统，各系统之间互不兼容，信息资源概念表示混乱、标准不完善、含义不统一，时常出现同名异义、异名同义或信息不完全等问题。对于各动员机构成员来说，很难理清本机构内部到底有哪些信息资源，更不知道整个国民经济动员机构有哪些信息资源，查找和使用起来相当费时费力；对于软件开发人员来说，很难界定动员信息资源的范围，也无法了解动员信息资源之间的关系。

因此，结合国民经济动员信息资源管理的现状和迫切需求，国民经济动员信息资源管理的目标是在有领导、有组织的统一规划和管理下，确保动员信息资源能得到合理的开发和充分、及时、有效的利用；使动员信息资源的质量、可用性和价值最大化，并在整个国民经济动员机构中实现信息共享；使动员信息资源以更高的效率、效能和更低的成本在国民经济动员活动中充分发挥作用；使动员机构成员在需要的时候都能方便地获得正确的信息，即正确的人、在正确的时间、获得正确的信息。只有这样，才能使动员信息资源发挥最大的潜力，为国民经济动员日常工作和管理决策提供信息支持，并为国民经济动员信息系统与军队作战指挥系统、政府应急指挥系统、其他领域信息系统实施整体联动提供得力支撑。

10.2　基于领域本体的国民经济动员信息资源管理系统

由于动员领域本体在国民经济动员信息资源管理中能够发挥巨大的作用，在基于本体的信息资源管理理论指导下，本章将提出基于领域本体的国民经济动员信息资源管理系统结构（Domain Ontology-based National Economy Mobilization Information Resources Management System Structure，DOB-NEM-IRMSS），它能够以动员领域本体为核心，对动员信息资源进行统一的开发和利用。

首先，根据国民经济动员领域本体构建方法构建动员领域本体，用动员领域本体来形式化地表示动员信息资源，并在关系数据库中进行存储和组织，形成动员领域本体库；其次，利用国民经济动员领域本体对信息资源本身的描述，从大量分散在不同地方的、不同形式的与动员相关的信息源中抽取出有用的动员信息资源，形成动员领域实例库；最后，利用动员领域本体对动员信息资源的结构化描述和概念之间的关系，为动员管理人员提供语义层次的个性化智能信息检索。

10.2.1　系统结构

基于领域本体的国民经济动员信息资源管理系统的整体设计采用 B/S 模式，基于 J2EE 框架的系统体系结构实现，提供很大的灵活性和可扩展性，可以方便地整合其他应用系统或为其他应用系统提供服务。客户端使用浏览器（Internet Explorer、Netscape 等）访问服务器提供的 Web 页面或 Web 接口；服务器端采用多层体系架构设计，包括基于 Web 服务器的表示层（HTML、Applet、JSP、Servlet 等）、基于应用服务器的逻辑层（JavaBean、Java、EJB）、基于后台数据库和数据源的数据层等，系统结构如图 10.1 所示。

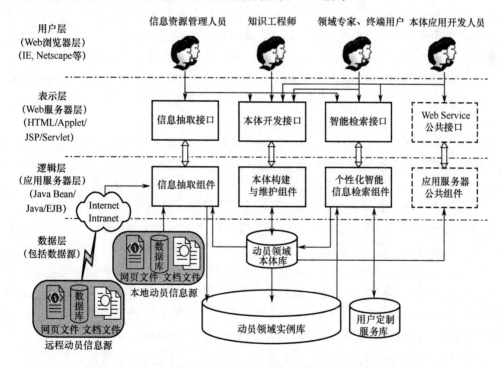

图 10.1　基于领域本体的国民经济动员信息资源管理系统结构

10.2.1.1　基于 Web 服务器的表示层

表示层为各类用户通过浏览器访问系统提供了基于 Web 的接口，生成需要在客户端浏览器上显示的内容，并且处理客户端用户的请求。该层所采用的主要技术包括 HTML、Applet、JSP、Servlet 等。其中 HTML 和 Applet 主要运行在客户端，由浏览器执行；JSP、Servlet 运行在服务器端 Web 服务器上。表示层包括：

（1）本体开发接口，提供本体的构建及各种维护和管理接口。

（2）信息抽取接口，提供从本地和远程各种与动员相关的信息源中抽取出有用的动员信息资源的接口。

（3）智能检索接口，提供用户定制各种条件智能信息检索的接口。

（4）Web Service 公共接口，为本体应用开发人员提供以分布式对象协议调用 Web 服务的接口。

10.2.1.2 基于应用服务器的逻辑层

逻辑层是系统中最关键的一层，系统的业务逻辑和功能大都在这一层实现。逻辑层采用中间件技术，由 JavaBean、Java 和 EJB 技术实现，运行在应用服务器中。由于逻辑层需要实现本体构建功能，采用了 Protégé 系统来处理。另外，逻辑层还需要大量处理 OWL 格式的数据，采用了 HP 公司开发的 Jena API 接口。逻辑层包括：

（1）本体构建与维护组件，实现动员领域本体的构建、维护、查询、浏览、显示和导入导出等功能，形成动员领域本体库。本体的构建流程需要符合本体构建方法论，知识工程师或信息资源管理人员构建或维护本体后，要经过领域专家组的审核。本体可以导出为以本体描述语言表示的本体描述文件，以作为本体交换的媒介。

（2）信息抽取组件，利用国民经济动员领域本体对信息资源本身的描述，实现从分散在 Internet 互联网、Intranet 内部网及本地的各种与动员相关的网页文件、数据库文件、文档文件等信息源中，抽取出有用的动员信息资源（抽取过程可以自动进行，也可以人工干预），或由信息资源管理人员手工录入相关信息。抽取出的动员信息资源由系统依据动员领域本体进行自动分类组织，形成动员领域实例库，为国民经济动员个性化智能信息检索提供基础。

（3）个性化智能信息检索组件。利用动员领域本体对动员信息资源的结构化描述和概念之间的关系，实现基于语义的个性化智能信息检索。动员的各类用户首先通过个性化智能检索入口提出查询需求，选择某种定制服务方式（实时链接、热链接、温链接、冷链接）。查询需求支持自然语言组合查询（自由模式）及三元组形式组合查询（固定模式和向导模式），对自然语言的查询需求需要进行语义预处理，完成从自然语言需求向动员领域本体概念集合的转换。然后根据动员领域本体概念之间的关系进行概念的语义扩展，再与动员领域实例库中的信息进行语义匹配，并计算信息与查询子需求之间的语义相关度，得到检索结果子集。再对各检索结果子集进行逻辑组合处理及语义相关度重新分析与计算，得到满足整个查询需求的检索结果并对其按语义相关度降序进行排序。最后，根据定制服务方式将排序后的检索结果输出给用户，帮助用户快速、准确地找出自己所需要的动员信息资源。

（4）应用服务器公共组件。Web Service 公共接口里面是一整套封装了系统相关功能的 Web Service，本体应用开发人员可以通过互联网或内部网直接调用系统内的 Web Service 组件，从而构建自己的本体应用。

10.2.1.3 基于后台数据库和数据源的数据层

数据层包括本地和远程的动员信息源、动员领域本体库、动员领域实例库和用户定制服务库，是整个系统的基石。数据层为逻辑层和表示层提供数据来源和数据存储，并为未来的知识挖掘、信息挖掘提供数据支持。

（1）本地和远程动员信息源，是指分散在本地和远程的各种与动员相关的网页文件、数据库文件、文档文件等介质中的信息，是系统中形成动员信息资源的数据来源。

（2）动员领域本体库，是指存放动员信息资源中的概念、概念的属性以及概念之间关系的形式化表示的动员领域本体，存储在 Oracle 关系数据库中，通过 JDBC 进行访问。

（3）动员领域实例库，是指存放依据动员领域本体，从本地和远程动员信息源中抽取出来反映动员信息资源的动员实例，也存储在 Oracle 关系数据库中。

（4）用户定制服务库，不仅保存所有用户的身份和权限验证信息，用户查询需求的反馈信息，还保存用户定制的热链接、温链接、冷链接的个性化查询需求信息，系统进行自动检索并将结果按定制方式主动推送给用户，提高了动员工作的效率。

本章将主要介绍 DOB-NEM-IRMSS 中的本体构建、信息抽取、个性化智能信息检索等内容。

10.2.2　系统主要用户

系统用户主要有以下几类：领域专家、知识工程师、信息资源管理人员、终端用户和本体应用开发人员，他们通过使用 IE 或 Netscape 等 Web 浏览器与系统进行交互。

10.2.2.1　领域专家

领域专家对动员领域背景知识相当了解，一般要从事民经济动员行业 5 年以上工作经验。

领域专家的主要职责是指导知识工程师和信息资源管理人员进行动员领域本体的构建、维护和更新，对本体构建过程和本体内容进行审核。

10.2.2.2　知识工程师

知识工程师是动员领域本体的最初创建者，知识工程师创建的动员领域本体的好坏直接影响着动员信息资源管理的效率。知识工程师一般要具有知识管理或相关领域学士学位以上程度，从事国民经济动员行业两年以上工作经验，同时能够操作计算机系统，具有计算机应用知识。知识工程师在构建动员领域本体时，一般需要动员领域专家或者动员业务人员的配合。

知识工程师的主要职责是依据国民经济动员业务发展、信息资源管理的需要，在动员领域专家或者动员业务人员的配合下，进行动员领域本体的构建，识别和定义动员领域本体中的概念，包括类、属性和实例，确定这些概念之间的关系，并将动员领域本体用形式化语言表示和存储，形成动员领域木体库，使计算机可以阅读和理解，方便以后的使用。

10.2.2.3　信息资源管理人员

信息资源管理人员是动员领域本体库的维护者和管理者，也是动员领域实例库的维护者和管理者。由于知识工程师建立的初始动员领域本体不一定能完全满足动员信息资源管理的要求，信息资源管理人员需要对知识工程师所建立的初始动员领域本体进行一定的修改；其次，当本地或远程动员信息源、动员信息资源发生变更、动员业务或动员外部环境发生变化时，信息资源管理人员负责对动员领域本体库做相应的维护。信息资源管理人员还要负责依据动员领域本体，从分散在本地或远程的各种与动员相关的网页文件、数据库文件、文档文件等信息源中，抽取出有用的动员信息资源，形成动员领域实例库。

　　信息资源管理人员一般应对动员领域的业务比较熟悉,并且具备一定的知识管理的知识。动员领域本体的日常维护以及动员领域实例的抽取和维护对于动员信息资源的开发和利用起着重要的作用。

　　信息资源管理人员的主要职责是收集国民经济动员领域各个机构对信息的需求,完善动员领域本体中包含的概念,尤其对概念的属性及其属性约束进行详细描述,明确概念之间的关系;根据动员信息资源的变更和业务及环境的变化,对动员领域本体进行维护;存储动员领域本体和动员领域实例,方便以后的使用。

10.2.2.4　终端用户

　　终端用户既包括国民经济动员各个机构使用系统的日常办公人员;也包括国民经济动员准备、实施和复员时利用系统进行查询、管理和决策支持的各级动员管理人员和决策人员;还包括军队或应急管理部门需要查询、使用动员信息资源的人员。

　　终端用户在自身权限范围内,通过浏览和查询动员领域本体可以很好地理解动员信息资源的概念、概念的属性以及概念之间的关系。

　　终端用户还可以通过系统提供的个性化智能检索入口,输入查询需求,获得动员领域语义理解基础上的检索结果,而不用在大量无用信息中查找自己想要的信息,提高了查准率和查全率。尤其是在紧急事态发生时,可以在短时间内快速找到与解决问题相关的确切结果,为应对战争和突发事件赢得了时间,争取了主动。

10.2.2.5　本体应用开发人员

　　本体应用开发人员是动员领域本体的使用者之一,本体构建的目的也是为了应用。

　　本体应用开发人员既可开发直接基于动员领域本体的各种应用系统,如动员预警系统、动员预案管理系统、动员潜力管理系统、动员智能决策支持系统等。也可开发基于动员领域本体的应用服务器公共组件和 Web Service 公共接口,为动员应用系统和与动员相关的其他系统提供中间件服务,如动员仿真系统、动员演练系统、军队后勤保障系统、军队作战指挥系统、应急指挥系统、政府部门有关电子政务系统、企业有关电子商务系统等,以充分地共享和交换动员信息资源,增强系统的语义处理能力,达到系统之间能够互操作,实现系统联动甚至实时互动的目的和效果。

10.3　基于领域本体的国民经济动员信息资源管理方法

　　本节在对本体构建相关理论与方法、技术分析对比的基础上,提出一种适用于国民经济动员领域的本体构建方法——"周期-进化法",详细分析该方法各个阶段的过程与活动并总结该方法的特点,最后运用该方法来具体构建国民经济动员领域本体。

10.3.1　本体构建方法和技术研究

10.3.1.1　本体描述语言

　　本体具有很多优势,但毕竟是一种概念,要使它有效地发挥优势,必须有一种语言来支持本体。本部分将讨论 RDF/RDFS、DAML+OIL 以及 OWL 等基于 Web 的本体描述语言,并对它们的特性进行对比,并选出本章要采用的本体描述语言。

1．主要本体描述语言

1）RDF

W3C 组织推出的 RDF 是一种元数据模型，为 Web 资源描述提供了一个通用框架。RDF 提供应用程序之间的互操作性，使应用程序互相交换机器可理解的信息。RDF 使用可扩充标记语言（Extensible Markup Language，XML）句法，用统一资源标识符（Uniform Resource Identifier，URI）来规定实体、概念、性质及关系等。

RDF 基本的数据模型由 3 种对象类型组成：

（1）资源（Resource）。由 RDF 表达式描述的所有事物都称为资源。一个资源可以是完整的 Web 页面，也可以是 Web 页面的一部分，资源还可能是所有 Web 页面的集合，资源甚至可能是通过 Web 不可能到达的任意对象，如一本打印出来的图书。资源的命名和标识方法是通过一个 URI 加上一个可选的定位 ID 字符串来表示的。URI 本身的扩展性允许表示任何可以想象的实体。

（2）属性（Properties）。属性是用来描述资源的某个特定的方面、特征、品质及资源的相互关系等。每个属性都有特定的含义，它定义属性值的范围、可以描述的资源类型以及与其他资源的关系。

（3）声明（Statements）。一个 RDF 声明是一个特定资源和一个被命名的属性加上这个属性的取值形成的集合。每个声明由 3 个部分组成：主语（Subject）、谓语（Predicate）、宾语（Object）。主语表示资源，谓语表示被命名的属性，而宾语则是属性的具体取值。

RDF 有如下几个特点：

（1）易控制。RDF 使用简单的"资源-属性-值"三元组，所以很容易控制。

（2）易扩展。在使用 RDF 描述资源的时候，词汇集和资源描述是分开的，所以可以很容易地扩展。

（3）包容性。RDF 允许任何人定义自己的词汇集，并可以无缝地使用多种词汇集来描述资源。

（4）可交换性。RDF 使用 XML 语法，可以很容易地在网络上实现数据交换。

（5）易综合。在 RDF 中资源的属性是资源，属性值可以是资源，关于资源的陈述也可以是资源，都可以用 RDF 来描述，这样就可以很容易地将多个描述综合。

RDF 数据模型可以根据命名的属性和属性值来描述资源之间的相互关系。RDF 属性可以看作是资源的特性，这类似于传统意义上的属性-值对；RDF 属性还表示资源之间的关系，因此 RDF 数据模型与实体-关系图（Entity-Relationship Diagram，ERD）很相似。

2）RDF Schema

RDF 数据模型虽然具有如上许多特点，但它并没有定义任何一个特定领域的语义，它只是提供了一个领域无关的机制来描述元数据。RDF Schema 解决了这个问题，它提供了一种机制来定义领域相关的语义。它在 RDF 基础上增加了许多语义原语，用来进一步增加对资源语义上的描述能力。它定义资源属性、被描述资源的类型、元素和类，用条件限制类和资源的组合，提供检测约束冲突的机制等。RDF Schema 的核心类、核心属性和核心约束如下：①核心类，包括 rdfs:Resource、rdf:Property、rdfs:Class。②核心属性，包括 rdf:type、 rdfs:subClassOf、rdfs:subPropertyOf、rdfs:seeAlso、rdfs:isDefinedBy。③核心约束，包括 rdfs:ConstraintResource、rdfs:ConstraintProperty、rdfs:range、rdfs:domain。

以上这些描述机制是单纯的 RDF 所不具备的。此外，RDF Schema 还定义了许多 RDF 模型中用到的概念。RDF Schema 实质上是 RDF 的词汇表。

3）DAML+OIL

DAML+OIL 建立在 RDF/RDF Schema 基础之上，并且用丰富的建模原语对它们进行了扩展。DAML+OIL 提供了很多词汇使其具有相当强的表达力。它不仅继承了 RDF（RDFS）的表达能力，还从描述逻辑中借鉴了很多表达方式，能够提供足够的约束条件，从而具备了较强的领域知识描述能力。

DAML+OIL 知识基础是 RDF 三元组的集合。DAML+OIL 使用自己的词汇给 RDF 三元组以具体的意思表述。DAML+OIL 将整个世界划分为两个不相交的部分。一部分是由属于 XML Schema 数据类型（datatype）的值所组成的，称为数据类型域；另一部分则是由（单个）对象所组成的，这些对象应被看作是 DAML+OIL（或 RDF）中所定义的类的成员，此部分称为对象域。

DAML+OIL 提供了强大的表达力，为描述 Web 信息提供了有力的工具，但另外，在 DAML+OIL 之上的推理却因此变得比较复杂。

根据 Ian Horrocks 的观点，DAML+OIL 是对描述逻辑中 SHIQ 的扩展[14]。在描述逻辑中 SHIQ 被称为强表达力描述逻辑，Horrocks 在这套逻辑上设计了一套可满足性算法（即 Tableaux 算法），不过复杂度很高。而且因为 SHIQ 本身还不能完全解决 DAML+OIL 的推理问题，Horrocks 又提出了一种逻辑 SHOQ（D），并设计出这套逻辑的 Tableaux 算法。这套逻辑增加了枚举类和数据类型，但无法支持 SHIQ 中的反转属性。尽管推理复杂度仍然比较高，SHOQ（D）已经在很大程度上解决了 DAML+OIL 推理问题。DAML+OIL 逐渐开始应用于推理系统，最有影响力的是 Horrocks 所在的英国曼彻斯特大学的 FaCT 系统，它是一个基于 CORBA 结构的针对强表达力描述逻辑推理的工具。OnToKnowledge 的 BOR 和德国汉堡大学的 RACER 也是 DAML+OIL 推理的应用。

4）OWL

DAML+OIL 在提交给 W3C 后，发展成了 OWL（Web Ontology Language）。OWL 作为 W3C 最新的推荐标准，是其所倡导的语义万维网（Semantic Web）的核心技术之一。OWL 用于文档信息的程序处理，而不是为人类理解的目的而表示信息。OWL 可以明确地表示词汇表中术语的含义以及这些术语之间的关系，而这种对术语和它们之间关系的表达就称为本体。OWL 相对 XML、RDF 和 RDFS 拥有更多的机制来表达语义，从而使 OWL 超越了 XML、RDF 和 RDFS 仅仅能够表达 Web 上机器可读文档内容的能力。OWL 吸取了 DAML+OIL 语言设计和应用的经验和教训，使用案例和需求文档提供更多的本体细节，它满足了 Web 对本体语言的需求。OWL 为不同类型的用户提供了 3 种功能递增的子语言。

（1）OWL Lite 可以定义类、属性以及类的实例，它是一种比较简单的语言，适用于只需要一个分类层次和简单属性约束的用户。推理系统能够保证计算完备性（Computational Completeness，即所有的结论都能被计算出来）和可判定性（Decidability，即所有计算都在有限时间完成）。例如：OWL Lite 去掉了枚举类和属性值限定使得类和属性的定义部分脱离了个体实例定义部分；OWL Lite 不支持类的并和补定义和互斥关系，这使得定义类的层次时基本上不会产生冲突；OWL Lite 基数限制只能为 0 或 1。

（2）OWL DL 是 OWL Lite 的扩充，在保证推理的完备性和可判定性前提下，在 OWL 语言中具有最强的表达能力。它包含 OWL 语言的所有语言成分，但使用时必须符合一定的约束，例如，当一个类是多个类的子类时，它就不能是其他类的实例。OWL DL 拥有和描述逻辑相当的表达能力，这也是它得名 DL 的原因。

（3）OWL Full 又比 OWL DL 更高一级，尽管没有可计算性保证，但有最强的表达能力和完全自由的 RDF（S）语法。例如，一个类既可以作为一个个体集合处理，也可以作为一个个体处理。OWL Full 允许一个本体在预定义的（RDF、OWL）词汇表上增加词汇，从而任何推理器均不能实现对 OWL Full 所有成分的完全推理。

用户在选择使用哪种子语言的主要考虑是：选择 OWL Lite 还是 OWLDL，主要取决于用户在多大程度上需要 OWL DL 提供的表达能力更强的成分；选择 OWL DL 还是 OWL Full，主要取决于用户在多大程度上需要 RDF（S）的特殊建模机制（如定义关于类的类以及为属性赋予属性），但目前还没有完全的 OWL Full 实现。

OWL Lite 的语言特征，以及 OWL DL 和 OWL Full 的增值特征如表 10.1 和表 10.2 所列。

表 10.1　OWL Lite 的语言特征

RDFS 特征		属性特征	
Class	类	ObjectProperty	对象属性
rdfs:subClassOf	子类	DatatypeProperty	数据类型属性
rdf:Property	属性	inverseOf	逆属性
rdfs:subPropertyOf	子属性	TransitiveProperty	传递属性
rdfs:domain	定义域	SymmetricProperty	对称属性
rdfs:range	值域	FunctionalProperty	函数属性
Individual	个体	InverseFunctionalProperty	逆函数属性
等价与不等价		属性限制	
equivalentClass	等价类	Restriction	限制
equivalentProperty	等价属性	onProperty	在属性
sameAs	相同个体	allValuesFrom	全部取值于
differentFrom	两不同个体	someValuesFrom	部分取值于
AllDifferent	多不同个体	基数限制	
distinctMembers	不同成员	minCardinality	最小基数（仅 0 或 1）
类相交		maxCardinality	最大基数（仅 0 或 1）
intersectionOf	相交	cardinality	基数（仅 0 或 1）

表 10.2 OWL DL 和 OWL Full 的增值特征

类公理		类表达式的布尔组合	
oneOf disjointWith EquivalentClass rdfs:subClassOf	枚举类 互斥类 等价类（应用于类表达式） 子类（应用于类表达式）	unionOf intersectionOf complementOf	类并 类交 类补
任意基数限制		过滤信息	
MinCardimality MaxCardimality Cardimality	最小基数 最大基数 基数	hasValue	值过滤

2．各种语言的特性对比

下面按照不同特性对上述本体描述语言进行分析和比较，对比如表 10.3 所列（表中，√ 表示具备相应功能；空格表示不具备相应功能）。

表 10.3 各种本体描述语言的特性对比

	语言特性	RDF&RDFS	OIL	DAML+OIL	OWL
1	有界列表	√	√	√	√
2	基数约束			√	√
3	类表达式		√	√	√
4	数据类型	√	√	√	√
5	定义类		√	√	√
6	枚举		√	√	√
7	等价		√	√	√
8	可扩展性	√	√	√	√
9	形式化语义	√	√	√	√
10	继承	√	√	√	√
11	推理		√	√	√
12	局部约束		√	√	√
13	定量约束			√	√
14	具体化	√		√	√

通过以上各个特性的对比，可以看出这些本体描述语言的表达能力大体上是按照 RDF&RDFS、OIL、DAML+OIL、OWL 这一次序由低到高排列的。其中，OWL 具有最强的表达能力，其子集 OWL DL 既能提供丰富的表达能力，又能保证描述逻辑语义推理的判定性。因此，本章选择 OWL DL 作为国民经济动员领域本体的描述语言。

10.3.1.2 本体构建工具

本节将首先描述 Protégé、WebODE、OntoEdit 和 OilEd 这 4 种主流的本体构建工具，然后从体系结构、互操作性、导入、导出等方面对它们进行比较，最后选出本章要采用的本体构建工具。

1．主要本体构建工具

1）Protégé

Protégé[15]是由斯坦福大学的 Stanford Medical Informatics 开发的一个开放源码的本体编辑器，它是用 Java 编写的。Protégé 是系统开发者和领域专家开发基于知识系统的集成软件工具。Protégé 开发的应用用来解决一个特殊领域的问题和决策。

Protégé 界面风格与普通 Windows 应用程序风格一致，用户比较容易学习使用。本体结构以树形的层次目录结构显示，用户可以通过点击相应的项目来增加或编辑类、子类、属性、实例等，使用户在概念层次上设计领域模型，所以本体工程师不需要了解具体的本体描述语言。Protégé 支持多重继承，并对新数据进行一致性检查，具有很强的可扩展性，主要表现在以下几点。

（1）Protégé 是一个可扩展的知识模型，用户可以重新定义系统使用的表示原语。

（2）文件输出格式可以定制，可以将 Protégé 的内部表示转换成多种形式的文本表示格式，包括 XML、RDF/RDFS、OIL、DAML、DAML+OIL、OWL 等语言。

（3）用户接口可以定制，提供可扩展的 API 接口，用户可以更换 Protégé 用户接口的显示和数据获取模块来适应新的语言。

（4）有可以与其他应用结合的可扩展的体系结构，用户可以将其与外部语义模块（如针对新语言的推理引擎）直接相连。

（5）后台支持数据库存储，使用 JDBC 和 JDBC-ODBC 桥访问数据库。

由于 Protégé 开放源代码，提供了本体构建的基本功能，使用简单方便，有详细友好的帮助文档，模块划分清晰，提供完全的 API 接口，不断升级和免费获取，因此，它基本上成为国内外众多本体研究机构的首选工具。

2）WebODE

WebODE[16]是瑞典马德里技术大学开发的一个本体建模工具，它支持本体开发过程中的大多数行为，并且能够支持 METHONTOLOGY 本体构建方法论，目前只有 WebODE 和 OntoEdit 两个工具能够将本体构建方法与实际的本体构建环境对应。

WebODE 通过 Java、RMI、COBRA、XML 等技术实现，提供很大的灵活性和可扩展性，可以方便地整合其他的应用服务。WebODE 体系结构分为用户接口、业务逻辑和数据层 3 层。

WebODE 和 Protégé 一样，不需要使用具体的本体描述语言，而是在概念层构建本体，然后才将其转化成不同的本体描述语言。

WebODE 没有提供开放的源码，只能通过网络注册的方式进行使用，它是 ODE（Ontology Design Environment）的一个网络升级版本，并提供了一些新的特性。

3）OntoEdit

OntoEdit[17]是由德国卡尔斯鲁厄大学开发的。它使用图形方法支持本体的开发和维护。它将本体开发方法论（骨架法）与合作开发和推理的能力相结合，关注本体开发的 3 个步骤：收集需求阶段、提炼阶段、评估阶段。OntoEdit 支持 RDF/RDFS、DAML+OIL 和 Flogic，并且 OntoEdit 提供对于本体的并发操作。

4）OilEd

OilEd[18]是由曼彻斯特大学计算机科学系信息管理组构建的一个基于 OIL 的本体编辑工

具，它允许用户使用 DAML+OIL 构建本体。OilEd 的基本设计受到类似工具（如 Protégé 系列、OntoEdit）的很大影响，它的新颖之处在于：对框架编辑器范例进行扩展，使之能处理表达能力强的语言；使用优化的描述逻辑推理引擎，支持可跟踪的推理服务。

OilEd 更多的作为这些工具的原型，测试和描述一些新方法，它不提供合作开发的能力，不支持大规模本体的开发、不支持本体的移植和合并、本体的版本控制、本体构建期间本体工程师之间的讨论。OilEd 的中心组件是描述框架，它由父类的集合组成。OilEd 描述框架与其他框架不同之处在于它允许使用匿名框架描述和高复杂性。OilEd 提供源代码。

OilEd 能使用推理检查类的一致性，推断出包含的关系。推理服务由 FacT 提供，FacT 为两类描述逻辑 SHF 和 SHIQ 提供推理服务。FacT/OilEd 并不为它的推理提供解释。OilEd 也可以将本体导出为其他格式，如 Simple RDFS、 SHIQ、SHOQ（D）、HTML、DOTTY、DIG 和图形格式。

2．各种工具的比较

以上几种主流的本体构建工具，它们各自具有自己的优越性和不可替代性，各自拥有稳定的用户群体，同时它们也或多或少有不尽如人意之处。下面分别从体系结构、可扩展性、存储方式、备份管理以及互操作性、导入、导出等方面对上述工具进行分析和比较，综合评定其各种性能，如表 10.4、表 10.5 所列。

表 10.4　本体构建工具的体系结构比较

工具	体系结构	可扩展性	存储方式	备份管理
Protégé	单一结构	插件	文件或关系数据库	无
WebODE	三层结构	插件	关系数据库	有
OntoEdit	单一结构&C/S	插件	文件或关系数据库	无
OilEd	单一结构	无	文件	无

表 10.5　本体构建工具的互操作性比较

工具	与其他工具的互操作	可导入的语言	可导出的语言
Protégé	PROMPT、OKBC、JESS、FaCT	XML、RDF（S）、XML Schema、DAML+OIL、OWL	XML、RDF（S）、XML Schema、Clips、Java、HTML、OWL
WebODE	JESS、 ICSEL、 OilEd、ODEMerge、ODE-KM	WebODE's XML、RDF/RDFS、DAML+OIL、OWL、UML	WebODE's XML、RDF/RDFS、OIL 、 DAML+OIL 、 OWL 、X-CARIN、Prolog、Java/Jess、UML
OntoEdit	OntoAnnotate、Ontobroker、OntoMat、SemanticMiner	XML 、 RDF/RDFS、 Flogic、DAML+OIL	XML 、 RDF/RDFS 、 Flogic 、DAML+OIL
OilEd	FaCT	RDF/RDFS、OIL、DAML+OIL	OIL、RDF/RDFS、DAML+OIL、SHIQ、Dotty、HTML

选择合适的构建工具对于快速、成功地构建本体至关重要。通过表 10.4 和表 10.5 对各本体构建工具在体系结构、互操作性、导入、导出等方面的特性对比，可以看出，OntoEdit 和 OilEd 不支持 OWL DL 语言；而 WebODE 仅能提供网络注册的方式使用，不能满足由于国民经济动员领域对信息的安全保密要求高，只能在安全网络域而不能在公共网络域上使用的要求。

　　而 Protégé 既能支持 OWL 语言，又能免费下载单独使用，它还具有很多其他优点。例如：它是一个可扩展的、跨平台的开放环境并且开放源代码；提供完全的 API 接口，采用 plug-in 体系，可以方便地外挂 OWL 插件；目前拥有用户最多、不断升级和免费获取；能够以文件或数据库等多种方式存储本体；提供本体构建的基本功能，具有良好的互操作性；提供图形化接口并且界面简单友好；对中文的良好支持；等等。

　　因此，本章确定采用 Protégé 3.3.1 版作为国民经济动员领域本体的构建工具。

10.3.1.3　本体构建方法

　　本小节将介绍国内外主要的本体构建方法并对它们进行比较分析，指出当前存在的问题。针对这些问题和不足，下节将提出一种适用于国民经济动员领域的本体构建方法——"周期-进化法"。

1．主要的本体构建方法比较分析

　　目前国内外主要的本体构建方法如下：Mike Uschold & King 的骨架法（Skeletal Methodology）[19]、TOVE 法[20]、KACTUS 工程法[21]、METHONTOLOGY 方法[22]、SENSUS 方法、斯坦福大学医学院开发的"七步法" [23]、螺旋-原型法和瀑布模型法[24,25]。

　　将上述方法从工程管理阶段、开发前期、需求分析、设计、执行、开发后期及统一阶段 7 个方面与 IEEE 1074—1995 标准进行比较，可以发现现有本体构建方法作为软件开发方法的不完善之处以及它们不同于一般软件开发方法的特别之处。比较结果如表 10.6 和表 10.7 所列。

表 10.6　各种本体构建方法与 IEEE 标准的一致性比较

方法＼阶段	工程管理阶段	开发前期	需求分析	设计	执行	开发后期	统一阶段
骨架法	没有	没有	有	没有	有	没有	不全，没有训练、环境学习和配置管理
TOVE 法	没有	没有	有	有	有	没有	不全，没有训练、环境学习和配置管理
KACTUS	没有	没有	有	有	有	没有	没有
Meth-ontology	不全，没有建立工程环境阶段	没有	有	有	有	不全，没有安装、操作、支持、维护、训练阶段	不全，没有训练、环境学习
SENSUS	没有	没有	有	没有	有	没有	没有
七步法	不全，没有建立工程环境阶段	没有	有	有	有	不全，没有安装、操作、支持、维护、训练阶段	不全，没有训练、环境学习
螺旋-原型法	没有	没有	有	有	没有	没有	没有
瀑布模型法	没有	没有	有	有	没有	没有	没有

　　表 10.6 的比较结果为：①从工程管理阶段看，METHONTOLOGY 和"七步法"不全，缺少建立工程环境阶段，其他方法则没有；②从开发前期看，各种方法都没有；③从需求分析看，各种方法都有；④从设计看，除骨架法和 SENSUS 没有外，其他方法都有；⑤从执行看，各种方法都有；⑥从开发后期看，METHONTOLOGY 和"七步法"不全，没有安装、

操作、支持、维护和训练阶段，其他方法则没有；⑦从统一阶段看，骨架法、TOVE 法、METHONTOLOGY 和"七步法"不全，没有训练、环境学习和配置管理，其他方法则没有。

表 10.7 各种本体构建方法的相互比较

比较 / 方法	生命周期	与 IEEE 标准的一致性	相关技术	本体的应用	方法细节
骨架法	没有	不完全一致	不确定	一个域	很少
TOVE 法	不是真正的生命周期	不完全一致	不确定	一个域	少
KACTUS	没有	不完全一致	不确定	一个域	很少
Methontology	有	不完全一致	有，不全	多个域	详细
SENSUS	没有	不完全一致	不确定	多个域	一般
七步法	不是真正的生命周期	不完全一致	有	多个域	详细
螺旋-原型法	有	不完全一致	不确定	一个域	一般
瀑布模型法	有	不完全一致	不确定	一个域	一般

表 10.7 的比较结果为：①在生命周期方面，METHONTOLOGY、螺旋-原型法和瀑布模型法有生命周期，TOVE 法和"七步法"不是真正的生命周期，其他方法则没有；②与 IEEE 标准相比，各种方法都不完全一致；③在相关技术方面，"七步法"有，METHONTOLOGY 有但不全，其他方法则不确定；④在本体的应用方面，METHONTOLOGY、SENSUS 和"七步法"应用于多个域，其他方法只应用于一个域；⑤在方法细节方面，TOVE 法少，骨架法和 KAUTUS 很少，其他方法则一般或详细。

目前的本体构建方法还未能像软件工程那样成为一种成熟的工程方法论，根据 IEEE 标准对上述方法做了分析比较，可以得出如下结果：

（1）与 IEEE 标准相比，还没有一种方法论是完全成熟的。其中，"七步法"、METHONTOLOGY、螺旋-原型法、瀑布模型法等采用了生命周期的方法，是相对成熟的方法。

（2）没有提出统一的方法论，只有适合自身项目的方法。

（3）存在几乎完全与众不同的方法论如 SENSUS，这说明可能会同时存在多个被广泛接受的方法论，标准不一定唯一。

（4）对于由同一个基础本体（如 SENSUS）构建出的领域本体，由于高层概念的共享，本体系统之间具有互操作能力。

（5）分析总结现有的各种方法论可作为发展标准方法论的起点，传统软件开发标准可作为指导方针来参考使用。

其实，本体构建与软件工程有着很多相似之处，因此在构建本体的时候，可以考虑借鉴软件工程的方法。

2．当前存在的问题

从目前的情况看，本体构建还处于探索性研究阶段，在这个过程中还存在着很多问题，对不同问题的认识和解决会得出不同的方法论。现将其主要问题分析如下：

（1）构建过程不完整、不规范。领域本体构建还没有成熟的方法论作为指导，大多数构建方法都是从具体领域本体的开发中总结出来的，方法的细节比较粗，相关技术比较少，没有对整个构建过程的完整描述，也缺少规范性的过程管理。有些方法侧重于前期阶段，有些方法侧重于中间某些阶段，因此，缺乏对本体构建整个过程完整的、规范的描述。

（2）需求分析不够充分，构建过程无计划性。本体开发，特别是某个具体领域的本体开发的具体需求不能清晰明确地描述，而这将直接导致本体构建过程缺乏计划性和控制性，在构建过程中存在重新计划的可能。

（3）成果没有评价标准。本体的评价方法没有统一的标准，更没有标准的测试集，不能对本体的构建成果进行合理评价，必然影响本体的应用和进一步扩展。

（4）缺少本体进一步扩展和进化的方法。随着领域的不断发展、变化，必然会有更多的领域相关概念和关系引入到核心本体中，扩展和进化已有本体，使得该本体具有更强的语义表达能力和更贴近领域的实际。但是目前本体的扩展和进化问题，还没有得到很好的研究和支持。

（5）忽视本体的共享和重用。本体构建的目的不能仅为某一个系统提供服务，而是为不同系统提供彼此交流的语义基础。本体构建的过程，也是人类知识机器化积累的过程。因此共享和重用是本体的本质要求，这也是本体构建中很重要的问题。

10.3.2　国民经济动员本体构建方法——"周期-进化法"

针对目前国内外各领域本体构建与应用中出现的问题,本章在综合贯通各种方法的优势,尤其是相对比较成熟的 METHONTOLOGY、"七步法"、螺旋-原型法和瀑布模型法等，借鉴软件工程中系统开发生命周期法和原型法思想的基础上,结合我国国民经济动员领域的特点,提出了一种适用于国民经济动员领域的本体构建方法——"周期-进化法"，如图 10.2 所示。

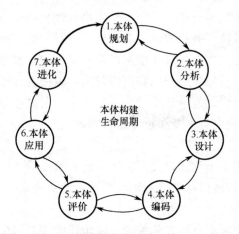

图 10.2　国民经济动员领域的本体构建方法——"周期-进化法"

"周期-进化法"将本体构建过程划分为 7 个首尾相连的阶段，包括本体规划、本体分析、本体设计、本体编码、本体评价、本体应用、本体进化，下面详细分析各个阶段的过程与活动。

10.3.2.1　本体规划

本体规划分两步，首先进行需求分析，然后制定本体构建的完整计划。

1．需求分析

需求分析阶段是本体开发的开端，也是本体建设的基石，它是从实际应用出发，对本体系统进行的一种规范化描述。

从表面来看，领域本体的建设是为机器服务的，要让信息变成机器可理解的。但探究其最终目的，还是为人类提供更好的信息服务。因此，和软件开发类似，在本体建设的规划期，应该首先了解本体应用的具体背景和需求。一般可通过如下问题来明确需求：所构建的本体将面向的专业领域和范畴；建立该领域本体的目的；需要满足的应用需求；该领域本体的目标用户等。

另外，为了更好地控制本体的建设工作，还需要确定核心本体建设的时间、进度要求，构建本体所用的描述语言以及辅助构建工具等。

在调研并回答了以上问题之后，本体建设人员基本上可以确定领域本体构建的需求情况。为了指导后续工作，并方便与他人的交流，应该编写一份领域本体构建的"需求分析说明书"，以文档的形式明确需求分析的结果，作为该阶段的工作成果。经过专家组的审核后，进入下一阶段。

2．制定计划

"凡事预则立，不预则废"。本体建设应有明确的计划，其目的是用一套程序和标准来规范本体的建设过程，让研究者和建设者了解其目标和所要做的工作，将偏离目标的损失减至最小；同时合理有效地制定计划便于对本体建设过程进行检查和控制，预防可能出现的问题，及时采取有效的应对措施，使本体建设置于一种规范化、可视化、可控制的管理之中，提高本体研究与建设的效率。

在本阶段，本体建设人员将充分了解现有资源，针对"需求分析说明书"中的各项要求，制定出"本体建设计划书"，内容主要包括：

（1）明确本体建设要达到的目标，论证工作的重要性和必要性。

（2）明确本体建设的具体任务和要求，并对任务进行分解，确定优先次序。

（3）明确完成任务的方式方法、具体措施以及对资源的合理分配。

（4）明确本体建设中各项任务的开始和完成时间，以便进行控制和协调。

本阶段在实际的本体建设过程中必不可少，却往往在研究项目中易被忽略，导致实施过程中的失误。"本体建设计划书"也要经过专家组的审核。

10.3.2.2　本体分析

本体分析是本体构建的一个重要阶段，依据是前面阶段的"需求分析说明书"和"项目计划书"，它包括收集获取领域信息、确定领域重点概念和关系两个子阶段。

1．收集获取领域信息

收集获取领域信息是领域本体构建的关键。本阶段的主要目标是确定领域本体的信息来源、获取领域本体信息，并通过收集领域信息，充分了解领域的现状，为本体构建奠定基础。收集获取领域信息有以下方法。

1）调研并重用现有本体

本体的目的在于以一种通用的方式获取领域中的知识，提供对领域内概念的共同一致的理解，从而实现知识在不同的应用系统和组织之间的共享和重用。因此，获取领域信息最根本的方法应该是通过调研，查找本领域和相关领域是否已有相关的现有本体，是否可以重用，以避免重复劳动，并增强与其他使用该本体的系统的交互能力。重用时，需要注意选择适合自己概念模型的，选择和自己概念模型中的语义和实现一致的术语定义。

例如，目前网络上已有一些本体库，如 Ontolingua、DAML、UNSPSC、RosettaNet、SENSUS 等，可根据领域本体的建设需要进行直接重用或选用，并可导入到要构建的本体开发环境中。

2）重用领域的主题词表和分类法

主题词表中的主题是表达文献主题的词和词组，是经过规范化处理的，具有专指性、准确性、明确性和唯一性。它具有完备的参照系统，通过主题词下设置用、代、属、分、参等多种参照项，以表示概念之间的等同关系、等级关系和相关关系，在主题语言系统之间建立起语义联系。

分类法中的类目（概念）是表达文献内容学科知识领域的概念，是遵循逻辑分类规则建立的科学语言，具有知识的系统性和整体性。分类法具有完备的类目组织系统，通过等级结构、逻辑关系显示文献主题概念（类目）之间的从属、并列、交替、相关等各种关系，在分类语言系统之间建立起语义联系。

分类法、主题法和本体都是表示概念之间的关系，但前两者表示的关系比较简单，可以说成是简化的本体，而本体除了包括比前两者所描述的概念之间更强的关系外，还包括概念的定义、实例和领域定理，同时采用一定的编码语言来让计算机能够读懂。这是前两者所无法实现的，因此将它们应用于领域本体的构建时，还需要对现有的词汇体系结构作进一步的改造与完善。

3）组织领域专家承建

领域专家通晓本领域学科体系和知识，能够较为准确地描述与提供领域本体的基本信息。

4）使用调查表、头脑风暴法、访谈、文本的形式或非形式化的分析等方法

这种方法的优点是能直接得到大量领域信息，效率较高，但这些信息可能是不准确的、不充分的，需要与领域专家进行适当的交流。

5）业务过程抽取法

通过分析领域的每一个业务过程并向业务人员咨询，获取相关的信息。这种方法的优点是能得到比较完整的领域信息，缺点是效率较低，工作量大。

6）利用知识获取工具和技术

如关系数据库中数据字典、E-R 图、人机交互技术、机器学习技术等，从现有数据库中提取专业术语，挖掘、发现领域的基本知识。这种方法的优点是效率较高，但信息不一定全面、完整。

在实际构建过程中，将上述多种方法结合起来使用，可以获得更为完整和精确的领域本体信息。

获得信息后，本体建设人员要对信息的质量进行评价。

2. 确定领域重点概念和关系

在获取并充分了解领域信息之后，本阶段的主要目标是确定领域中的重点概念和概念之间的关系。

如果是重用领域的主题词表和分类法，则可将主题词和分类名称作为领域中的重点概念、将主题词表概念间的等级关系和分类法概念间的学科相属关系作为领域中概念之间的关系。它们都是经过受控处理的，语义及等级关系清晰、严格。

如果是通过其他渠道获得的领域信息，那么首先列出一份尽可能全的概念清单，而不必

在意所要表达的概念之间的意思是否重叠，也暂不考虑这些概念采取何种表达方式（类、属性还是实例），然后用精确的术语加以表达，与领域专家或业务人员进行充分的交流，并经过专家组的审核确认，作为领域本体的核心概念集。

这个过程并不强求得到能反映领域知识全面的概念及关系，应该满足的基本要求有：①确定的重点概念及关系一定是领域相关的。领域的边界往往是模糊的，相关程度并不容易确定，这里只要求其相关程度可以解释。例如，目的是构建国民经济动员领域的本体，"艺术"这个概念就可能是不相关的；而"科学"这个概念则是相关的。②能够采用精确的术语表达上述重点概念及关系。建立领域本体的目的是为领域内的信息交换提供共同的信息标准和语义标准，因此，术语要经过精心的选择，既不能过于口语化，也不能生涩难懂，特别是应该无二义性的。

本阶段应该对应编制一份"术语集"，把选择术语的过程加以描述，罗列出最终选定的术语，对每个术语赋予相应的自然语言描述，并经专家组的审核。

10.3.2.3 本体设计

本体设计是本体构建中另一个重要阶段，主要依据是前面阶段的"需求分析说明书""术语集"和本体设计人员的知识与经验。本体设计包括识别类和类层次、确定类的属性、刻画属性约束、确定类间约束、确定实例5个子阶段。

1．识别类和类层次

类是关于领域中实体、现象和事件的概念化，表示具有相同属性的事物的集合。从上一阶段得到的"术语集"中识别可以作为类的术语，主要选择表示概念的术语，而不是描述概念的术语，后者将作为属性来表示。

初始识别的类基本上是平面结构的，没有条理性，因此还需要确定类的层次以将类进行条理化。分类法是一种对领域信息进行条理化的有效方法，分类体系可以帮助人们对领域概念迅速建立起整体视图，方便人们对概念进行分析。

为确保类层次结构的正确性，应遵照以下几个原则：

（1）子类和直接父类之间只能是"is-a"或者"part-of"关系。假设父类 C 有 n 个子类 C_1，C_2，…，C_n，"is-a"关系表示子类是父类所表示的概念中的一种，$C_i \in C$（$i=1,2,\cdots,n$）；"part-of"关系表示父类是由它的所有直接子类所组成，$C = \bigcup_{i=1}^{n} C_i$。这样规定的好处是在本体构建时容易确定且便于用户理解类层次中各类之间的关系。

（2）父类的所有子类之间不允许有重叠。假设父类 C 有 n 个子类 C_1，C_2，…，C_n，则有 $C = \bigcup_{i=1}^{n} C_i$，并且 $C_i \cap C_j = \phi$（$i \neq j$）。

（3）同义词不能表示其他不同的类。

（4）如果类 C_1 有子类 C_2，同时类 C_2 又有子类 C_1，则认为类 C_1 与类 C_2 等价，应该避免类的循环。

（5）同一父类派生出的各子类（即兄弟类）应该具有相同的粒度，即不能有的子类过于泛化，有的却过于特化。

（6）类的直接子类数量一般以2～12个为宜。

这样，分类层次就清楚地表示了类之间的继承关系。

2．确定类的属性

属性是对类的描述，用来描述类的本质特征和外来特征。领域本体由大量的类和子类组成，通过属性可以区分和联系不同的类，定义类之间的逻辑关系，通常可以设置数据类型属性、对象属性和注释属性等。

（a）数据类型属性。是指取值为字符、数值、日期、布尔逻辑值等的属性。例如："单位名称"属性类型为字符型；"预案编制日期"属性类型为日期型；"汽油油罐总容量"属性类型为数值型等。

（b）对象属性。用来描述类之间的关系。例如："国民经济动员机构下达国民经济动员需求"表示"国民经济动员机构"类与"国民经济动员需求"类之间有一个对象属性"下达"。

（c）注释属性。可以表示同属于某一类的一簇属性的集合，例如：定义一个"采供血机构潜力"的注释属性，将年采血总量、年提供临床用血总量、年提供原料血浆量、库存原料血浆量、贮血专用冰箱台数、采血车辆数、运血车辆数、业务部门建筑面积、持有岗位考核合格证人员数、辖区总人口数、在册合格供血浆者人数等各种与采供血机构相关的属性放在一起，易于本体的管理。

类的数据类型属性和对象属性将作为类的约束关系参与本体的推理。

确定类的属性必须遵循需求主导的原则，只描述与需求相关的特征和结构，并不需要描述的所有特征。例如，国民经济动员预案编制人员有"肤色"这个特征，但在论域中并不关心这个特征，所以，预案编制人员的属性中就不需要描述"肤色"的特征。

一般来说，下面几种类型的特征可以成为本体中类的属性：①本质特征，也称为内在属性，如预案的管理层次（如国家级、军区级、省级、地市级与县级）、动员任务类型（如应战任务与应急任务）；武器装备中某种零件的种类、重量与用途等。②外来特征，也称为外在属性，如预案的编制单位、编制日期；武器装备中某种零件的生产厂商、产地等。③表示结构化对象的组成部分，可以是具体的或抽象的元素，如汽车由车架、轮胎、发动机等构成，那么车架、轮胎、发动机就可以作为汽车的属性。④表示个体之间的关系，指某个类的实例与其他类的实例之间有关系，这个属性体现了类之间的横向关系。

与子类相似，可以通过说明一个属性是另一个或多个属性的子属性来建立属性之间的层次关系。例如：国民经济动员预案的编制目的、编制依据、指导思想、工作原则、适用范围、任务来源、编制原则、预案定位等属性是预案总则的子属性，预案总则又是预案内容的子属性，构成了预案属性层次关系的一部分。需要注意的是，子类继承父类的所有属性，因此属性应该尽可能定义在较高等级的通用类中。例如：可以将预案内容属性定义在国民经济动员预案类中，这样子类省级行业预案、地市级企事业生产性预案就都可以继承其高层父类的预案内容属性。

3．刻画属性约束

应用于类之上的约束一般都是通过对属性施加一定的约束来实现的，因此对于每个属性，还需要刻画属性上的约束，包括取值类型、定义域和值域、基数限制、允许取值、属性限制以及该属性具有的特性。

1）取值类型

描述属性值的类型，包括数据类型和对象类型。

2）定义域和值域

定义域指属性所描述或所依附的类；值域指属性所允许取值的数据类型（数据类型属性）或类的个体（对象属性）。例如：属性"计划编制依据"的定义域为"国民经济动员计划"类、值域为字符型；"国民经济动员演练检验国民经济动员预案"中属性"检验"的定义域为"国民经济动员演练"类、值域为"国民经济动员预案"类。

3）基数限制

属性可以取值的个数，包括最小基数、最大基数和基数。

最小基数 N 表示属性至少有 N 个取值，如果最小基数为 0，表示定义在某个类上的属性是可选的，例如：人员的奖罚属性的最小基数应为 0，因为并不是所有人员都有奖罚。

最大基数 M 表示属性至多有 M 个取值，最大基数为 1 的属性有时也称为函数式属性。当最大基数为 0 时，表示某个属性在相关联的类上没有对应取值。例如：未婚人员的配偶属性并不对应任何个体，因此配偶属性的最大基数就应该为 0。

当最小基数和最大基数相同时，使用基数来表示。例如：人员的姓名属性，它的最小基数和最大基数都为 1，可以说它的基数为 1。

4）允许取值

属性只能在指定的值集合中取值。例如："医院潜力"类的"隶属关系"属性只能从指定的"中央""省属""市属""县属"或"其他"这 5 个值集合中取值。

5）属性限制

属性限制是对类的实例进行限制，它指定了类的实例中哪些值能用。

属性限制有两种条件：必要条件和充要条件。必要条件是指被描述类中的个体一定满足该类的限制条件，但满足这些限制条件的个体不一定就属于该类；充要条件是指被描述类中的个体一定满足该类的限制条件，同样，对于满足该类限制条件的个体，也一定属于该类。

属性限制分为"全部取值于""部分取值于"两种。"全部取值于"限制属性的取值范围为某个特定的类。例如：如果个体"关于开展北京市国民经济动员潜力调查的通知"是"国民经济动员文档"类的一个实例，它的"被产生"属性值为个体"北京市经济动员办公室"，系统又知道"被产生"属性的"全部取值于"限制为"国民经济动员机构"类，则推理器可以自动推断出个体"北京市经济动员办公室"是"国民经济动员机构"类的一个实例。"部分取值于"限制属性的部分取值为某个特定的类。例如："国民经济动员综合预案"类有一个属性"有动员任务类型"，该属性有一个"部分取值于"限制，限定了"有动员任务类型"属性的一些取值是"应战任务"类的实例。这一限制容许"国民经济动员综合预案"类有多个动员任务类型，在这些动员任务类型中有一个或多个是"应战任务"类的实例即可，不要求全部的动员任务类型都是"应战任务"类的实例，比如还可以是"应急任务"类的实例。

6）属性的特性

定义属性的特性可以为利用属性进行推理提供强有力的机制，有如下特性，其中 $P(x, y)$ 表示 x 的 P 属性值为 y，即 x 和 y 之间存在 P 关系。

对称性：如果一个属性 P 被声明为对称属性，那么对于任意的 x 和 y 都有，$P(x, y)$ 当

且仅当 $P(y, x)$。

传递性：如果一个属性 P 被声明为传递属性，那么对于任意的 x, y 和 z 都有，$P(x, y)$ 与 $P(y, z)$ 蕴含 $P(x, z)$。

逆属性：如果一个属性 P_1 被标记为属性 P_2 的逆，那么对于所有的 x 和 y 都有，$P_1(x, y)$ 当且仅当 $P_2(y, x)$。例如：国民经济动员机构类拥有国民经济动员潜力类，反过来，国民经济动员潜力类被国民经济动员机构类拥有。在此"拥有"和"被拥有"是一对互逆的属性。

函数性：如果一个属性 P 被标记为函数性属性，那么对于所有的 x, y 和 z 都有，$P(x, y)$ 与 $P(x, z)$ 蕴含 $y=z$，即对于给定的个体，至多只能有另一个个体通过该属性与给定个体相关联。例如：对于"国民经济动员企业"，其"企业规模"只能是大型、中型或小型之一，因此属性"有企业规模"在关联这两个类时，应规定为具有函数性。

逆函数性：如果一个属性 P 被标记为逆函数性属性，那么对于所有的 x, y 和 z 都有，$P(y, x)$ 与 $P(z, x)$ 蕴含 $y=z$，即至多只能有一个个体与另一个个体相关联。它与函数性属性互为逆关系，但不一定每个函数性属性都有逆函数性属性与之对应。例如：人员的身份证号属性，根据身份证号可以唯一地确定人员。

4．确定类间约束

除了刻画应用于类之上的约束即属性约束外，还应确定类之间的约束，包括等价类、互斥类等。

1）等价类

等价类表示类中包含有相同的个体，等价性可以用于建立同义词类。例如：在国民经济动员领域，国民经济动员潜力是指国家通过一定的动员机制，可以直接或间接转化为战争实力的经济能力。而国民经济动员能力是指国家将经济潜力转化为国防经济实力的能力，是把经济资源有效地转化为战争力量的关键环节。这两个术语比较类似，因此在本体中可以定义这两个类是等价的。

2）互斥类

互斥类表示类与类之间互斥，没有共同元素。例如：国民经济动员预案类的 3 个子类国民经济动员综合预案、国民经济动员行业预案、国民经济动员企事业预案就相互互斥，当已知 I 是类国民经济动员行业预案的一个实例时，推理器就会自动推断出 I 不是类国民经济动员综合预案或类国民经济动员企事业预案的实例。

5．确定实例

本体设计的最后一步是确定类的实例。根据前面步骤确定了本体中的类、属性、属性的约束，给类的属性具体赋值，就产生了类的实例。在确定实例前，一定要先确定好类和类的所有属性及其关系。在本体构建过程中一般不考虑实例或只考虑少数重要的实例，但当本体和实际应用相结合的时候，需要将特定领域内的个体作为实例添加进来。

本体设计阶段的最终结果是形成一份规范的"本体设计说明书"，详细描述类、类的层次、类的属性、属性约束、类间约束、实例等的设计过程与设计结果，经过专家组的审核后，作为下一阶段本体编码的重要基础。

10.3.2.4　本体编码

本体编码阶段的目标是要选择合适的形式化表示语言，即本体描述语言对设计好的本体进行编码、使其形式化，即用形式化的方法将设计好的本体从自然语言的表示格式转化成机器可理解的逻辑表达格式。

在具体领域本体的构建中，需要根据实际应用要求选择合适的语言和工具。

在本体编码过程中，如果发现问题，要及时返回到前面相应阶段进行修改。

本体编码完成后，就形成了一个初步的领域本体库。如果本体库的规模较小，可以文件方式进行存储，这样轻便快捷、不需要太多的配置、便于备份、复制、查询速度快；如果本体库的规模较大，则可以关系数据库方式进行存储，对本体的操作就相当于对数据库的操作，效率高，但需要复杂的数据库配置。对于大多数应用来说，数据库方式是必要的。

编码过程结束后，把编码过程和注意事项记录下来，形成一份规范的"本体编码说明书"，附上保存本体库的文件或数据库备份，并经过专家组的审核。

10.3.2.5 本体评价

本体编码完成后，要对所形成的本体进行评价。常用的评价指标如下：

（1）正确性。本体应该满足规划阶段提出的需求，满足本体构建的基本原则。

（2）清晰性。本体中的术语应被无歧义地定义。

（3）一致性。术语之间关系逻辑上应一致，能支持本体在语义逻辑上的推理。

（4）完整性。本体中的概念及关系应是完整的，包括该领域重要概念，反映该领域理论体系和发展水平，并能达到最好的检索效果，最大限度地满足应用需求。

（5）可扩展性。本体应该能够扩展，在领域发展过程中能加入新的概念。

（6）互操作性。本体应该能够和其他领域本体及相关应用系统实现共享和互操作。

（7）文档规范性。本体构建过程中，应该具有完备、准确、规范的文档。

本体是现实世界的模型，所建立的本体必须能够客观反映世界。如果评价与测试的结果不满意，需要查验原因进行排错，并返回前面相应的阶段进行修改，这是一个反复迭代的过程，并将贯穿于本体构建的生命周期，直到本体评价结果满意为止。此阶段的工作成果是"本体评价报告"，并经专家组的审核。

10.3.2.6 本体应用

本体经过评价后，就可以之为基础为用户提供各种应用服务。本体构建的目的是为了本体应用，对本体的应用实际上是本体功能的最终实现。

目前可以开展许多基于本体的应用，如信息导航系统、信息检索系统、信息资源整合系统、智能教学系统、信息推送系统、电子政务资源处理系统、专家系统、决策支持系统等。本体应用涉及信息抽取、Web技术、人机交互、可视化等多种技术。

此阶段的工作成果是"本体应用报告"，并经专家组的审核。

10.3.2.7 本体进化

本阶段将在现有本体编码和本体应用的基础上，根据领域发展的需要，对本体概念、关系、约束、层次进行不断地丰富、完善和改进。

本体进化主要包括两方面内容：①本体自身进化，即是对已建本体进行更新和维护，包括增加新类、删除旧类、完善类的属性及属性约束、完善类的层次、完善类之间的关系等。

②本体对外进化，即不同领域本体之间的共享、重用和互操作，主要通过映射机制，与相关领域本体之间建立对应和关联。

本体进化有 3 种方式：①人工进化。由知识工程师或信息资源管理人员在领域专家的协助下，以手工方式进行本体的更新与维护。②自动进化。利用知识获取工具和技术，如通过机器学习、抽词算法、知识发现等获取新的概念和关系，自动定位和更新到本体中去。③半自动进化。人工进化效率较低，对人员的知识程度要求高；自动进化难以达到较高的准确度，采用两者结合的方式，可以达到较好的进化效果。

此阶段的工作成果是"本体进化报告"，并经专家组的审核。

10.3.3　建立国民经济动员领域本体

本节将运用上节提出的"周期-进化法"，来具体构建国民经济动员领域本体。

10.3.3.1　规划与分析国民经济动员领域本体

1．需求分析

首先我们来简要回答需求分析阶段应该调研的各个问题。

（1）本体面向何领域。选择国民经济动员领域作为构建领域本体的对象。

（2）本体建立目的及应用需求。①在国民经济动员领域上提供基于语义的信息抽取和智能检索，使用户的查询结果更加精确，因此需要尽可能地提供概念之间的语义联系；②随着本体的进化，还可以提供更多的基于语义的信息服务，如动员信息咨询、动员方案生成、动员智能决策支持等。

（3）本体的目标用户。主要有 5 类：终端用户、本体应用开发人员、信息资源管理人员、知识工程师和领域专家。

（4）核心本体的建设时间、进度要求。核心本体的构建在本章完成，并完成了信息抽取和智能检索的应用，但本体的进化、完善将是长期的过程。

（5）选择何种本体描述语言。根据前文分析，国民经济动员领域本体选择 OWL 的子集 OWL DL 作为本体描述语言，它既能提供丰富的表达能力，又能保证描述逻辑推理的判定性。后台采用 Oracle 数据库存储本体，前端提供 OWL 接口，支持 OWL 文件的导入、导出。

（6）选择何种本体构建工具。国民经济动员领域本体选择 protégé 3.3.1 作为辅助本体构建工具。

需求分析完成后，要形成一份"国民经济动员领域本体需求分析说明书"。

2．制定计划

根据需求分析说明书，可以初步拟订动员领域本体的建设计划分为三步走：

第一步，利用现有资源完成本体的编码，形成初步的动员领域本体库；

第二步，在建好的动员领域本体库基础上开发系统，提供更好的信息服务，如更精确的语义信息检索等；

第三步，开发基于动员领域本体库的应用服务器组件，为其他领域提供共享和互操作服务。

同样，将"国民经济动员领域本体建设计划书"形成文档。

3. 收集获取动员领域信息

在国民经济动员领域目前还没有发现与之相似、可以重用的本体，且国民经济动员领域也没有主题词表和分类法可供参考。所以，本章主要通过几部国民经济动员有关词典和几套国民经济动员丛书来收集获取动员领域信息，例如：《国防经济大辞典》《军事经济词典》[26]《中国军事百科全书·战争动员分册》[27]《中国大百科全书·军事卷》[28]、2007 年北京理工大学出版社《国民经济动员研究书系》一套 10 本、2005 年军事科学出版社《中国国民经济动员论丛》（第二辑）一套 5 本、2001 年军事科学出版社《国民经济动员论丛》（第一辑）一套 5 本、2001 年吉林人民出版社《国民经济动员培训教材》一套 8 本。

此外，还可通过其他渠道进行辅助收集，例如：通过已建成的国民经济动员信息系统获取到大量的动员数字资源；通过网络搜索到大量与国民经济动员相关的文件；在多期国民经济动员培训班上与动员业务人员咨询、交流，也获取到大量的动员领域业务信息。

4. 确定动员领域重点概念和关系

在获取领域信息的基础上进行分析，确定如下动员领域的重点概念和关系。

（1）动员领域的重点概念包括：国民经济动员机构、国民经济动员政策法规、国民经济动员需求、国民经济动员潜力、国民经济动员演练、国民经济动员预案、国民经济动员计划、国民经济动员教育培训；工业动员、农业动员、科技动员、教育动员、邮电通信动员、交通运输动员、医疗卫生动员；生产性预案、保障性预案、防护性预案、征用性预案；综合预案、行业预案、企事业预案；自然资源潜力、宏观经济潜力、财政金融潜力、消防机构潜力、加油站潜力、城市公用设施潜力、制造业潜力、物资储备潜力等。

（2）动员领域的重点关系包括：产生、制定、组织、拥有、核实、关联、检验、依据、下达、有上级预案、有下级预案、有协作预案、组成、指导、有动员单位类型、有动员层次类型、有动员内容类型、有动员任务类型、有动员行业类型、有动员方式类型、有企业规模、有隶属关系等。

以上只是动员领域重点概念和关系的一部分，还有其他相关概念和关系，在此不再一一罗列。此阶段形成一份"国民经济动员领域术语集"，作为本体设计的基础。

10.3.3.2 设计国民经济动员领域本体

本体设计包括识别类和类层次、确定类的属性、刻画属性约束、确定类间约束、确定实例 5 个子阶段。

本体设计既可以采用文本方式，也可以采用图形方式辅助设计。本节采用有向无环图（Directed Acyclic Graph，DAG）方式进行辅助，其中图的椭圆形节点表示概念（包括类、属性和实例），有向边表示概念间的关系。

由于国民经济动员领域涉及范围广，概念的结构和关系复杂，层次比较多，因此对动员领域采用分层进行处理，按照自顶向下的方法对本体进行设计。

（1）设计顶层类。国民经济动员领域包括国民经济动员机构、国民经济动员政策法规、国民经济动员需求、国民经济动员潜力、国民经济动员演练、国民经济动员预案、国民经济动员计划、国民经济动员教育培训、国民经济动员文档共 9 个类，如图 10.3 所示，图中"is-a"表示是子类。

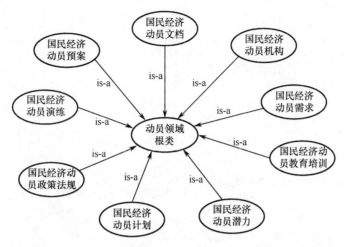

图 10.3 顶层类的设计

（2）设计顶层类之间的关系。如图 10.4 所示，图中仅列出单向关系，另一方向大多为逆属性关系，如"下达"的逆属性关系为"被下达"，下面各图中关系也是如此。

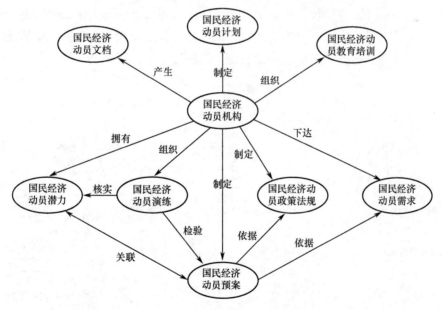

图 10.4 顶层类之间的关系设计

（3）设计每一个顶层类的类层次。国民经济动员很多顶层类内部存在复杂的层次关系，例如：国民经济动员上级机构的潜力与下级机构的潜力之间存在组成关系；国民经济动员领导机构与政府执行机构、军队执行机构、企业动员机构之间存在指导关系，而政府执行机构与军队执行机构之间存在协作关系等，如图 10.5 所示。

此外，国民经济动员预案在国民经济动员领域占据很重要的地位，它是国家为应对战争和突发事件，根据需求预测，预先制定的将国民经济各部门和相应的国家机构由平时状态转入战时状态的方案。国民经济动员预案是一个全方位覆盖、纵横向交错、规范有序的科学体系，它的类型多种多样。

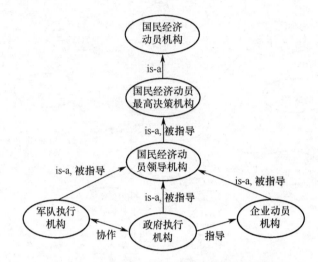

图 10.5　国民经济动员机构类的层次关系设计

图 10.6 列出了国民经济动员预案类的部分层次关系设计，在此主要以动员作用范围作为第一层次划分依据，其次在国民经济动员行业预案中以动员行业作为第二层次划分依据，在国民经济动员企事业预案中以动员内容作为第二层次和第三层次划分依据。动员任务、动员层次、动员方式的划分将作为国民经济动员预案的属性进行体现。

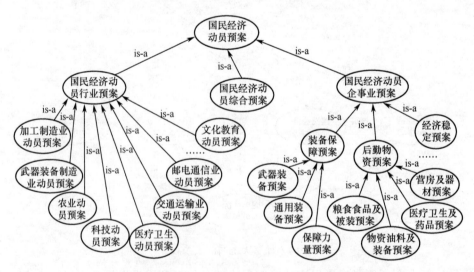

图 10.6　国民经济动员预案类的部分层次关系设计

（4）设计类之间的关系。例如：国民经济动员预案类与国民经济动员需求类之间关系，如图 10.7 所示，图中 R1 表示指导关系、R2 表示依据关系、R3 表示有下级预案关系、R4 表示有上级预案关系、R5 表示有协作预案关系。

（5）设计类的属性及属性层次关系。例如：国民经济动员综合预案的属性及属性层次关系，如图 10.8 所示，图中"attribute-of"表示是属性，"sub-attribute"表示是子属性。

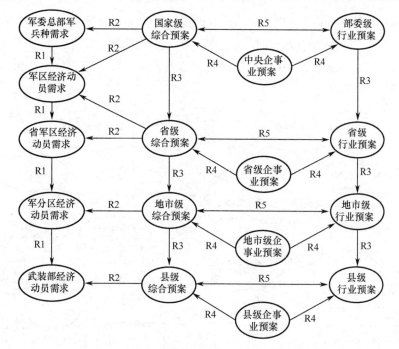

图 10.7　国民经济动员预案类与国民经济动员需求类之间关系设计

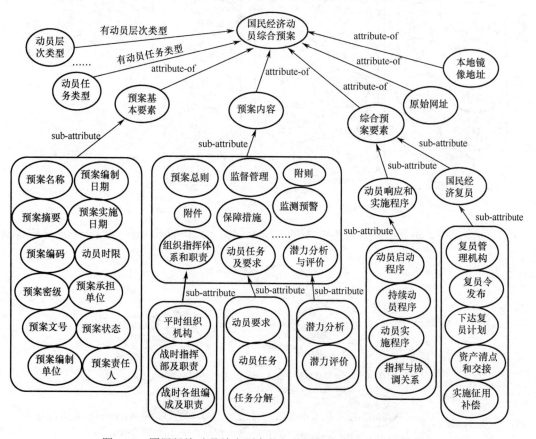

图 10.8　国民经济动员综合预案的部分属性及属性层次关系设计

（6）设计类与属性之间的关系。例如：卫生机构潜力类与属性关系，如图 10.9 所示，其中单位基本属性是一个通用属性，所以把它定义在卫生机构潜力类上，其子类医院潜力、采供血机构潜力、急救中心潜力、疾病预防控制中心潜力等可以共享单位基本属性。此外，它们还具有自己的属性。

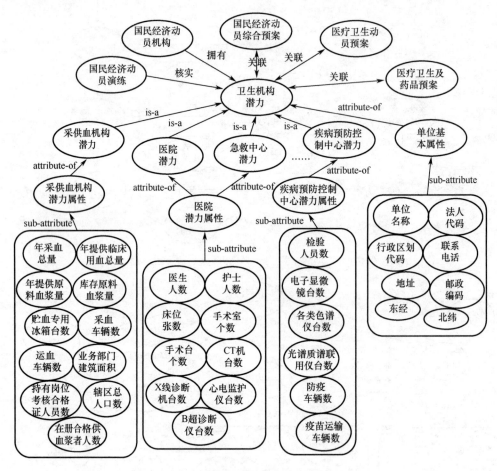

图 10.9 卫生机构潜力类与属性关系设计

（7）创建实例。例如：动员任务类型的实例，如图 10.10 所示，图中"instance-of"表示是实例。

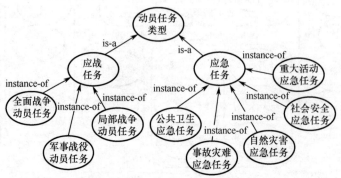

图 10.10 动员任务类型的实例创建

以上仅列出动员领域本体中具有代表性的一些类、属性、关系、实例的设计。其他设计，也包括属性约束、类间约束的设计，在此不再一一罗列。此阶段形成一份"国民经济动员领域本体设计说明书"，作为本体编码的重要基础。

10.3.3.3　采用 Protégé 对动员领域本体进行编码

在国民经济动员领域本体设计说明书的基础上，可以进行动员领域本体的编码。本章采用 OWL DL 作为本体描述语言、Protégé 3.3.1 作为辅助构建工具。Protégé 编辑本体后，可自动生成以 OWL 为后缀的本体文件，示例可见本章附录。

采用 Protégé 对国民经济动员领域本体进行编码的过程如下：

（1）建立新项目。打开 Protégé，出现对话框，单击 New Project...，出现 Create New Project 对话框后，选择 OWL/RDF Files，单击 Finish。

（2）定义类及类关系。Protégé 的主页面中会默认出现 Metadata（元类）、OWL Classes（OWL 类）、Properties（属性）、Individuals（个体）、Forms（表单）这几个标签页。选择 OWL Classes 标签页来定义类及类的关系，如图 10.11 所示，左边显示类及类的层次关系，右边是对选中类的详细描述，例如类的名称、注释、必要或充要的限制条件、互斥类等。

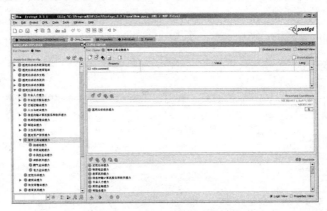

图 10.11　类及类关系定义示意图

（3）定义属性及属性约束。选择 Properties 标签页来定义属性及属性上的各种约束。Protégé 中的属性共有 3 种：Object（对象属性）、Datatype（数据类型属性）、Annotation（注释属性）。图 10.12 所示为对象属性及约束定义示意图，左边显示属性及属性层次，右边是对选中属性

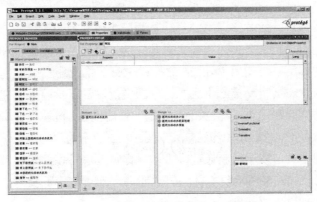

图 10.12　对象属性及约束定义示意图

的详细描述，例如：属性的名称、注释、定义域、值域、属性特性（函数性、逆函数性、对称性、传递性、逆属性等）；图 10.13 所示为注释属性及约束定义示意图。

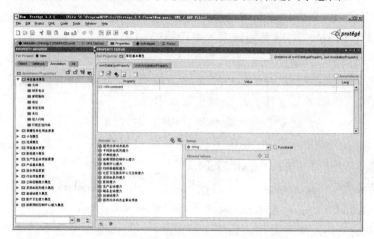

图 10.13　注释属性及约束定义示意图

（4）添加实例。选择 Individuals 标签页来添加实例，如图 10.14 所示，左边显示类及类的层次关系，右边可对选中类添加实例，按要求填充该类的各属性值即可。

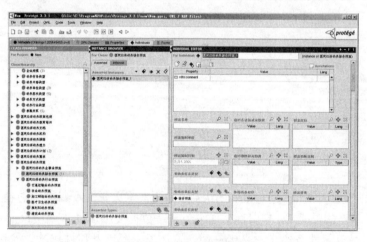

图 10.14　添加实例示意图

（5）运用推理器推理。此时，国民经济动员领域本体基本构建完毕，由于我们选择的是 OWL DL 子语言，这时我们需要使用推理机对其中的逻辑关系进行推理和检验，以起到纠错和检验逻辑一致性的作用。可使用 Protégé 的插件 Racer 推理器[29]，它提供两种服务：一是包含检验，即通过让 Racer 自动推断生成本体中的类层次，以检验人工建立的类层次中，是否如我们所定义的那样存在父类-子类关系；二是一致性检验，检验类在本体中是否具有逻辑一致性，即是否符合 OWL 的语义和句法规定。图 10.15 所示为运用 Racer 对上述步骤建立的动员领域本体的推理结果，表示检验通过，否则将提示推理发现的错误。

此阶段形成一份"国民经济动员本体编码说明书"，连同 OWL 文件一起保存，作为本体评价、本体应用和本体进化的基础。

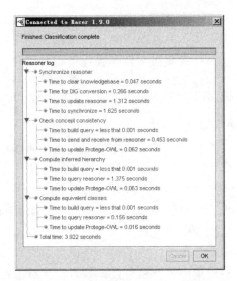

图 10.15　Racer 对动员领域本体的推理结果

10.3.3.4　评价、应用与进化国民经济动员领域本体

国民经济动员领域本体编码结束后，组织动员领域专家对其正确性、清晰性、一致性、完整性、可扩展性、互操作性、文档规范性进行了评价，基本符合要求。在动员领域本体中共定义了 259 个类、36 个对象属性、204 个数据类型属性、16 个注释属性和 25 个实例，利用属性约束和类间约束显式表示了概念之间的逻辑关系，这些关系纵横交错，形成了一个立体、直观的国民经济动员领域语义联系网。

在国民经济动员领域本体库的基础上，可以开展丰富的本体应用，例如，基于领域本体的信息抽取、基于领域本体的个性化智能信息检索、基于领域本体的智能决策支持等，为战争和突发事件的快速应对提供有力支撑，提高国民经济动员的平战转换能力和快速反应能力。

本体的进化则是长期的过程。

10.4　基于领域本体的国民经济动员信息抽取策略

本节在已构建的国民经济动员领域本体基础上，引入基于领域本体的信息抽取技术，介绍国民经济动员领域本体存储机制和国民经济动员信息资源组织机制，最后探讨基于国民经济动员领域本体的结构化和半结构化信息抽取策略。

10.4.1　基于领域本体的国民经济动员信息处理

基于领域本体的信息抽取技术利用国民经济动员领域本体对信息资源本身的描述来实现信息的抽取，能从大量分散在不同地方的、不同形式的与动员相关的信息源中抽取出有用的动员信息资源，并用结构化的形式统一存储和组织，从而为动员管理人员提供简洁、准确的信息。在讨论国民经济动员信息抽取之前，本节我们首先讨论基于领域本体的国民经济动员信息资源的存储与组织问题，即对未来要抽取出来的动员信息如何用结构化的形式进行统一存储和组织的问题。

10.4.1.1 国民经济动员领域本体存储机制

随着本体技术的不断发展，本体的存储问题已经成为该领域的一个研究热点。目前本体存储机制主要有关系数据库、内存和磁盘文件等载体。相关研究和实践表明，基于内存的本体存储适合小规模的本体；大规模本体的存储与操作更需要基于关系数据库的存储方法；基于磁盘文件的本体存储介于两者之间，但也在幅度有限的数据量区间内显示出一定的优势。

1．在关系数据库中存储本体

用传统的关系数据库存储本体是一种比较常见的本体存储机制。由于数据库管理系统提供了标准查询接口，为本体查询的实现屏蔽了许多底层的操作，因此基于关系数据库存储本体是一种很好的方案。基于关系数据库的本体存储可以采用如下几种具体形式：①水平数据库，只需用一张"全局"表来表达整个本体，本体中的每一个实例作为表中的一个记录和一个项。该模型简单，但由于数据库中出现许多列，使得整个数据库呈现为一张稀疏表。②垂直数据库，用一张表来存储所有的本体，表中每一个记录对应本体中的一个三元组。Jena 和 Sesame 在内的众多 RDF 引擎均采用该存储方式。缺点在于对于每一个查询，都需要遍历整张表。当处理带有联合的查询时，效率更差，使得查询引擎很难获得高的查询效率。③水平类，与水平数据库方法有点类似，不同之处在于它给本体中的每个类都提供一个独立的表。本质上，这种方法与数据库领域常用的实体-关系方法相对应。④按属性建表，为本体中的每个属性建立一张表，表中仅含资源和值两个项。本体中的每个三元组都可以根据所包含的属性名存储到相应的表中。缺点和垂直数据库类似，查询效率不高，同时由于要为每个属性建立一张表，数据量庞大，给维护带来许多问题。

2．在内存中存储本体

采用一定的数据结构，将本体存储在内存中也不失为一种选择，主流 RDF 引擎也都支持这种机制。这样做的好处在于：①与基于关系数据库的存储机制相比，安装和配置 RDF 引擎时不再需要配置独立的数据库管理系统，更为简单方便。②在内存中处理本体，将使插入、推理和查询操作的速度得到显著的提高。该机制的缺点：一是存储容量受制于内存容量，不能提供海量存储；二是不能拥有持久化效果。因此一般 RDF 引擎都会提供接口，将内存中的本体与数据库、文件相互转化，从而实现持久化。

3．在磁盘文件中存储本体

本体也能够以一定的格式存储进磁盘文件，如 RDF、XML、OWL 等格式的文件。与基于内存的存储机制相比，它缺乏本体操作与处理所具备的效率；与基于数据库的存储机制相比，它又缺乏成熟的查询支持，提高磁盘文件中本体的查询效率普遍需要借助数据库中常用的 B-树和 hash 表等技术。

动员信息资源具有用户众多且分布广泛、信息量大且来源面广、形式多样、关系复杂等的特点。因此，国民经济动员领域本体适合采用关系数据库存储的机制，既能满足动员领域多用户并发访问与存储的要求，又能满足动员领域本体规模庞大和存取效率高的要求。鉴于目前国家和各省市国民经济动员管理信息系统均采用 Oracle 关系数据库存储数据，为保持数据库的一致性、互操作性和可扩展性，动员领域本体也将采用 Oracle 关系数据库进行分布式的存储，即各省存储本省管辖范围内，包括本省以及省内各市县的动员信息资源；国家则存储国家以及各省级的动员信息资源。

10.4.1.2　国民经济动员信息资源组织机制

国民经济动员领域本体中反映国民经济动员领域概念、概念的属性以及概念之间关系的这些内容是相对静态的、稳定的、不易变化的。而国民经济动员实例是国民经济动员领域信息资源的具体体现，一方面现实世界中的动员领域实例量大、无法穷尽；另一方面新的实例会不断产生而原有的实例也会不断消亡，所以国民经济动员实例相对于动员领域本体的其他组成成分来说是动态的、容易变化的。因此，本章设计将静态的动员领域本体和动态的动员领域实例分开存储，形成动员领域本体库和动员领域实例库两个相对独立而又互相关联的数据库。

在动员领域本体库中不仅要存储本体中相对稳定的类概念、属性概念、属性约束和关系，而且要存储动员领域中一些重要的、内容比较固定的、定义其他概念或实例时需要引用的、类似于下拉选项的实例。例如：企业规模类有大型、中型、小型 3 个实例；隶属关系类有央属、省属、市属、县属、其他 5 个实例；动员方式类有产品生产型、物资分配型、宏观调控型 3 个实例；动员层次类有国家级、军区级、省级、地市级、县级 5 个实例；动员任务类有应战任务和应急任务两个子类，应战任务子类有全面战争、局部战争、军事战役 3 个实例，应急任务子类有自然灾害、事故灾害、公共卫生、社会安全、重大活动 5 个实例；等等，这些数量虽少但却十分重要的实例可以存放在动员领域本体库中。同时，各国民经济动员机构的业务人员使用时，不仅能够信息共享，还能起到一种指导、标准和规范的作用。以上这些内容属于动员领域本体库中的核心内容，此外，在动员领域本体库中还要存储所有的实例声明，通过实例声明与动员领域实例库进行关联。在动员领域实例库中则存储所有的动员实例详细信息。

动员领域本体库中的核心内容由国家经济动员办公室人员统一制定和解释，然后下发到各省级经济动员办公室使用，各省则根据本体库的定义来添加本省的动员实例声明并维护本省的动员领域实例库。

有了要存储的内容，一个重要问题便是如何组织这些内容。信息的组织机制决定未来对信息的进一步开发和利用的模式与程度。为了下一步能够便捷、高效地实现对国民经济动员信息资源的信息抽取、信息检索以及其他应用，动员信息资源组织机制如下所示：

1.　在动员领域本体库中建立本体概念集合

建立本体概念集合的主要目的是对动员领域本体中的概念进行归类，重点描述概念的结构和概念之间的关系。这里的概念包括本体中的类概念、属性概念和实例概念，将这 3 种概念有机地融合在一张关系表中，减少了关系表存储的冗余性，并且使得未来信息检索时只需基于一张关系表便可查询所有概念，大大降低了查询需求的构造复杂度也简化了查询执行的过程。

对于类概念，本集合主要描述类、类的层次关系、类的实例表名、是否为国民经济动员机构类。由于国民经济动员的特殊性，所有国民经济动员信息资源都与国民经济动员机构挂钩，因此需要将国民经济动员机构类单独进行识别。

对于属性概念，本集合主要描述属性、属性的层次关系、属性的类型（包括数据类型属性、对象属性及注释属性）以及数据类型属性的取值类型（包括字符型、数值型、日期型及布尔型等）。

对于实例概念，本集合主要描述实例的声明、实例定义所属的类，实例的具体内容则存放在动员领域实例库中。实例概念是动员领域本体库和动员领域实例库关联的主要媒介。

本体概念集合的表结构为：Ontology_concept_info（concept_id，concept_name，concept_type，concept_comment，parent_id，individual_table_name，is_organization_class，individual_to_concept_id，attribute_type，attribute_datatype），其中 concept_id 是概念的唯一标识；concept_name 表示概念的名称；concept_type 表示概念的类型（类、属性或实例）；concept_comment 表示概念的描述；parent_id 表示概念的父概念标识；individual_table_name 表示类的实例表名；is_organization_class 表示该类是否为国民经济动员机构类；individual_to_concept_id 表示实例定义所属的类标识；attribute_type 表示属性的类型（数据类型属性、对象属性或注释属性）；attribute_datatype 表示数据类型属性的取值类型（字符型、数值型、日期型或布尔型等）。

2．在动员领域本体库中建立类属性关系集合

建立类属性关系集合的主要目的是描述动员领域本体中的类概念以及属性概念之间的对应关系，其表结构为 Class_property_info（relation_id，class_id，property_id），其中 relation_id 是关系的唯一标识；class_id 表示类概念的唯一标识；property_id 表示描述该类概念的所有属性概念的唯一标识。

3．在动员领域本体库中建立等价概念集合

在动员领域本体中，概念之间除了层次关系外，还有很重要的一种关系就是等价关系。

等价类表示类中包含有相同的个体。例如：国民经济动员潜力类与经济动员潜力类、动员潜力类等价；国民经济动员预案类与经济动员预案类、动员预案类等价。

等价属性将每个相同的个体与相同的另一个个体集关联起来。例如以下属性：编制与制定、编制单位与制定单位、协作与合作、依据与根据、邮政编码与邮编、联系电话与电话等价。

等价实例表示相同的个体，可以为同一个体创建不同的名字。例如：北京大学第三医院潜力与北医三院潜力、北京大学第三医院预案与北医三院预案、重大活动应急预案与重大事件应急预案、央属与中央、北京理工大学潜力与北理工潜力、西红柿与番茄、土豆与马铃薯、国家经济动员办公室与国家经动办、江苏省国民经济动员办公室与江苏省经动办、浙江省宁波市经济动员办公室与宁波市经济办等价。

为了不造成信息的重复抽取，也为了信息检索时可以实现基于本体的同义概念的语义扩展，例如，用户输入的查询需求为"北理工潜力"，而实际上他想要查询的是"北京理工大学潜力"信息，特单独设立一个等价概念集合，对动员领域本体中等价的类、属性和实例概念进行归类。

等价概念集合的表结构为 Equiv_concept_info（equiv_id，concept_id，equiv_name），其中 equiv_id 是等价概念的唯一标识；concept_id 是与其等价的概念的唯一标识；equiv_name 表示等价概念的名称。

4．在动员领域实例库中建立实例集合

建立实例集合的主要目的是描述动员领域本体中的类概念以及实例之间的对应关系，每个类对应一张实例表，存储其实例的具体内容，其表结构为 Individual_table_name (individual_id，individual_name，property_id$_1$，property_id$_2$，…，property_id$_n$)，其中 Individual_table_name 表示类的实例表名；individual_id 是实例的唯一标识；individual_name 表示实例的名称；property_id$_1$，property_id$_2$，…，property_id$_n$ 表示实例具体属性取值内容。

5. 为国民经济动员机构设置 3 个特殊对象属性

此外，由于国民经济动员信息资源的特殊性，所有信息都与国民经济动员机构有关，而且动员业务人员经常需要查询某级经济动员机构所管辖的某类经济动员全部信息。所以特为动员领域本体中的每个类设置国民经济动员机构的 3 个特殊对象属性：本级政府经济动员机构、直接上级政府经济动员机构、间接上级政府经济动员机构，其值域均为国民经济动员机构类。

例如：要查询河北省所有医疗卫生潜力信息，就可表达为在医疗卫生潜力实例中，取本级政府经济动员机构等于河北省经济动员办公室（表示省级潜力），或者直接上级政府经济动员机构等于河北省经济动员办公室（表示地市级潜力），或者间接上级政府经济动员机构等于河北省经济动员办公室的实例（表示县级潜力），共同组成河北省所有的医疗卫生潜力信息。表 10.8 示例说明这 3 个属性的设置方法。

表 10.8　国民经济动员机构的三个特殊对象属性设置示意表

1	本级政府经济动员机构	国家	某省	某市	某县
2	直接上级政府经济动员机构	—	国家	省	市
3	间接上级政府经济动员机构	—	—	国家	省

目前已有多种基于本体的应用程序开发工具，包括 Jena、Sesame 和 KAON 等，其中 HP 实验室开发的 Jena 框架功能比较强大，能够支持多种本体描述语言，包括 RDF/RDFS、DAML+OIL、OWL 等；后两者仅仅支持 RDF 和 RDFS，不支持 DAML 或 OWL。Jena 框架是一个 RDF、RDFS 以及 OWL 的开源实现，它有很多应用程序开发接口提供给系统级和应用级的开发人员，具有很高的灵活性。

因此本章采用 Jena 作为动员领域本体的应用开发工具，Oracle 作为动员领域本体库和动员领域实例库的数据库载体。

动员领域本体的编码采用 Protégé 3.3.1 作为辅助构建工具，编辑完成后，可自动生成以 OWL 为后缀的本体文件。使用 Jena 对该 OWL 文件进行解析，可以自动生成本体概念集合、类属性关系集合以及 OWL 文件中已定义的部分等价概念集合的内容，其他等价概念集合的内容则由信息资源管理人员手工添加和维护。

实例集合的内容则需要利用信息抽取技术，在动员领域本体的指导下，从大量分散在不同地方的、不同形式的与动员相关的信息源中抽取出有用的动员信息资源，按照动员信息资源组织机制，存储到相应的实例表中。

10.4.2　基于国民经济动员领域本体的信息抽取策略

根据信息源的结构化程度，可分为结构化、半结构化和非结构化 3 类。这 3 类信息源具有不同的特点，需要采用不同的信息抽取策略，以下主要针对结构化和半结构化信息源的信息抽取策略进行分析。

10.4.2.1 基于国民经济动员领域本体的结构化信息抽取策略

结构化（Structured）信息是指经过严格标引后的信息，一般以二维表的形式存在，如国民经济动员潜力信息、国民经济动员仿真演练信息等，这里以国民经济动员潜力信息为例进行研究。

国民经济动员潜力是战时国民经济动员的基础，对战争胜负具有重大影响，加强国民经济动员潜力建设，提高国民经济动员潜力转化为实力的速度，是和平时期国家以经济建设为中心、加强国防建设的军民结合、平战结合的有效途径。国家经济动员办公室非常重视国民经济动员潜力建设，为此专门和国家统计局联合发文，在全国按行业、按系统开展国民经济动员潜力调查工作，在潜力调查的基础上，将潜力调查统计数据导入到国家和各省市国民经济动员管理信息系统的 Oracle 数据库中，按类别形成不同的潜力调查表分别进行存储，包括自然资源状况表、邮电通信情况表、交通运输业情况表、城市公用设施情况表、医疗卫生情况表、制造业产品统计表等。

为规范各省市动员信息系统的开发，国家经济动员办公室还出台了相关技术标准和规范，其中对潜力调查表表名命名规则、表字段命名规则、数据字典等都做了相关规定。

潜力调查表表名命名规则为：NEM_T+大类标识+"_"+小类标识+"_"+表类型标识，NEM 是国民经济动员的缩写；每个大类都有唯一的标识且为两位；表类型标识中 1 表示该表为地区汇总情况表，2 表示统计表。如加油站统计表表名为 NEM_T11_7_2，其中"11"是它的大类标识，"7"是它的小类标识，"2"表示该表是统计表；医院卫生情况表表名为 NEM_T15_9_1，其中"15"是它的大类标识，"9"是它的小类标识，"1"表示该表是地区汇总情况表。

表字段命名规则为：以 B 打头的字段属于基本信息，为 B+大类标识+小类标识+字段序号，例如，"医院名称"字段名为"B15010201"；以 F 打头的字段属于指标体系字段，为 F+指标代码，例如，"医生"字段名为"F15020000"；以 E 打头的字段属于扩展资源指标，为 E+指标代码（属于指标范围），或 E+大类标识+小类标识+字段序号（不属于指标范围），例如，汽车修理企业统计表中的"年修理汽车能力"字段名为"E13090300"。

分析目前国民经济动员潜力数据表，共有 4 种类型。

（1）仅有地区汇总信息，例如：自然资源状况表、宏观经济状况表、财政金融状况表、邮电通信情况表、铁路运输情况表、公路运输情况表、水路运输情况表等。

（2）仅有统计信息，例如：中国科学院院士统计表、经济动员机构统计表、制造业产品统计表、生产企业统计表、储备产品统计表、储备企业统计表等。

（3）既有地区汇总信息，又有统计信息，且汇总表对应单张统计表，例如：飞机修理情况表与飞机修理企业统计表、港口码头情况表与港口码头统计表等。

（4）既有地区汇总信息，又有统计信息，但汇总表对应多张统计表，例如：市政设施情况表由消防机构统计表、水供应企业统计表、电力企业统计表、燃气企业统计表、加油站统计表等汇总而来；医疗卫生情况表由医院统计表、疗养院统计表、妇幼保健院统计表、急救中心统计表、疾病预防控制中心统计表、专科防治机构统计表、社区卫生服务中心卫生院统计表、采供血机构统计表等汇总而来。

从结构化信息中进行信息抽取是所有信息抽取任务中最为简单的类型。由于国民经济动员信息系统数据库中已积累了一定规模的潜力信息,因此,本部分主要考虑从已有潜力数据库中进行抽取的策略。首先需要建立从信息源表到实例表的映射关系,由于目前动员潜力信息在数据库中是按照不同的潜力调查表分别存放的,这样,每个潜力调查表实际上就对应动员本体中的一个潜力类,表的每个字段对应该潜力类的一个数据类型属性,表的每个记录对应该潜力类的一个实例。因此,可以将潜力调查表的表名映射为类的实例表名;表的字段映射为该实例表的相应数据类型属性;表的记录项则映射为实例表相应实例、相应数据类型属性的取值内容。例如,加油站统计表到加油站潜力类实例表的映射关系如表 10.9 所列。

表 10.9　加油站统计表到加油站潜力类实例表的映射关系示例

信息源表: 加油站统计表		实例表: 加油站潜力类实例表	
信息源表名	NEM_T11_7_2	实例表名	NEM_T11_7_2
信息源表的字段	ADMN_CODE	实例表的数据类型属性	单位所属行政区域
	B11070001		行政区划代码
	B11070002		单位名称
	B11070003		加油站隶属关系
	B11070004		地址
	B11070005		联系电话
	B11070006		东经
	B11070007		北纬
	B11070008		油罐总容量
	B11070009		汽油油罐总容量
	B11070010		加油机总数
	B11070011		汽油加油机总数

因此,对于国民经济动员管理信息系统数据库中已有的潜力调查表数据,可以采取自动与人工加工相结合的方式进行潜力类实例的信息抽取。首先根据已建好的映射关系将已有的潜力调查表数据自动抽取到相应的实例表中,然后由信息资源管理人员在此基础上进行加工,①添加实例名称;②添加对象属性的内容,如本级政府经济动员机构、直接上级政府经济动员机构、间接上级政府经济动员机构这 3 个特殊的对象属性,以及其他对象属性的内容;③根据潜力数据表的不同类型进行不同的加工,对第一种类型无须加工;对第二种类型,需要在统计表数据基础上生成并添加该地区的一个汇总实例信息;对第三、四种类型,需要核对汇总表数据与统计表数据的汇总是否吻合,如不吻合说明潜力数据存在问题,可以指导潜力数据的修改,修改后再重新抽取该实例信息;④添加或修改其他信息。

而对于国民经济动员管理信息系统数据库中没有,而实例表中需要的数据,目前可以由信息资源管理人员采用人工方式进行添加与维护,未来可以考虑使用半自动或自动化抽取技术从这些数据的原始来源地(如电子政务系统)进行抽取。例如:信息传输潜力类、计算机服务潜力类、软件潜力类、批发业潜力类、零售业潜力类、证券机构潜力类、保险机构潜力类、专业技术服务潜力类等的实例信息。

首次信息抽取完成后,以后实例信息的更新要及时与信息源数据保持同步。可以有以下更新方式：①当潜力调查表数据批量更新时，由信息资源管理人员相应批量更新实例信息；②由信息来源方，如医院、加油站、学校、统计部门等，通过浏览器登录本系统直接修改，再由信息资源管理员人员进行审核；③由信息来源所在单位通过光盘、软盘、电子邮件等方式提供符合实例属性格式的 TXT、XLS 或 XML 等文件，再由信息资源管理人员在后台进行单个更新或批量更新。

10.4.2.2　基于国民经济动员领域本体的半结构化信息抽取策略

半结构化（Semi-Structured）信息是指介于模式固定的结构化信息和完全没有模式的非结构化信息之间的特殊的自然语言文本。这类文本的结构和表达形式较为规范，同时文本表达内容又是自由的，例如：国民经济动员预案信息、国民经济动员需求信息等，这里以国民经济动员预案信息为例。

国民经济动员预案是国家为应对战争和突发事件，根据需求预测，预先制定的将国民经济各部门和相应的国家机构由平时状态转入战时状态的方案。随着社会的发展，特别是高新技术在战争中的应用，制定经济动员预案是一项庞大的系统工程。经济动员预案要适应未来信息化战争和突发事件的需要，应具备针对性、严密性、选择性，还要具备先进性和动态性。

由于国民经济动员预案涉及各行各业，情况十分复杂，不同类别预案的编制内容及要求有明显区别，但同一类别的预案具有相同的结构框架，例如，综合预案框架包括预案总则、潜力分析与评价、动员任务及要求、组织指挥体系和职责、监测预警、动员响应和实施程序、国民经济复员、保障措施、监督管理、附则、附件等 11 章，每章内包含不同的小节，其规范化格式如图 10.16 所示。

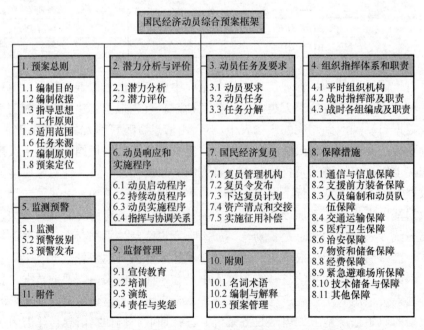

图 10.16　国民经济动员综合预案框架的规范化格式

在国民经济动员领域本体中，将以上规范化格式中的每一小节作为国民经济动员综合预案类的一个数据类型属性进行定义。此外，对各预案类还定义了：①用以快速识别预案的基本要素属性，包括预案名称、预案摘要、预案编码、预案密级、预案文号、预案编制单位、预案编制日期、预案实施日期、动员时限、预案承担单位、预案状态、预案责任人等；②识别预案源信息地址的属性，包括原始网址、本地镜像地址，用于保持预案源信息和抽出的预案实例信息之间的链接，方便用户参考完整的预案源信息；③用于说明预案类与其他动员领域本体类之间关系，或者本预案与其他预案之间关系的对象属性，包括本级政府经济动员机构、直接上级政府经济动员机构、间接上级政府经济动员机构、依据、关联、检验、有上级预案、有下级预案、有协作预案等。

这样就将一个原本内容十分庞大复杂的综合预案拆分为各个小的部分，动员业务人员通过链接既能参考到完整的预案源信息，也能方便地查询到自己感兴趣的某一部分或某几部分的内容信息，如潜力分析、潜力评价、动员任务、战时指挥部及职责、动员实施程序等；还能灵活地链接到其相关的上级预案、下级预案或协作预案中去。为动员业务人员提供了强大的功能和手段，尤其利于紧急事态发生时，快速找到自己所需的信息，同时也利于多个方案的生成，可以在以往类似预案的基础上直接修改某几部分内容，快速生成新的预案或方案。

目前虽然各动员机构已经编制并且完成了大量经济动员预案，但大多是汇编成册，并且由于保密原因通常都是"锁在保险柜中"的静态预案，没有形成电子预案，更没有像潜力调查统计数据那样导入到数据库中。

因此，本章对半结构化信息主要采用人工抽取的方式，由信息资源管理人员对照纸质预案手工输入预案规范化格式中的各部分信息，并添加除规范化格式以外的其他信息。未来可以考虑采用知识工程的方法，编制预案规则、模板进行抽取；也可采用自动训练的方法，对预案事先进行语义标注，然后通过机器学习的方法自动抽取。

由于国民经济动员预案必须随着条件和环境等的变化及时进行跟踪修改，具有动态性，因此首次预案实例信息抽取完成后，还要注意及时与预案源信息保持同步更新。

10.5　基于领域本体的国民经济动员个性化智能信息检索研究

本节引入基于领域本体的信息检索技术，设计并实现基于领域本体的国民经济动员个性化智能信息检索原型系统，阐述其系统结构、工作流程以及语义特点；最后将着重阐述系统中个性化智能检索入口机制及其特点；各种模式的智能检索处理机制及算法；检索结果的排序与输出等内容。

10.5.1　国民经济动员智能信息检索原型系统

国民经济动员领域中包含数量庞大，内容庞杂的信息，如何快速而又准确地获取所需信息，为领导提供智能决策支持，是动员管理人员面临的一个主要问题。因此，信息检索服务是国民经济动员信息资源服务系统中最重要的部分之一。目前动员信息资源多采用人工、基于数据库字段或基于关键词的检索方式，存在检索速度慢、检索信息难、信息查不全、信息查不准等问题。因此，迫切需要采用新的技术或方法来提高动员信息的检索质量。

基于本体的信息检索的基本设计思想可以总结如下：

（1）在领域专家的帮助下，构建相关领域的本体。

（2）收集信息源中的数据，并参照已构建好的本体，把收集到的数据按规定的格式存储在元数据库（关系数据库、知识库等）中。

（3）对于用户的查询需求，查询转换器按照本体将其转换成规定的格式，在本体的帮助下从元数据库中匹配出符合条件的信息集合。

（4）检索的结果经过定制处理后，返回给用户。

由于本体能通过概念之间的关系表达概念的语义，因此能够提高信息检索的查全率和查准率。

因此，本节将结合本体的理论、方法与技术详细设计并实现 DOB-NEM-IRMSS 中的一个子系统，即基于领域本体的国民经济动员个性化智能信息检索原型系统（Domain Ontology-based National Economy Mobilization Personalized Intelligent Information Retrieval Prototype System，DOB-NEM-PIIRPS），为动员管理人员提供语义层次的个性化智能信息检索，包括多种模式的查询需求输入机制；多种方式的个性化定制服务机制；包含动员领域语义预处理、语义扩展、语义匹配及语义相关度计算的智能检索处理机制；以及多种形式的主动推送服务机制；等等。

10.5.1.1 系统结构

DOB-NEM-PIIRPS 结构如图 10.17 所示。

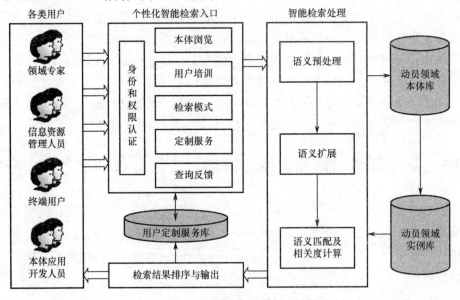

图 10.17　DOB-NEM-PIIRPS 结构

整个系统分为 3 大部分，第一部分是客户端部分，系统中动员领域各类用户，包括领域专家、信息资源管理人员、终端用户、本体应用开发人员等，既可以使用浏览器登录系统，访问系统提供的智能检索入口或输出的检索结果，还可以通过电子邮箱查看系统主动推送的定制检索结果；第二部分为功能部分，包括个性化智能检索入口、智能检索处理、检索结果排序与输出 3 大模块；第三部分为数据部分，包括动员领域本体库、动员领域实例库和用户定制服务库。

10.5.1.2　工作流程

DOB-NEM-PIIRPS 对用户查询需求的处理与传统的信息检索有很大的区别。传统信息检索一般将用户输入的查询需求只经简单逻辑处理后所得结果作为检索关键字。而在 DOB-NEM-PIIRPS 中，智能检索入口对通过身份和权限认证的动员领域各类用户，提供多种检索模式（包括自由模式、固定模式、向导模式 3 种）以及个性化的定制服务方式（包括实时链接、热链接、温链接、冷链接 4 种），并为初学者提供本体浏览和用户培训服务，以使用户能快速掌握动员领域本体的概念以及概念之间的关系，提出符合动员领域语义概念的查询需求，从而有效解决传统信息检索的检索表达难、表达有差异等的问题。

DOB-NEM-PIIRPS 的工作流程如图 10.18 所示。

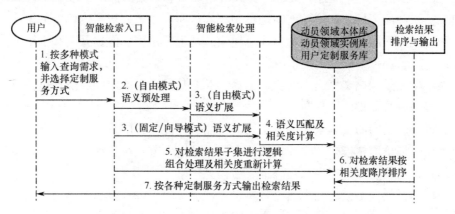

图 10.18　DOB-NEM-PIIRPS 的工作流程图

具体步骤如下：

（1）用户通过智能检索入口选择自由模式、固定模式或向导模式输入自己的查询需求，并选择某种定制服务方式（实时链接、热链接、温链接或冷链接）。

（2）对从固定模式和向导模式的用户输入，系统自动生成符合动员领域语义检索要求的三元组组合形式的查询需求；对从自由模式输入的多种组合形式的自然语言查询需求，系统先进行逻辑分解，对分解出的各自然语言查询子需求使用动员领域本体对其进行语义预处理，完成从自然语言需求向动员领域内共享概念集合的转换，这样能够大大提高信息检索的准率和查全率。

（3）对每一个三元组或自然语言查询子需求，根据概念之间的关系，进行概念的语义扩展，解决传统信息检索的词汇孤岛问题。

（4）将三元组形式或共享概念集合形式的查询需求与动员领域实例库中的信息进行语义匹配，并相应进行信息与查询需求的语义相关度分析及计算，得到单个三元组或自然语言查询子需求的检索结果子集。

（5）按照查询需求的逻辑组合关系，对各检索结果子集进行逻辑组合处理及语义相关度的重新分析与计算，得到满足整个查询需求的检索结果。

（6）对检索结果按语义相关度降序进行排序。

（7）最后，根据定制服务方式将排好序的检索结果输出给用户，或者直接显示给用户；或者将检索结果定期发送到用户的电子邮箱中；或者将检索结果保存在用户的内置个人文件箱中，并通知用户已有检索结果；或者让用户自己去选择查看检索结果信息。

传统信息检索是依赖于关键字匹配的，若匹配失败则输出结果为空，不具备知识推理能力。而本章采用的基于动员领域本体的检索处理在关键字匹配失败的情况下，借助于本体对领域知识的刻画，采取语义预处理、语义扩展、语义匹配等方法，系统能够寻找其他合理的路径进一步检索，因此具有一定的智能性。此外，系统还计算了检索结果与查询需求之间的语义相关度，因此可以按语义相关度降序排序输出检索结果，方便用户的选择。

10.5.1.3　系统语义特点

DOB-NEM-PIIRPS 能很好地改进国民经济动员信息检索性能，能准确地理解动员领域用户的信息需求，能很好地利用体现在动员领域本体库和动员领域实例库中的语义信息进行智能扩展和推理，从而使国民经济动员信息检索从基于关键词层面提升到基于语义层面。具体表现在：

（1）能够集成结构化文档、半结构化文档和关系数据库中的国民经济动员信息，提供计算机能够理解的语义知识。

（2）通过概念之间的关系来表达概念语义，能够提高检索的查全率和查准率。

（3）为用户提供固定模式和向导模式的查询需求输入方式，自动生成符合动员领域语义检索要求的查询需求，以方便用户明确地表达信息需求。

（4）为用户提供自由模式的自然语言组合查询需求输入方式，适合高层次用户的灵活性要求，系统进行语义预处理，分析查询需求中所包含术语的意义，理解用户的需求，并自动将自然语言需求转换成动员领域内共享概念的集合。

（5）支持动员领域概念的语义扩展。

（6）支持动员领域实例的语义匹配以及语义相关度的分析及计算。

（7）支持检索结果的语义相关度排序，并以用户个性化定制的服务方式提供检索结果，更好地实现与用户的交互。

下面分 3 节详细分析 DOB-NEM-PIIRPS 的核心组成部分，即个性化智能检索入口、智能检索处理、检索结果排序与输出。

10.5.2　个性化智能检索入口机制及特点

在实际应用中，动员领域用户有时不知道如何来清楚、确切地表达自己真正想要的信息资源，更不知道如何准确、有效地检索这些信息资源，这就是所谓的"信息迷航"。造成这种状况的原因有：

（1）各类用户的工作背景和知识背景不同，对动员领域知识的了解程度各有高低，这就导致信息检索系统和动员信息资源的多样性发展与用户查询能力间的矛盾日益尖锐。

（2）目前在信息检索领域，基于关键词或内容目录分类的检索方法还是占据主要地位，但以语义级的标准衡量时，这种方法的查询性能在查准率和查全率上并不能满足用户的要求。

因此，为了解决上述矛盾，使动员领域用户能更有效地检索动员信息资源，本节给出了基于动员领域本体的个性化智能检索入口机制，其结构如图 10.19 所示。

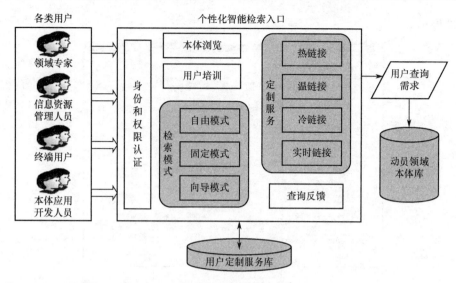

图 10.19　基于动员领域本体的个性化智能检索入口结构

该机制充分考虑动员领域各类用户的领域知识层次，为其提供相应的检索途径，进行个性化的信息导引，使得各类用户在特定的查询环境下能够充分有效地表达自己的查询意图，包括提供多种检索模式（自由模式、固定模式、向导模式 3 种），以及个性化的定制和主动推送服务（实时链接、热链接、温链接、冷链接 4 种），并为初学者提供本体浏览和用户培训服务，为用户提供查询反馈服务等，从而解决传统动员信息检索的检索表达难、表达有差异等问题。

10.5.2.1　身份和权限认证

DOB-NEM-PIIRPS 的使用对象主要包括几类用户，即动员领域专家、信息资源管理人员、终端用户和本体应用开发人员。DOB-NEM-PIIRPS 的各类用户目前广泛分布在全国各个国民经济动员机构。未来还将进行扩展，包括各种在权限允许范围内需要检索动员信息资源的人员，如政府应急工作人员、军队人员等。

国民经济动员的目标是保障国家安全，地位重要，任务特殊，涉及军事、经济、政治、社会等多方面的众多高密级性的信息内容，因此动员信息资源具有很高很强的保密性。相应地，需要对使用系统的各类用户、各位用户进行严格的身份及权限认证，在严格保证系统和动员信息资源安全性的前提下，为用户提供多种个性化、主动性的检索和定制服务。

DOB-NEM-PIIRPS 必须是注册用户方可使用，并且由系统管理员赋予各位用户相应的权限，例如：对于国家经济动员办公室的用户，可以查询系统内所有动员信息资源；对于省级经济动员办公室的用户，可以查询本省范围内所有动员信息资源；对于市级或县级经济动员办公室的用户，可以查询本市或本县范围内所有动员信息资源；而对于动员企事业单位的用户，则只能查询与本单位相关的动员信息资源。

DOB-NEM-PIIRPS 还为各位用户根据权限不同，在服务器上开辟了大小不等的用户个人文件箱。

10.5.2.2　本体浏览

DOB-NEM-PIIRPS 为初学用户提供了方便的本体浏览功能，利于用户快速熟悉和掌握动员领域本体中所定义的概念以及概念之间的关系，包括类、属性以及属性的约束等信息，如图 10.20 所示。

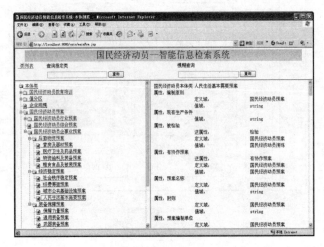

图 10.20　本体浏览界面

　　图中左侧以树状形式显示动员领域本体中的类以及类的层次关系，右侧显示所选中类的各种属性以及属性约束等信息，还可以快速查询或模糊查询指定类的信息。

10.5.2.3　用户培训

　　DOB-NEM-PIIRPS 除为初学用户提供本体浏览功能外，还提供了用户培训功能，也是方便用户快速熟悉和掌握动员领域本体和动员领域实例的信息，如图 10.21 所示。

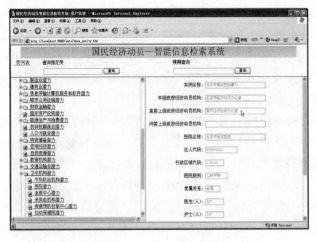

图 10.21　用户培训界面

　　图中左侧以树状形式显示动员领域本体中的类以及类的层次关系，右侧显示所选中类的所有实例以及各个实例的详细信息。

10.5.2.4　检索模式

　　检索模式是各类用户与系统交互的方式，用户可根据各自的使用意图、动员领域信息的掌握程度来决定使用哪种或哪几种检索模式。所以检索模式应能确实地反映不同用户的不同兴趣，以便进行个性化的信息导引。DOB-NEM-PIIRPS 为满足各类用户的需要，特意提供 3 种检索模式：自由模式、固定模式和向导模式。

1．自由模式

自由模式是 3 种模式中最灵活的一种，和传统的信息检索方式类似，采用自然语言来描述用户的查询需求，如图 10.22 所示。

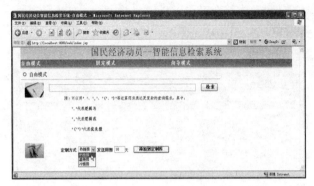

图 10.22　自由模式检索界面

自由模式最好由具有丰富领域知识的领域专家和信息资源管理人员查询使用，前者往往根据动员领域知识及用户查询反馈的统计信息来提出对动员领域本体的修改意见；后者则具体实施本体的维护和更新，包括增加动员领域新的概念、删除过时的概念、调换概念的层次以及丰富本体实例间的关系等，使动员领域本体及时、准确地反映领域的本质特征。

自由模式也可以由对系统使用熟练的终端用户和本体应用开发人员使用。

自由模式需要用户能精确地描述查询需求，减少了浏览本体或设置查询需求的时间开销。当然在这种模式不能恰当反映查询需求的时候，可以相应选择固定模式或向导模式。

在自由模式的自然语言查询需求中，用户还可以使用 "."""，""（""）" 等运算符来表达更复杂的查询需求，其中："." 代表逻辑与关系、"，" 代表逻辑或关系、"（" 与 "）" 代表优先关系。即系统提供多种组合形式的灵活的查询需求输入方式，包括逻辑与方式、逻辑或方式、优先方式和组合方式，充分满足更高层次用户的需求。

例如：输入的查询需求为 "国民经济动员政策法规"，表示要查询所有的国民经济动员政策法规信息；查询需求为 "经济动员机构"，表示要查询全国所有的国民经济动员机构信息；查询需求为 "武器装备预案"，表示要查询全国所有的武器装备动员预案信息；查询需求为 "加工制造业动员预案"，表示要查询全国所有的加工制造行业的动员预案信息；查询需求为 "江苏省建筑业潜力"，表示要查询江苏省管辖范围内所有的建筑企业及建筑勘察设计机构的动员潜力信息；查询需求为 "福建省厦门市物资油料及装备预案"，表示要查询福建省厦门市管辖范围内的所有物资油料及装备企业的动员预案信息；查询需求为 "同济大学预案"，表示要查询同济大学各种应战和应急的动员预案信息；查询需求为 "广东省人民医院公共卫生应急预案"，表示要查询广东省人民医院的公共卫生应急预案信息；查询需求为 "（南昌市，九江市，赣州市）加油站潜力" 表示同时要查询江西省南昌市、九江市和赣州市的各加油站的动员潜力信息；查询需求为 "宁波市（潜力，预案，计划，文档，演练，教育培训）"，表示要同时查询浙江省宁波市的动员潜力、动员预案、动员计划、动员文档、动员演练、动员教育培训信息；查询需求为 "（湖南省，湖北省）动员潜力（交通运输业潜力，邮电通信业潜力）"，表示要查询湖南省和湖北省管辖范围内所有动员潜力中的交通运输业动员潜力和邮电通信业动员潜力信息；等等。

2. 固定模式

固定模式对用户的领域知识要求较低，用户只需按照检索界面进行操作，DOB-NEM-PIIRPS 将根据用户的选择或输入自动生成符合动员领域语义检索要求的查询需求。

固定模式适合各类用户，如图 10.23 所示。

图 10.23　固定模式检索界面

固定模式检索界面为用户提供"资源-属性-值"三元组的形式输入查询需求，"资源"表示动员领域本体中的类概念；"属性"表示动员领域本体中为选中资源及其所有超类定义的所有属性概念；"值"表示用户要检索的资源具体取值。属性与值之间的关系依据属性取值类型不同而不同，例如：对字符型，关系可以为"等于""不等于""包含""不包含""开始于""结束于"等；对数值型，关系可以为"等于""不等于""大于""大于等于""小于""小于等于"等；对日期型，关系可以为"等于""不等于""早于""晚于"等；对对象属性，关系可以为"包含""不包含"等。

用户既可以填写完整的三元组，表示要查询出该资源类及其所有子类、父类中满足属性与值约束关系的所有实例对象信息。用户也可以填写不完整的三元组，即只填写资源域部分的内容，对属性和值不作限定，表示要查询出该资源类及其所有子类、父类的所有实例对象信息。用户还可以输入多个三元组，各个三元组之间的逻辑关系可以为"并且""或者""不包含"，表示要查询出同时满足各三元组间逻辑关系组合的所有实例对象信息。

例如：输入的查询三元组为"固定资产投资潜力—空—空"，表示要查询全国所有的固定资产投资潜力信息；查询三元组为"宏观经济潜力—工业增加值—小于等于 1000000"，表示要查询全国宏观经济潜力中工业增加值小于等于 1000000 万元省市的宏观经济潜力信息；查询三元组为"加油站潜力—汽油加油机台数—大于等于 3"并且"加油站潜力—直接上级政府经济动员机构—等于上海市"，表示要查询上海市内所有汽油加油机台数大于等于 3 的加油站的潜力信息。查询三元组为"医院潜力—医生人数—大于等于 400"并且"医疗卫生及药品预案—有动员任务类型—包含战争"并且"医疗卫生及药品预案—直接上级政府经济动员机构—等于福建省"，表示要查询福建省内所有医生人数大于等于 400 人医院的医疗卫生及药品的应战动员预案信息。

3. 向导模式

向导模式对用户的领域知识要求最低，尤其适合刚刚接触国民经济动员领域工作的初学用户。用户只需根据向导的一步步提示来浏览动员领域本体并确定相应的查询内容,不需要主动提供关键词,而 DOB-NEM-PIIRPS 则会根据用户的操作自动生成符合动员领域语义检索要求的查询需求,如图 10.24 所示。

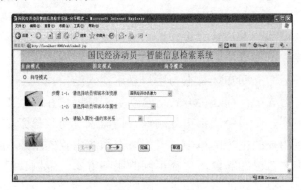

图 10.24　向导模式检索界面

在以上 3 种模式中,用户随时都可以将自己感兴趣的查询需求,以热链接、温链接或冷链接等方式添加到用户定制库中,方便以后的查询。

10.5.2.5　个性定制和主动推送服务

个性化是指根据用户的需求特性提供具有针对性的信息服务内容。DOB-NEM-PIIRPS 为用户特意提供了个性化的定制服务,包括热链接、温链接、冷链接和实时链接、主动性信息推送 5 种方式。

1. 热链接

热链接是指用户可以定制自己的查询需求,并设置各条查询需求的发送周期(以天为单位)。

系统经过批量的智能检索处理后,可将满足各查询需求的检索结果按各自的发送周期定期地、主动地推送到用户的电子邮箱中。如果某查询需求的检索结果在相邻的发送周期内没有变更,则不进行重复推送。

用户不必登录系统,通过查看自己的电子邮件即可获得各查询需求的检索结果。

2. 温链接

温链接是指用户可以定制自己的查询需求,每条查询需求及其检索结果在系统内置的用户个人文件箱中最多可保留 30 天。

系统经过批量的智能检索处理后,首先将每条查询需求是否有满足条件的检索结果情况(有或无)主动推送到用户的电子邮箱中,然后将满足条件的检索结果保存在系统内置的用户个人文件箱中。

用户不必登录系统,通过查看自己的电子邮件即可了解各查询需求是否已有检索结果,如果已有结果,再登录系统,进入用户个人文件箱中进行结果查看。

用户对自己不再需要的查询需求可以进行删除,若用户自己没有删除,系统会自动判断并清除超过 30 天的查询需求及其检索结果。

3. 冷链接

冷链接是指用户可以定制自己的查询需求,新近增加的需求状态为"新需求"。

系统经过批量的智能检索处理后,将每条查询需求是否有满足条件的检索结果情况(有或无）主动推送到用户的电子邮箱中，并且重置需求状态为"已有结果"或"尚无结果"。

用户通过查看自己的电子邮件即可了解各查询需求是否已有检索结果，如果已有结果，再登录系统，可以方便地选择其他链接方式获取检索结果。

4. 实时链接

实时链接类似于普通的信息检索方式，用户登录系统后，缺省的就是实时链接方式。用户选择好按某种检索模式，根据检索模式界面输入自己的查询需求，将查询提交后，系统经过实时的智能检索处理后，立即在屏幕上为用户显示检索结果。

以上 4 种定制服务方式中，前 3 种方式适合动员领域用户在日常工作和管理决策中经常性地查询自己所需的信息，不用每次都重复输入查询需求，而且检索结果或是否有检索结果的信息能够主动推送到用户的电子邮箱中，或保留在系统内置的用户个人文件箱中，方便用户的工作。用户可以根据自己的需要，选择不同的服务方式，定制自己感兴趣的信息。

而最后一种方式适合提交新的查询需求、临时查询某动员信息、进行潜力信息与预案信息之间的比较或在战争或突发事件发生时需要快速检索某方面的信息。例如：信息资源管理人员可以查询某市粮食生产企业的预案信息和潜力信息，比较信息是否一致，如果不一致，将信息反馈给相关动员业务人员。

5. 主动性信息推送

信息推送可以将用户定制的信息通过固定途径向用户主动发送，让用户得到最新的信息，而避免其在信息搜索中造成的诸多问题。使用推送技术，可大大提高用户获取信息的能力，并且能做到用户订制、按需推送。例如：用户可根据自己的兴趣向信息服务商提出要求和限制，希望定期（如每天、每周、每月、每季等）能收到用户感兴趣的或本专业研究所必需的信息，而不像报纸那样包含很多个人不感兴趣的信息，从而满足了信息服务的个性化和主动性要求。

信息服务提供商建立网络信息传播系统，通过智能化代理服务器从网上不断采集用户所需信息（如同电视台），将信息进行分类，在服务器上设立固定的信息频道，供用户对信息进行选择和定制。用户联网后，通过客户机随时可获得经过更新的各类信息。信息推送实际上是传统的广播式媒体优势互补的产物，目前正在发展成为全球主流的信息采集、传播体系。用户从自发寻找信息转向建立信息树接收信息。信息推送一旦成为网络信息浏览的主流，通过控制网络信息传播系统，便能对所推送信息进行有效管理。用户可以通过这些信息频道订阅信息，下载信息，然后脱机离线浏览。

由于动员信息资源非常丰富，体系非常庞杂，不同动员机构、不同类别的用户对动员信息有不同的需求，因此系统为各位用户提供了个性化的、主动性的信息推送服务。

DOB-NEM-PIIRPS 能够在没有用户干预的情况下（如用户离线的情况下），根据用户定制的查询需求自动进行批量的智能信息检索处理，对通过热链接定制的查询需求，系统自动将检索结果按各自的发送周期定期推送到用户的电子邮箱中，用户无须登录系统，即可在个人计算机上查看检索结果；对通过温链接和冷链接定制的查询需求，系统自动将检索结果有或无的信息主动推送到用户的电子邮箱中，温链接的检索结果还将保留在系统内置的用户个人文件箱中。这样就实现了信息服务由被动地"拉"到主动地"推"的转变，提高了动员工作的效率。

10.5.2.6　查询反馈

为了给领域专家和信息资源管理人员维护动员领域本体时提供依据，并保证用户提出的查询请求和领域的内容保持动态一致，DOB-NEM-PIIRPS 对用户的常见查询需求及未能满足的查询需求进行统计，这些信息被收集起来最终形成一种经验。在信息检索中，相关性反馈[30]（Relevance Feedback）用来提高信息检索的准确度。

传统的信息检索把检索到的相关信息提交给用户后就算完成了一次任务，并不关心用户对检索结果的态度，因此传统的信息检索对同一用户提出的同一查询请求没有任何改进。

在 DOB-NEM-PIIRPS 中引入了相关性反馈，用户可以对系统输出的检索结果标注自己的满意程度，系统还自动为每位用户保留最近 20 条历史检索信息及对它们的满意程度评价。用户还可以将自己感兴趣的查询需求添加到用户定制数据库中。

10.5.2.7　智能检索入口特点

综上所述，基于动员领域本体的个性化智能检索入口机制具有如下特点：

（1）为不同权限的用户提供不同内容的检索结果信息。

（2）本体浏览和用户培训可以适应初学用户的需要，帮助他们快速熟悉和掌握动员领域本体和动员领域实例的信息，以构建符合动员领域语义要求的查询需求。

（3）提供自由模式、固定模式和向导模式 3 种不同检索模式的查询需求输入方式，可以适应不同层次的用户，具有较强的针对性。

（4）提供热链接、温链接、冷链接、实时链接 4 种不同的个性化信息定制服务和主动性信息推送服务，方便用户表达个性化需求。

（5）清晰的动员领域信息分类提示提高了用户的检索效率和检索质量。

（6）允许用户只提出粗略的自然语言查询需求，系统据此进行查询语义辨析及扩展。

（7）提供对检索结果满意程度的评价，进行查询的相关性反馈，便于动员领域本体的进化以及系统服务质量的提升。

10.5.3　智能检索处理机制及算法

本节将详细描述基于动员领域本体的智能检索处理机制，首先给出一系列包含动员领域语义预处理、语义扩展、语义匹配及语义相关度计算的智能检索处理算法，将自然语言查询需求转换成动员领域内共享概念集，使检索更加贴近用户的语义需求，并获得满足语义检索需求的检索结果集；然后分别给出自由、固定及向导 3 种检索模式的智能检索处理算法。

DOB-NEM-PIIRPS 首先需要对组合形式的自然语言查询需求进行逻辑分解，分解出多个不含运算符的自然语言查询子需求，对单个子需求，系统首先使用动员领域本体对其进行语义预处理，完成从自然语言需求向动员领域内共享概念集合的转换；然后根据动员领域概念之间的关系进行概念的语义扩展，再与动员领域实例库中的信息进行语义匹配，并计算信息与查询子需求之间的语义相关度，得到检索结果子集；最后对各检索结果子集进行逻辑组合处理及语义相关度重新分析与计算，得到满足整个查询需求的检索结果。

10.5.3.1　语义预处理算法

对于不含运算符的自然语言查询子需求，系统需要对其进行语义辨析，并从中提取出动员领域内的本体概念集。考虑到实际信息检索中很少有脱离类名单独的属性检索，因此这里的本体概念主要是指类概念或实例概念。语义预处理的结果直接关系到整个信息检索系统的性能，因为提取的本体概念集完整程度将影响到查准率和查全率的高低。

语义预处理的主要思路是对查询子需求从最右端进行循环截词处理，在动员领域本体概念表和等价概念表中查找与截取词相匹配的长度最长的概念，若找到则将其提取出来，直到将所有匹配的概念提取完毕。

例如：查询子需求为"江苏省建筑业潜力"，则提取的本体概念集为｛建筑业潜力，江苏省国民经济动员办公室（江苏省为其等价概念）｝；查询子需求为"福建省厦门市物资油料及装备预案"，则提取的本体概念集为｛物资油料及装备预案，福建省厦门市国民经济动员办公室（福建省厦门市为其等价概念）｝。

下面给出语义预处理的具体算法：SQ-CS 算法。

名称：对自然语言需求的语义预处理算法。

输入：不含运算符的简单自然语言查询需求 SQ（Simple Query）。

输出：动员领域本体概念集 CS（Concept Set）。

步骤 1：概念计数初始化为 0，概念集初始化为空。

步骤 2：初始置查找词 W 为查询需求 SQ 的最右端 2 个字符。

步骤 3：重复做：在本体概念表和等价概念表中查找与 W 匹配的概念。

步骤 4：若找不到，则判断 W 是否已经等于查询需求 SQ：

A. W 等于查询需求 SQ，但 W 长度小于 3，则说明尚未找到匹配的概念，退出循环步骤 3。

B. W 等于查询需求 SQ，但 W 长度大于 2，则舍去查询需求 SQ 中最后一个字符，重置查询需求 SQ 与查找词 W，继续循环步骤 3。

C. W 不等于查询需求 SQ，则 W 重置为原 W 长度增 1 的字符串，继续循环步骤 3；

步骤 5：若找到，则概念计数增 1，概念集增加一个元素。

步骤 6：在本体概念表和等价概念表中查找是否有包含该 W 的其他概念，若找不到，执行步骤 8；否则执行步骤 7。

步骤 7：若本体概念表和等价概念表中有包含该 W 的其他概念，则取出所有以 W 结尾的概念，按概念长度排倒序，逐个比较该概念是否包含在查询需求 SQ 中，如果找到某个概念包含在查询需求 SQ 中，则用该概念重置 W 和概念集元素值。

步骤 8：判断 W 长度与查询需求 SQ 长度是否相同或仅相差 1，若是，则跳出循环步骤 3；否则，查询需求 SQ 中去除该 W，重置查询需求 SQ 与查找词 W，继续循环步骤 3。

步骤 9：如果概念计数非 0，则输出匹配的概念集；否则，输出空集，算法结束。

10.5.3.2　语义扩展、语义匹配及语义相关度计算算法

语义扩展是为了解决检索过程中不能完全匹配用户查询需求的问题。例如：如果用户想查询"后勤物资预案"，系统中并没有符合条件的预案信息，在这种情况下，为了向用户返回可供参考的信息，系统就进行语义扩展，将"后勤物资预案"概念扩展到其子概念"医疗卫生及药品预案""物资油料及装备预案""粮食食品及被装预案""营房及器材预案"，从而找到与这些子概念相匹配的预案实例对象。

语义匹配是指根据具体的检索条件，从动员领域实例库中找出某动员领域本体类中的所有实例；或找出某个具体的实例；或找出与某三元组匹配的所有实例。

衡量信息检索性能的标准通常有查准率和查全率两个基本指标，它们分别表示检索结果中包含正确结果的比重和完整性程度。但智能信息检索还要求检索结果的序列能体现其与用户查询需求的关联程度，即用语义相关度指标来衡量。

在一次信息检索中满足下面任意一个条件的检索结果称为最优检索结果：①完全符合用户需求的结果；②用户需求经过最小程度的语义扩展后得到的结果。

在上面的例子中没有满足条件①的结果，要满足条件②，就要进行"最小程度"的语义扩展。当有多个、多级语义扩展的概念时，如何选择被扩展的概念成为能否改进检索结果的关键。要合理地选择被扩展的概念，就要返回与用户需求关联程度最高的信息，因此要进行语义相关度的计算。

这里采取一种简单直观的方法来确定和计算语义相关度 R：

（1）对于从动员领域实例库中直接匹配领域本体概念 C 或等价概念所得的实例对象集，$R=1$。

（2）对于从动员领域实例库中匹配子概念集所得的实例对象集，$R=2^{-n}$，n 表示子概念与概念 C 之间相隔的类层次数。例如：国民经济动员预案类中有如下的层次关系：国民经济动员预案 $\supset$ 国民经济动员企事业预案 $\supset$ 后勤物资预案 $\supset$ 物资油料及装备预案，假设概念 C＝国民经济动员预案，则对子概念物资油料及装备预案来说，$n=3$，其匹配的实例对象集相关度 $R=2^{-3}$（即 1/8）。

（3）对于从动员领域实例库中匹配父概念集所得的实例对象集，$R=3^{-n}$，n 表示父概念与概念 C 之间相隔的类层次数。3^{-n} 比 2^{-n} 小，这是因为在父概念上检索可能导致检索结果的精确度下降，因此该层检索是在较坏情况下才接受的。R 的大小决定了此概念与查询需求在语义距离上的远近。

（4）对两个实例结果集进行逻辑与操作，只保留两者中均出现的实例对象，并重置其语义相关度 $R=\min(R1, R2)$。

5）对两个实例结果集进行逻辑或操作，保留两者中所有实例对象，并对两者中均出现的实例对象，重置其语义相关度 $R=\max(R1, R2)$。

（6）当在某个实例结果集中要匹配某动员机构类的实例时，只保留本级政府经济动员机构、直接上级政府经济动员机构或间接上级政府经济动员机构中能与该机构类实例匹配的实例对象集，对直接上级政府经济动员机构匹配的实例对象，重置其语义相关度为原值的 1/2；对间接上级政府经济动员机构匹配的实例对象，重置其语义相关度为原值的 1/4，表示在语义上距离更远。

根据国民经济动员领域信息检索的需要，给出一系列语义扩展、语义匹配及语义相关度计算的算法，包括基于领域本体概念的 C-RS 算法、基于"资源-属性-值"三元组的 T-RS 算法、基于领域本体概念集的 CS-RS 算法、基于领域本体实例集的 RS-RS 算法，具体算法如下。

1．C-RS 算法

名称：基于领域本体概念的语义扩展、语义匹配及相关度计算算法。

输入：领域本体概念 C（Concept）。

输出：实例结果集 RS（Result Set）。

BEGIN

RS＝动员领域实例库中直接匹配本体概念 C 的所有实例对象集，其相关度为 1；

IF　动员领域本体中存在与 C 相等价的本体概念 D

RS＝RS＋动员领域实例库中满足等价概念 D 的所有实例对象集，其相关度为 1；

ELSEIF　动员领域本体中存在 C 的子概念集 C_CHILD

RS＝RS＋动员领域实例库中满足子概念集 C_CHILD 的所有实例对象集，其相关度为 2^n，n 表示该子概念与概念 C 之间相隔的类层次数；

ELSEIF　动员领域本体中存在 C 的父概念集 C_PARENT

RS＝RS＋动员领域实例库中满足父概念集 C_PARENT 的所有实例对象集，其相关度为 3^n，n 表示该父概念与概念 C 之间相隔的类层次数；

ENDIF

输出实例结果集 RS；

END

2．T-RS 算法

名称：基于"资源-属性-值"三元组的语义扩展、语义匹配及相关度计算算法。

输入："资源-属性-值"三元组 T（Triple）。

输出：实例结果集 RS（Result Set）。

BEGIN

RS＝动员领域实例库中直接匹配三元组的所有实例对象集，其相关度为 1；

IF　动员领域本体中存在与三元组中资源 C 相等价的本体概念 D

RS＝RS＋动员领域实例库 D 中满足属性-值关系的所有实例对象集，其相关度为 1；

ELSEIF　动员领域本体中存在三元组中资源 C 的子概念集 C_CHILD

RS＝RS＋动员领域实例库 C_CHILD 中满足属性-值关系的所有实例对象集，其相关度为 2^n，n 表示该子概念与资源 C 之间相隔的类层次数；

ELSEIF　动员领域本体中存在三元组中资源 C 的父概念集 C_PARENT

RS＝RS＋动员领域实例库 C_PARENT 中满足属性-值关系的所有实例对象集,其相关度为 3^n，n 表示该父概念与资源 C 之间相隔的类层次数；

ENDIF

输出实例结果集 RS；

END

3．CS-RS 算法

名称：基于领域本体概念集的语义匹配及相关度计算算法。

输入：动员领域本体概念集 CS（Concept Set）。

输出：实例结果集 RS（Result Set）及其类型。

步骤 1：清空实例结果集 RS、非机构类实例集 S_1、机构类实例集 S_2。

步骤 2：对概念集 CS 进行排序，类在前，实例在后；实例中，非国民经济动员机构类的实例在前，国民经济动员机构类的实例在后。

步骤 3：从概念集 CS 中取出第一个概念，判断该概念是类还是实例：

（1）该概念为类，调用 C-RS 算法，用其输出结果集置非机构类实例集 S_1。

（2）该概念为非国民经济动员机构类的实例，用动员领域实例库中该实例信息置非机构类实例集 S_1，相关度为 1。

（3）该概念为国民经济动员机构类的实例，用动员领域实例库中该实例置机构类实例集 S_2，相关度为 1。

步骤 4：重复做：判断概念集 CS 中是否还有其他概念，如果没有，跳到步骤 5；否则，取出下一个概念，判断该概念是类还是实例：

（1）该概念为类，调用 C-RS 算法，在非机构类实例集 S_1 中只保留 S_1 与本次调用 C-RS 算法输出结果集中均出现的实例对象，并重置每个实例对象的相关度为两者相比较小的那个相关度。

（2）该概念为非国民经济动员机构类的实例，在非机构类实例集 S_1 中只保留该实例，并重置其相关度为两者相比较小的那个相关度。

（3）该概念为国民经济动员机构类的实例，如果非机构类实例集 S_1 为空，用该实例置机构类实例集 S_2；否则，在非机构类实例集 S_1 中只保留本级政府经济动员机构、直接上级政府经济动员机构或间接上级政府经济动员机构中能与该实例匹配的实例对象集，对直接上级政府经济动员机构匹配的实例对象，重置其相关度为原值的 1/2；对间接上级政府经济动员机构匹配的实例对象，重置其相关度为原值的 1/4。

步骤 5：如果非机构类实例集 S_1 非空，则将其存入实例结果集 RS 并置结果类型为非机构类；否则，如果机构类实例集 S_2 非空，则将其存入实例结果集 RS 并置结果类型为机构类。

步骤 6：输出实例结果集 RS 及其类型。算法结束。

4．RS-RS 算法

名称：基于领域本体实例集的语义匹配及相关度计算算法。

输入：实例集 S_1、实例集 S_2、运算符 OP。

输出：实例结果集 RS（Result Set）及其类型。

步骤 1：清空实例结果集 RS，并判断实例集 S_1 及实例集 S_2 的实例集类型。

步骤 2：如果两个实例集类型相同，置 RS 类型与 S_1 的相同。如果 OP 为"."逻辑与运算，则取两个实例集中均出现的实例对象存入实例结果集 RS，并重置每个实例对象的相关度为两者相比较小的那个相关度；否则，将两个实例集中出现的实例对象全部无重复地存入实例结果集 RS，对两个实例集中均出现的实例对象，重置其相关度为两者相比较大的那个相关度。

步骤 3：如果两个实例集类型不同，置 RS 类型为"机构类"。如果实例集 S_1 为"非机构类"，则取实例集 S_1 中本级政府经济动员机构、直接上级政府经济动员机构或间接上级政府经济动员机构，能与实例集 S_2 中所有实例匹配的实例对象存入实例结果集 RS，对直接上级政府经济动员机构匹配的实例对象，重置其相关度为原值的 1/2；对间接上级政府经济动员机构匹配的实例对象，重置其相关度为原值的 1/4。如果实例集 S_2 为"非机构类"，则类似操作。

步骤 4：如果实例结果集 RS 非空，则输出 RS 及其类型；否则，输出空集。算法结束。

10.5.3.3　自由模式智能检索处理算法

为了处理简洁，在自由模式的自然语言查询需求的最左边与最右边均虚设一个"#"，以构成整个查询需求的一对括号。"."","""（""）""#"这 5 个运算符之间有一定的优先关系，如表 10.10 所列。

表 10.10　自然语言查询需求中运算符之间的优先关系

θ_1 ＼ θ_2	.	,	(	)	#
.	>	>	<	>	>
,	<	>	<	>	>
(	<	<	<	=	
)	>	>		>	>
#	<	<	<		

为实现查询需求的逻辑分解，需要使用两个工作栈：一个称为 OPTR，用以寄存运算符；另一个称为 OPND，用以寄存分解后的子需求查询操作标识号或中间运算结果操作标识号。下面给出自由模式智能检索处理的具体算法：自由模式智能检索处理算法。

名称：自由模式的智能检索处理算法。

输入：含有运算符的复杂自然语言查询需求 CQ（Complex Query）。

输出：自由模式的检索结果集。

步骤 1：对自然语言查询需求 CQ 进行有效性检查，若为空、最左为"）"、最右为"（"、左右括号不匹配，则提示用户并退出；否则继续执行。

步骤 2：对查询需求 CQ 作一系列规范化处理，包括：①将所有全角符号替换为相应的半角符号，去除首尾部空格；②对除首字符"（"以外的其他所有非". （"的"（"，在其左边增加"."；③对除尾字符"）"以外的其他所有非"）."的"）"，在其右边增加"."；④附加一个"#"表示到达查询需求 CQ 的末尾。

步骤 3：对检索处理作一系列初始化操作，包括：①置 OPND 栈为空栈；②置"#"为 OPTR 栈的栈底元素；③初始化操作标识号为 0。

步骤 4：重复做：取查询需求 CQ 的首字符 W，判断 W 是否为 5 个运算符之一。

步骤 5：若 W 为运算符，则从查询需求 CQ 中去除该 W。

步骤 6：重复做：取 OPTR 栈顶元素，比较该元素和 W 的优先数：

（1）若是">"（表示栈顶元素优先数高），则弹出 OPTR 一个元素，弹出 OPND 两个元素，操作标识号增 1。从检索结果集中取 OPND 两个元素对应的两个子结果集和 OPTR 元素作为参数，调用 RS-RS 算法，将其输出的实例结果集存入检索结果集并相应置结果类型为非机构类或机构类，以当前操作标识号进行标识。将当前操作标识号寄存入 OPND 栈，重复执行步骤 6。

（2）若是"="（表示栈顶元素和 W 的优先数相同），则弹出 OPTR 一个元素。

（3）若是"<"（表示栈顶元素优先数低），则将 W 寄存入 OPTR 栈。

步骤 7：若 W 不是运算符，则取出下一个运算符之前的子查询需求（即不含运算符的简单自然语言查询需求），操作标识号增 1。

步骤 8：对该子查询需求调用 SQ-CS 算法，完成从自然语言查询需求到动员领域本体概念集的语义预处理。

步骤 9：如果 SQ–CS 算法输出的概念集非空，调用 CS–RS 算法，以获得基于该概念集进行语义扩展和语义匹配的实例结果集，存入检索结果集并相应置结果类型为非机构类或机构类，以当前操作标识号进行标识。

步骤 10：将当前操作标识号寄存入 OPND 栈，并从查询需求 CQ 中去除该子查询需求。

步骤 11：直到查询需求 CQ 为"#"且 OPTR 栈顶元素也为"#"时，结束循环步骤 5。

步骤 12：OPND 栈顶的操作标识号所对应的检索结果集，即为满足整个查询需求的最终检索结果集。整个处理过程结束。

10.3.5.4　固定及向导模式智能检索处理算法

固定模式和向导模式对用户的领域知识要求较低，用户只需按照界面或者根据向导提示进行操作，系统将根据用户的选择或输入，自动生成符合动员领域语义检索要求的三元组形式的查询需求。对单个三元组，系统首先根据动员领域概念之间的关系进行概念的语义扩展，再与动员领域实例库中的信息进行语义匹配，并计算信息与查询需求之间的语义相关度，得到检索结果子集。最后对各检索结果子集进行逻辑组合处理及语义相关度重新分析与计算，得到满足整个查询需求的检索结果。下面给出固定及向导模式智能检索处理的具体算法：固定及向导模式的智能检索处理算法。

名称：固定及向导模式的智能检索处理算法

输入：固定及向导模式的"资源–属性–值"三元组组合查询需求 TQ（Triple Query）。

输出：固定及向导模式的检索结果集。

步骤 1：清空检索结果集 1 及检索结果集 2。

步骤 2：从查询需求 TQ 中取出第一个三元组。

步骤 3：如果此三元组的"属性"参数和"值"参数均为空（说明是一个仅含"资源"域的不完整的三元组），调用 C–RS 算法；否则，调用 T–RS 算法。然后用 C–RS 算法或 T–RS 算法输出的实例结果集，置检索结果集 1。

步骤 4：重复做：判断查询需求 TQ 中是否还有其他三元组，如果没有，跳到步骤 8；否则，取出下一个三元组。

步骤 5：如果此三元组的"属性"参数和"值"参数均为空，调用 C–RS 算法；否则，调用 T–RS 算法。然后用 C–RS 算法或 T–RS 算法输出的实例结果集，置检索结果集 2。

步骤 6：判断三元组之间的逻辑关系：

（1）若是"并且"，在检索结果集 1 中只保留两个检索结果集中均出现的实例对象，并重置每个实例对象的相关度为两者相比较小的那个相关度。

（2）若是"或者"，将仅出现在检索结果集 2 中，而未出现在检索结果集 1 中的实例对象，添加到检索结果集 1 中。对两个检索结果集中均出现的实例对象，重置其相关度为两者相比较大的那个相关度。

（3）若是"不包含"，从检索结果集 1 中去除那些在两个检索结果集中均出现的实例对象。

步骤 7：清空检索结果集 2，重复执行步骤 4。

步骤 8：检索结果集 1 即为满足整个查询需求的最终检索结果集。整个处理过程结束。

10.5.4　检索结果排序与输出

通过智能检索入口输入的各种检索模式、各种定制服务方式的用户查询需求，经过智能检索处理后，得到满足查询需求的检索结果集。

DOB-NEM-PIIRPS 首先对检索结果按语义相关度降序进行排序；然后根据定制服务方式将排好序的检索结果输出给用户。

（1）对于实时链接的查询需求，如果检索结果集为空，表示没有满足用户查询需求的结果，提示用户并退出；否则，系统将排好序的检索结果直接显示给用户。用户单击某一检索结果，可以查看该结果的详细信息，在详细信息中单击链接可进一步查询其他相关信息。例如：预案与机构之间的关系；与上级预案、下级预案、协作预案之间的关系；检索结果信息的原始网址和本地镜像地址；等等，如图 10.25 所示。

图 10.25　某实时链接查询需求的检索结果输出详细信息示例

（2）对通过热链接定制的查询需求，如果检索结果集不为空，系统自动将检索结果按各自的发送周期定期推送到用户的电子邮箱中，用户无须登录系统，即可在个人计算机上查看检索结果。

（3）对通过温链接定制的查询需求，如果检索结果集不为空，系统自动将检索结果保存在系统内置的用户个人文件箱中，并将已有检索结果的信息主动推送到用户的电子邮箱中；否则将暂无检索结果的信息主动推送到用户的电子邮箱中。

（4）对通过冷链接定制的查询需求，如果检索结果集不为空，系统自动将已有检索结果的信息主动推送到用户的电子邮箱中，让用户自己去选择查看检索结果信息；否则将暂无检索结果的信息主动推送到用户的电子邮箱中。

这样，DOB-NEM-PIIRPS 不仅实现了实时的信息检索，还实现了信息服务由被动地"拉"到主动地"推"的转变，提高了动员工作的效率。

本章小结

本章所阐述的内容主要有以下几点：

（1）以基于本体的信息资源管理理论为指导，提出基于领域本体的国民经济动员信息资源管理系统结构（DOB-NEM-IRMSS），详细阐述系统结构中表示层、逻辑层、数据层的组成内容以及系统的领域专家、知识工程师、信息资源管理人员、终端用户和本体应用开发人员这 5 类主要用户。

（2）针对目前国内外各领域本体构建与应用中出现的问题，本章在综合贯通各种方法的优势，借鉴软件工程中系统开发生命周期法和原型法思想的基础上，结合我国国民经济动员领域的特点，提出一种适用于国民经济动员领域的本体构建方法——"周期-进化法"，构建 7 个首尾相连的阶段，即本体规划、本体分析、本体设计、本体编码、本体评价、本体应用和本体进化。并运用"周期-进化法"构建国民经济动员领域本体，以验证该方法的实用性，以及所开发国民经济动员领域本体的正确性和可重用性。所构建的国民经济动员领域本体中共包括 259 个类、36 个对象属性、204 个数据类型属性、16 个注释属性、25 个实例以及一些属性约束和类间约束等，形成一个立体、直观的国民经济动员领域语义联系网。

（3）引入基于领域本体的信息抽取技术，给出国民经济动员领域本体存储机制，即采用 Oracle 关系数据库进行分布式的存储，并将静态的国民经济动员领域本体和动态的国民经济动员领域实例分开存储；还将给出国民经济动员信息资源组织机制，即在国民经济动员领域本体库中建立本体概念集合、类属性关系集合、等价概念集合，在国民经济动员领域实例库中建立实例集合，为国民经济动员机构设置 3 个特殊的对象属性。并以国民经济动员潜力信息为例探讨基于国民经济动员领域本体的结构化信息抽取策略；以国民经济动员预案信息为例探讨基于国民经济动员领域本体的半结构化信息抽取策略。

（4）设计了基于领域本体的国民经济动员个性化智能信息检索原型系统（DOB-NEM-PIIRPS）。该系统是一个语义层次上的个性化智能信息检索系统，包括个性化智能检索入口、智能检索处理、检索结果排序与输出三大模块，以及动员领域本体库、动员领域实例库、用户定制服务库三大数据库。该系统提供身份和权限认证、本体浏览、用户培训、查询反馈等功能；还提供自由模式、固定模式、向导模式 3 种不同检索模式的查询需求输入方式；支持实时链接、热链接、温链接、冷链接 4 种不同方式的个性化检索定制和主动性信息推送；含有一系列包括语义预处理、语义扩展、语义匹配、语义相关度计算，以及自由、固定和向导 3 种检索模式的智能检索处理算法；支持信息检索结果的排序、输出与主动推送。

思考题

（1）用自己的话解释本体对国民经济动员信息资源管理的作用。

（2）基于领域本体的国民经济动员信息资源管理系统主要分为哪几个层次？每一层具体有哪些作用？

（3）简要分析本章为何要使用 OWL DL 语言、Protégé 工具来构建系统。

（4）简要分析"周期-进化法"相较于其他主流本体构建方法的优势。

（5）简要分析基于领域本体的国民经济动员存储机制和组织机制。

（6）什么是对象属性？国民经济动员机构设置的 3 个特殊的对象属性分别是哪些？

（7）举例说明如何通过"周期-进化法"进行动员领域本体的设计。

（8）分析国民经济动员智能信息检索原型系统（DOB-NEM-PIIRPS）的系统工作流程。

附录：国民经济动员领域本体的部分 OWL 编码列表

```xml
<?xml version="1.0"?>
<rdf:RDF
    xmlns:rdf="http://www.w3.org/1999/02/22-rdf-syntax-ns#"
    xmlns="http://www.owl-ontologies.com/Ontology1205649400.owl#"
    xmlns:xsd="http://www.w3.org/2001/XMLSchema#"
    xmlns:rdfs="http://www.w3.org/2000/01/rdf-schema#"
    xmlns:owl="http://www.w3.org/2002/07/owl#"
  xml:base="http://www.owl-ontologies.com/Ontology1205649400.owl">
  <owl:Ontology rdf:about=""/>
  <owl:Class rdf:ID="后勤物资类">
    <rdfs:subClassOf>
      <owl:Class rdf:ID="动员内容类型"/>
    </rdfs:subClassOf>
  </owl:Class>
  <owl:Class rdf:ID="港口码头潜力">
    <rdfs:subClassOf>
      <owl:Class rdf:ID="交通运输业潜力"/>
    </rdfs:subClassOf>
  </owl:Class>
  <owl:Class rdf:ID="批发零售业潜力">
    <owl:disjointWith>
      <owl:Class rdf:ID="财政金融潜力"/>
    </owl:disjointWith>
    <owl:disjointWith>
      <owl:Class rdf:ID="经济动员机构潜力"/>
    </owl:disjointWith>
    <owl:disjointWith>
      <owl:Class rdf:ID="能源生产与消费潜力"/>
    </owl:disjointWith>
    <owl:disjointWith>
      <owl:Class rdf:ID="城市公用设施潜力"/>
    </owl:disjointWith>
    <owl:disjointWith>
      <owl:Class rdf:ID="人口与就业潜力"/>
    </owl:disjointWith>
    <owl:disjointWith>
      <owl:Class rdf:ID="物资储备潜力"/>
    </owl:disjointWith>
    <owl:disjointWith>
      <owl:Class rdf:ID="邮电通信业潜力"/>
    </owl:disjointWith>
    <owl:disjointWith>
      <owl:Class rdf:ID="固定资产投资潜力"/>
    </owl:disjointWith>
    <owl:disjointWith>
      <owl:Class rdf:about="#交通运输业潜力"/>
```

```
    </owl:disjointWith>
    <owl:disjointWith>
      <owl:Class rdf:ID="卫生机构潜力"/>
    </owl:disjointWith>
    <owl:disjointWith>
      <owl:Class rdf:ID="建筑业潜力"/>
    </owl:disjointWith>
    <owl:disjointWith>
      <owl:Class rdf:ID="自然资源潜力"/>
    </owl:disjointWith>
    <owl:disjointWith>
      <owl:Class rdf:ID="教育机构潜力"/>
    </owl:disjointWith>
    <owl:disjointWith>
      <owl:Class rdf:ID="宏观经济潜力"/>
    </owl:disjointWith>
    <owl:disjointWith>
      <owl:Class rdf:ID="制造业潜力"/>
    </owl:disjointWith>
    <rdfs:subClassOf>
      <owl:Class rdf:ID="国民经济动员潜力"/>
    </rdfs:subClassOf>
    <owl:disjointWith>
      <owl:Class rdf:ID="农林牧副渔业潜力"/>
    </owl:disjointWith>
    <owl:disjointWith>
      <owl:Class rdf:ID="信息传输计算机服务和软件潜力"/>
    </owl:disjointWith>
    <owl:disjointWith>
      <owl:Class rdf:ID="专业技术服务潜力"/>
    </owl:disjointWith>
</owl:Class>
<owl:Class rdf:ID="空军经济动员需求">
  <rdfs:subClassOf>
    <owl:Class rdf:ID="军委总部军兵种需求"/>
  </rdfs:subClassOf>
</owl:Class>
<owl:Class rdf:ID="保障技术">
  <rdfs:subClassOf>
    <owl:Class rdf:ID="保障力量类"/>
  </rdfs:subClassOf>
</owl:Class>
<owl:Class rdf:ID="国民经济动员基础设施建设长远规划">
  <rdfs:subClassOf>
    <owl:Class rdf:ID="部门经济动员长远规划"/>
  </rdfs:subClassOf>
</owl:Class>
<owl:Class rdf:ID="农业动员预案">
  <owl:disjointWith>
    <owl:Class rdf:ID="文化教育动员预案"/>
```

```
        </owl:disjointWith>
        <owl:disjointWith>
          <owl:Class rdf:ID="武器装备制造业动员预案"/>
        </owl:disjointWith>
        <owl:disjointWith>
          <owl:Class rdf:ID="邮电通信业动员预案"/>
        </owl:disjointWith>
        <rdfs:subClassOf>
          <owl:Class rdf:ID="国民经济动员行业预案"/>
        </rdfs:subClassOf>
        <owl:disjointWith>
          <owl:Class rdf:ID="能源动员预案"/>
          </owl:disjointWith>
          ……（后略）
    </rdf:RDF>
    <!--Created with Protege (with OWL Plugin 3.3.1, Build 430)http://protege.
stanford.edu -->
```

参考文献

[1] Neches R, Fikes R E, Gruber T R, et al. Enabling Technology for Knowledge Sharing[J]. AI Magazine, 1991, 12(3): 36-56.

[2] Gruber T R. A Translation Approach to Portable Ontology Specifications[J]. Knowledge Acquisition, 1993, 5: 199-220.

[3] Borst W N. Construction of Engineering Ontologies for Knowledge Sharing and Reuse[D]. University of Twente, Enschede, 1997.

[4] Studer R, Benjamins V R, Fensel D. Knowledge Engineering, Principles and Methods[J]. Data and Knowledge Engineering, 1998, 25(1-2): 161-197.

[5] 陆建江, 张亚非, 苗壮, 等. 语义网原理与技术[M]. 北京: 科学出版社, 2007.

[6] Perez A G, Benjamins V R. Overview of Knowledge Sharing and Reuse Components: Ontologies and Problem-Solving Methods[C]. In: Stockholm V R, Benjamins B, Chandrasekaran A, eds. Proceedings of the IJCAI-99 workshop on Ontologies and Problem-Solving Methods (KRRS), 1999: 1-15.

[7] Guarino N. Semantic Matching: Formal Ontological Distinctions for Information Organization, Extraction and Integration[C]. In: Pazienza M T, eds. Information Extraction: A Multidisciplinary Approach to an Emerging Information Technology, Spring Verlag, 1997: 139-170.

[8] WordNet[EB/OL]. http://wordnet.princeton.edu/.

[9] FrameNet[EB/OL]. http://framenet.icsi.berkeley.edu/.

[10] GUM[EB/OL]. http://www.fb10.uni-bremen.de/anglistik/langpro/webspace/jb/gum/index.htm.

[11] Mikrokmos[EB/OL]. http://crl.nmsu.edu/Research/Projects/mikro/.

[12] SENSUS[EB/OL]. http://www.isi.edu/natural-language/resources/sensus.html.

[13] 知网(HowNet) [EB/OL]. http://www.keenage.com.

[14] DAML+OIL and Description Logic Reasoning, Ian Horrocks, University of Manchester[EB/OL]. http://www.cs.man.ac.uk/~horrocks/Slides/hp-labs.pdf.

[15] Protégé[EB/OL]. http://protege.stanford.edu/.

[16] WebODE[EB/OL]. http://webode.dia.fi.upm.es/WebODEWeb/index.html.

[17] York Sure, Juergen Angele, Steffen Staab. OntoEdit: Guiding Ontology Development by Methodology and Inferencing[EB/OL]. http://www.aifb.uni-karlsruhe.de/WBS/ysu/publications/2002_odbase_ontoedit.pdf.

[18] OilEd[EB/OL]. http://oiled.man.ac.uk/index.shtml.

[19] Mike Uschold, Martin King, Stuart Moralee and Yannis Zorgios. The Enterprise Ontology[J]. The Knowledge Engineering Review, Special Issue on Putting Ontologies to Use, 1998, 13(1):31-89.

[20] TOVE[EB/OL]. http://www.eil.utoronto.ca/enterprise-modelling/tove/.

[21] Bernaras A, et al. Building and reusing ontologies for electrical netwok applications[C]. In: Proc of the European Conf on Artificial Intelligence. Budapest, Hungary: John Wiley and Sons, 1996: 298-302.

[22] Fernandez Lopez M. Overview of Methodologies For Building Ontologies[C]. Proceedings of the IJCAI'99 Workshop on Ontologies and Problem Solving Methods Stockholm, Sweden, August, 1999.

[23] Natalya F, Noy, Deborah L. McGuinness. Ontology Development 101: A Guide to Creating Your First Ontology[EB/OL]. http://protege.stanford.edu/publications/ontology_development/ontology101.pdf.

[24] 佘青, 金可音. 螺旋模型的原型法本体构建方法[J]. 仪器仪表用户, 2006, 13(5): 143-145.

[25] 崔运鹏. 基于本体论的农业知识管理关键技术研究[D]. 北京: 中国农业科学院, 2007.

[26] 刘化绵. 军事经济词典[M]. 北京: 中国经济出版社, 1993.

[27] 中国人民解放军总参谋部动员部. 中国军事百科全书·战争动员分册[M]. 北京:军事科学出版社, 1992.

[28] 中国大百科全书军事卷编审室. 中国大百科全书·军事卷[M]. 北京: 中国大百科全书出版社, 1989.

[29] Racer[EB/OL]. http://www.racer-systems.com/index.phtml.

[30] Razvan Stefan Bot. Improving document representation by accumulating relevance feedback (abstract only): the relevance feedback accumulation algorithm[C]. Proceedings of the 27th annual international conference on Research and development in information retrieval, 2004.

第 11 章　基于 CBR 的国民经济动员
决策支持系统设计

本章研究动员决策者的决策行为特征，结合信息处理技术和经济动员预案，提出基于预案的动员决策支持方法。本章首先确立基于预案的进行动员决策支持过程，提出基于动员想定的结构化预案表示方法和基于信息抽取技术的结构化预案获取方法；其次依据结构化预案的知识表示特点，构建了可变上下文的结构化预案相似性衡量模型；最后设计了基于结构化预案的动员决策支持系统框架，提出了结构化预案的递增检索算法并对算法性能进行了评价。本章是构建基于经济动员预案的动员决策支持系统的一项核心的基础工作，以这种决策支持方法构建的辅助决策系统使动员决策更加及时迅速和科学化，能够应对动员决策中的不确定性动员情况。同时，这种决策支持方法应用在平时的动员演练中，能够训练提高动员决策人员的决策素质，提高应变不确定决策的能力，更为重要的是智能动员决策支持系统是国民经济动员工作走向现代化、信息化的关键所在。

11.1　预案支持动员决策方法的决策过程

11.1.1　相关概念框架

11.1.1.1　基于案例的推理
基于案例的推理是运用以前积累的经验和知识直接解决问题的一种问题求解方法，是以认知科学和记忆科学为其理论基础，模仿人类的形象思维方式，直接援引以前积累的案例形式的经验知识来解决现在的问题。

在复杂动态变化的情况下，基于案例推理是问题求解和决策的首选方法。决策的任务大致能分为结构化的和非结构化的两种[1]。结构化决策重复和例行的，并且能详细地描述其程序，有许多计算机化的系统是为这种类型的决策任务设计的；相反，非结构化的决策就是结构对决策者来说是不完全清楚的决策，这种决策通常有大量的不可知的变量，以及变量间复杂的关系。然而，由于人类的有限理性和信息处理的限制，一个决策者不可能去思考所有相关的变量，理解决策变量之间的关系。因此，这种类型的决策常常基于决策者的直觉和过去解决相似决策任务的经验[2]，对分类决策问题提出了基于案例推理的计算模型，该模型支持了非结构化的分类决策问题，基于新案例和存在的源案例间的相似性衡量，该模型能够用于决策支持，尤其是对非结构化的决策。

基于案例推理的问题求解方法的特点是案例知识易于获取，避免了传统知识系统进行知识获取时的瓶颈问题，案例知识库的维护方便，不需要领域专家干预。决策者应用基于案例推理求解问题的快捷性与自信性是其一大特征，决策者在面对一些决策问题时往往能很快从过去的知识经验中得到启示而找到解决办法，省去了大量逻辑推理的中间环节，所以具有快捷性，但这并不意味所有决策问题都能很快解决。另外，决策者进行形象思维时往往凭自己的信念、经验做出判断与决策，一般不怀疑它的正确性。

一个完整的基于案例的推理系统一般包括几个循环过程，可以归纳为 Retrieve, Reuse, Revise 和 Retain，即检索、重用、修改/修正、保留。基于案例推理的过程如图 11.1 所示。

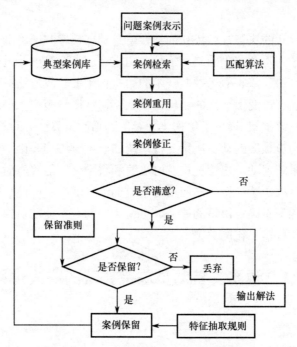

图 11.1 基于案例推理的过程框图

11.1.1.2 动员预案、文本动员预案和动员案例的关系

动员预案就是经济动员领域中预案的统称；文本预案就是指以文本形式存在的动员预案，它是无结构的自由文本形式；结构化预案就是指经济动员领域专家从动员预案的描述中抽象出预案的结构形式，它包含了动员预案的主要内容，其内容描述是有结构的、富含语义的，是支持动员决策的动员经验知识的一种形式；动员案例是对已发生的经济动员活动过程、决策细节和经验教训等的描述，是人类经验知识存在的一种形式。在经济动员领域中，动员案例是很少的，但是依靠动员领域专家经验知识编制的应对未来动员问题的动员预案是大量存在的。动员预案是应对未来动员问题，而事先编制好的决策方案，是还没有经过实践检验的经验知识；动员案例是经过动员实践检验了的经验知识，这就是两者的主要不同之处。这样动员预案和动员案例都是动员决策经验知识的一种形式，都对未来的动员决策问题有借鉴作用，所以在本章的动员决策支持过程中，主要是对结构化预案进行案例推理来实现动员决策支持的。

11.1.2　基于预案的动员决策支持过程

基于预案的动员决策支持的特点是基于动员经验知识的决策，即动员决策问题的求解是靠大量的动员经验知识的重用；并且基于案例推理来模拟动员决策者的形象思维过程，决策者通过直觉和动员经验快速做出决策。在动员决策支持过程中，引入了动员预案这种经验知识的形式，来扩展辅助决策者决策的能力，同时也引入了动员预案经验知识的学习机制，在动员辅助决策过程中不断学习新的经验知识，并且以动员预案的形式保存起来，这样会不断增加动员决策支持的能力。

基于预案的动员决策支持的决策过程如图 11.2 所示，下面来介绍其决策的过程。

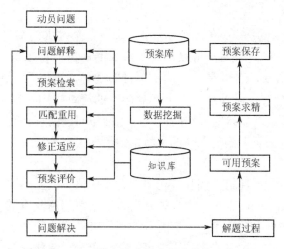

图 11.2　基于预案的动员决策支持的决策过程

决策过程框架的左侧反映了动员决策问题的求解过程：动员决策过程从新的动员决策问题的输入开始，首先动员决策问题经过问题解释模块的解释形成了可理解的信息方式，如抽取出了动员决策问题的特征信息、问题的环境信息以及决策者对动员决策问题的感知信息和主观信息等，这些信息都是结构化描述的可以被计算机系统所识别。然后根据决策问题的特征信息和主观信息，在预案库中进行相似性匹配和检索，搜索与当前决策问题描述相类似的动员预案。预案的检索匹配过程可分为初始匹配和用户选择两个阶段，即先由系统检索出一组可行的候选预案集，并根据预案相似度评估知识和领域知识模型对候选预案集进行依据相似度大小排序，再由用户根据自己的偏好和动员实际要求，从候选预案集中选择若干合适的预案。最后对预案中包含的经验知识，依据新的动员问题进行适配，从而得到动员决策问题的初始动员方案，检索得到的匹配预案与实际动员问题描述总有一定的差距，这样就要依据预案修正知识来对初始动员方案进行修正以得到适合当前动员问题的动员方案，经过对动员方案的评价，提交给决策者选择执行，这样动员决策的整个过程就结束了。

决策过程框架的右侧是一个预案知识学习的过程。当动员问题解决了，对求解过程进行整理而形成针对新动员决策问题的动员预案，如果预案具有特殊性可以保存在预案库中用于今后相似动员问题的决策，这样就实现了预案知识的简单增量学习，预案库不断丰富，求解问题的能力增强；而对于一般的预案则不保存，从而被遗忘掉。预案库中的预案不断增加，势必要影响预案的搜索效率，所以预案库要进行维护，删除预案库中过时的预案、冗余预案，并保证预案的一致性。当预案库中的预案存储到一定程度就可以进行预案数据进行挖掘，从而产生推理知识来辅助预案检索、修正、评价等。

11.2　结构化预案的知识表示与获取

11.2.1　案例知识表示与获取

11.2.1.1　案例概述
1．案例的概念

案例（Case）是一次阅历、一条经验、一个故事或一个过去的情景。德国学者 F.Gebhardt 等人认为，案例可以是任何东西，可以是一个病人的病例，可以是一个菜谱，可以是去一个不熟悉地方的说明指南，可以是一个技术项目的规划，可以是一个法律的案例，还可以是计算机操作失败的纪录，可以是某一个产品部件的简单视图，也可以是整个产品的详细设计图[3]。案例记录的是以前问题求解的情况，包括与问题的解答有关的一切重要信息，案例通常表示推理机在过去所遇到的具体的、特定的事件、对象、情况、情节和经验等。

2．案例的分类

案例可以分成两类，属性值案例和结构案例。属性值案例是形式最简单的案例，结构案例是一种复杂的案例。Gebhardt（1997）等人认为复杂案例所具有的特征[3]：复杂案例是从大的数据模型中得到的；用属性表达是不充分的必须有结构化的表示；复杂案例中的问题和解并非是静态的；可通过多种方式来使用，可能有不止一种解释；在求解问题时需要重组和适应性改变。

依据复杂案例的 3 个设计标准，一是案例可能包括完整的还是部分解[4]；二是具体的还是抽象的[5]，具体案例中包含最终解部分，而抽象案例包含引出信息，如求解路径、子问题等；三是案例可以是孤立的或者与其他案例相联系的情况[6-9]。这样复杂案例可以分为[3]：具体、独立的完整案例；具体、独立的部分案例；具体、完整与子案例相关的复合案例；部分的、上层为抽象下层为具体的等级案例；完整的、上层为抽象下层为具体的层次案例。

11.2.1.2　案例的表示

案例作为经验知识的一种存在形式，人工智能领域有多种相关的知识表示方法，但在实际应用中，案例表示与具体领域是密切相关的，下面是几种具体应用领域的案例表示方法。

Schank 在著名的动态存储模型（Dynamic Memory Model）中提出"情景记忆组织包"（Episodic Memory Organization Packets）[10]，应用在 Kolodner 的 CYRUS 系统中；Ray Bareiss and Bruce Porter 建立了一种分类——案例模型（The Category & Exemplar Model）表示方法[11,12]，应用在 PROTOS 系统中；Leake 将 case 用框架（Frame）的 slot-filler 形式表示[13]，应用于基于案例的解释系统中；Gebhardt 在研究建筑设计领域的项目 FABEI 中，研究了复杂任务的复杂案例问题，复杂案例没有明显的问题部分和解答部分的划分，而是在系统推理的动态过程中给予区分[3]；H.Burkhard 认为，案例中保存求解过程的中间解的重要性，提出了"案例完成"（Case Completion）即通过收集与问题案例相关信息来实现求解的过程[14]。"案例完成"描述了现实世界中一个任务的完成通常包含的几个步骤：中间解答步骤和最终解答步骤。Macedo 提出了一种嵌套的图结构案例表示法[15]，并在神经疾病的诊断治疗和建筑设计等领域得到了应用。

结合高层管理者的管理案例提出了基于情节的案例表示方法，较好地记录了管理决策的过程[16]。本节结合经济动员领域中动员预案的特点，提出了基于动员想定的结构化预案表示方法。

11.2.1.3　案例知识的获取

案例知识的获取，就是研究从文本形式表示的经验中抽取结构化信息来，然后记录在案例表示结构中的方法和过程。知识获取过程可分为早期知识获取、中期知识获取和后期知识获取。早期知识获取直接从知识源获取原始知识；中期知识获取将那些隐含于原始知识中，但还不能被直接利用的知识提炼出来；后期知识获取是利用实践来检验已有的知识，精简知识库，清除平凡、无效的知识。本章讨论的案例知识获取是从文本形式的经验知识中，抽取出结构化的信息，并将其填入案例表示的结构中，以形成可以利用的原始的结构化知识。

案例库的自动获取，文献[17]提出了 CBR 和 DM（Date Mining）相互结合来自动获取案例的思路；文献[18]提出了利用历史数据库得到案例的一般框架；文献[19]给出了一个从历史数据库中利用决策树来发现案例的具体算法；倪志伟提出了在历史数据库中利用挖掘关联规则的方法找出潜在的过去解决问题的办法与结果，来建立案例库的方法[20]。上述案例库的自动获取研究都是以数据库中的结构化数据为基础的，并且得到的案例知识是以属性/属性值对形式表示的。

文本经验知识通常是以非结构化的自由文本形式存在的，那么又怎样从文本形式的经验中自动获取结构化的案例知识呢？人们也作了一些有益的研究工作。案例知识是一种经验知识的表示形式，一方面人们认为案例知识获取比其他种类的知识（如规则知识）获取简单得多[21]；另一方面又认为缺乏足够的案例是影响推理效果的首要原因[22-24]。在基于案例推理的研究中，往往是研究者根据对特定领域的理解，先验地给出案例知识的表示模型，然后在案例表示模型上直接进行推理机设计（如案例的相似性衡量、案例检索算法等）。而其他许多研究者直接将知识获取工作交给"知识工程师"去完成，缺少对知识获取环节的研究，从而制约了 CBR 系统在不同领域的应用和推广。

11.2.2　基于想定的结构化预案知识表示

11.2.2.1　结构化预案知识表示的要求

动员预案是动员决策经验的存在形式，动员决策经验知识被应用之前，需要对其进行知识表示，即把文本形式的动员预案表示为结构化预案的形式。下面在阐述结构化预案知识分析的基础上来说明结构化预案知识表示的要求。结构化预案知识表示分析如图 11.3 所示。

图 11.3 分析了结构化预案知识所包含的信息要素以及在案例推理中所起的作用，为此结构化预案知识表示的要求如下。

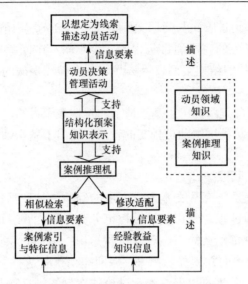

图 11.3　结构化预案知识表示分析图

1．动员决策特性对结构化预案表示的要求

情境相关性（Context Sensibility）是动员决策活动的特性之一，是动员决策经验复用的基础，所以结构化预案知识表示中必须考虑情境因素的表示问题。

情境是动员决策经验知识有效性的基础，脱离开一定的情境经验知识就失去了它的效用。随着人们对信息不完全、知识不确定以及存在特殊限制的求解环境的研究，知识工程师们逐渐认识到智能系统的设计与实现不可避免地受到情境因素的影响，情境常常作为解决知识表示通用性和一致性的一种方案。

对情境的研究可以从知识形态和情境化过程的角度来进行，前者要求划分清楚情境化的知识（Contextualized Knowledge）与情境知识（Contextual Knowledge），这是比较困难的，因为一个推理场合有效的情境化的知识可能构成下一个场合的情境知识。而我们关心的是情境知识，就是对数据、信息、知识做新的分类和处理。其中的典型关系是：在观察可用知识的基础上，通过情境化的处理与解释，使得数据具备一定的语义，从而成为可以进一步利用的信息知识。

在结构化预案的知识表示中，要能详细地描述出动员决策经验知识所应用的情境，也就是对动员想定的描述，并且尽量用形式化或模型化的方式来进行描述，以便对动员决策经验知识复用时的解释。

2．案例推理过程对结构化预案知识表示的要求

结构化预案知识是支持推理机的，即要支持结构化预案的相似性检索，回忆与当前决策问题相似的经验知识；同时要支持结构化预案的适配修改，由相似的经验知识得出新问题的解决方案；还要支持结构化预案的学习功能，保存新的结构化预案知识。因此，结构化预案的知识表示要尽量结构化，结构化的信息知识便于推理机的自动推理，解决新问题。

推理中应用的结构化预案，是从文本形式的动员预案中获取的，为支持结构化预案的自动获取，也需要结构化预案的知识表示要结构化，同时要简洁。

综上所述，结构化预案表示对动员领域经验知识的描述体现了动员决策活动的特性；同时，结构化预案表示要支持基于案例推理机的推理机制。结构化预案中的动员决策经验知识可以用领域知识来描述，而推理知识可以用案例推理的专业知识来描述。

结构化预案的知识表示以动员想定为线索，体现了对动员决策过程的支持和对基于案例经验推理机的支持，下面就来阐述结构化预案的信息结构。

11.2.2.2　结构化预案的信息结构

通过对常见的国民经济动员预案分析,发现一个动员预案往往要回答 3 个最基本的问题:在什么样的动员想定下动员？采取什么样的动员决策方案动员？动员的结果反馈信息如何？对这 3 个基本问题的回答就构成了动员预案的基本结构，同时也构成了结构化动员预案——结构化预案的基本结构，如图 11.4 所示。

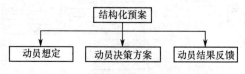

图 11.4　结构化预案的基本结构

对结构化预案中几个信息实体部分的描述:

定义 11.1　动员想定：描述的是未来可能的动员情境的信息。其主要包括动员的特定环境描述、动员任务类型和动员行为特点等。

定义 11.2　动员决策方案：描述的是动员实体在特定的动员想定情境下，为了实现动员任务目标而采取的决策行为的信息。

通常动员决策方案可包含以下的信息：动员实体的决策信息、决策信息的说明、方案的基本预期、备选方案的说明及其预期、相关问题的求解活动及贡献的描述。

动员实体的决策信息详细描述了动员实体进行决策的细节。在相关的动员想定情境下，决策信息包括制定的措施计划、对特定状况的诊断和对状况的分类等。决策说明描述了对决策形成和制定过程的说明信息，来保证决策者对决策过程的解释理解和复用。典型的决策说明信息包括：决策求解的推理活动、决策评价等。方案的基本预期描述了对决策方案效果的期望，以及对方案执行后可能引发的新问题及其可能性的估计。备选方案描述了那些决策者认为可能有效但没有选中的其他方案，可能为系统使用者的某些求解活动提供特殊的支持。相关问题的求解活动及贡献描述了当前决策对相关求解问题的联系和贡献，例如，父问题或子问题。通过对这项信息的检索和追溯，可以得到当前问题求解的整体态势及决策细节，保证用户在不同层次上了解问题求解的全貌以及有关决策的外溢影响，从而把握问题求解之间的复杂关系。动员决策方案的信息结构如图 11.5 所示。

其形式化描述如下所示:

定义 11.3　动员结果反馈：描述了动员实体在制定了动员决策方案后，所采取的具体执行动员活动信息以及执行过程反馈得到的特征信息。

结构化预案表示中所描述的动员结果反馈信息主要包括:

(1)动员决策执行过程中，使得决策执行结果偏离预期目标的原因信息，也就是动员决策执行过程中，对来自不同方面影响决策的不确定原因的描述。这些不确定的原因信息又可细分为:

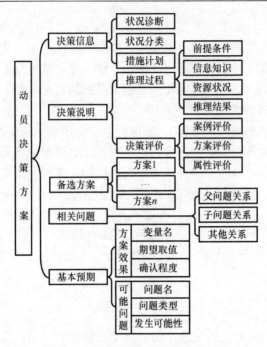

图 11.5　动员决策方案的信息结构图

<动员决策方案> ::= <决策信息><决策说明><基本预期>{<被选方案>}{<相关问题>}
　<决策信息> ::= <状况诊断><状况分类><决策的措施计划>
　<决策说明> ::= {<推理过程>}<决策评价>
　　　　<推理过程> ::= <前提条件><信息知识><资源状况><推理结果>
　　　　<决策评价> ::= <案例评价><方案评价><属性评价>
　<基本预期> ::= <方案效果><可能的问题>
　　　　<方案效果> ::= <变量名><期望值><确认程度>
　　　　<可能的问题> ::= <问题名><问题类型><发生可能性>
　<被选方案> ::= {<动员决策方案>}
　<相关问题> ::= <父问题><子问题>{<其他问题关系>}

　　①决策时忽视的决策依据及其影响；

　　②决策执行中发生的特殊变化信息，即在执行过程中出现对结果有影响的条件的变化。

　　③其他决策–执行活动中不可预知的变化及其影响。

　　（2）对决策执行结果与基本预期吻合程度的解释。也就是对决策执行后果的比较分析。

可以细分为：

　　①对执行结果与预期目标差异的评估；

　　②对造成差异的原因的解释，主要是对影响因素或过程事件的备注说明；

　　③对可以采取的应变措施的建议等。

　　动员执行结果反馈信息结构如图 11.6 所示。

　　根据动员结果反馈的信息结构，其形式化描述如下：

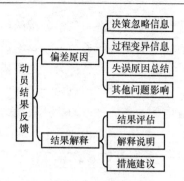

图 11.6　动员执行结果反馈信息结构图

```
<动员结果反馈> ::= <偏差原因><结果解释>
<偏差原因> ::= <决策忽略信息><过程变异信息><失误原因总结>{<其他问题影响>}
<结果解释> ::= <结果评价><解释说明><措施建议>
```

11.2.2.3　动员想定的形式化描述

1．动员想定的结构

动员想定描述的是在什么样的情境安排下进行动员，在情境中清楚地描述了未来可能动员的特定环境、动员要完成的任务以及由动员过程中参与动员的主体和它们的动员行动所构成的动员行为，动员主体的动员行动构成了整个动员活动的基础。图 11.7 描述了从动员预案的动员想定描述中抽象出动员想定信息结构的过程。

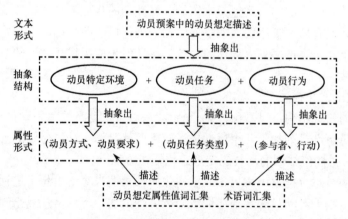

图 11.7　动员想定结构化抽象过程

动员想定结构化抽象过程中，如图 11.7 所示，首先把动员预案中的动员想定抽象为包含 3 类信息的抽象结构，即动员特定环境、动员任务和动员行为。其次，根据领域经验知识，选择描述这 3 类信息的属性信息，即动员要求、动员方式和环境要素属性描述了动员特定环境；动员任务类型及任务分解属性描述了动员任务；一系列的动员事件属性描述了动员的行为。最后，描述动员想定的各属性都由动员想定属性值词汇和术语词汇来进行描述，表达出其语义。经过抽象分析，一个文本形式描述的动员想定，结构化为属性–属性值对集合的形式。

经过动员想定结构化过程得到动员想定的信息结构，如图 11.8 所示。在动员想定的信息结构中，动员的特定环境主要是指对动员要求、动员方式以及环境要素等描述。它集中体现了未来可能的动员情境，是领域专家经验知识和科学分析的结果，是对未来动员不确定性的描述。动员任务主要是对动员领域中的动员任务类型以及动员任务分解的描述，如产品生产动员、物资调度动员、医疗队重组动员等。动员行为，主要描述在动员情境中参与动员活动的主体以及主体的行动，动员主体与其行动就构成为一个事件，事件序列是描述动员活动行为的基础信息，在不同的动员情境下，动员行为的特征表现为不同的动员事件序列。

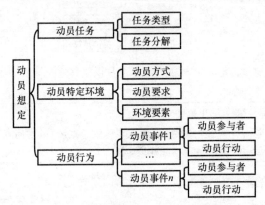

图 11.8　动员想定信息结构图

在动员想定的信息结构中，描述动员想定的属性中有两种特殊的属性，即分类型属性和序列型属性，如在描述动员想定的动员任务类型属性时，该属性值都是符号值型的，并且属性值间有不同的分类关系，即描述该属性的属性值集合是复杂的，这样称该属性为分类型属性，以便于应用符号值之间的分类语义来衡量该属性间的相似度。还有一类属性是序列型属性，该属性是依靠具有层次顺序关系的事件序列来进行描述的，如动员想定描述中的动员行为属性就是由一个动员事件序列来描述的，该类属性便于应用描述属性的事件序列来衡量属性间的结构相似性。

2．动员想定形式化描述

从动员想定的信息结构可以看出，动员想定就是对特定动员情境下动员行为特征的描述，其结构是一个动员事件序列加上几个属性描述。下面就来阐述动员想定的形式化描述。

1）基于属性/属性值结构的动员想定形式化描述方法

该方法是从动员想定描述中所包含的结构化属性角度来对动员想定进行形式化描述的，这种结构化属性是基于对动员想定描述词法分析基础上的。下面从几点来阐述动员想定形式化方法的框架：

（1）把动员想定结构化为一个动员事件序列加上相关的几个属性值形式。

（2）把动员事件结构化为一个动员参与者/动员行动对的形式。

（3）用术语表来定义动员想定结构中的属性和属性值。

（4）用包含动员特定含义的词和短语的术语表来描述属性和属性值。

（5）用句法相似性来衡量动员想定间的相似性。

（6）用子事件关系来描述动员想定中动员事件序列的结构。

每一个动员想定包括动员想定名称、动员想定的目的、动员想定要达到的目标、实现动员目标的动员事件序列。在动员想定形式化描述的基础上来，可以研究动员想定间的关系以及对动员想定的操作，如相似关系和相似性衡量等。

动员想定中的属性和属性值是靠词汇集来描述的。词汇集详细说明了动员想定中每一个属性可能有的属性值集合，并且定义每一个属性值，动员想定中的每一个属性都有自己的属性值词汇集。应用词汇集可以简化判断两个属性值是否一致的问题。

```
〈动员想定〉 ::= 〈动员事件序列〉{属性列表}
  〈属性列表〉 ::= 〈空值〉|{属性, 属性值}
    〈属性〉 ::= 〈属性名〉
    〈属性值〉 ::= 〈字符串〉
    〈属性名〉 ::= 〈字符串〉
  〈动员事件序列〉 ::= 〈空值〉| {动员事件}
    〈动员事件〉 ::= 〈参与者, 行动〉
      〈参与者〉 ::= 〈字符串〉
      〈行动〉 ::= 〈字符串〉
注：字符串在词汇表中来描述。
```

下面给出动员想定的形式化描述形式和动员想定的原型模型表示。

动员想定的形式化结构描述如下：

动员想定形式化表示的元模型如图 11.9。

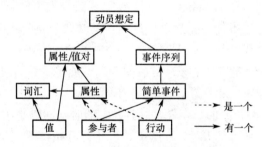

图 11.9　动员想定形式化表示的元模型

2）基于动员事件序列的动员想定形式化表示

结构指的是组成部分放在一起构成整体的方式以及决定整体特性的组成部分之间的相互关系。形式化指的是用外部可见的结构来表示事物本质的内部含义，并且这种方法在外部可见结构上的操作所产生的结果与其内部含义保持一致。用形式化的结构来表示动员想定，就能通过研究其结构来回答关于动员想定的问题，如动员想定的相似性衡量等。

在上述的动员想定形式化描述中，动员事件序列仅仅被表示为一个简单事件的序列，没有表示出事件之间的关系信息，例如事件间的层次关系、事件间的顺序关系等。下面就引入子事件关系来表示动员事件序列的结构信息。

用以事件为中心的表示（Event-centered Representation）来研究事件之间的关系，并在此基础上来描述事件顺序（Event Sequence）。Allen[25]对时间的分析为定义事件关系概念提供了很好的工具，他把时间看作为一个时间间隔而不是一个时间点，这也正是我们对子事件研究的观点。先来介绍一些所用到的定义：

t_1, t_2 分别表示两个时间间隔，e 表示事件，那么两个时间间隔的关系如下面的定义所述。

定义 11.4   STARTS（t_1, t_2），表示时间间隔 t_1 与时间间隔 t_2 有共同的开始，但是在 t_2 结束之前 t_1 就结束。

定义 11.5   FINISHES（t_1, t_2），表示时间间隔 t_1 与 t_2 同时结束，但是在 t_2 开始之后 t_1 开始。

定义 11.6   MEET（t_1, t_2），表示时间间隔 t_1 在 t_2 之前，但是在 t_2 开始时 t_1 结束。

定义 11.7   DURING（t_1, t_2），表示时间间隔 t_1 完全包含在时间间隔 t_2 之内。

定义 11.8   BEFORE（t_1, t_2），表示时间间隔 t_1 在时间间隔 t_2 之前，但是它们并没有重叠。

定义 11.9   OVERLAP（t_1, t_2），表示时间间隔 t_1 在时间间隔 t_2 之前开始，并且它们之间有重叠。

定义 11.10   IN（t_1, t_2），表示一个时间间隔完全包括在另一个时间间隔之内，其形式化定义如下：

$$IN(t_1,t_2) \Leftrightarrow DURING(t_1,t_2) \vee STARTS(t_1,t_2) \vee FINISHES(t_1,t_2)$$

定义 11.11   OCCUR（e, t），表示如果事件 e 在时间间隔 t 的整个区间发生返回真值，并且没有时间间隔 t 的子区间存在使其返回真值，描述如下：

$$OCCUR(e,t) \wedge IN(t',t) \Rightarrow \neg OCCUR(e,t')$$

定义 11.12   子事件关系

一个事件可能是由几个子事件构成的。子事件是超事件（Supper-event）的精化。通常，事件 e_1 是事件 e_2 的子事件，记为 Subevent（e_1, e_2），当且仅当事件 e_1 的发生是事件 e_2 发生的必要条件并且事件 e_1 发生在事件 e_2 的时间间隔内，其必要和充分条件描述如下：

$$\exists t_1 \exists t_2 \left(OCCUR(e_1,t_1) \wedge OCCUR(e_2,t_2) \wedge NECESSARY(e_1,e_2) \wedge IN(t_1,t_2) \right)$$

根据子事件的定义，给定事件的子事件时间间隔可能是重叠的或者可能是不重叠的。在事件间隔没有重叠的情况下，来考虑子事件的有序特性。

设事件 $e_1, e_2, \cdots, e_i$ 是事件 e_k 的子事件，并且各自的时间间隔是 $t_1, t_2, \cdots, t_i$ 和 t_k，当事件 e_1 的时间间隔 t_1 的开始正好是 t_k 的开始，t_1 结束时 t_2 正好开始，t_i 开始时正好是 t_{i-1} 的结束，t_i 的结束正好是 t_k 的结束，这时就出现了子事件的顺序特性。如果事件 e 的所用子事件有这样的特性，称子事件集合是有序的。设 A 为事件 e 的子事件集合，则事件集合的有序性，记为 ordered(A, e, t)，其充分必要条件如下描述：

$$(1) \exists ! e_1 \exists t_1 \left(member(t_1,A) \wedge occur(e_1,t_1) \wedge occur(e,t) \wedge STARTS(t_1,t) \right) \wedge$$

$$(2) \exists ! e_2 \exists t_2 \left(member(e_2,A) \wedge occur(e_2,t_2) \wedge FINISHES(t_2,t) \right) \wedge$$

$$\forall (e_3) \forall (t_3) \left(member(e_3,A) \wedge \neg (equal(e_3,e_1)) \wedge occur(e_3,t_3) \right) \Rightarrow$$

$$\exists ! e_4 \exists t_4 \left(member(e_4,A) \wedge occur(e_4,t_4) \wedge MEET(t_4,t_3) \right)$$

子事件关系的一个约定描述：根节点以下的所有节点都是根节点的子事件，因此，标记 $e_{i,j}$ 表示事件 $e_{i,j}$ 是事件 e_i 的子事件，并且 $e_{i,j,1}$ 表示事件 $e_{i,j,1}$ 是事件 $e_{i,j}$ 的子事件。

在这些定义中，必要条件的含义如下：事件 e_1 是事件 e_2 的必要条件，其含义是除非事件 e_1 发生，否则事件 e_2 不发生，或者：

$$\neg occur(e_1) \Rightarrow \neg occur(e_2), \cdots 等价的 \cdots occur(e_2) \Rightarrow occur(e_1)$$

定义 11.13   事件的 Strong-during 和 Strong-precedence 关系

如果事件 e_1 在事件 e_2 的时间间隔内发生，并且事件 e_2 的发生是事件 e_1 发生的必要条件，称事件 e_1 Strong-druing 事件 e_2，记为 STRONG-DURING(e_1, e_2)，其充分必要条件如下：

$$\exists t_1 \exists t_2 (OCCUR(e_1,t_1) \wedge OCCUR(e_2,t_2) \wedge DURING(t_1,t_2) \wedge NECESSARY(e_2,e_1))$$

Strong-druing 关系很容易与子事件关系相混淆：如果事件 e_1 是事件 e_2 的子事件，那么事件 e_1 是事件 e_2 发生的必要条件。然而，如果事件 e_1 是 STRONG-DURING 事件 e_2 的，那么事件 e_2 是事件 e_1 发生的必要条件。

时间间隔的 PRECEDENCE 关系定义如下：

$$PRECEDENCE(t_1,t_2) \Leftrightarrow BEFORE(t_1,t_2) \vee MEET(t_1,t_2) \vee OVERLAP(t_1,t_2)$$

事件的 STRONG-PRECEDENCE 关系，记为

STRONG-PRECEDENCE (e_1,t_2)，其必要和充分条件定义如下：

$$\exists t_1 \exists t_2 (OCCUR(e_1,t_1) \wedge OCCUR(e_2,t_2)$$
$$\wedge PRECEDENCE(t_1,t_2) \wedge NECESSARY(e_1,e_2))$$

定义 11.14 事件的 While-merge 关系

事件 e_1 是 While-merge 事件，如果至少有两个事件 e_2 和 e_3，它们同时发生，并且它们同时发生是事件 e_1 发生的必要条件，且在事件 e_2 和 e_3 的时间间隔中发生，记为 WHILE-merge(e_1, t_1)，其充分必要条件如下描述：

$$\exists e_2 \exists e_3 \exists t_1 \exists t_2 (OCCUR(e_2,t_2) \wedge OCCUR(e_3,t_2)$$
$$\wedge OCCUR(e_1,t_1) \wedge IN(t_1,t_2) \wedge NECESSARY(e_2,e_1)$$
$$\wedge NECESSARY(e_3,e_1))$$

在表示事件节点的层次中，WHILE-merge 关系描述为连接至少两个或多个节点到至少一个或多个节点的关系。节点同时发生的关系用标识符 sim 来表示。我们称结合为 WHILE-merge 节点的 e_1, e_2,…, e_i 各节点为 WHILE-merge 节点的父节点，并且称 k_1, k_2,…, k_j 各节点为 WHILE-merge 节点的孩子节点。WHILE-merge 关系的含义是 WHILE-merge 节点的父节点同时发生是 WHILE-merge 节点的孩子节点发生的必要条件，并且每一个孩子节点的时间间隔在它们父节点中每一个节点的时间间隔内。既然 WHILE-merge 节点的父节点是同时发生的，也就是，所有的它们在同一个时间间隔内发生，记为 t_1，那么每一个还在节点的时间间隔 k_1, k_2,…, k_j 都在时间间隔 t_1 内。事件的 While-merge 关系描述如图 11.10 所示。

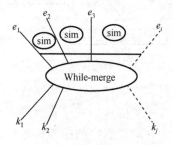

图 11.10　WHILE-merge 节点

定义了事件的子事件关系和子事件间的优先、并发、同时发生等关系后，就可以来描述动员事件序列的层次和顺序结构了。下面给出包含动员事件序列关系结构的动员想定的形式

化描述和元模型表示。

动员想定的形式化描述结构如下：

```
〈动员想定〉::= 〈复杂事件〉{属性列表}
〈复杂事件〉::=〈子事件序列〉
〈属性列表〉 ::= 〈空值〉|{属性，属性值}
〈属性〉::= 〈属性名〉
〈属性值〉::= 〈字符串〉
〈属性名〉::= 〈字符串〉
〈子事件序列〉::= 〈空值〉|{子事件}{事件关系}
〈子事件〉::= 〈参与者，行动〉
〈参与者〉::= 〈字符串〉
〈行动〉::= 〈字符串〉
〈事件关系〉::= 〈子事件关系〉| 〈强优先关系〉
              | 〈强期间关系〉| 〈同时发生关系〉
〈子事件关系〉::= 〈字符串〉
〈强优先关系〉::= 〈字符串〉
〈强期间关系〉::= 〈字符串〉
〈同时发生关系〉::= 〈字符串〉
注：字符串在词汇表中来描述。
```

动员想定形式化描述的元模型表示如图 11.11 所示。

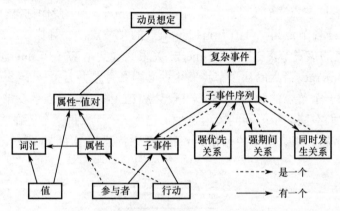

图 11.11 动员想定形式化描述的元模型

从动员想定的形式化描述中得到，这种描述方式比较详细地给出了动员想定的结构，这种结构信息是动员想定间进行比较的基础，形式化表示方式允许通过比较动员想定的结构形式和组成部分来比较两个动员想定。动员想定的结构描述和属性词汇集的应用使得动员想定的表示更规范统一，便于对动员预案的操作和处理。下面介绍动员领域中一个动员结构化预案形式化描述的例子。

11.2.2.4 动员预案形式化描述的例子

本节以抽象出的动员预案形式化描述结构为依据，给出一种综合动员预案类型动员预案为例来说明动员预案的形式化结构表示，如表 11.1 所列。

表 11.1　国民经济动员综合预案的形式化描述表

名称	×××省经济动员综合预案		
目的	全省经济动员任务应对的依据		
编制者	×××省经济动员办公室		
动员想定	动员任务	民用企业动员、医疗卫生动员、军工企业动员、物资储备、重要经济动员目标防卫等	
	动员要求	动用现有的民用物资、组织协调民用企业生产、动员抽组各类专业保障队伍等	
	动员主体的潜力	行政区划、自然条件、经济概况、交通运输工具状况、社会失业状况等。	
	动员环境要素	局部战争环境下的经济动员	
	动员行为特征	编号	动员参与者	动员行动
		1	省经动办	发布预先动员号令
		2	各级动员实体	充实动员队伍
		3	省经动办	修订动员预案
		4	省经动办	下达动员指令
		5	各级动员实体	实施动员任务
		6	各级动员实体	经济动员复员
动员决策方案	动员组织方案	组织结构设置转换、设立各级经济动员指挥所	
	动员任务区分方案	各地区、各单位的民用企业动员任务区分表	
		各地区、各单位的民用设施动员任务区分表	
		各地区、各单位的通用装备动员任务区分表	
		各地区、各单位的卫生医疗动员任务区分表	
		各地区、各单位的专业队伍抽组任务区分表	
	动员保障措施方案	经济动员指挥体系、各项经费、物资保障、预案动态管理等	
动员结果反馈	偏差原因	气候突变、资源协调调度组织不利、技术缺陷等	
	结果解释	动员组织有力、各项保障工作到位等	

说明：根据预案的粒度、层次和类型不同，具体的预案所包含的信息结构也不尽相同，但它们都是动员预案形式化描述结构的子集，所以进一步的研究工作是根据不同类型预案所包含的信息结构不同，来进行动员预案的聚类分析，能够针对性地描述出一类动员预案的信息结构。

11.2.3　结构化预案的半自动获取过程

11.2.3.1　文本预案的处理基础

结构化文本是指具有良好的布局结构，其中特定的目标信息易于通过一个固定的模式进行描述的文本。这类文本一般由计算机软件按照一定的格式自动生成，如 Web Server 端的网络应用软件，通过查找后台数据库中的纪录，并将查找结果转换成 HTML 网页就属于结构化文本。

半结构化文本是指在一定程度上具有某种结构特征的文本。该种文本的结构化程度比结构化文本弱，但比自由文本好。其中，目标信息可通过基于分界符或某种特定标签的特征结构描述来定位。

　　自由文本是指由合乎某种语言的、表达规范的自然语言语句组成的文本。与结构化文本和半结构化文本不同，即使对同一类事件信息，自由文本的表达方式也是灵活多样，因而很难直接从未经任何处理的自由文本中获取事件的目标信息。然而，对自由文本进行相应的语法和语义处理后，某类事件的描述就遵循了一定的语法约束和语义约束，从这些语法约束和语义约束中就蕴含着该类事件的结构信息描述。因而，从自由文本中获取目标信息都是在对自由文本进行一定的语法处理和语义处理之后才能得到。

　　文本预案是一种自由文本，下面就来分析文本预案的结构以及文本预案的处理方法。

1. 文本预案的结构

　　文本预案的结构如图 11.12 所示，表示文本预案包含段落，段落中又包含句子，最终句子由词语组成，词语存储了属于一个词的信息。句子和段落用于结构化数据并且作为信息存储的容器，而文本预案是最终的预案信息容器。

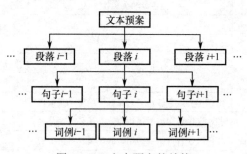

图 11.12　文本预案的结构

2. 文本预案的分层处理

　　对文本预案中用于预案结构化表示和案例推理的各种类型知识的认识，人们比较公认的观点是 Richter 的知识容器模型[26]。案例推理中的每一块知识都属于以下类型之一：案例库知识（特定的案例）、案例索引词汇的定义（词汇）、案例相似性检索的知识、案例适应性修改的知识。

　　在文本案例推理的研究中，把文本案例中所包含的知识分解为几个知识层次，每一知识层次负责处理出现在文本中的特定类型知识，这样把文本案例知识分成几个层次来处理是有意义的。文本中包含的知识可以分为以下几个层次来处理：

　　（1）关键字层（Keyword Layer），这一层把文本分离为术语，去除停顿词、词干术语并且计算统计术语的频率，还提供了词性标注功能。这一层是领域独立的，索引能够在不同应用中共享。这一层包含一些类型的关键字词典，用于识别简单的关键字，忽略停顿词等。

　　（2）短语层（Phrase Layer），包含一个特定领域表示的词典用于识别特定领域的短语，不是应用于通常目的的文档中，如模块和设备名字。

　　（3）词典层（Thesaurus Layer），根据语言学上的相似性，包含关于不同的关键字相互怎样关联的信息。这一层识别同义词和相关联的术语，在这一层实现的算法在查询阶段一定能被复用。WordNet 被用作为英语辞典。这一阶段是领域独立的。

　　（4）术语层（Glossary Layer），是特定领域版本的词典层，根据特定领域的相似性，包含关于关键字的元素和短语层相互怎样关联的信息。这一层的困难是术语的获取。

　　（5）特征值层（Feature Value Layer），包含一个特征和它们的值的集合，因为它们可能出现在特定的领域中，如名字和操作系统的发布号码，物理衡量等。对于半结构化的案例，这一层抽取案例的特征并以案例表示中属性/值对的形式存储。

（6）领域结构层（Domain Structure Layer），包含允许文档聚类的领域结构的描述。用上一层在高水平上来来分类文档。这一层为那些能应用在检索过程的案例指派主体特征。

（7）信息抽取层（Information Extraction Layer），包含一个信息实体模型，被用于自动从文本描述中抽取结构化信息、特征值等。这一层把文本的一些部分较好的表示为近似的结构。

依据上面知识层的顺序，知识层越来越知识密集，通常每一层知识建立在上一层的基础上。根据知识容器模型[26]，关键字、短语、特征值层属于案例表示的术语，应用在用自然语言处理的案例表示中；而其他层描述了相似知识的一部分，与信息检索有关。

文本预案的分层处理框架如表 11.2 所列。

表 11.2　文本预案的分层框架表

层	既定领域	功能	工具包
关键词层	不	术语识别、词干还原、词类标注	OpenNLP, SnowBall
短语层	是	特定领域短语的识别	OpenNLP
同义词层	不	同义词和相关词的识别	JWNL
词汇层	是	与特定应用相关的术语	OpenNLP
特征值层	是	抽取相关的属性	
领域结构层	是	抽取全局特征	
信息抽取层	是	部分文本的结构表示	

11.2.3.2　结构化预案的获取

文本预案映射为结构化预案的过程如图 11.13 所示。

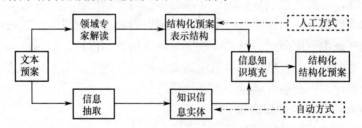

图 11.13　文本预案映射为结构化预案的过程

文本预案的获取过程是一个半自动化的过程。首先结构化预案的知识表示结构由领域专家通过解读文本预案，抽象出结构化预案的结构和主要信息实体单元；其次在此基础上利用文本信息处理技术，从文本预案中获取相应的结构化预案描述所需的各种类型的知识信息，例如，结构化预案的索引词汇、属性–属性值对以及动员事件序列等；最后把从文本预案中获取的信息实体单元填充到结构化预案的知识表示结构中，形成信息完整、结构化的结构化预案，这是一个自动获取知识的过程。从文本预案中获取结构化预案的过程是一个由领域专家参与的，结合信息抽取技术的半自动化的知识获取过程，这种知识获取方法减少了知识工程师的工作，在一定程度上克服了案例知识获取的瓶颈问题，便于从文本形式的知识中获取案例知识来支持案例推理方法的应用。

在结构化预案的表示结构中，包含有较结构化的信息，有描述整个结构化预案的索引词汇信息，有描述动员想定属性的属性/属性值对信息以及描述动员行为的动员事件序列信息等，这些结构化程度较高的信息，都可以利用信息抽取技术从文本预案中自动获取，减少人工处理的工作量。下面就来阐述结构化预案中所包含的结构化信息从文本预案中抽取的框架，如图 11.14 所示。

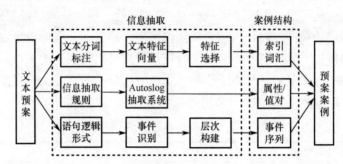

图 11.14　结构化预案中所包含的结构信息从文本预案中抽取的框架

图 11.14 描述了结构化预案中几种不同结构化信息抽取的过程。结构化预案索引词汇的抽取，首先要对文本预案中的语句进行分词与标注，建立文本预案的特征向量表示形式；然后通过特征选择来减少文本预案的向量表示维数，精简文本预案的表示，这样经过特征选择后的特征集就形成了结构化预案的索引词汇，以便于对结构化预案的分类检索。

属性/属性值对信息的抽取。利用基于信息抽取规则的抽取方法，具体来说，抽取规则定义了一些触点（Trigger），例如，要抽取的属性名可以定义为触点，用来指示某段文本语句中可能包含适合于属性/值对表示的结构化信息，并且还可以为触点添加一些附加信息来描述对触点的约束。此外，还要在抽取规则中定义填充点，用来描述在一个复杂语句中要抽取的与属性所对应的属性值部分。这样一旦信息抽取规则中的触点被发现了，复杂句子的分析就开始了，根据抽取规则中所填充点的描述抽取出与触点相关的信息，如属性值等。

事件序列层次的构建主要是在文本语句语义解释的基础上，得到语句的逻辑形式，从而能识别出不同的事件，以及事件描述中的主体角色。

11.2.3.3　结构化预案的抽取方法

1．结构化预案索引词汇的抽取

结构化预案索引词汇的抽取可以看作为从自由文本中进行特征选择的过程[27,28]。下面从几个方面来进行阐述。

1）文本预处理

进行自由文本的特征抽取之前，都要对文本进行预处理，分词就是其中一个很重要的环节。由于中文句子中每个词条间没有固有的分隔符——空格，为了对文本信息进行抽取、索引等处理，首先要进行分词。分词就是在文本连续的词条间加入分隔符，将中文文本从连续字符流形式转化为离散词流形式的过程。

在本章的文本预案分词标注中，应用了中文智能分词系统（3GWS）①，在分词中引入

---

① 飞嘉华智能科技有限公司的第三代智能分词系统，www.Fajava.cn。

了经济动员领域的专业词典来辅助系统进行分词，分词标注中的汉语文本词性标注标记集。图 11.15 是分词系统运行的画面，在分词标注显示中，下面划有横线的词语就是专业词汇中的自定义词汇。

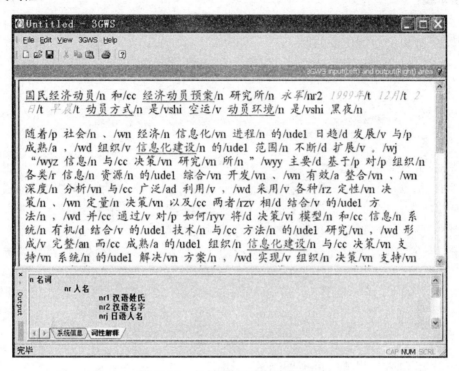

图 11.15　文本预案分词标注的示例

2）基于信息增益的特征提取法

特征提取是文本处理系统中十分关键的问题，它可降低文本向量空间的维数，提高系统的处理速度，提高了系统的精度和防止过度拟合，同时可以在特征提取的基础上形成文本的索引词汇。基于 VSM 的特征提取方法都是统计的方法，首先利用不同的方法对特征项进行评分，然后选出分值较高的作为特征构成特征向量空间。常用的特征提取方法有文档频率、信息增益、互信息等。

特征提取算法一般是构造一个评价函数，对每个特征进行评估，然后把特征按分值高低排队，预定数个分数最高的特征被选取。在文本处理中，常用的评估函数有信息增益（Information Gain）、期望交叉熵（Expected Cross Entropy）、互信息（Mutual Information）、文本证据权（The Weight of Evidence for Text）和词频[29,30]。

本节是在基于信息增益的特征选择算法的基础上，引入 Boosting 算法来提高特征选择的精确度。下面先阐述基于信息增益的特征选择算法的内容。

采用信息增益作为特征提取标准的具体算法[31]，记为 BASE Algorithm。

算法描述之前，先来解释一下符号的含义。

D 表示文档的集合；W 是特征的集合，每一特征是文档的基本词汇，w_i 为特征集中的一个词汇，$1 \leqslant i \leqslant |W|$，$|W|$ 为特征集 W 中特征的数目；文档 d 用 (x, y) 表示，这里

$\boldsymbol{x} = (x_1, x_2 \cdots, x_{|W|})$，$x_i$ 是一个布尔值，w_i 出现在 W 中时值为 1，否则就为 0，y 是一个类标签，文档为正例标记为 1，文档为反例标记为 0；$S = \{d_1, d_2 \cdots, d_n\}$ 是一个文档测试集。

算法步骤：

步骤 1：初始情况，特征项集合 W 中包含训练集 S 中出现的词语。

步骤 2：计算文档集合 D 的熵。

$$H(D) = -\sum_{i=1}^{|D|} P(d_i) \times \log_2 P(d_i)$$

其中：$P(d_i) = \eta(d_i) \Big/ \sum_{i=1}^{|D|} \eta(d_i)$，$\eta(d_i)$ 表示文本 d_i 中出现的词频总和，$|D|$ 表示训练文本数。

步骤 3：先计算条件熵。

步骤 4：根据每个词条 w_i 的信息增益值进行排序，抽取排在前面一定数量的词条作为特征项，对于具体多少数目，需要在实验中不断地调整达到最优效果为止。

步骤 5：提取的特征项就构成了文档集的索引词汇集。

基于信息增益标准的特征选择算法不足之处，在于由排在最前面的特征形成的特征集合：

$$IG_{w_i} = H(D) - H(D|w_i)$$

其中：

$$P(d_j|w_i) = \eta(d_j, w_i) \Big/ \sum_{k=1}^{|D|} \eta(d_k, w_i)$$

$\eta(d_k, w_i)$ 表示文档 d_k 中出现词条 w_i 的频率。

再计算词条 w_i 的信息增益：

$$H(D|w_i) = -\sum_{j=1}^{|D|} P(d_j|w_i) \times \log_2 P(d_j|w_i)$$

不能表示出词汇之间的隐含概念，造成信息增益值大的特征不一定是文档理想的特征。下面以信息增益特征选择为基础，结合 Boosting 学习方法来提高特征选择算法的精确度。

3）结合单层决策树的 Boosting 学习算法

（1）Boosting 算法的思想描述。主要思想是给定一个学习算法和一训练集 $\{x_1, y_1\}, \cdots, \{x_n, y_n\}$，这里 x_i 为一向量，y_i 为一类别标志。初始时给每一个训练例赋相等的权重 $1/n$，然后用 Boosting 学习算法对训练集训练 t 轮，每次训练后，对训练失败的训练集例赋以较大的权重，也就是让学习算法在后续的学习中集中对比较难的训练例进行学习，从而得到一个预测函数序列 $h_1, h_2, \cdots, h_t$，其中 h_j 也有一定的权重，预测效果好的预测函数权重较大，反之较小。最终的预测函数 H 采用权重投票方式由预测函数序列 $h_1, h_2, \cdots, h_t$ 构成。

（2）单层决策树（Decision Stumps）。结合单层决策树的 Boosting 算法中，学习器的构建是根据特征的类别区分能力来选择特征的。因此，作为学习器的单层决策树是由信息增益值最高的特征形成的，单层决策树的例子如图 11.16 所示。训练集上的特征分类错误率是用两个分支上少数文档数目之和在文档数总和中所占的比例来表示。

假设训练集 S 中共有 400 个样例，+号表示正例，−号表示反例，以特征 1 和特征 2 来表示要选择的特征，则分别形成的单层决策树如图 11.16 表示，图中分支上的标识 1 表示包含特征的样例，0 表示不包含特征的样例。

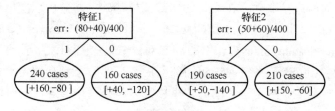

图 11.16　单层决策树的例子

特征分类错误率的计算：

$$对特征 1 \qquad err = \frac{(80+40)}{(240+160)} = 0.333$$

$$对特征 2 \qquad err = \frac{(50+60)}{(240+160)} = 0.274$$

（3）基于单层决策树 Boosting 的特征选择算法，记为 Boost Algorithm。一个单层决策树根据单个特征值来划分文档训练集，因此 Boosting 算法在训练过程中产生的单层决策树集就形成了特征的选择集。在每一个训练中，具有最高信息增益值的特征被选择来形成训练集的单层决策树。初始时，训练集中所有的文档被赋予了相等的权重，在每一次训练中文档权重的更新反映在信息增益的变化中，这里先验和条件概率是基于文档权重来计算的，反过来又影响到下一次训练中单层决策树形成中的特征属性选择，这样每一次训练解决的是上一次训练中被错误分类的样例，所以增加了算法的精确度。

基于单层决策树的 Boosting 算法描述如下：

```
W′=0
Stumps=0
Max-trial=m
Trial=1
Boost
  Foreach dᵢ∈{d₁,…,dₙ}
  Initialize dᵢ's weight to 1/n
  Repeat
F=highest ranked features from B_ASE Algorithm.
F=F\w′
wⱼ=hightest of F
stumps=stumps∪DecisionStump(wⱼ,S)
w′=w′∪wⱼ
err=error rate of stumps on S
Foreach dᵢ∈S
    If dᵢ is correctly classified by stmps
        Update dᵢ's weight=weight*(err/1-err)
Re-normalise all weights
++trial
Until (trial=max-trial)
Return W′
```

2.结构化预案属性/值对的抽取

1）AutoSlog 系统的局部剖析 Sundance

AutoSlog 系统的信息抽取建立在语句的局部剖析基础上，分析识别出语句的各要素，才能进行特定信息的抽取，语句"Textual Case-Based Reasoning involves Case-Based Reasoning where the cases are representation as text."的局部剖析结果如图 11.17 所示。

在图 11.17 中，AutoSlog 系统的语句局部剖析，是把一个复杂的句子分解为子句，然后分析每一个字句的要素，包括主语、动词、直接宾语和介词短语等，同时还能识别领域中建立的术语，例如："case-based reasoning"和名词短语如"textual case-based reasoning"。这种语句局部剖析仅仅分析相关的词法结构，比全局剖析更健壮和高效。

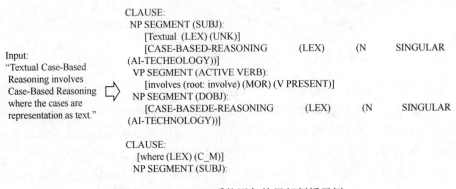

图 11.17　AutoSlog 系统语句的局部剖析示例

2）抽取规则与抽取过程

AutoSlog 系统能帮助抽取与案例表示相关的名字和事实信息，其信息抽取应用了类似规则的机制。下面用例子来说明。

考虑一个典型的句子"Forcier developed an ink-processing technology."，我们要抽取出其中所包含的商业秘密。人们经解读很容易发现商业秘密信息是"ink-processing technology"，而 AutoSlog 系统可以用规则"If the verb is developed, then extract the object."来抽取出该商业秘密。

AutoSlog 系统中的抽取规则由两部分组成：触点和填充。触点描述了包含属性/值对信息语句的特征条件，而填充描述了该语句的组成结构，即对要抽取信息部分的描述。这些信息都建立在对语句的局部剖析基础上。应用 AutoSlog 系统对上述语句进行信息抽取的过程如图 11.18 描述。

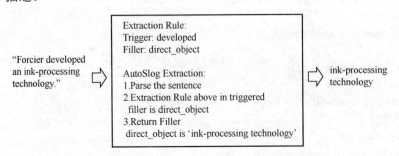

图 11.18　AutoSlog 系统中规则的抽取过程

在上例中，触点是词语"developed"，而填充的是句子的宾语。在属性/值对信息的抽取中，触点通常由属性名词汇来定义，填充是由语句中某部分信息描述来定义。

3）抽取规则的自动生成过程

手工定义抽取规则是一个很费时间的工作，在给定例句和目标信息的情况下，AutoSlog 系统能反演信息抽取的过程，自动获取抽取规则。下面以例子来说明信息抽取规则的获取过程。

在例句"Houser developed a nut-spinner."中，抽取出"nut-spinner"信息的抽取规则自动获取过程如图 11.19 所示。

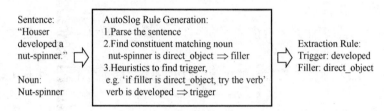

图 11.19　AutoSlog 中规则自动抽取过程

3. 结构化预案中事件序列层次的构建算法

1）算法的基础

从自然文本中获取事件知识，要求自然文本语句以逻辑形式存在，即语句的上下文无关意义表示。语句的逻辑形式通过语义解释算法来构建[32]。

自然语句的逻辑形式表示中包含：谓词或动词概念和一些抽象的语义关系，称为主题角色。这些角色可以指执行行动的代理，即行动者；也可以指行动主题，即事件行动经历的目标；还可以指行动目标位置，即表示位置变化事件中的最终位置；和行动初始位置，即事件起初的位置。在语句逻辑形式的表示上，就可以识别出，以行动者和动作对所表示的事件来[33]。

事件层次的构建与术语语言中分类器所扮演的角色密切相关。分类器所解决的问题是在概念层次结构中去定位一个概念。事件层次构建的问题也是在事件层次结构中去定位一个事件。事件层次构建依靠的是事件间的简单关系。下面来解释一些关于事件的标记：

e_1, e_2,…,e_i 表示事件，<thematic-role>表示主题角色，符号 e_i(<thematic-role>)表示事件 e_i 的主题角色，即 e_i(actor)、e_i(theme)、e_i(to-loc)、e_i(from-loc) 分别表示事件 e_i 的执行者、行动主题、目标位置和初始位置。下面就来定义几个事件间的关系。

定义 11.15　事件 e_1 和 e_2 是连接的，记为 CONNECTED (e_1, e_2)，其形式化描述如下：
$$\mathrm{CONNECTED}(e_1, e_2) \Leftrightarrow e_1(\mathrm{theme}) = e_2(\mathrm{theme}) \wedge e_1(\mathrm{to-loc}) = e_2(\mathrm{from-loc})$$

定义 11.16　事件 e_1 和 e_2 是直接优先的，记为 IMMEDIATELY-PRECEDE(e_1, e_2)，其形式化定义如下：
$$\mathrm{IMMEDIATELY-PRECEDE}(e_1, e_2) \Leftrightarrow \mathrm{precedence}(e_1, e_2) \wedge \neg \exists x (\mathrm{event}(x)$$
$$\wedge \neg \mathrm{equal}(x, e_1) \wedge \mathrm{precedence}(x, e_2) \wedge \mathrm{precedence}(e_1, x))$$

定义 11.17　事件 e_1 和 e_2 是直接连接的，记为 IMMEDIATELY-CONNECTED(e_1, e_2)，其形式化定义如下：
$$\mathrm{IMMEDIATELY-CONNECTED}(e_1, e_2) \Leftrightarrow \mathrm{immediately-precede}(e_1, e_2)$$
$$\wedge \mathrm{connected}(e_1, e_2)$$

2）算法 A：识别事件间的强优先关系或优先关系

输入：E 语句表示中的一个事件。

输出：L 是一个事件的列表，其形式是 $((e_1,e_2,\cdots,e_i)(e_{v1},e_{v2},\cdots,e_{vi})\cdots(eve_1,eve_2,\cdots,eve_i))$，说明在表示中事件的位置，这里 e_i、ev_i 和 eve_i 都是事件，并且每一个子列表中的事件与下一个子列表中的事件通过事件的强优先或优先关系是相联系的。

算法步骤：

步骤 1：如果 L 是空的，在 L 中创建一个新的子列表，并把 E 插入到新的子列表中。

步骤 2：如果 L 不是空的：

（1）在 L 中寻找与事件 E 有直接联系的事件。如果这样的事件存在，把事件 E 添加在那个事件的后面。

（2）在 L 中寻找与事件 E 有联系的事件。如果这样的事件存在，把事件 E 添加在那个事件的后面。

（3）在 L 中寻找中寻找与事件 E 有共同主题的事件。如果这样的事件存在，记为 e_k，把事件 E 添加到事件 e_k 所在子列表的后面。

（4）在 L 中创建一个新的子列表，并把 E 插入到新的子列表中。

3）算法 B：构建直接相联事件的层次

输入：L 一个事件列表，包含有序的事件。是算法 A 的输出。

输出：一个子事件层次结构。

算法步骤：

步骤 1：搜集 L 中的所有事件，有直接联系的事件组成集合 A，A 记为 $\{e_1, e_2, \cdots, e_i\}$。创建一个新事件，记为 E_k，这样 $E_k(\text{theme})=e_1(\text{theme})$，$E_k(\text{from-loc})=e_1(\text{from-loc})$，$E_k(\text{to-loc})=e_1(\text{to-loc})$。增加 k 值；

步骤 2：连接集合 A 中的所有事件作为事件 E_k 的子事件；

步骤 3：从 L 中删除掉集合 A 中的所有事件，并且把 E_k 增加到 L 中；

步骤 4：重复直到在 L 中没有直接有联系的事件为止。

11.3　可变上下文的结构化预案相似性衡量

本节主要根据结构化预案表示中描述用户偏好、动员任务和环境变化的上下文信息，阐述可变上下文的相似性衡量方法，来更加相似性衡量的灵活性。

11.3.1　相似性衡量相关基本概念

11.3.1.1　案例相似性

案例的知识表示表明，案例是由许多属性/属性值对组成的，案例间的相似度就是根据属性/属性值对之间的相似度以及案例知识表示结构间的相似性来定义的。案例间的相似性有语义相似性、结构相似性[34]。

语义相似性，就是两个案例描述的特征词汇之间存在某种语义关系，而对这种语义关系的度量就是语义相似性。两个案例之间只有满足语义上的相似性关系才能是可以类比的。语义相似性是领域知识密集的相似性，在应用语义相似性衡量两个案例之间的相似性时，需要有丰富的领域知识词汇集。

结构相似性，案例知识表示的结构有同构和相似结构两种。同构是指两种结构之间存在某种对应关系，且这种对应关系能够保持结构一致性，结构一致性要求一一对应关系必须保证所涉及的个体或低阶关系也是一一对应的。结构相似性就是对案例知识表示结构间的一一对应关系的衡量，这对案例推理的有效性有重要意义，结构相似性有助于检索到可类比的源案例。此外，相似性还有词法结构相似性，是领域知识稀少的相似性。

11.3.1.2　结构化预案相似性衡量

在结构化预案的知识表示中包含有简单的属性/属性值对形式，还有复杂的分类型属性和序列型属性表示形式，此外还有表示动员决策方案教益后果的文本描述形式，因此结构化预案的知识表示是一种复杂的结构化的案例表示方法。在表示中简单的属性/值偶对来表示结构化预案描述中的结构化信息；用序列型属性形式来表示结构化预案中的动员过程情节信息；用文本形式来描述结构化预案中的可以直接以文本形式复用的方案结果和教益等。

结构化预案相似性衡量受到动员想定描述中上下文信息的影响，可变的上下文信息使结构化预案相似性衡量更加灵活，能适应不同的用户偏好和动员任务和环境的变化。上下文信息反映了相似性衡量的具体背景环境和决策者的主观偏好。在动员管理决策领域中，动员决策经验的复用受到客观环境和决策者主观偏好的影响很大，因此上下文信息在相似性衡量中起着很重要的作用。在相似性衡量中，决策者可以对上下文进行操作来体现自己的主观偏好和预期的检索结果。

针对动员决策者的偏好和动员任务和环境的变化，这些影响相似性衡量的因素，采用了可变上下文的相似性衡量理论，用明确描述的上下文信息使得相似性衡量更加灵活。

11.3.2　基于上下文的预案相似性衡量理论

11.3.2.1　上下文概述

在不同的研究领域中，上下文有不同的定义，有时还用不同的术语来进行描述。在自然语言理解中，上下文帮助描述一个词语的语义，它表示一种状况，即词语的一部分与整个句子内容是相关的[35]。

在数据库中，术语"视图"用于表示与特定情况相关的数据库对象，例如，向不同的用户表示部分和一致的数据库内容[36]。因此，在数据库中视图被描述为上下文，在上下文中数据库对象是可见的。在知识库管理系统中，上下文用于分割信息库[36]，为此上下文定义为特殊的单元，包括内容、词汇和规则。

在模式识别中，上下文知识被认为是一个"侧面"，也就是对象的一个确定特征[37]。在人—机交互中，上下文定义为沟通的环境，容易理解的数据传递了有意义的含义。在基于超文本的解释系统 VICE [38]中，上下文定义为数据元的任意组合（对象、属性、值、任务、部分、抽象）。在神经网络中，上下文的应用比较含蓄——根据从数据中获得的知识系统执行特定的组织决策[39]。

在基于模型的设计中，有几种不同的上下文定义：组件的结构上下文包括它的物理特性和结构相关的其他组件；组件的行为上下文包括它的行为和与行为相关的组件以及抽象描述的期望行为[40]。

应用上下文的动机是能为推理过程带来附加的知识，因此推理能集中到相关的细节上。当检索预案时，可能要考虑用于描述预案的所有属性，或者仅仅是预案描述属性的一个确定子集。虽然上下文的角色被接受了，但是大多数预案相似性检索系统，只应用了预先定义好的上下文，或者是一个上下的封闭集合。

在实体的相似性判断中，根据实体的表示来进行实体相似性判断，而不是根据实体自己本身[41]。可变的实体表示支持从一个对象表示中灵活地添加和删除一些属性，隐含着根据一些准则能够使任意两个预案相似。为了控制这个过程，上下文作为一种方法使相似性衡量仅关注于表示中的确定属性。

11.3.2.2　知识表示

因为知识表示和预案检索是相互关联的，不同的相似性衡量策略需要不同的知识表示。在复杂领域中较复杂的推理需要知识的层次表示，这可能包括表示出预案、属性和属性值的层次。基于可变上下文相似性衡量的检索与精确匹配非常类似，我们定义了上下文，通过明确描述的匹配准则去控制个体预案间的相似程度。

知识表示也影响到相似函数，并且因此也影响到相似性的特征，如自反性、对称性、传递性和单调性。在许多研究和系统中，仅支持相似的非对称性。然而，不同的知识表示支持相似的对称性。因为相似性不是一个客观存在的衡量，所以不能要求在所有的应用中相似性有共同的特征。相反，个体应用应该基于所希望的相似特征来进行相似性设计，并且应该选择一个适当的知识表示形式。

1．预案的表示

通常，一个预案表示为一个实际经验描述符的有限集合，它定义了问题、方案和结果。每一个描述符包括属性名和属性值，每一个属性又聚合为不同的类别。在预案库中，每个预案的属性至少有两个类别：一个类别包含问题描述的属性，另一类别聚合为方案描述的属性。个体的预案属性聚合为不同的类别增加了系统的能力。

预案被表示成为属性/属性值对的有限集合，记为 C，其形式化表示如下：

$$C = \{\langle a_0, V_0 \rangle, \langle a_1, V_1 \rangle, \cdots, \langle a_n, V_n \rangle\} = \left\{\langle\langle a_i, V_i \rangle\rangle\right\}_0^n = \{A_i\}_0^n$$

这里：$A_i = <a_i, V_i>$ 是一个属性/属性值对。

与每一个属性 a_k 相关的是属性的值域 D_k，包含这个属性所有可能的取值。属性的所有取值必须属于该属性的值域，即 $V_k \in D_k$。

预案属性的类别。根据个体属性和特性的有效性信息，预案属性被归类为一个或几个类别。属性类别为预案表示带来了附加的结构，在匹配过程中，通过有选择地应用预案属性类别，减少了不相关属性对系统性能的影响。

预案有源预案和目标预案。源预案来自于预案库中，也就是，它有方案和结果的描述。输入预案，也被称为问题或目标预案，完全或部分地描述了一个给定的问题，但是没有问题方案和结果的描述。

预案库是预案的一个有限集合——源预案的搜索空间，记为 Δ。预案库是基于预案推理系统的信息基础。预案的形式化表示：$\Delta = \{C_1, C_2, \cdots, C_k\}$，$k$ 为整数，预案库中所包含预案的数目。

预案属性归类为不同的属性类别控制着预案匹配过程，不同的匹配准则应用在不同的预案属性群体上。下面来讨论上下文怎样控制相似性衡量程度和部分匹配的形式。

2．上下文的表示

简言之，上下文是相似性的参数变量，能把一个预案库映射成为一个相关预案的集合。上下文控制着什么是和什么不是部分匹配，换句话说，上下文详细描述了包含在预案的相似性衡量中的属性，以及与属性相关的属性值限制。它还定义了在特定情况下的相似性衡量中，预案的哪些侧面是最重要的。

上下文定义为属性及其相关属性值限制的有限集合，记为 Ω，其形式化描述如下：

$$\Omega = \left\{ \langle a_0, CV_0 \rangle, \langle a_1, CV_1 \rangle, \cdots, \langle a_k, CV_k \rangle \right\} = \left\{ \langle a_i, CV_i \rangle \right\}_0^k$$

式中：a_i 为一属性的名字；C_{Vi} 为属性 a_i 的可能取值集合的表示，也就是，如果 D_i 在属性 a_i 的值域内，那么 $C_{Vi} \in D_i$。

在可变上下文的相似性理论中，属性 a_i 的限制集 C_{Vi} 和属性 a_i 的值域 D_i，能够用多种不同的方法来表示。

（1）作为属性允许值的有限集合，也就是，$C_{Vi} = \{V_1, V_2, \ldots, V_n\}$。

（2）作为属性允许值区间的集合，也就是，

$$CV_i = \left\{ x : x \in D_i \wedge \text{lowerLimitValue} \leqslant x \wedge x \leqslant \text{upperLimitValue} \right\}.$$

（3）通过并集运算，也就是，$C_{Vi} = D_i \cup S$；交集运算，也就是，$C_{Vi} = D_i \cap S$；描述被禁用的属性值，也就是，$C_{Vi} = D_i - S$，这里 S 是一些用 1、2 或 3 类型描述的值的集合。

根据给定的问题描述，上下文能用于"显示"预案，换句话说，就是根据给定的上下文来解释预案。在该理论中，特定预案与给定上下文的相关性是基于预案属性值与上下文中相应属性值的限制集相互匹配的。依据预案属性的重要性，匹配可能有以下 3 种形式：

（1）可以完全忽略的预案属性。这样的属性不包含在上下文的描述中，因此这样的属性是否包含在预案中是无关紧要的。例如，属性的类别方案在预案匹配时常常被忽略。

（2）仅仅考虑预案属性的存在性，而不考虑其属性值的限制。对这样的属性 a_i，详细描述一个限制 $CV_i = D_i$，因此，如果这样的属性出现在预案中，它自动的满足属性值限制。

（3）预案属性和属性值都考虑。因此，如果 $<a_i, CV_i>$ 是上下文中的一个元素，那么满足这个限制的预案包含一个属性/属性值对 $<a_i, V_i>$，并且 $V_i \in CV_i$。

通常，在源预案中一个属性值为空值的属性与输入预案中相应属性的任何属性值都匹配，但认为是弱匹配。如果没有属性值为空值的表示，就认为是确切匹配。属性值为空值的匹配可以转化为一个可能的确切匹配，这样就扩展了相等和部分相等的概念。

初始上下文的构建途径：

（1）最简单的方法，从输入预案 C_{input} 来构建上下文 Ω。这个过程是把输入预案的所有属性名映射为上下文中的属性，并且把输入预案中的所有属性值映射为上下文中的属性值限制，给过程的形式化表示如下：

$$\langle a_i : V_i \rangle \in C_{\text{input}} \leftrightarrow \langle a_i : \{V_i\} \rangle \in \Omega$$

（2）机器学习和知识挖掘算法也能为给定的任务选择相关的重要属性以及为属性指定特

征的值,这些信息能够诱导出初始的上下文以及描述上下文修改的策略。

(3)使用系统的专家,也能够根据自己的领域经验知识,为给定的任务选择重要属性并对属性值描述出有关的限制。这是人工初始上下文的一种方法。

如果对上下文中描述的每一个属性,预案中相应属性的属性值都满足这些限制,那么就说这个预案满足一个特定的上下文。这种满足是在属性/属性值水平上的匹配,但是个体属性聚合成属性类别的方式影响匹配的过程。也就是,属性类别影响上下文的松弛和迭代检索。

定义 11.18　满足

预案 C 满足上下文 Ω,表示为 $\mathrm{sat}(C, \Omega)$,当且仅当,对所有属于上下文 Ω 的 $<a_i, CV_i>$,存在一个 $<a_i, V_i>$ 属于预案 C,并且 V_i 在 CV_i 中,其形式化描述如下:

$$\mathrm{sat}(C,\Omega)\cdots\mathrm{iff}\cdots\forall\big(\langle a_i:CV_i\rangle\in\Omega\to\exists V_i\langle a_i,V_i\rangle\in C\wedge V_i\in CV_i\big)$$

上下文 Ω 是满足的,当且仅当,在预案库中至少存在一个预案满足它:

$$\Omega\cdots\mathrm{is}\cdots\mathrm{satisfiable}\cdots\mathrm{iff}\cdots\exists C\in\Delta:\mathrm{sat}(C,\Omega)$$

定义:11.19　预案视图

在上下文 Ω 中,预案 C 的视图,记为 C_Ω,就是满足上下文 Ω 的预案 C 的一个描述子集:

$$\forall a_i\big(\langle a_i:V_i\rangle\in C_\Omega\cdots\mathrm{iff}\cdots\langle a_i:V_i\rangle\in C\wedge\langle a_i:CV_i\rangle\in\Omega\wedge V_i\in CV_i\big)$$

11.3.2.3　上下文转换与操作

在初始上下文的情况下,如果检索到了太多和太少的预案,系统会自动转换上下文或者用户手工修改上下文,来改善预案检索的结果。上下文有两种可能的转换方式:松弛——为了检索到更多的预案;限制——为了检索到较少的预案。上下文转换是支持迭代检索的基础。首先定义上下文的松弛和限制,然后讨论它们可能的实现。

定义 11.20　松弛

上下文 Ω_1 是上下文 Ω_2 的松弛,记为 $\Omega_1 > \Omega_2$,当且仅当 Ω_1 的属性集合是 Ω_2 的属性集合的子集,并且对 Ω_1 中的所有属性,Ω_2 中属性值限制的集合是 Ω_1 中属性值限制集合的子集,还有上下文 Ω_1 和上下文 Ω_2 是不相等的。其形式化的描述如下:

$$\Omega_1 > \Omega_2\cdots\mathrm{iff}\cdots\forall\langle a_i:\mathrm{CV}_i\rangle\in\Omega_1,\exists\langle a_i:\mathrm{CV}_j\rangle\in\Omega_2:\mathrm{CV}_i\supseteq\mathrm{CV}_j\wedge\Omega_1\neq\Omega_2$$

因此,松弛可以通过匹配过程中减少匹配需要的属性数目或者通过扩展给定上下文的属性值限制集来实现(也就是,增加属性值的区间间隔或可能属性值的数目,或者减少禁用属性值的数目)。

定义 11.21　限制

上下文 Ω_1 是上下文 Ω_2 的限制,记为 $\Omega_1 < \Omega_2$,当且仅当上下文 Ω_2 是上下文 Ω_1 的松弛,

$$\Omega_1 < \Omega_2\cdots\mathrm{iff}\cdots\Omega_2 > \Omega_1$$

其形式化描述如下:

换句话说,上下文限制通过在匹配过程中增加匹配需要的属性数目或者通过减少给定上下文的属性值限制集来实现。

上下文的松弛和限制应用在预案的迭代检索中。需要说明的是上下文转换怎样影响到上下文的满足,也就是,满足上下文的预案集合怎样随着上下文的松弛和限制而变化的。上下文的满足和上下文的转换的关系有如下的定理:

定理 11.1　如果上下文 Ω_1 是上下文 Ω_2 的松弛,那么所有满足上下文 Ω_2 的预案同样也满足上下文 Ω_1。其形式化描述如下:

$$\forall C \in \Delta : (\mathrm{sat}(C,\Omega_2) \wedge \Omega_1 > \Omega_2) \to \mathrm{sat}(C,\Omega_1)$$

证明:假设给定一个预案 C,满足 $\mathrm{sat}(C,\Omega_2)$,并且 $\Omega_1 > \Omega_2$。

从[定义 11.18]中满足的定义和 $\mathrm{sat}(C,\Omega_2)$ 得

$$\forall a_j \langle a_j : CV_j \rangle \in \Omega_2 \to \exists V_j \langle a_j : V_j \rangle \in C \wedge V_j \in CV_j \tag{11-1}$$

从[定义 11.20]中松弛的定义和 $\Omega_1 > \Omega_2$ 得

$$\forall \langle a_i : CV_i \rangle \in \Omega_1, \exists \langle a_i : CV_j \rangle : CV_i \supseteq CV_j \wedge \Omega_1 \neq \Omega_2 \tag{11-2}$$

假设有一些 $a_i : \langle a_i : CV_j \rangle \in \Omega_1$。

由式 (11-1) 得

$$\exists V_j \langle a_i : V_j \rangle \in C : V_j \in CV_j \tag{11-3}$$

由式 (11-2) 和式 (11-3) 得

$$V_j \in CV_i \tag{11-4}$$

由式 (11-3) 和式 (11-4) 得

$$\exists V_j \langle a_i : V_j \rangle \in C \wedge V_j \in CV_j$$

因此 $\forall a_i \langle a_i : CV_j \rangle \in \Omega_1 \to \exists V_j \langle a_i : V_j \rangle \in C \wedge V_j \in CV_j$

由[定义 11.18]满足的定义得 $\mathrm{sat}(C,\Omega_1)$。

证明完毕。

推论 11.1　如果上下文 Ω_1 是上下文 Ω_2 的限制,那么满足上下文 Ω_1 的预案集也是满足上下文 Ω_2 的预案集的子集:

$$\forall C \in \Delta : (\mathrm{sat}(C,\Omega_1) \wedge \Omega_1 < \Omega_2 \to \mathrm{sat}(C,\Omega_2))$$

证明:由[定义 11.21]中上下文限制的定义和[定理 11.1]得证。

证明完毕。

1. 上下文的松弛转换

在上下文松弛转换的定义中隐含着两种上下文松弛的转换方式,即约简和泛化。前者通过减少匹配所需的属性数目来减弱上下文限制,例如,把上下文限制中描述的属性个数从 m 减少到 p,这里 $p < m$;后者通过增大属性所允许的属性值范围来减弱上下文限制。

定义 11.22　约简(Reduction)

上下文 Ω_1 是上下文 Ω_2 的约简,当且仅当上下文 Ω_1 是上下文 Ω_2 的属性/属性值对集合的子集。其形式化描述如下:

$$\mathrm{reduction}(\Omega_1,\Omega_2) \cdots \mathrm{iff} \cdots \Omega_1 \subset \Omega_2$$

因为预案属性被归类为不同的属性类别,每一个类别都可以独立的约简。因此,一些属性类别需要所有属性去进行匹配,而在其他类别中的属性可能被完全忽略,或者在一些类别中可能在 n 个属性中取 m 个属性来进行匹配。

定义 11.23　泛化(Generalization)

上下文 Ω_1 是上下文 Ω_2 的泛化,当且仅当对所有上下文 Ω_1 和上下文 Ω_2 中的属性,上下文 Ω_2 中的属性限制集合是上下文 Ω_1 中的属性限制集合的子集。其形式化描述如下:

$$\text{generalization}(\Omega_1,\Omega_2)\cdots\text{ifff}\cdots\left(\forall a_i\left(\exists CV_i\langle a_i:CV_i\rangle\in\Omega_1\right)\leftrightarrow\left(\exists CV_j\langle a_i:CV_j\rangle\in\Omega_2\right)\right)$$

$$\wedge\left(\forall a_i,CV_i,CV_j\left(\langle a_i:CV_i\rangle\in\Omega_1\wedge\langle a_i:CV_j\rangle\in\Omega_2\right)\rightarrow CV_j\subset CV_i\right)$$

泛化是在属性水平上实现的。如果没有为松弛定义特定的属性，那么类别中第一个属性应用的优先权最低。

定理 11.2　约简是上下文松弛的一种形式。

$$\text{reduction}(\Omega_1,\Omega_2)\rightarrow\Omega_1>\Omega_2$$

证明：假设 $\langle a_i:CV_i\rangle\in\Omega_1$。

从[定义 11.22] 的缩减定义和 $\subset$ 的定义可得 $\langle a_i:CV_i\rangle\in\Omega_2$。

因此，$\exists\langle a_i:CV_j\rangle\in\Omega_2\wedge CV_j\subseteq CV_i$。

又从[定义 11.22] 的缩减定义可得 $\Omega_1\neq\Omega_2$。

所以，$\forall\langle a_i:CV_i\rangle\in\Omega_1,\exists\langle a_i:CV_j\rangle\in\Omega_2:CV_i\supseteq CV_j\wedge\Omega_1\neq\Omega_2$。

从[定义 11.20]中的松弛定义有 $\Omega_1>\Omega_2$。

证明完毕。

定理 11.3　泛化是上下文松弛的一种形式。

$$\text{generalization}(\Omega_1,\Omega_2)\rightarrow\Omega_1>\Omega_2$$

证明：假设 $\langle a_i:CV_i\rangle\in\Omega_1$。

从[定义 11.23]中的泛化定义可得 $\langle a_i:CV_j\rangle\in\Omega_2\wedge CV_i\supset CV_j$。

因此，$\Omega_1\neq\Omega_2$。

所以，$\forall\langle a_i:CV_i\rangle\in\Omega_1,\exists\langle a_i:CV_j\rangle\in\Omega_2:CV_i\supseteq CV_j\wedge\Omega_1\neq\Omega_2$。

从[定义 11.20]中的松弛定义有 $\Omega_1>\Omega_2$。

证明完毕。

2．上下文限制转换

在上下文限制的定义中隐含着两种上下文转换的方式：即扩张和特化。前者通过增大匹配所需的属性数目来增强上下文限制，因此扩张是上下文约简的反面。特化通过从属性的限制集中除去一些属性值来增强上下文限制。

定义 11.24　特化（Specialization）

上下文 Ω_1 是上下文 Ω_2 的特化，当且仅当上下文 Ω_2 是上下文 Ω_1 的泛化。

$$\text{specialization}(\Omega_1,\Omega_2)\cdots\text{iff}\cdots\text{generalization}(\Omega_2,\Omega_1)$$

定义 11.25　扩张（Expansion）

上下文 Ω_1 是上下文 Ω_2 的扩张，当且仅当上下文 Ω_2 是上下文 Ω_1 的约简。

$$\text{expansion}(\Omega_1,\Omega_2)\cdots\text{iff}\cdots\text{reduction}(\Omega_2,\Omega_1)$$

定理 11.4　扩张是上下文限制的一种形式。

$$\text{expansion}(\Omega_1,\Omega_2)\rightarrow\Omega_1<\Omega_2$$

证明：由[定义 11.25]中的上下文扩张的定义、[定理 11.2]和[定义 11.22]中上下文约简的定义得证。

定理 11.5　特化是上下文限制的一种形式。

$$\text{specialization}(\Omega_1, \Omega_2) \rightarrow \Omega_1 < \Omega_2$$

证明：由[定义 11.24]中的上下文扩张的定义、[定理 11.2]和[定义 11.22]中上下文约简的定义得证。

3．上下文操作

为了形式化地处理上下文变化，定义了上下文的加和减操作。根据集合论中的集合运算，这些操作分别定义为上下文属性值限制集合上的并和补运算。

定义 11.26　上下文加操作

给定上下文 Ω_1 和上下文 Ω_2，$\Omega_1 + \Omega_2$ 是一个新的上下文，由集合论的并运算定义如下：

$$\langle a_i : CV_k \rangle \in \Omega_1 + \Omega_2 \cdots \text{iff} \cdots \langle a_i : CV_i \rangle \in \Omega_1 \wedge \langle a_i : CV_j \rangle \in \Omega_2 \wedge CV_k = CV_i - CV_j$$

定义 11.27　上下文减操作

给定上下文 Ω_1 和上下文 Ω_2，$\Omega_1 - \Omega_2$ 是一个新的上下文，由集合论的补运算定义如下：

$$\langle a_i : CV_k \rangle \in \Omega_1 - \Omega_2 \cdots \text{iff} \cdots \langle a_i : CV_i \rangle \in \Omega_1 \wedge \langle a_i : CV_j \rangle \in \Omega_2 \wedge CV_k = CV_i - CV_j$$

11.3.2.4　相似关系

在相似性衡量理论中，相似性被看作为两个预案间的关系。相似性定义是对等价关系的补充，为了进行部分匹配，控制部分匹配的程度，在给定上下文的基础上定义了相似性。

定义 11.28　相似性（Similarity）

根据给定的上下文 Ω，预案 C_1 与预案 C_2 相似，记为 $C_1 \sim_\Omega C_2$，当且仅当预案 C_1 与预案 C_2 都满足 Ω。其形式化描述如下：

$$C_1 \sim_\Omega C_2 \leftrightarrow \text{sat}(C_1, \Omega) \wedge \text{sat}(C_2, \Omega)$$

相似关系能够扩展到预案集上的关系[55]。假定 SI 为一预案集合，Ω 为上下文，Δ 为预案库，关系 relevant(SI, Ω, Δ) 表示包含在预案集 $SI \subseteq \Delta$ 中的预案关于上下文 Ω 是相关的。当 SI 定义为满足给定上下文 Ω 的预案集时，其形式化表示如下：

$$\text{relevant}(SI, \Omega, \Delta) \cdots \text{iff} \cdots \forall C \in \Delta, C \in SI \leftrightarrow \text{sat}(C, \Omega)$$

从相似性的定义，所有满足上下文的预案相互间是相似的，并且都与输入预案是相关的。

1．相似关系的时间因素

因为知识是动态的，相似性衡量也应是动态的。经过一段时间，能看到预案库和上下文内容表示上的变化。时间没有必要作为相似性定义中必不可少的部分，因为时间因素自然的保存在上下文和预案的知识表示中了。

如果预案表示、上下文或者预案库在时间 t_i 和 t_j 间隔内变化了，那么对预案 C_1 和 C_2，它们的相似性也变化了。如果预案表示、上下文或者预案库在时间 t_i 和 t_j 间隔内没有变化，那么对预案 C_1 和 C_2，它们的相似性也没有变化，如下表示：

$$\left(C_1 \sim_\Omega C_2 \right)_{t_i} \equiv \left(C_1 \sim_\Omega C_2 \right)_{t_j}$$

因为问题、预案库和用户的偏好随时间可能变化，预案的相似性不能被预先定义。以这些变化为基础，可能有不同的预案满足当前上下文，也可能需要不同的属性进行匹配等，因此倾向于变化的还有：①预案库中预案的相关性；②预案表示中的属性相关性和检索中所用属性的相关性；③属性值的相关性；④给定问题的检索预案的相关性。

下面定义了 3 种依赖上下文的相似性：固定的上下文独立相似性、暂时的上下文独立相似性、上下文依赖的相似性。

定义 11.29　固定的上下文独立相似性

如果不管明确描述的上下文如何变化，相似性仅依靠于隐含假设的上下文，那么相似性衡量就固定地与上下文相互独立。

定义 11.30　暂时的上下文独立相似性

如果在较短时间间隔 t 内来衡量同一对象的相似性，那么有一种心理解释倾向于在新情况下用旧的上下文[42]时的相似性，这样相似性衡量就变得暂时地与上下文独立。时间间隔 t 的长度由依赖的强度、重复的频度和其他因素决定的。暂时独立出现足够多时，就变成了固定地上下文独立的相似性。

定义 11.31　上下文依赖的相似性

如果相似性随着明确描述的上下文的变化而改变，那么相似性衡量是上下文依赖的。

2．检索函数（Retrieval Function）

给定上下文 Ω 和预案库 Δ，检索函数是回忆相关预案的基础，函数返回一个与给定上下文相关的预案的集合 SI。

定义 11.32　检索函数

给定上下文 Ω 和预案库 Δ，检索函数返回一个相关预案的集合 SI，集合 SI 中的预案都满足给定的上下文。其形式化描述如下：

$$\text{retrieval}(\Omega, \Delta) = SI \cdots \text{iff} \cdots \text{relevant}(SI, \Omega, \Delta)$$

如果上下文 Ω 不满足，那么检索函数的返回值是空集。

实现检索函数的基本检索算法如下描述：检索函数算法的复杂度是由需要比较的次数决定的，即预案库中所有预案的数目乘上给定上下文需要的比较数目：$O(|\Omega| \times |\Delta|)$。

```
RetrieveNaive (Context, CaseBase)
        Initialize Answer to 0
        For all cases in the CaseBase
                Retrieve (Case_i)
                If Case_i satisfies the Context then
                        Add (Case_i, Answer)
        End
        Return (Answer)
End.
```

该算法还可在两个方面扩展：第一，通过实现一个迭代的上下文松弛和限制；第二，通过应用递增的上下文转换。算法如下描述：

3．解释函数（Explain Function）

给定一个预案库 Δ 和一个预案的集合 SI，解释函数返回一个上下文 Ω，它描述了属性上的限制，而集合 SI 中的预案都满足这些限制。解释函数是基于解释的学习方法的基础，是为给定的知识构建泛化解释的技术。为了解释一个给定的预案集，解释函数可以发现有用的特征，这样的问题有时被称为特征抽取[43,44]。

```
IterativeRetrieveNaive（Context, CaseBase, LowerLimit, UpperLimit）
   Initialize Answer to 0
   Add (retrieveNaive(Context, CaseBase), Answer)
   If | Answer| ≤ LowerLimit then
   Set Context' to relax (Context, Category)
   IterativeRetrieveNaive(Context', CaseBase, LowerLimit, UpperLimit)
   Else if    | Answer| ≥ UpperLimit then
   If the Context was not previously relaxed then
      Set Context' to restrict (Context, Category)
      IterativeRetrieveNaive(Context', CaseBase, LowerLimit, UpperLimit)
   Else return (Answer)
End.
```

定义 11.33　解释函数（Explain Function）

给定一个预案库 Δ 和一个预案的集合 SI，并且 $SI \subseteq \Delta$，解释函数返回一个最受限制的上下文 Ω，集合 SI 中的所有预案都满足 Ω。其形式化描述如下：

$$\mathrm{ex}(SI, \Delta, \Omega) \cdots \mathrm{iff} \cdots \forall C \in SI \to \mathrm{sat}(C, \Omega)$$
$$\mathrm{ex\,plain}(SI, \Delta) = \Omega \cdots \mathrm{iff}$$
$$\mathrm{ex}(SI, \Delta, \Omega) \wedge \left(\forall \Omega_1 \big(\mathrm{ex}(SI, \Delta, \Omega) \to \Omega < \Omega_1 \big) \right)$$

解释函数的算法：

```
Explain (SetOfCases, CaseBase)
   Initialize the Context to include all attribute-values
         For all cases include in the SetOfCases
   Return (Context)
End.
```

定理 11.6　上图中的解释函数算法实现了所定义了的解释函数。

证明：假设 SI 中的所有预案 C 中的所有属性/属性值对都用于生成上下文 Ω。

从[定义 11.18]中满足的定义得到：$\forall C \in SI, \mathrm{sat}(C, \Omega).a$ 　　　　　　　　　（11-5）

从式（11-5）和[定义 11.33]中解释函数的定义可得 $\mathrm{ex}(SI, \Delta, \Omega)$ 　　　　（11-6）

从式（11-6）和[定义 11.20]中上下文松弛的定义可得

$$\forall \Omega_1 (\mathrm{ex}(SI, \Delta, \Omega) \to \Omega > \Omega_1) \tag{11-7}$$

从式（11-7）和式（11-8）可得 $\mathrm{ex\,plain}(SI, \Delta) = \Omega$ 　　　　　　　　　　（11-8）

因此，从式（11-8）得到，上图的算法实现了[定义 11.33]中的解释函数。

证明完毕。

解释函数的复杂性依赖于要考虑预案的数目和描述预案的特征数目：$O(|C| \times |SI|)$，这里 $|C|$ 表示预案的最大属性数，$|SI|$ 表示集合 SI 中的预案数。

11.3.2.5　相似的特征

这一部分介绍相似性衡量理论的特征，这些特征在应用检索预案和解释相似函数时是很重要的。尽管通常相似是不对称和传递的，上下文可以帮助去决定什么时候相似是传递的、对称的、单调的和分配的。

1．分配性（Distributivity）

为了设计一个高效的递增的算法来处理上下文转换，需要检索函数满足分配性。这个特征保证为了向完全查询提供正确的答案，递增的变化能够被组合。下面的定理证明了检索函数的分配性。

定理 11.7　假设任意的上下文 $\varOmega_i$ 和 $\varOmega_j$，检索函数是分配的满足下面的式子：

$$\mathrm{retrieve}(\varOmega_i + \varOmega_j, \varDelta) = \mathrm{retrieve}(\varOmega_i, \varDelta) \cap \mathrm{retrieve}(\varOmega_j, \varDelta)$$

2．单调性（Monotonicity）

单调性对灵活的预案检索是一个重要的特性，因为许多限制添加到查询中，就有很少的预案满足它。可变上下文的相似性衡量定义的检索函数具有单调性。

定理 11.8　基于可变上下文的相似性衡量的检索函数是单调的，更确切地，给定预案库 $\varDelta$ 和上下文 $\varOmega_1$，$\varOmega_2$，有如下形式化的描述：

$$\left(\varOmega_1 > \varOmega_2\right) \to \mathrm{retrieve}(\varOmega_1, \varDelta) \supseteq \mathrm{retrieve}(\varOmega_2, \varDelta)$$

$$\left(\varOmega_1 < \varOmega_2\right) \to \mathrm{retrieve}(\varOmega_1, \varDelta) \subseteq \mathrm{retrieve}(\varOmega_2, \varDelta)$$

单调性特征在检索过程中是有用的。一方面，如果没有足够的预案从预案库中检索出，初始上下文能够通过松弛来检索附加的较小相似性的预案；另一方面，如果检索到太多的预案，初始上下文能够通过限制来得到较小数目的检索预案，上下文的限制转换增加了检索预案间的相似性，这是因为匹配中需要更多的属性。

3．对称性（Symmetry）

根据上下文中包含的属性和限制，很容易看出明确描述的上下文使相似性具有对称性。仅当上下文假定是含蓄的或者包含了附加的信息后，这样相似就变得不对称了。感知相似和概念相似有明显的差别[45]。感知相似性是基于对事物信仰的，是动态和变化的。而概念相似性被认为是明确的知识。因此，明确定义的上下文把动态的感知相似性（是不对称的）转换为概念相似性（是对称的）。

定理 **11.9**　给定上下文和相似性定义，如果上下文是不变的，那么相关性判断是对称的，如下形式化表示：

$$C_1 \sim_\varOmega C_2 \leftrightarrow C_2 \sim_\varOmega C_1$$

尽管满足上下文的结果预案集通过上下文的转换能扩大和减小，如果所有预案在当前上下文中来考虑，对称关系是不变的。

4．传递性（Transitivity）

传递性是相似性最有争议的特征。如果上下文不变，相关性是传递的。一个改变了的上下文导致了相关性衡量的非传递性。

定理 11.10　可变上下文的相似性衡量是可传递的：

$$C_1 \sim_\varOmega C_2 \wedge C_2 \sim_\varOmega C_3 \to C_1 \sim_\varOmega C_3$$

5．自反性（Reflexivity）

相似的自反性是平凡关系：因为预案与自己是同一的，预案也与自己相似，因此，相似是自反性关系。可变上下文的相似性衡量也是自反的。上下文必须是满足的，否则没有必要讨论可变上下文的相似性衡量的自反性。

定理 11.11　关于满足的上下文 Ω，可变上下文的相似性衡量是自反的，即 $C \sim_\Omega C$。

11.4　可变上下文相似性衡量的应用

本节主要结合动员决策问题，阐述可变上下文的相似性衡量在动员决策中的应用。

11.4.1　结构化预案的表示与获取

11.4.1.1　结构化预案表示

结构化预案表示为一个有层次顺序结构的属性/属性值对的集合，称为基于动员想定的结构化预案表示方法。案例描述属性集合中的属性被组织成不同层次和顺序的结构，这是描述不同动员想定的特征所必需的（不同的动员想定用不同的属性组来描述），并且在结构化预案的属性描述中引入了分类型属性来描述属性值比较复杂的属性。

结构化预案描述中的属性和属性值是由经济动员领域中的专业词汇和术语来描述的。主要参考了《国防经济大辞典》和《工业动员术语词典》等。分类型属性的属性值组织成分类树结构，方便了上下文的自动转换（即松弛或限制），系统能够自动选择属性值的术语。同时，有关属性值的信息作为一个在特定领域中应用的外部术语库被存储。

11.4.1.2　结构化预案的获取

动员预案文本选择的是×××省经济动员预案体系中的动员预案，整个预案体系共计 290 个预案，130 万字，其中预案分为 3 个级别，包括省级总预案 1 个，省行业预案 9 个，市级（总）预案 21 个，市级行业预案和单项预案 259 个，同时又按 9 个行业进行分类，汇编成 6 册。这些不同层次和不同行业的动员预案，基本覆盖了×××省经济动员领域中领域专家所想定的各种动员问题，并且动员预案还在一定的动员实际演练中到了验证，具有很高的可信性。因此对省级的经济动员预案辅助动员决策研究来说，具有一定的代表性。

在收集好有代表性的动员预案体系后，根据领域专家的经验，从典型的文本动员预案的描述中抽取出了动员预案的结构信息，这些结构信息以动员想定为线索组成了结构化的结构化预案，然后进行了从文本动员预案到结构化预案的转化，形成了结构化预案库。

11.4.2　结构化预案的相似性检索

11.4.2.1　结构化预案检索的基准

对结构化预案检索的评价借用信息检索中的查准率（Precision）和召回率（Recall）。查准率是解释为对避免检索不相关案例的度量，召回率是对案例检索完备性的度量。基于可变上下文的相似性检索是面向查准率和召回率的检索，并且使得两个检索基准都比较高。

11.4.2.2　结构化预案的检索部件

给定一个新的动员问题的描述信息，系统的目标就是检索那些与输入案例相关性较高的结构化预案集。系统对结构化预案的检索建立在对最临近相似性检索模型[46]修改基础之上，主要的修改部分是：

（1）结构化预案表示中的属性组织成层次顺序的结构，所以在查询的松弛和限制中，不同的偏好和限制能够用于不同层次和顺序的属性上。

（2）结构化预案的相似性衡量基于明确描述的上下文。

（3）采用了基于上下文增量修改的高效查询松弛算法。

11.4.2.3　查询案例的相似性衡量

在结构化预案的相似性衡量中，既然不同案例属性的有效性是可变化的，所以上下文定义为与给定检索（检索是基于给定动员任务和用户偏好信息的）相关的案例属性集合。这样，上下文被看作结构化预案的一种解释或视图，这里仅有一个案例属性的子集被认为与查询案例是相关的。而结构化预案的相似性是由上下文中所定义属性的属性值距离来确定的（距离依赖于属性值的类型、分布特点和解决的动员任务）。用户可以直接描述这些上下文中的属性或者通过实例查询的方式来构造上下文描述。这里是通过实例查询的方式，依据输入案例来描述上下文的。

11.4.2.4　初始上下文的构建途径

明确描述的上下文增加了结构化预案匹配的灵活性，然而问题是初始时要构建明确描述的上下文。最简单的方法是，把输入案例的所有属性和对属性值的限制映射到上下文中来构造上下文，这种上下文构建方法与通过实例的查询是相似的。初始上下文要根据检索结果做出反应，通过上下文转换来改变上下文，所以初始上下文被看作是其他更复杂上下文构建方法的起点。机器学习和知识发现算法也能选择与给定任务相关的重要案例属性，并且指定案例属性值的特性，这些信息都能够诱导出初始上下文的描述，描述出上下文转换的策略。上下文还可以由系统使用者根据经验来手工设定，上下文就是领域专家经验知识的体现。既然上下文能通过上下文转换来动态的变化，用户可以使用输入案例中的所有属性构建上下文来开始查询，以后根据案例检索结果，通过上下文的转换除去不相关的案例属性，最后使案例检索结果达到用户的要求。

11.4.2.5　上下文转换控制案例检索的过程

相似具有单调性的特征,使用户能够通过松弛和限制转换上下文来控制检索案例的数目。如果初始上下文检索到太多或太少的案例，那么系统能够自动转换上下文或者用户手工修改上下文，然后在新的上下文下进行新的案例检索，可变上下文的相似性衡量，增加了结构化预案检索的灵活性，使检索到的结构化预案更能满足决策者的要求和偏好，也就是说，检索案例与用户的偏好、变化的环境和问题特征具有较高的相关性。

系统支持两种上下文松弛转换的实现——约简和泛化。下面举例来说明对上下文的转换。初始上下文是由输入案例得到的，而图 11.20 中只给出了结构化预案描述的部分属性/属性值对的信息，对匹配准则的描述，Some(2)记号表示在匹配中需要两个属性/属性值对信息，Exact表示完全匹配需要所用的属性/属性值对的信息。对匹配方案的描述，AttrMode 表示匹配是在属性水平上的。通过约简和泛化操作的上下文的松弛转换如图 11.20 所示。

上下文也可以重复地进行限制转换，连续地检索较少的检索案例。有两种上下文限制转换的实现方法：扩张操作，通过增加匹配需要的属性数目来增强限制；特化操作，从一个属性的限制集中除去一些属性值来增强限制。图 11.21 就是通过扩充和特化操作来进行上下文限制转换的。

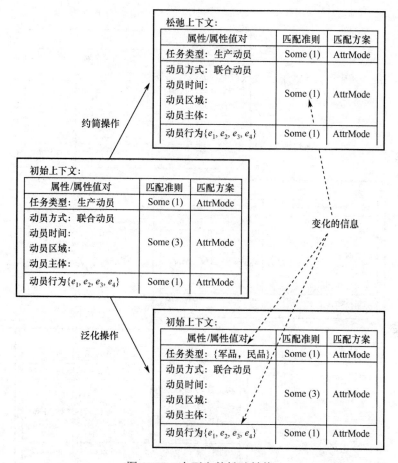

图 11.20　上下文的松弛转换

11.5　可变上下文相似性衡量的实现

11.5.1　动员决策支持系统框架

该决策支持系统包含了全部的基于案例推理系统的模块：案例表示、案例检索、评价、适配和显示。此外，解释函数用于案例库的组织和知识发现。假设案例库是从外部资源生成的，给出一个系统的总体框架图，如图 11.22 所示。

案例库用来永久地存储案例知识。类别中的成员关系是个体属性的有效性信息和他们的特性等信息决定的。类别为案例表示增添了附加结构，这减少了不相关属性对系统能力的影响。上下文明确定义了相似性衡量中的属性以及属性值上的限制。

案例的集合表示了在检索中满足一个给定上下文的案例集，或者它详细说明了在知识挖掘和案例库组织中整个案例库的一个案例子集。准则描述了在检索或解释过程中如何处理上下文。局部工作空间作为结构化预案、准则和上下文的临时存储，是为了提高系统的性能。

系统支持结构化预案的相似性检索和基于相似性的解释、上下文转换功能、结构化预案适配和知识管理功能。用户界面命令支持结构化预案的输入和输出。

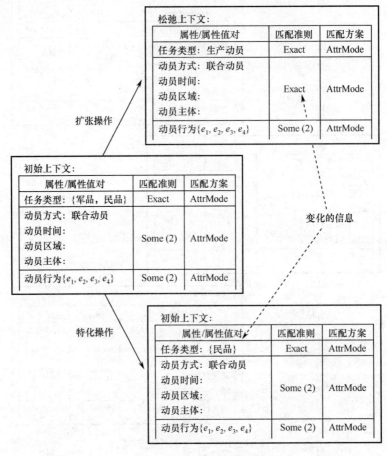

图 11.21　上下文的限制转换

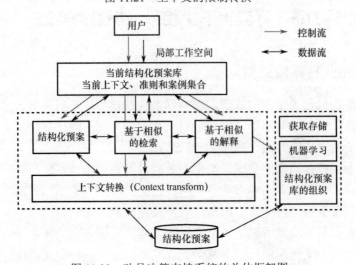

图 11.22　动员决策支持系统的总体框架图

11.5.2　决策支持系统的功能描述

系统的所有功能可以分为下面 3 个类型 ：

（1）面向推理的功能，它包括检索、解释和适配。功能的选择是基于领域的特点和给定的任务。

（2）面向上下文管理的功能，它包括约简、扩张、泛化和特化。

（3）输入和输出功能。它用于输入案例、设定准则和显示用户的信息。

还有附加的功能，如案例库管理功能是定义在这些基本功能上的。

11.5.2.1　上下文的操作

上下文操作函数包括上下文的转换。上下文松弛是作为约简和泛化来实现的，上下文限制是作为扩张和特化来实现的。这些应用可能是自动的或者是用户控制的。用户通过设定检索案例数目的上下限和通过定义应用哪些转换和哪些类别来控制自动的适配。如果用户没有指定应该应用的类别，系统应用在准则中描述的偏好。

约简通过减少匹配所需的属性数目来松弛限制。泛化通过增大属性所允许值的范围来松弛上下文。约简能自动执行，充分利用属性被归类为不同的类别。每一个类别都有一个优先级，允许更可靠的松弛算法。优先级应用在选择过程中，决定哪些属性是最重要的，应该被首先处理。如果属性没有设定优先级，它们就从头开始依次来处理。

假定领域知识可用的话，泛化也能自动执行。在两种情况下，用户能手工修改上下文。

11.5.2.2　基于结构化预案相似性的检索

系统的检索部件通过灵活的处理用户的查询支持从案例库中回忆案例。检索就是一个案例检索函数，根据给定的上下文，从案例库返回一个与查询相关的案例集合。

retrieveIterative(Context, CaseBase, lowerLimt, upperLimit)→Answer

准则描述了应该怎样处理上下文，也就是为了控制返回的检索案例的接近度和数目怎样转换上下文。

如果初始查询得到的检索案例太多或太少，系统自动转换上下文或者用户手工修改。有两种可能的转换：松弛允许检索更多的案例和限制允许检索较少的案例。这些上下文转换是支持迭代检索的基础。上下文描述了在匹配中考虑哪些类别和属性，在属性值上定义的限制。

总结，在检索中应用了 3 类函数：①面向检索的——用于检索相关案例；②上下文相关的——修改给定的上下文；③准则相关的函数——用于选择适当的上下文转换策略。

11.5.2.3　基于结构化预案的解释

系统中的解释部件，通过应用上下文来解释案例集的选择，在知识挖掘过程中支持了用户。给定一个案例库和一个案例集，解释函数返回一个描述属性闲置的上下文，案例集中的所有案例都满足上下文。解释函数在解释给定的案例集时能用于发现重要的特征，并且因此能帮助构建高效的知识组织。

解释是一个函数返回一个上下文，在案例集中描述的所有案例被认为是相似的。准则描述应该怎样处理上下文，也就是，为了控制检索案例的接近度如何来转换上下文。解释函数与数据库上的知识发现很相似。

11.5.2.4　结构化预案的适配

适配函数在一些领域中用于计算返回案例的属性值,根据检索案例集中的案例的属性值。在当前的实现中,仅支持简单的适配,即数值属性被属性值的平均值所代替。

选择属性的平均值是因为根据类和相关性衡量来给检索案例排序的。这样,在适配中,偏好给了与给定案例匹配紧密的积极案例。如果是一个层次形式表示的或者特定匹配规则形式的领域知识是可用的,将能提供附加的案例匹配。

11.5.2.5　结构化预案的显示

输入和输出函数用于从外部文件输入案例、显示案例内容、准则、案例库、个体案例和检索案例集合。

11.5.3　结构化预案的相似性衡量的实现

11.5.3.1　基于分类树的相似性的衡量

一个分类树就是一棵 n 叉数,如图 11.23 所示,树中的节点表示符号值。树中任何节点上的符号可以作为查询和案例描述中相应属性的属性值。符号值在分类树中的位置表示了符号值之间一种附加的语义关系。这种语义关系表示了分类树中符号值之间的相似知识。

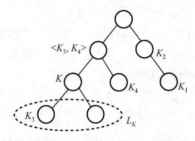

图 11.23　分类树基本概念解释图

K:表示分类树中的内部节点;

L_K:开始于节点 K 的子树的所用叶子节点;

$K_1 < K_2$:表示 K_1 是 K_2 的继承者,或者 K_2 位于 K_1 到根节点的路径上;

$\langle K_3, K_4 \rangle$:表示 K_3 和 K_4 的最邻近的祖先节点,也可以如下形式化的表示:

$$\langle K_3, K_4 \rangle \text{节点应该满足}: \langle K_3, K_4 \rangle \geqslant K_3 \cdots \text{并且} \cdots \langle K_3, K_4 \rangle \geqslant K_4$$

$$\text{而且} \neg \exists K', K' < \langle K_3, K_4 \rangle, \text{也就是} \cdots K' \geqslant K_3 \text{和} K' \geqslant K_4$$

在分类树中包含有两种不同的知识。一是关于符号值分类的知识,用内部节点来表示;二是关于叶子节点相似性的知识。叶子节点表示属性值域中一个具体的属性值,也就是描述了一个具体的属性。而内部节点描述了属性值域中具体属性值的分类。在图 11.23 中,内部节点 K 表示了一个有确定特征的属性值分类,而这些特征是 L_K 中所有叶子节点所共有的特征。这里的类和面向对象表示中的类是不同的,它不是通过一个特征集来描述类,而是通过这个类所包含的具体属性值集合来描述类。因此,内部节点 K 代表了实际属性值的集合 L_K。

分类树(Taxonomy Tree)是一个二元组 (D, R)。其中,D 是 n 个节点的有穷集合($n \geqslant 0$),R 是 D 上的一个关系。$n = 0$ 时,称为空分类树;$n > 0$ 时,它满足以下条件:

(1)有且仅有一个节点 $d_0 \in D$,满足不存在任何 $d \in D$,使 $<d, d_0> \in R$。称其为分类树的根。

（2）除根节点 d_0 外，D 上每个节点 d（若有的话），总存在一个唯一的节点 $d' \in D$，$d \neq d'$，使得 $<d', d> \in R$。

在属性值的分类树描述基础上，来计算分类型属性值之间的相似性衡量。

首先是在分类树上的几个操作的实现。

1．求任意两个叶子节点的最临近祖先操作

算法功能描述：该操作记为：Parent (T, d_1, d_2)，其中 T 表示分类型属性值域的分类树，d_1, d_2 分别为两个节点的标记值。其返回值为分类树的一个内部节点。

输入：一棵分类树、两个节点标记值 d_1 和 d_2。

输出：返回分类树中的一个节点。

算法步骤：

第一步，在 T 中查找标记值分别为 d_1 和 d_2 的节点，如果不存在这样的节点，返回值为空值，或者有这样的节点但不是叶子节点，其返回值也为空值。

第二步，得到标记值 d_1 和 d_2 所对应的叶子节点分别为 n_1 和 n_2，然后通过节点的前驱关系，分别得到叶子节点 n_1 和 n_2 到根节点的路径记为 l_1 和 l_2。

第三步，从叶子节点起开始比较两个路径 l_1 和 l_2，得到两个路径中第一个重复的节点，记为 n_p。

第四步，节点 n_p 即为叶子节点 n_1 和 n_2 最邻近的双亲节点，返回节点 n_p。

算法结束。

2．求一棵子树叶子节点集的操作

算法功能描述：该操作记为：Getnodeset (T_i, d_i)，其中 T_i 为以 d_i 为根的分类树子树。其返回值为一个叶子节点的集合。

输入：一棵子树 T_i 和其根节点 d_i。

输出：子树 T_i 的叶子节点的集合。

算法步骤：

步骤 1：先序遍历子树 T_i，设获得的节点集为 Answer。

步骤 2：记子树 T_i 的叶子节点集为 $\text{Answer}_{leaf} = $ 空值，对节点集 Answer 中的每一个节点 n_i，如果节点 n_i 为叶子节点，那么，$\text{Answer}_{leaf} = \text{Answer}_{leaf} \cup \{n_i\}$。

步骤 3：返回叶子节点集 Answer_{leaf}。

算法结束。

3．分类树上的泛化操作

算法功能描述：该操作记为 RelaxValue (T, d)，其中 T 表示分类型属性值域的分类树，d 为分类树 T 中的节点。其返回值为一个叶子节点的集合。

输入：分类树 T 和树中的节点 d。

输出：以节点 d 的前驱节点为子树的叶子节点的集合。

算法步骤：

步骤 1：在分类树 T 中遍历节点 d，如果不存节点 d，那么返回值为空值；

步骤 2：根据节点 d 的前驱关系得到节点 d 的前驱节点 d'，记以节点 d' 为根节点的子树为 T；

步骤 3：调用求一棵子树叶子节点集的操作 Getnodeset (T', d')；

步骤 4：得到分类树中泛化操作的叶子节点集。

算法结束。

4．分类树上的特化操作

算法功能的描述：该操作记为 ReduceValue (T, d, i)，其中 T 表示分类型属性值域的分类树，d 为分类树 T 中的内部节点，i 表示节点 d 的第 i 个子树。其返回值为一个叶子节点的集合。

输入：分类树 T 和内部节点 d，以及节点 d 的第 i 个子树标记 i。

输出：节点 d 的第 i 个子树的叶子节点的集合。

算法步骤：

步骤 1：在分类树 T 中遍历节点 d，如果不存在节点 d，那么返回值为空值，或者节点 d 不存在第 i 个子树，返回值也为空值；

步骤 2：根据节点 d 和其第 i 个子树的后继关系，得到节点 d 的第 i 个子树的根节点，记为 n_i，其子树记为 T_i。

步骤 3：调用求一棵子树叶子节点集的操作 Getnodeset (T_i, d_i)；

步骤 4：得到分类树中特化操作的叶子节点集。

算法结束。

根据分类型属性的属性值分类树表示，属性值间存在分类语义关系，这样由领域专家为分类树中的每一个内部节点 d_i 设定相应的 S_i 值来表示这种语义关系，结合分类树上的基础操作就能够方便地计算分类型属性间的相似性。

5．计算两个叶子节点的相似性

算法功能描述：记为 Simple_sim(T, a, b)，其中 T 为表示分类型属性的一棵分类树，a, b 为任意的两个分类型属性值，作用是得到属性值 a 和 b 间的相似数。

输入：分类树 T 和任意两个属性值 a, b。

输出：两个属性值 a, b 间的相似数。

算法步骤：

步骤 1：判断标记值为 a, b 的节点是否为分类树 T 的叶子节点，如果不是，返回值为空值。

步骤 2：调用求任意两个叶子节点的最临近祖先操作，记 Parent (T, a, b)，得到标记值为 a, b 的叶子节点的双亲节点 n_p。

步骤 3：返回双亲节点 n_p 所对应的 S_p 值，即为属性值 a, b 的相似值。

算法结束。

6．计算包含内部节点的相似性

算法的功能描述：记为 Complex_sim (T, a, b)，其中 T 为表示分类型属性的一棵分类树，a, b 为任意的两个分类型属性值，属性值 a 包含在查询的描述中，而属性值 b 包含在源案例的描述中，其作用是得到属性值 a 和 b 间的相似数。

输入：分类树 T 和任意两个属性值 a, b。

输出：两个属性值 a, b 间的相似数。

算法的步骤：

步骤 1：判断标记值为 a, b 的节点是否为分类树 T 的叶子节点，如果是调用两个叶子节点间的相似性操作 Simple_sim(T, a, b)，返回。

步骤 2：如果 a 为叶子节点 b 为内部节点，根据内部节点 b 的语义理解，按照相似性定义 II、V 来计算相似 SIM(a, b)，并返回。

步骤 3：如果 a 为内部节点 b 为叶子节点，根据内部节点 a 的语义理解，按照相似性定义 III、VI 来计算相似 SIM(a, b)，并返回。

步骤 4：如果 a 为内部节点 b 为内部节点，根据内部节点 a 和内部节点 b 的语义理解，按照相似性定义 IV、IX、VIII、VII 来计算相似 SIM(a, b)，并返回。

算法结束。

11.5.3.2　结构化预案的全局相似性的衡量

给出结构化预案全局相似性计算的流程，在结构化预案的知识表示中有属性可分为简单属性和复杂属性，复杂属性又可分为分类型属性和序列型属性。在确定了结构化预案中不同类型属性的相似性计算方法后，下面来阐述结构化预案全局相似性的衡量。

1．权重的确定

在结构化预案的表示中有 3 种类型的属性：简单属性、分类型属性和序列型属性，记为 $Attr_{simple}$，$Attr_{taxonomy}$，$Attr_{sequence}$。在全局相似性的计算中，它们各自的重要程度是不同的记为 W_{simple}，$W_{taxonomy}$，$W_{sequence}$。在计算序列型属性的相似性时，需要区分词法结构的相似性和层次结构的相似性，它们的权重分别记为 α 和 β，表示在顺序型属性的相似性衡量中对共有属性和层次顺序结构因素的偏好程度的衡量。

2．全局相似性的计算流程

全局相似性的计算分为两个阶段：第一阶段是静态相似性的计算，其计算过程是自下向上的；第二阶段是动态相似性的计算。静态相似性是在相似性的定义和案例描述属性不变情况下的相似性计算；而动态相似性是在决策者不同的偏好、动员任务和动员环境变化情况下的相似性计算。图 11.24 是一个简单的结构化预案全局相似性衡量流程。

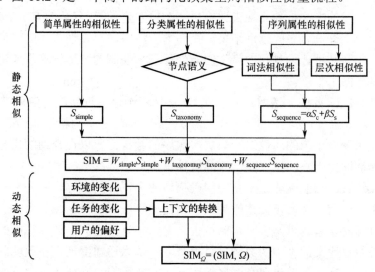

图 11.24　结构化预案全局相似性的衡量流程

11.5.4 上下文的递增修改与迭代检索

松弛技术的优势在于能返回特定查询的答案和相关答案。如果没有自动的查询松弛，用户就需要手工去替换可选的查询。限制技术有着相似的优点，但是其主要目的是用于控制返回信息的数量、防止检索信息的过载。既然基于上下文松弛和限制转换的检索是个无限的迭代过程，必须有相应的机制来控制检索的过程，可以通过用户干预（通过用户偏好）或者其他方法来进行控制。

上下文转换的过程（即上下文反复的限制和松弛）产生了一串连续的上下文（$Context_0$，$Context_1$，…，$Context_n$），还有相应的案例检索集（$Answer_0$，$Answer_1$，…，$Answer_n$）。这个过程是单调的，意思是说如果连续的上下文是偏序的，那么检索函数在案例检索集上产生相应的影响，更正式的，如果 $Answer_i$ 是上下文 $Context_i$ 的检索集，那么上下文的偏序关系导致了案例检索集的一个偏序关系：如果 $Context_0 < Context_1 < \cdots < Context_n$，那么 $Answer_0 \subseteq Answer_1 \subseteq \cdots \subseteq Answer_n$。

上下文的松弛和限制过程可能要重复进行，直到对检索案例的数量和相关性达到满意。很明显，上下文松弛或限制后，系统必须重新评价查询。一个自然的方法是把得到新的查询重新提交给系统。较复杂的方法是要能充分利用以前的检索过程，通过递增修改以前的检索案例集来得到新的检索结果[47]。

在许多应用中，迭代浏览是一种获取信息的高效方法[48]。它特别应用于试探性搜索、试探性问题求解的复杂领域中，这样的应用包括数据挖掘问题[49]、在线分析处理、CBR[50,51]等。为了支持迭代浏览，系统必须能够对一系列查询做出反应，系统或用户能改变当前的查询描述，并且为了进一步的检索评价能重新把新的查询提交给系统。这个过程可能是不断重复的，直到检索案例的质量和数量达到用户的满意。迭代过程的目的就是在提高查准率的基础上，保持高的召回率。

迭代浏览最自然的方法是独立地去评价每一个检索查询，较复杂的方法要包括递增计算，以前的查询结果用于评价后面的查询结果。在递增方法中，对查询描述的转换次数，在一定程度上是通过收集和利用评价过程中产生的额外信息来控制的。尽管这需要附加的存储，但是总体效率还是提高了[51-53]。

提出一个迭代检索算法（递增检索算法），它是基于最临近匹配算法的[46]，并做了以下的修改包括：

（1）结构化预案表示中的属性组织成层次顺序的结构，所以在查询的松弛和限制中，不同的偏好和限制能够用于不同层次和顺序的属性上。

（2）结构化预案的相似性衡量是基于明确描述的上下文的。

（3）采用了基于上下文增量修改的高效查询松弛算法。

递增检索过程的基本观点是临时存储检索结果，并复用它们去计算相关的查询。如果每个案例中的属性数目比案例库中的案例数目小得多，那么递增上下文修改就胜过从开始检索得到答案的计算量。当部分结果保存在属性水平上时，系统就支持增量上下文修改。第一种方法需要额外的存储空间，但是该方法适应于上下文变化频繁以及案例中包含有很少的描述属性的情况。第二种方法是在增量方法的效率和适当的存储需要之间的折中，它适用于上下文的变化较少并且案例库中的案例有很多描述属性的情况。

　　用自然和递增检索方法来研究上下文的松弛。在 k 次重复的上下文修改中，自然案例检索算法需要 k 次迭代，而递增算法仅用一次迭代。尽管初始评价对 retrieveNaive 是同样的，但是递增方法在属性水平上存储了部分检索结果在案例集 Answer_i 中，如果一个案例是 Answer_i 的一部分，这意味着它满足在属性 attribute_i 上的限制。

　　在案例的迭代检索中，系统修改在属性值上的限制。自然案例检索算法通过决定案例库中哪些案例满足上下文中所定义的所用属性的限制，也就是，对所有的答案属性（$\text{Answer.attribute}_i$），产生 Answer^1。而递增检索算法复用 $\text{Answer.attribute}_i$ 来产生相关案例集 Answer^1。

　　属性 attribute_i 的松弛改变了包含 $\text{Answer.attribute}_i$ 的匹配案例集，然而，所有其他的部分答案保持不变。因此，Answer^1 可以通过增加满足初始上下文和属性 attribute_i 上的限制的案例到 Answer 来构建。属性 attribute_i 限制的结果是通过从 Answer 中去除不满足附加限制的案例来构建 Answer^1。可满足性的判断仅需要在测试检索案例集中的案例是否必须被除去时，因为它需要排除匹配的属性值或者因为它与增加的属性不匹配。

　　上下文松弛和限制的思想是从有差别的查询概念中得来的[54]。首先，要决定提出的变化影响了上下文中的哪些部分；第二，仅仅这些部分需要重新计算。可以用上下文的加和减操作来表示这一过程。因此，递增上下文转换如下：

$$\text{Context}' = \text{Context} + \delta^+ - \delta^-$$

这里 δ^+ 和 δ^- 表示上下文需要的增加或去除。

　　不失一般性，假定 δ^+ 和 δ^- 是具有单独属性/限制对的上下文。这就足够了，因为上下文转换过程是重复的，因此较复杂的限制能被重复构建。在递增检索算法中，我们形式化了上下文转换的过程，并且显示了用以前查询的部分结果（Answer_i）来构建最终的案例检索集（Answer'）。下面是上下文转换操作的形式化定义。

　　约简　约简包含从上下文中除去一个属性/属性值对。这可能是固定不变的从上下文中除去属性 attribute_k：$\text{Context}' = \text{Context} - \text{attribute}_k$，或者是动态变化的从 n 个属性中取出 m 个属性的匹配方式。因此，对约简后的上下文，案例检索结果集是由满足初始上下文中属性限制集的部分结果的合并来生成的，没有考虑除去属性上的限制：

$$\text{Answer}' = \bigcup \text{Answer.attribute}_i / \text{Answer.attribute}_k$$

　　扩张　扩张包括向上下文中增加一个属性/属性值对：

$$\text{Context}' = \text{Context} + \delta^+$$

这里：$\delta^+ = \{\text{attribute}_k.\{\text{Value}_k\}\}$。

　　因此，从案例集中除去不满足上下文限制的案例，生成案例检索集：

$$\text{Answer}' = \text{Answer} \bigcap \text{Answer.attribute}_i'。$$

这里：$\text{Case}_i \in \text{Answer.attribute}_i' \cdots \text{iff} \cdots \text{sat}(\text{Case}_i, \delta^+)$

　　泛化　泛化包括扩展上下文中给定属性的允许值：

$$\text{Context}' = \text{Context} + \delta^+,$$

这里：$\delta^+ = \{\text{attribute}_k.\{\text{Value}_k\}\}$。

因此，满足初始上下文的案例集与满足上下文变化δ^+的案例集的交集生成了检索案例集，即

$$Answer' = Answer \bigcap Answer.attribute'_i$$

这里：$Case_i \in Answer.attribute'_i \cdots iff \cdots sat(Case_i, \delta^+)$。

特化　特化包括从定义在上下文的属性限制集中去除一个属性值：

$$Context' = Context - \delta^-$$

这里：$\delta^- = \{attribute_k.\{Value_k\}\}$。

因此，从 Answer 中去除不满足限制上下文的案例生成案例检索集：

$$Answer' = Answer \bigcap Answer.attribute'_i$$

这里：$Case_i \in Answer.attribute'_i \cdots iff \cdots sat(Case_i, \delta^-)$。

下面描述递增检索函数的算法，在算法中初始上下文是从输入案例的所有属性和属性上的限制得到的。专门的计数器来避免永远重复的上下文松弛和限制转换。上下文转换中首先修改权重最小的属性。算法的具体描述如下：

递增检索函数的算法如下：

```
retrieveIncremental(Answer, Context, CaseBase, LowerLimt, UpperLimit)
   for all cases in the CaseBase
     if a case Case_j satisfies constraints on attributes_i then
        add(Case_j, Answer_i)
   for all attributes in the Context
     Answer = ∩ Answer_i
  if consecutive relaxation-restriction or restriction-relaxation then
     return (Answer)
   else if |Answer |≤ LowerLimit then
     relax (Context, Category)
     set Answer.attribute¹_k to cases that satisfy the relaxed category
       if reduction then
         Answer' = ∩ Answer.attribute_i / Answer.attribute_k
       else if generalization then
         Answer¹ = Answer ∩ Answer.attribute¹_k
   else if |Answer|> UpperLimit then
     If the Context was not previously relaxed then
       restrict (Context, Category)
     set  Answer.attribute¹_k to cases that satisfy the relaxed category
     Answer¹=Answer ∩ Answer.attribute¹_k
  retrieveIncremental (Answer1, Context, CaseBase, LowerLimit, UpperLimit)
end
```

11.6　可变上下文相似性衡量的评价

11.6.1　性能评价的基准

本节讨论结构化预案迭代检索算法的性能评价，并以经济动员应用领域中的例子来评价迭代检索算法的性能，并分析了影响迭代检索算法性能的因素。下面分析迭代检索算法的评

价基准，以及与性能评价有关的问题。

查准率和召回率是用于评价信息检索系统的基准，而正确性和覆盖率是评价机器学习算法的。下面就来讨论这些性能评价基准如何应用到结构化预案迭代检索算法的性能评价中。

查准率和召回率是被人们普遍接受的评价信息检索系统的基准。查准率是对系统检索返回的信息中有多少是真正正确信息的衡量。召回率是对信息检索系统从信息库中检索出多少相关信息进行的衡量，它也是对系统覆盖面的度量，因此，召回率越高，没有被检索到的相关信息项的集合就越小。形式上，查准率和召回率如下给出：

$$Precision = 100 \times \frac{RelRet}{Ret}$$

$$Recall = 100 \times \frac{RelRet}{Rel}$$

式中：Ret 为系统返回的信息项的数目；Rel 为信息库中相关的信息项的数目；RelRet 为系统返回的相关信息项的数目。

对信息检索系统的性能评价时，系统的召回率和查准率是相反的，即对于保持不变的系统，如果系统的召回率升高时，通常系统的查准率就降低，反之亦然。相对来说，可变上下文的相似性衡量能够达到查准率和召回率都很满意的结果。

下面来描述可变上下文的相似性衡量能用于支持灵活的检索，并保证有较高的查准率和召回率。可变上下文的相似性衡量保证满足当前上下文的所有案例关于上下文是相似的。因此，根据给定的上下文查准率和召回率是 100%。然而，不得不考虑初始查询可能被松弛或限制的情况。因此，根据查询的查准率（precision$_q$）和根据用户的查准率（precision$_u$）是有差别的。同样地，根据查询的召回率（recall$_q$）和根据用户初始查询的召回率（recall$_u$）也是有差别的。弄清了这些术语的不同，再返回到高查准率和高召回率的论述，人们能够证明 precision$_q$ 和 recall$_q$ 是 100%，然而，依靠上下文的 precision$_u$ 和 recall$_u$ 可能不等于 100%，因此得到下面的定理。

定理 11.12　上下文的松弛转换导致 precision$_u$ 的下降（或者保持不变），而上下文的限制转换导致 precision$_u$ 的上升（或者保持不变）。

证明：由上文的[定理 11.8]相似的单调性特征定理直接得证。

对检索函数来说，尤其在迭代过程中，可变上下文的相似性衡量是一个明显的优点，能够同时保证算法有较高的查准率和召回率。

11.6.2　结构化预案相似性检索的实例分析

本部分以动员预案支持动员决策支持方法研究中的经济动员预案检索子任务为例，来研究基于可变上下文相似性衡量的迭代检索算法的性能评价。动员预案相似性检索子任务同时也是经济动员预案标准化研究的一部分，根据×××省的经济动员预案体系，给出了经济动员预案的结构化描述——结构化预案，并建立了结构化预案库，设计和实现了结构化预案的相似性检索算法，这一子任务的完成是动员预案支持动员决策研究的阶段性成果。下面阐述结构化预案库的建立和对检索函数的评价结果。

11.6.2.1　结构化预案库

在×××省经济动员预案体系的基础上，由动员领域中的专家抽象出了经济动员预案的信息结构，即结构化预案结构。主要依靠人工信息抽取的方法从文本动员预案中获取结构化的信息，并填充到结构化预案的结构中，形成结构化预案。结构化预案是文本动员预案的结构化表示，便于计算机的存储和处理，并且能够进行有意义的比较和推理。

这样在 290 个经济动员预案的基础上，经过分析和整理，建立了包含 76 个结构化预案的案例库。在结构化预案库中又根据动员任务的不同，把结构化预案分为不同的类，如表 11.3 所列。

表 11.3　案例库中结构化预案的分类表

结构化预案类型	案例数目/个	备注
民用企业动员类	12	
民用设施动员类	9	
通用设备动员类	4	
卫生医疗动员类	17	含有反例
专业保障队伍类	11	
军工企业动员类	8	
物资储备调运类	13	含有反例
目标保护动员类	2	

案例库中每个结构化预案的属性信息描述如表 11.4 所列。

表 11.4　结构化预案的属性信息描述表

属性名称	常用属性值
动员任务类型	生产动员、物资储备、物资调运、人力动员、医疗动员等
动员方式	局部动员、全局动员、单一动员、联合动员等
动员环境因素	地形、区域、天气、时机等
动员要求	紧急、一般等
动员行为	协调、生产、采购、调集、运输、演练、发布、研发等
动员规模	大规模、中规模、小规模

结构化预案在案例库中的组织层次如图 11.25 所示。

11.6.2.2　检索函数的评价

通过检索函数的查准率和召回率来测试检索函数。给定包含几个属性的输入案例，检索函数能够从结构化预案库中检索出相关的案例来。在测试中，关注的是检索函数的检索性能，并且分析了以下几个因素是怎样影响其检索性能的：①上下文松弛的策略；②结构化预案库的大小。

1．结构化预案检索算法中上下文的描述

在结构化预案检索算法中，上下文中不同结构化预案属性的属性值和转换方式是不同的，如表 11.5 所列。

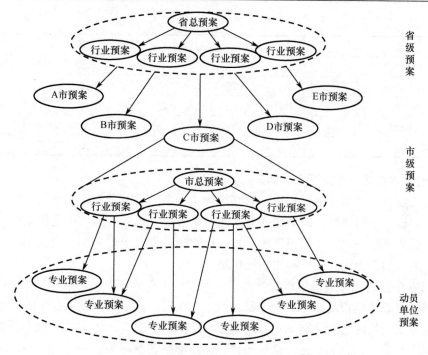

图 11.25　结构化预案在案例库中的组织层次

表 11.5　结构化预案检索算法中上下文描述的例子

属性名	属性值限制	松弛方式
动员方式	符号值集合	泛化操作
动员任务	符号值集合	约简操作
动员行为	符号值集合	泛化操作
特定环境	符号值集合	约简操作

2．检索算法的运行结果

为了评价检索函数的性能，测试了几种上下文松弛转换的策略。第一，首先用上下文的泛化操作来松弛上下文；如果当检索到很少的检索案例时，也可以应用上下文的约简操作来松弛上下文。第二，只应用上下文的约简操作。在测试中，检索函数应用在不同大小的案例库上，首先是一个完全的案例库，然后是在案例库中随机除去一些案例得到随机的案例库。

表 11.6 总结了整个结构化预案检索算法测试的结果，表中的数据表示在 10 次随机试验中的平均值。

表 11.6　不同数目的结构化预案库中案例检索算法性能比较表

整个结构化预案库（76 个案例）		
泛化操作	约简操作	检索性能
100%	97%	查准率
100%	96%	召回率

（续）

结构化预案库（随机的 50 个案例）		
100%	93%	查准率
100%	91%	召回率
结构化预案库（随机的 30 个案例）		
100%	87%	查准率
100%	86%	召回率

3．影响检索函数性能的因素分析

在结构化预案的递增检索过程中，有些结构化预案的检索需要几次反复地松弛转换上下文，首先是对权重小的属性，最后对所有的属性都要进行松弛转换。在泛化操作过程中，用附加的约简操作来松弛上下文只出现了一次。检索函数仅仅应用简单的泛化操作来松弛上下文，即在分类型属性上定义的分类树的泛化操作。

对表 11.6 中结构化预案检索函数性能信息的分析：在所有大小的结构化预案库中，泛化操作的上下文松弛转换查准率和召回率都达到了 100%；随着结构化预案库随机地变小，约简操作的上下文松弛转换的查准率和召回率都有所下降；对同一大小的结构化预案库来说，泛化操作要比约简操作的上下文松弛带来较好的查准率和召回率。

在递增检索函数的查准率和召回率性能评价时，有一些原因造成不能与其他检索算法进行比较。一是动员预案的保密性，没有形成一个动员预案的标准信息格式，因此一些通用的检索算法很难应用在动员预案的相似性检索中。二是信息检索系统性能评价中通用的测试数据集，其数据描述与动员预案的结构不相符，因此本章提出的结构化预案的相似性检索算法还不能直接应用在通用测试数据上。这些原因的存在限制了递增检索函数性能的评价。

基于相似性的检索能够方便地应用在构建灵活的检索系统。可变上下文的相似性衡量支持这种灵活的检索：①允许用户定义相似性衡量和检索策略；②自动的限制或松弛上下文；③支持基于相似的查询、通过实例查询和通过重构建上下文的查询。

本章小结

本章基于案例推理给出了基于动员经验知识表示、存储和回忆的动员决策的决策过程；根据专家领域的经验分析，得到了动员预案的结构化表示形式——结构化预案，并对结构化预案进行了形式化描述；从文本预案中抽取出结构化预案表示中结构化的信息形成结构化预案，并建立结构化预案库；提出了结合单层决策树的 Boosting 算法来进行结构化预案特征的选择，给出了构建事件层次结构算法；阐述了可变上下文的相似性衡量理论，给出了上下文的定义、上下文转换操作、相似特征等，并实现了分类型属性的松弛和限制操作；实现了上下文递增转换操作和基于上下文递增转换操作的递增检索算法，并对检索算法的性能评价，验证了递增检索算法有较高的查准率和召回率。

思考题

（1）简述案例推理的过程，并列举生活中还有哪些事物可以运用案例推理的方法。

（2）用简洁的语言阐述基于预案的决策支持过程。

（3）想定的含义是什么？

（4）分析基于信息增益的特征提取法。

（5）什么是上下文？简述上下文转换的操作，介绍松弛、限制的定义。

（6）如何理解结构化预案的表示？

（7）结构化预案检索的基准是什么？

（8）简述递增检索算法的具体步骤。

参考文献

[1] Simon H A. The New Science of Management Decision[M]. New York: Prentice Hall PTR, 1977.

[2] Deng P S. Using case-based reasoning for decision support[C]. Twenty-Seventh Hawaii International Conference on System Sciences. IEEE, 1994:552-561.

[3] Gebhardt Friedrich, Voss A. Reasoning with Complex Cases[M]. Boston:Kluwe Academic Publisher, 1997.

[4] Purvis L, Pu P. COMPOSER: A case-based reasoning system for engineering design[J]. Robotica, 1998, 16(3):285-295.

[5] Bergmann R, Pews G, Wilke W. Explanation-based Similarity: A Unifying Approach for Integrating Domain Knowledge into Case-based Reasoning for Diagnosis and Planning Tasks[C]. Selected papers from the First European Workshop on Topics in Case-Based Reasoning. Springer-Verlag, 1993:182-196.

[6] Smith I, Lottaz C, Faltings B. Spatial composition using cases: IDIOM[C]. International Conference on Case-Based Reasoning Research and Development. Springer-Verlag, 1995:88-97.

[7] Haigh K Z, Veloso M M. Route Planning by Analogy[C].International Conference on Case-Based Reasoning Research and Development. Springer-Verlag, 1995:169-180.

[8] Smyth B, Keane M T. Retrieval & Adaptation in Drj Vu, a Case-Based Reasoning System for Software Design[C]. Adaptation of Knowledge for Reuse: A AAAI Fall Symposium, 1997.

[9] Smith L B. From global similarities to kinds of similarities: the construction of dimensions in development[M]. Cambridge: Cambridge University Press, 1989:146-178.

[10] Roger C S. Dynamic Memory: A Theory of Reminding and Learning in Computers and People[M]. Cambridge: Cambridge University Press, 1983.

[11] Porter B W, Bareiss E R, Holte R C. Concept Learning and Heuristic Classification in Weak-Theory Domains[M]. Austinl: University of Texas at Austin, 1989.

[12] Ricci F, Avesani P. Learning a local similarity metric for case-based reasoning[J]. Lecture Notes in Computer Science, 1995:301-312.

[13] Leake D B. CBR in context: The present and future[J]. Case-Based Reasoning, Experiences, Lessons & Future Directions, 1996: 1-30.

[14] Burkhard H D. Extending some concepts of CBR——Foundations of case retrieval nets[J]. Case-Based Reasoning Technology, 1998: 17-50.

[15] Macedo L, Cardoso A. Nested graph-structured representations for cases[C].European Workshop on Advances in Case-Based Reasoning. Springer Berlin Heidelberg, 1998: 1-12.

[16] 周凯波, 冯珊, 莫赞, 等. 基于可能性理论的案例决策方法研究[J]. 控制与决策, 2003, 18(2): 181-184.

[17] Heider R. Troubleshooting CFM 56-3 engines for the Boeing 737 using CBR and data-mining[J]. Advances in Case-Based Reasoning, 1996: 512-518.

[18] Marco Aurelio Stumpf. A case-based reasoner to property valuation[EB/OL]. http://inf.unisinos.br/gonzalez/index.html.

[19] Anand S, Patterson D, Hughes J, et al. Discovering case knowledge using data mining[J]. Research and Development in Knowledge Discovery and Data Mining, 1998: 25-35.

[20] 倪志伟. 范例推理及其数据挖掘技术的研究[D].合肥: 中国科技大学, 2002.

[21] Kolodner J. Case-based reasoning[M].San Francisco: Morgan Kaufmann, 2014.

[22] Lenz M, Burkhard H D, Pirk P, et al. CBR for diagnosis and decision support[J]. Ai communications, 1996, 9(3): 138-146.

[23] 史忠植. 知识工程[M]. 北京:清华大学出版社, 1988.

[24] 吴建林, 王以刚, 李怀祖. 援例推理中背景研究及在用人咨询专家系统中的应用[J]. 管理科学学报, 1996 (1): 62-69.

[25] Allen J F. Towards a general theory of action and time[J]. Artificial intelligence, 1984, 23(2): 123-154.

[26] Richter M M. The Knowledge Contained in Similarity Measures[C]. Invited Talk, The First International Conference in Case-Based Reasoning, 1995.

[27] Wiratunga N, Koychev I, Massie S. Feature selection and generalisation for retrieval of textual cases[C].European Conference on Case-Based Reasoning. Springer Berlin Heidelberg, 2004: 806-820.

[28] Ortega J. On the informativeness of the DNA promoter sequences domain theory[J]. Journal of Artificial Intelligence Research, 1995, 2: 361-367.

[29] Koller D, Sahami M. Hierarchically classifying documents using very few words[R]. Stanford InfoLab, 1997.

[30] 徐妙君, 顾沈明. 面向 Web 的文本挖掘技术研究[J]. 控制工程, 2003, 10(5): 44-46.

[31] Lauzon D, Rose T. Task-oriented and similarity-based retrieval[C].Knowledge-Based Software Engineering Conference, Proceedings., Ninth. IEEE, 1994: 98-107.

[32] Gomez F, Segami C, Hull R. Determining prepositional attachment, prepositional meaning, verb meaning, and thematic roles[J]. Computational Intelligence, 1997, 13(1): 1-31.

[33] Greiner R, Jurisica I. A statistical approach to solving the EBL utility problem[C].AAAI. 1992: 241-248.

[34] 史忠植. 知识发现[M]. 北京: 清华大学出版社, 2011.

[35] Cardie C. A case-based approach to knowledge acquisition for domain-specific sentence analysis[C]. AAAI, 1993: 798-803.

[36] Motschnig-Pitrik R. An integrating view on the viewing abstraction: Contexts and perspectives in software development, AI, and databases[J]. Journal of Systems Integration, 1995, 5(1): 23-60.

[37] Watanabe S. Pattern recognition: human and mechanical[M]. Hoboken: John Wiley & Sons, Inc., 1985.

[38] Huuskonen P, Korteniemi A. Explanation based on contexts[C].Artificial Intelligence for Applications, 1992., Proceedings of the Eighth Conference on. IEEE, 1992: 179-185.

[39] Mylopoulos J, Motschnig-Pitrik R. Partitioning Information Bases with Contexts[J]. Proc of Coopis, 1995:44-54.

[40] Murphy G L, Medin D L. The role of theories in conceptual coherence[J]. Psychological review, 1985, 92(3): 289-316.

[41] Medin D, Ortony A. Comments on part I: psychological essentialism[C]. Similarity and analogical reasoning, 1989:179-195.

[42] Barsalou L W. Intraconcept similarity and its implications for interconcept similarity[J]. Similarity and analogical reasoning, 1989: 76-121.

[43] Cardie C. Automating feature set selection for case-based learning of linguistic knowledge[C].Proc. of the Conference on Empirical Methods in Natural Language Processing. University of Pennsylvania, Philadelphia, USA. 1996: 113-126.

[44] Carnap R. The logical structure of the world[J]. Journal of Endodontics, 1969, 5(12):379.

[45] Smith L B, Heise D. Perceptual similarity and conceptual structure[J]. Advances in psychology, 1992, 93: 233-272.

[46] Wettschereck D, Dietterich T G. An experimental comparison of the nearest-neighbor and nearest-hyperrectangle algorithms[J]. Machine learning, 1995, 19(1): 5-27.

[47] Bancilhon F. Naive evaluation of recursively defined relations[M]. New York: Springer, 1986: 165-178.

[48] Martin T P, Hung H K, Walmsley C. Supporting browsing of large knowledge bases[C].Database and Expert Systems Applications. Springer Vienna, 1992: 402-408.

[49] Brachman R J, Selfridge P G, Terveen L G, et al. Integrated support for data archaeology[J]. International Journal of Intelligent and Cooperative Information Systems, 1993, 2(02): 159-185.

[50] Leake D B. Case-Based Reasoning: Experiences, lessons and future directions[M]. Cambridge: MIT press, 1996.

[51] Lenz M. Defining knowledge layers for textual case-based reasoning[J]. Advances in Case-Based Reasoning, 1998: 298-309.

[52] Lenz M. Managing the Knowledge Contained in Technical Documents[C]. Pakm 98, Practical Aspects of Knowledge Management, Proceedings of the Second International Conference, Basel, Switzerland, October. DBLP, 1998.

[53] Lenz, M. Case Retrieval Nets as a Model for Building Flexible Information Systems[D]. Germay, Humboldt University, Berlin, 1999.

[54] Blakeley J A, Larson P A, Tompa F W. Efficiently updating materialized views[C].ACM SIGMOD Record. ACM, 1986, 15(2): 61-71.

[55] Jantke K P. Nonstandard concepts of similarity in case-based reasoning[M]. Berlin and Heidelberg Springer: 1994: 28-43.